商法案例分析

杨峰 赖华子 主编

上海三联书店

前 言

本书是为了配合《商法学》的教学需要而编写的辅助性案例著作，所选案例主要来自中国裁判文书网、北京大学法律信息网、最高人民法院网等网站，而且所选案例均是我国各级人民法院公开审理的商事案件，案情与法院的审理均来自有关法院的判决书。本书在编写过程中为了精简对法院的判决书在个别地方做了技术上删减，省略了庭审组成人员的基本信息，但是保留了各级法院庭审案件的编号。有些案件在裁判文书网上载有配套的上下审级的案例裁判书，读者可以根据案件编码到中国裁判文书网等网站搜寻更为详细的案件信息。对有些判决书可能被别的网页引用，并被引用网站加工过，基于案件评析具有某种客观性，因而本文在对同一案件的评析上可能会与某些网站案件的评析产生冲突或雷同，在此本书作者在此承诺，本书没有抄袭其他网站读案件的评述内容，如果网站对案件的评述有与本书雷同，属于巧合。本书纯属为了教学需要而编写，不存在以营利为目的的商业性质。他人发现本书的评述与自己作品的独创部分有冲突的，欢迎来信来函与本书作者或作者所在单位沟通与交流。

本书站在教学需要的角度，运用中国的法律法规、司法解释等对案件评述，评述中必然受到作者的价值观与法律文化的影响，也必然会出现与司法实务的实际做法不一致的地方，如果对某一特定案例的评析与法官的判决不一致的地方，在此请当事人多多包涵，也请法官所在的法院多多包涵。作为审判者在审判案件的时候必然会受到诸如法官经验与某些干扰性事项等因素的影响，而作为教学案例的分析必须排除诸多非案件客观事实因素的影响，单纯地以“事实为根据、以法律为准绳”进行分析，因为只有这样才能使案件贴近理性公平的方向，也才能培养出真正懂商法的法律人才。在此请审理过本书所列案例的法官及其所在单位以一个慈祥教父的心对待案例的评析。也请书中所列案件的诉讼当事人在看到案件的评析时不要以本书的观点去品评庭审的法院与法官。“存在就是合理的，现存的东西将来很有可能被新的制度所超越”，每一件案件的审理均受到庭审时的社会物质条件与精神文化条件的影响，如果你是一位坚持真理的人，永恒地坚持下去你必将拥抱真理，问题在于你当时没有一直去追求真理。在此也请有关案件的诉讼代理人不要斤斤计较本书对案例的评析，不同职业的人职业心理与职业思维不一样，职责也不一样，教师的职责在于传道解惑，探求真理，教育学生排除外在干扰，努力追求公平与公正，学会至纯、至善、至美的法律知识，最大限度地培养出公正而廉明的法律工作者。所以在此，请所编案例所涉及的所有人从教书育人的大局着想，不要因为案件的评析涉及到自己的利益就心情郁闷，抑或采取某些过激的行为，教育需要你的奉献，育人需要你的耐心与宽恕！

与同类《商法案例分析》相比，本书的特色在于对案例当事人的诉讼逻辑、答辩逻辑、法院的裁判逻辑进行的图表展示，意在抓住案件重点，节省读者理清案件的时间，有利于读者更好地把握案件的思路。对案件的评析抓住当事人争论的焦点、案件的难点、案件的关键性证据等展开，对显而易见的缘由一笔带过或不予评述。

本书的编写分工为：赖华子副教授负责案例一至案例三，案例十八至案例三十三的编写，杨峰教授负责案例四至案例十七的编写。最后由杨峰统稿，赖华子校对。

本书由从事商法教学十多年的老师编写，所选案例均为在课堂教学中实际使用过的案例，也反复推敲过。尽管在编写过程中作者尽量追求正确与完美，但由于案例的评析涉到《证据法》、《民事诉讼法学》、《民法学》、《商法学》等多种法学学科知识，尽管作者从事商法教学多年，但对非商法学的教学经验还是不足，受专业知识不全面，经验不足等因素的限制，错误之处在所难免。请读者多多包涵，也请读者多多指正！如果读者发现本书存在错误，欢迎来信告知，以便后期进行更正。

目录

第一章 永新建材货款案析民事关系与商事关系的区别

第一节 案情事实与法院的审理

一、案情事实

张某某诉永新建材公司及该公司副董事长简某借款纠纷案

原告张某某系某私营独资企业业主，被告永新建材公司为一外商独资企业，被告简某系永新建材公司常务副董事长。张某因其企业与永新建材公司有业务关系，而常与该公司总经理韦某有往来。1999年11月，韦某向张表示公司流动资金困难，希望暂缓支付张某某的货款，张表示同意，但要求该公司按月息2%计付利息。韦某与简某商量后同意了张的要求。其后，张继续给永新建材公司供货。2000年3月16日，简某以私人名义向张某某借款人民币四万元，借据载明："兹借到张某某人民币肆万元正，半年后归还。"简某并在借据上签了名。

2000年5月30日，张某某见永新建材公司拖欠货款越来越多，遂要求公司结清货款并支付利息，同时停止向该公司继续供货。其时，永新建材公司总经理和董事长均在境外，公司工作由简某主持。简某向张表示公司尚无力清偿货款，待公司资金状况好转后，一次向张偿付，并向张某某出具借条一份，载明："本公司因资金困难，陆续向张某某借款人民币伍拾万元正，6个月后一次还清，月息按2%计。"借条落款日期为2000年5月31日，并加盖了永新建材公司的公章。

2001年1月，张某某多次向简某及永新建材公司催收借款未果，遂将简某及永新建材公司一并告上法庭，要求简某偿还欠款四万元，并从 2000 年 9 月 16 日起按同期银行借款利率支付利息，要求永新建材公司偿还欠款五十万元及利息七万元。

二、法院的审理

审理中，简某辩称：我借张某某四万元属实，但已于 2000 年 9 月 15 日前偿还，只是因为双方都很信任，未收回借据，还款时有本公司会计梅某在场。况且，我向张某某借钱时并未约定要付息，故不同意还款付息。而永新建材公司则辩称：我公司从未向张某某借钱，且张也无法提出向我公司付款的依据，故拒绝承担还款付息的责任。

法院民一庭审理查明：1999 年 3 月 16 日简某向张某某出具四万元借据一张属实，简声称已还给张某某四万元借款，却未能举出相应的证据。简某是永新建材公司的常务副董事长，主管公司财务，梅某是该公司会计，与简某有着工作上的利害关系，因此，仅凭梅某的证言不足以证明简某已向张某某偿还了借款。简某向张某某借款时，双方未约定要支付利息，张某某要求简某返还利息的主张缺乏依据。遂判决：1. 简某在本判决书生效后十日内偿还张某某借款人民币四万元正；2. 张某某的其他诉讼请求不予主张。

法庭在审理中同时查明：永新建材公司于 1999 年 5 月 31 日向张某某出具借款 50 万元的借据属实，但张某某无法向法庭提供其向永新建材公司支付款项的依据。张向法庭提交的证据只证明永新建材公司拖欠了张某某私营企业的货款 50 万元，但并非如张某某所诉称属于借款。永新建材公司给张某某出具的凭据名为借据，实为拖欠货款 50 万元的欠条。原被告之间只存在供货关系，而不存在借款关系，张某某要求永新建材公司偿还借款及利息的主张不能成立，但永新建材公司拖欠张某某私营企业的货款理当支付，由于双方约定偿付货款的利息违反法律规定。

法院的判决：1. 驳回张某某要求永新建材公司偿还 50 万元借款及利息的诉讼请求；2. 永新建材公司于本判决书生效后十五日内向张某某支付货款 50 万元，并自 1999 年 6 月 1 日起按日万分之四支付滞纳金。

第二节　案件的论证逻辑

一、张某某与永新公司之间是否存在真实借贷关系的证据要点与证明逻辑

(一) 证据要点

原告证明永新建材公司于 1999 年 5 月 31 日向张某某出具借款 50 万元的借据。

但是缺乏交付 50 万借款的支付凭证。

(二)张某某与永新公司之间是否存在真实借贷关系的证明逻辑

1. 证明张某某与永新存在借贷关系的逻辑图：

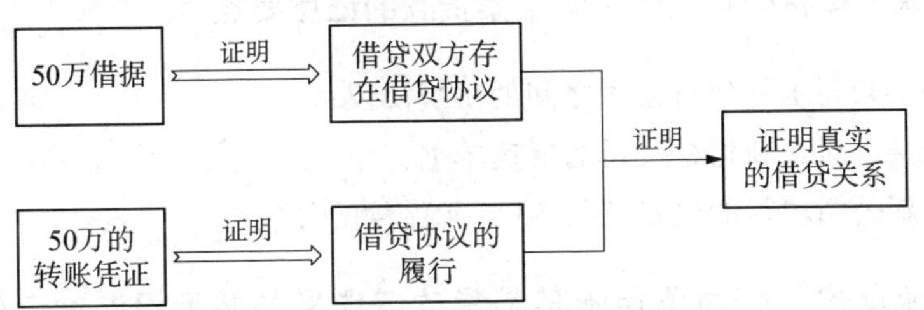

可是原告张某某没有 50 万借款的转账凭证或其他说明已经履行借款的履行凭证。说明张某某没有真正地借款给永新建材公司，不存在真实的金钱借贷关系。

2. 证明张某某与永新公司不存在真实借贷关系的逻辑图：

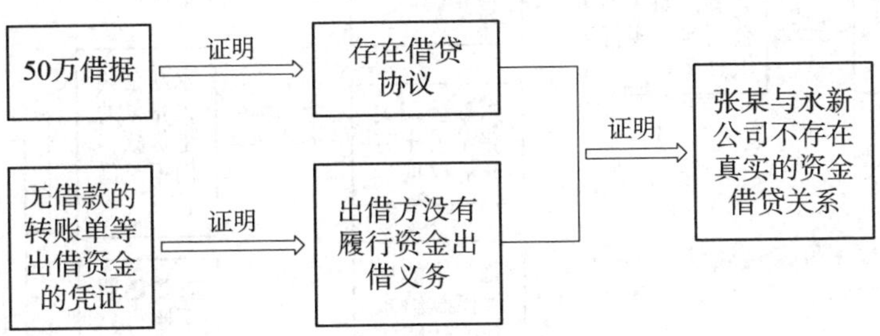

3. 张某某与永新公司的货款转化为出借资金，得不到法律支持的逻辑图：

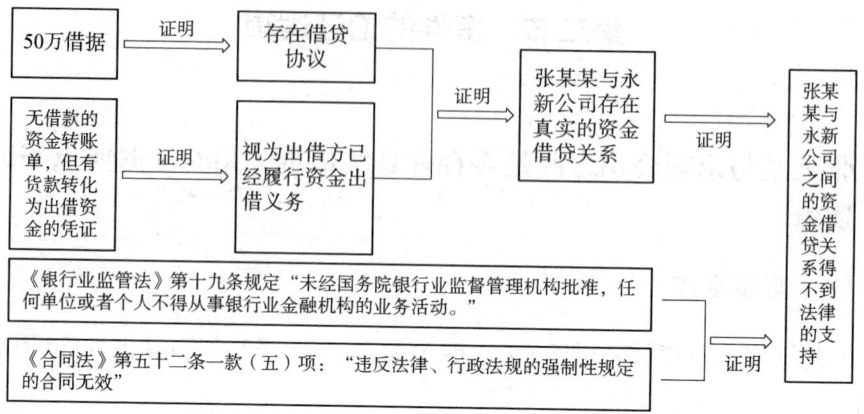

二、永新建材公司拖欠了张某某货款的证据要点与承担责任的证明逻辑

（一）永新建材公司拖欠了张某某货款的证据要点

1. 张某某与永新建材公司之间的供货协议；
2. 张某某对永新建材公司的货运单据；
3. 永新公司填写的欠张某某 50 万元借款的欠条。

（二）永新建材公司承担张某某货款清偿义务并承担滞纳金的证明逻辑图：

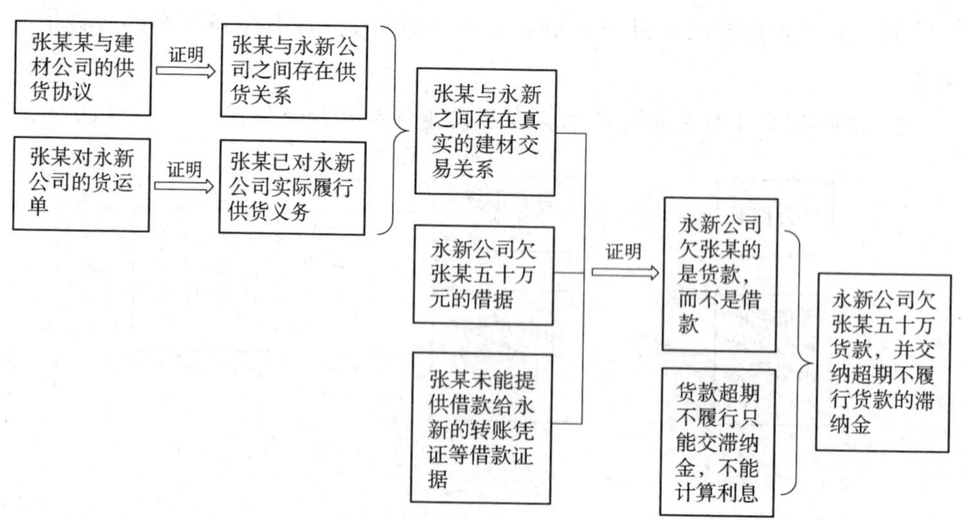

第三节 对案件的评析

本案同为借据所引起的法律纠纷，人民法院根据法律关系的性质不同将案件分别由民事法庭与商事法庭审理，这反映了民事法律关系与商事法律关系的区别。

民事法律关系是指平等主体基于民法规范而形成的具有民事权利义务内容的社会关系，它以权利为本位，民事关系的背后体现着民事主体之间的人情关系与道德关系，基于这种社会经验的、先天的道德关系或人情关系，民事主体之间的交易以信赖、亲情、友情或乡情为根基，作为民法基本原则等价有偿原则反而不是主要的，当事人之间以情感为基础的社会伦理关系成为他们进行交易的动机与目的。其本质特征是主体平等，意思自治，意思表示不拘泥于形式，而是着重追求当事人缔结交易时的内心真意。法官在认定民事案件的事实时应该把握当事人缔结交易时的动机与交易的目的，并结合双方当事人提供的证据认定事实，而不能单纯依靠单方提供的证据去认定事实。意思自治至上决定了在民事法律关系中，当事人在缔结交易的当初其内心的真意是认定他们交易意思表示的根本，当事人的约定只要不违反法律规定，就应产生法律上的效力。

一般情况下，处理当事人之间的纠纷应遵从其约定，当事人一方不得提出事前无约定的请求，即便提出，法律亦不予支持。故在张某某诉简某借款一案中，简某出具给张某某的借条中并没有约定借款利息，张某某接受借条与支付借款时也无反对意见，结合简某系永新建材公司常务副董事长，永新建材公司与张某某之间有多年的供货关系，很显然其无息借款关系有讨好永新建材公司常务副董事长简某的用意，张某某的目的是为了通过简某常务董事长的职务身份进一步巩固其与永新建材公司的供货关系，讨好简某的目的也是寄希望其与永新公司的供货关系中，简某可以为其提供某些便利。这一交易动机表明张某某借款给简某没有要求利息完全符合缔结借款交易关系当时的客观情形。在起诉时，张某某虽要求简某支付利息，但由于张、简之间事前并无利息约定，这种事后张某某的单方面请求，在没有证据证明缔结交易后，或交易完成后，简某有承诺支付利息给张某某的真实意思表示，是得不到法律支持的。那么在简某延迟还款的情形下，法院仍然判决简某偿还借款本金，既不支持利息，也不判决简某支付滞纳金的依据何在？这就是民事交易意思表示效力的延续性与民事交易本质的伦理性。我们认为,法院的这一处理是恰当的。

商事法律关系是商事主体基于商事行为而产生的商事权利义务关系,商事关系的本质是"效益",商事法律关系的核心价值是"效益"而非"伦理",其本质上是民事法律关系的一种特殊表现形式,其特点是:1. 商事法律关系是平等的商事主体间的社会经济关系;2. 商事法律关系是商事主体基于营利动机而建立的关系;3. 商事法律关系产生于商事主体的持续营业之中。

商事法律关系作为民事法律关系的一种特殊形式,其自然具有民事法律关系的基本属性和基本特征,但作为特殊的民事法律关系,其必然与普通的民事法律关系有重大区别。在商事法律关系中,当事人虽然可以自由约定,在缔结交易后可以根据双方当事人的后续协议进行合同的变更,但是变更不得更改合同的二大核心条款,第一个条款是当事人,第二个条款是合同的标的,变更第一个核心条款的是合同之债的转让,变更第二个核心条款的是为新合同的签订。无论是当事人的初始约定还是后续约定均得遵循商事法律规范。由于商场如战场,商事合同往往具有商业风险,因而商事关系的商法规范带有较多的强制性,当事人的约定违反商事法的强制性规范时,法律将不予支持,并且可能面临主管部门行政处罚的风险。同时,若法律有强制性规定而当事人未对该强制性规定所涉及的商事关系作出约定时,法律亦将对某一方当事人课以适当义务,以使商事活动符合法律要求。在张某某诉永新建材公司一案中,张某某似乎已与永新公司达成按月息 2%支付借款利息的约定,但是按照《中华人民共和国银行业监管法》第十九条:"未经国务院银行业监督管理机构批准,任何单位或者个人不得设立银行业金融机构或者从事银行业金融机构的业务活动。"其一,法律禁止企业之间的借贷行为;其二,事实上,张的私营独资企业与永新公司之间是供需关系,其所形成的债务乃是永新公司不履行供货合同所产生的债务,并非借贷所产生之债务。2000 年 5 月 30 日,永新建材公司总经理和董事长均在境外,公司工作由简某主持。简某向张表示公司尚无力清偿货款,待公司资金状况好转后,一次性向张偿付,并向张某某出具借条一份,载明:"本公司因资金困难,陆续向张某某借款人民币伍拾万元正,6 个月后一次还清,月息按 2%计。"借条落款日期为 2000 年 5 月 31 日,并加盖了永新建材公司的公章。这一事实可以认定为简某代表永新公司对张某某还款的承诺,也可以认为是张某某与永新公司之间的借贷协议行为,但是这种借贷关系的基础是张某某与永新公司之间的供货货款偿还问题,基于供货关系与借贷关系之间的合同标的不同,决定这是两个独立的相异合同,不能将借贷关系认为是货款支付关系的合同变更关系,借贷协议是一个新的合同关系。在法律禁止企业从事金钱借贷行为的情况下这种合同是得不到法律支持的。2015 年 6 月 23 日最高人民法院审判委员会第 1655 次会议通过《最高人民法院关于审理民间借贷案件适用法律若干问题的规定》,(2015 年 9 月 1 日起施行)该《规定》第十一条:"法人之间、其他组织之间以及它们相互之间为生产、经营需要订立的民间借贷合同,除存在合同法第五十二条、本规定第十四条规定的情形外,当事人主张民间借贷合同有效的,人民法院应予支持。"第十二条:"法人或者其他组织在本单位内部通过借款形式向职工筹集资金,用于本单位生产、经营,且不存在合同法第五十二条、本规定第十四条规定的情形,当事人主张民间借贷合同有效的,人民法院应予支持。"第十四条:"具有下列情形之一,人民法院应当认定民间借贷合同无效:

(一) 套取金融机构信贷资金又高利转贷给借款人,且借款人事先知道或者应当知道的;

(二) 以向其他企业借贷或者向本单位职工集资取得的资金又转贷给借款人牟利,且借款人事先知道或者应当知道的;

(三) 出借人事先知道或者应当知道借款人借款用于违法犯罪活动仍然提供借款的;

(四) 违背社会公序良俗的;

(五) 其他违反法律、行政法规效力性强制性规定的。"

从以上规定来看《中华人民共和国银行业监管法》第十九条属于《合同法》第五十二条所规定的情形。所以法院认定张某某与永新公司 2000 年 5 月 31 日约定的以货款转为金钱借贷关系的协议无效是正确的。

永新公司与张某某之间仅存在供货合同关系以及因为供货货款未偿还的债权纠纷关系。既然借贷关系不存在,那么当事人之间约定的 2%的利息自然得不到法院的支持。而对他们之间未作约定的滞纳金被法院判决由被告承担是有法律依据的。

依据一:《合同法》第一百一十三条:"当事人一方不履行合同义务或者履行合同义务不符合约定,给对方造成损失的,损失赔偿额应当相当于因违约所造成的损失,包括合同履行后可以获得的利益,但不得超过违反合同一方订立合同时预见到或者应当预见到的因违反合同可能造成的损失。"

依据二:第一百二十二条:"因当事人一方的违约行为,侵害对方人身、财产权益的,受损害方有权选择依照本法要求其承担违约责任或者依照其他法律要求其承担侵权责任。"

依据三：《关于审理买卖合同纠纷案件适用法律问题的解释》(2012 年 3 月 31 日最高人民法院审判委员会第 1545 次会议通过)第二十四条第四款“买卖合同没有约定逾期付款违约金或者该违约金的计算方法，出卖人以买受人违约为由主张赔偿逾期付款损失的，人民法院可以中国人民银行同期同类人民币贷款基准利率为基础，参照逾期罚息利率标准计算。”

2015 年的民间借贷的司法解释也只允许企业之间为了补充经营资金不足而进行的民间借贷，本案的货款不属于该情形。另外，法律不能溯及既往，更何况司法解释。所以法院的判决不支持原告要求支付月息 2%的借款利息是正确的。

法院判决被告支付原告货款的滞纳金既符合《合同法》也符合《合同法》司法解释三的规定，支持了原告要求补偿其货款被延期履行的适当损失，法院的判决不仅符合商事法的规定，也完全符合商事营利原则。

思考题

1. 商事关系与民事关系相比的主要区别是什么?
2. 民事案件与商事案件的价值与理念是什么?

第二章　阳泉煤业公司上诉案析商法外观主义原则

第一节　案情事实与法院的审理

一、案情事实

江苏易钢在线电子商务股份有限公司与阳泉煤业集团国际贸易有限公司买卖合同纠纷二审案①

上诉人(原审被告)阳泉煤业集团国际贸易有限公司,住所地在山西省阳泉市矿区北大街5号。

法定代表人武万华,该公司董事长。

委托代理人贾斌,山西国润律师事务所律师。

被上诉人(原审原告)江苏易钢在线电子商务股份有限公司,住所地在江苏省南京市奥体大街9号新城科技大厦01栋4层。

法定代表人梁振邦,该公司董事长。

委托代理人孙敦萍,江苏法德永衡律师事务所律师。

委托代理人诸琼,江苏法德永衡律师事务所律师。

原审第三人太重集团贸易有限公司,住所地在山西省太原市万柏林区玉河街53号。

法定代表人荆冰彬,该公司董事长。

委托代理人葛建忠,该公司法律顾问。

---

① 中国裁判文书网。

原审第三人中建材供应链管理有限公司，住所地在上海市浦东新区御桥路270弄20号201室。

法定代表人吴翔，该公司董事长。

委托代理人盛安彦，北京市天元律师事务所上海分所律师。

委托代理人冯一鸣，北京市天元律师事务所上海分所律师。

原审第三人上海仁礼进出口有限公司，住所地在上海市杨浦区双阳路301号4210室。

法定代表人许梦云。

原审第三人上海漪文国际贸易有限公司，住所地在上海市虹口区中山北一路9号5楼508室。

法定代表人顾玮国。

上诉人阳泉煤业集团国际贸易有限公司(以下简称阳泉公司)因与被上诉人江苏易钢在线电子商务股份有限公司(以下简称易钢公司)、原审第三人中建材供应链管理有限公司(原名中建材集团进出口上海公司，以下简称中建材公司)、太重集团贸易有限公司(以下简称太重公司)、上海仁礼进出口有限公司(以下简称仁礼公司)、上海漪文国际贸易有限公司(以下简称漪文公司)买卖合同纠纷一案，不服江苏省南京市中级人民法院(2014)宁商初字第361号民事判决，向本院提起上诉。本院于2015年12月1日受理后，依法组成合议庭，于2016年3月3日公开开庭审理了本案。

易钢公司一审诉称：2014年5月28日，易钢公司与阳泉公司签订煤炭供需合同，约定了供货时间、合同价款、支付方式及违约责任。其后双方又签订变更协议，将供货量调整为5万吨，货款调整为2355万元。合同签订后，易钢公司已按约于2014年6月10日、13日、16日分别向阳泉公司支付了货款1000万元、1000万元、355万元，合计2355万元。阳泉公司应在易钢公司支付全部货款后45日内发货，但阳泉公司至今未发货。根据合同约定，阳泉公司逾期发货，应按合同总金额的2%支付违约金。现诉请人民法院判令：1. 解除易钢公司与阳泉公司2014年5月28日签订的《煤炭供需合同》及相应的《变更协议》。2. 阳泉公司退还货款2355万元，支付违约金47.1万元，并赔偿资金占用损失(以2355万元为基数，从2014年8月18日至实际给付之日止，按年利率9%计算至实际给付之日止)。3. 阳泉公司承担诉讼费用。

阳泉公司一审答辩称：1. 易钢公司、阳泉公司之间的合同名为买卖，实际是易钢公司、阳泉公司及中建材集团进出口上海公司、太重公司、仁礼公司、漪文公司六方连环购销的一部分。各方在同一天签订六份合同涉及的货物数量、质量标准、交货时间、地点、交货方式、验收等内容均相同，且在同一天既购买又卖出相同的货物，仁礼公司高买低卖，完全违背了商业常理。各方之间并非真实的货物买卖，实为企业间融资，依法应认定为无效，对易钢公司的诉讼请求应予驳回。2.真正的借款人是仁礼公司。仁礼公司已经通过漪文公司支付易钢公司1382.91万元，此款应予扣除。3.即便法院认定双方是买卖合同关系，阳泉公司也已按照约定的交货方式，于2014年8月向易钢公司交付了货权转移指令单，履行了交货义务。易钢公司要求解除合同、退还货款并支付违约金的请求不能成立，应予驳回。

原审第三人太重公司一审答辩称：太重公司与易钢公司、阳泉公司没有业务往来，也未签订任何合同，与本案无关，不应被追加为第三人。太重公司和中建材公司、仁礼公司是真实的买卖合同关系。

原审法院经审理查明：2014年5月28日，易钢公司与阳泉公司签订《煤炭供需合同》一份，约定易钢公司向阳泉公司采购动力煤(混煤)10.5万元吨+/-5%，单价471元/吨，交货地点在江苏江阴港，交货时间2014年7月10日，交货方式为货权转移指令单。煤炭质量的确定以双方共同指定的第三方检验机构出具的检验报告为结算依据。货款总计4945.5万元。在本合同签订后，买受人在2014年5月30日前付款2500万元，余款在2014年6月6日前支付。买受人向出卖人以现汇的方式付款。出卖人在收到买受人的全部货款之日起45个工作日内须按计划发运货物，如在规定的时间内没有发运货物，出卖人必须向买受人退款，如未按本条款执行，所引起的一切法律和经济责任由出卖人承担。本合同项下买受人支付给出卖人的款项只能用于本合同，与任何其他合同、业务及纠纷等独立无关。在本合同规定的付款有效期内，买受人没有履行付款义务，本合同自动失效。标的物的所有权自买受人付款后归买受人所有。随后双方签订《变更协议》一份，将《煤炭供需合同》约定的标的重量调整为5万吨，货款总额调整为2355万元。合同签订后，易钢公司已于2014年6月16日前分批向阳泉公司支付货款合计2355万元。

易钢公司与漪文公司签订有《代订货协议》一份，约定漪文公司委托易钢公司向漪文公司指定的供应商阳泉公司代订所需煤炭，漪文公司保证其指定供应商的真实性与安全性；漪文公司认可易钢公司与供应商之间基于此项代采购业务的所有合同和协议，并承担相关责任。货物总量动力煤(混煤)10.5万元，单价471元/吨(具体以采购合同当日价格为准)，货款总额4945.5万元,货物从订购之日起赎回期限为60天,自2014年5月28日起至2014年7月28日止(以供应商实际结算价格为准,多退少补)。漪文公司在签订本协议后2日内向易钢公司指定的账户存入保证金990万元。货物验收重量和质量等,按易钢公司与供应商之间的合同约定执行。如遇异议,漪文公司与供应商自行解决,易钢公司不再对此承担责任。易钢公司代订货后,货权由易钢公司所有。交货地为无锡江阴港。交货方式为货权转移指令单。合作期间运费及相关仓储费由漪文公司自行承担,漪文公司对合作期间供应商违约风险、货物运输在风险以及存货期间的货物安全负有全部责任。2014年6月9日,双方签订《补充协议》,将订货数量调整为5万吨,合计货款金额2355万元。漪文公司就该《代订货协议》与《补充协议》的履行,向易钢公司合计付款1332.91万元。

一审庭审中,阳泉公司称在本案诉讼中才发现是循环贸易,是以形式上的买卖掩盖真实的企业间借贷,易钢公司和仁礼公司之间是真正的借贷关系。

易钢公司表示,如原审法院认定双方的合同关系性质是企业之间借贷,其不同意基于企业间融资的法律关系变更诉讼请求。

另查明,漪文公司出具署期为2015年3月19日《说明》一份,内容为:漪文公司于2014年内根据2014年5月28日签署的《代订货协议》及2014年6月签署的合同编号为YM-HJ-2014-6《代理采购补充协议》,分期支付给易钢公司货款。详情请看附件。附件为漪文公司向易钢公司支付款项的凭证。

再查明,中建材集团进出口上海公司于2015年3月11日变更名称为中建材供应链管理有限公司。

一审争议焦点为:

1. 易钢公司与阳泉公司之间的合同性质是买卖还是企业间融资;

2. 如果是买卖合同关系,易钢公司的诉讼请求能否成立。

原审法院认为,易钢公司与阳泉公司之间的《煤炭购销合同》是双方当事人的真实意思表示,且不违反法律法规的强制性规定,应合法有效。

关于第1个争议焦点,原审法院认为,诉辩双方合同关系的性质是买卖。一般而言,对交易行为的性质认定应以外在表示的行为为准,即遵循外观表示主义原则。但当交易行为明显有悖于一般交易常理,以至于使人有理由质疑当事人的意思与表示不一致,存在掩盖非法目的、规避法律限制之嫌时,则应采取意思主义，对当事人的真意进行探究。就本案而言，易钢公司与阳泉公司签订的合同外观上是约定一方支付货款、一方交付煤炭的买卖合同，阳泉公司抗辩认为双方的买卖合同是一个连环购销贸易链的一个环节，参与该贸易链的各方实以买卖合同的合法形式掩盖企业融资的非法目的，其应举证证明存在连环购销贸易链的事实以及参与该贸易链各方，尤其是易钢公司，对名为买卖、实为借贷的交易性质明知，具有以融资为目的的共同意思联络。第三人中建材公司、仁礼公司、漪文公司经原审法院传票传唤未到庭应诉，阳泉公司提供的仁礼公司与漪文公司之间签订的代订货协议的真实性及其与本案的关联性无法确认；第三人太重公司虽到庭应诉，但否认其与仁礼公司、中建材公司之间合同履行与本案存在关联性。阳泉公司无法明确其作为履行交货义务的货权转移指令单与仁礼公司提供给太重公司的出库单及太重公司给中建材公司的货权转移指令单是针对同一批货物进行货权转移。综上，阳泉公司提供的证据不足以证明涉案六方公司之间就同一交易标的存在完整闭合的连环购销关系。关于各方真实的意思表示问题，阳泉公司无证据证明易钢公司明知与阳泉公司签订煤炭购销合同系以买卖合同之形式为企业融资之实质，阳泉公司庭审中确认在易钢公司起诉时才知道以形式上买卖合同掩盖真实的企业间借款行为，该陈述已经表明阳泉公司作为其主张的连环购销中的一个环节，事先并不存在以合法的形式掩盖非法目的的意思联络。结合易钢公司对阳泉公司该抗辩主张的否认，以及太重公司否认其参与的煤炭供需合同与案涉合同的关联性的事实，阳泉公司关于诉辩双方合同性质为企业间融资的抗辩主张，事实及法律依据尚不充分，原审法院不予支持。

关于第2个争议焦点，原审法院认为：1. 阳泉公司没有履行交货义务。《中华人民共和国合同法》（以下简称《合同法》）第一百三十五条规定，出卖人应当履行向买受人交付标的物或者交付提取标的物的单证，并转移标的物所有权的义务。案涉合同虽约定以交付货权转移指令单的方式交付，但阳泉公司交付的货权转移指令单应对应真实的货物，且阳泉公司对真实存在的货物应享有所有权，货权转移指令单的接受方据此可提取货物。此时，阳泉公司向易钢公司交付的货权转移指令单才能达到转移货物所有权的法律效果。现阳泉公司确认其交付的货权转移指令单并不对应真实的货物，不能达到替代转移货物所有权的法律效果，其据此主张已经实际履行交货义务的抗辩意见不能成立，原审法院不予支持。2. 双方合同符合约定的和法定的解除条件，应予解除。《合同法》第九十三条第二款规定，当事人可以约定一方解除合同的条件。解除合同的条件成就时，解除权人可以解除合同。第九十四条规定，有下列情形之一的，当事人可以解除合同：(一)因不可抗力致使不能实现合同目的的；(二)在履行期限届满之前，当事人一方明确表示或者以自己的行为表示不履行主要债务的；(三)当事人一方迟延履行主要债务，经催告后在合理期限内仍未履行；(四)当事人一方迟延履行债务或者有其他违约行为致使不能实现合同目的的；(五)法律规定的其他情况。本案中，易钢公司与阳泉公司双方的《煤炭购销合同》约定阳泉公司在收到易钢公司的全部货款之日起45个工作日内按计划交货，如在规定的时间内没有发运货物，阳泉公司必须向易钢公司退款。此为双方约定的合同解除的条件。易钢公司在2014年6月16日支付最后一批货款，依约阳泉公司应在45个工作日内(即2014年8月18日)之前交付货物，阳泉公司未如期交货已符合合同约定的解除条件。阳泉公司抗辩双方非真实的买卖合同关系，此是以实际行为表示拒绝履行交货义务，构成合同法定解除的条件。因此，原审法院对易钢公司要求解除合同的诉讼请求依法予以支持。3. 易钢公司要求阳泉公司返还货款、支付违约金并赔偿资金占用损失有事实和法律依据。《合同法》第九十七条规定，合同解除后，尚未履行的，终止履行；已经履行的，根据履行情况和合同性质，当事人可以要求恢复原状、采取其他补救措施，并有权要求赔偿损失。易钢公司要求阳泉公司返还货款2355万元的请求符合该条法律的规定，原审法院依法予以支持。易钢公司要求阳泉公司按合同金额2%的违约金47.1万元符合合同约定，原审法院依法予以支持。

《合同法》第一百四十一条规定，当事人可以约定一方违约时应当根据违约情况向对方支付一定数额的违约金，也可以约定因违约产生的损失赔偿额的计算方法。约定的违约金低于造成的损失的，当事人可以请求人民法院或者仲裁机构予以增加；约定的违约金过分高于造成的损失的，当事人可以请求人民法院或者仲裁机构予以适当减少。双方合同虽约定出卖人阳泉公司违反本合同约定的时间交货，应向买受人易钢公司按总金额的2%支付违约金，还应承担由此给买受人造成的全部经济损失，但易钢公司未能提供证据证明存在总金额2%的违约金无法弥补的损失，且易钢公司系受漪文公司委托向阳泉公司订货，其与漪文公司的《代订货协议》《补充协议》约定漪文公司对合作期间供应商违约风险负全部责任，漪文公司基于《代订货协议》《补充协议》向易钢公司支付的款项也达1332.91万元。据此，原审法院对易钢公司要求阳泉公司在承担总金额2%的违约金外，再按年利率9%标准支付资金占用损失的请求不予支持。

因阳泉公司与易钢公司签订《代订货协议》时并不知悉易钢公司与漪文公司之间存在代订货关系，且漪文公司支付给易钢公司的款项系基于其和易钢公司之间签订的《代订货协议》和《补充协议》，漪文公司出具的《说明》中仅确认了其据此支付款项的事实，并未明确表示所附该款项可与易钢公司诉讼主张的金额冲抵，因此阳泉公司主张扣除该部分款项欠缺事实和法律依据，原审法院不予支持。

综上，易钢公司的诉讼请求有事实和法律依据，原审法院依法予以支持。第三人中建材公司、仁礼公司、漪文公司经原审法院传票传唤，无正当理由未到庭应诉，原审法院视其放弃抗辩，依法缺席判决。据此，依照《中华人民共和国合同法》第九十三条第二款、第九十四条第一款第（二）项、第九十七条、第一百三十条，《中华人民共和国民事诉讼法》第六十四条第一款、第一百四十二条、第一百四十四条之规定，原审法院判决：一、解除原告易钢公司与被告阳泉公司 2014 年 5 月 28 日签订的《煤炭购销合同》《变更协议》。二、被告阳泉公司于判决生效之日起 10 日内返还原告易钢公司货款 2355 万元，支付违约金 47.1 万元。三、驳回原告易钢公司其他诉讼请求。如未按判决指定的期间履行给付金钱义务，应当依照《中华人民共和国民事诉讼法》第二百五十三条之规定，加倍支付迟延履行期间的债务利息。案件受理费 161905 元，财产保全费 5000 元，公告费 600 元，合计 167505 元，由被告阳泉公司负担（此款已由原告易钢公司垫付，被告阳泉公司在履行上述判决义务时一并加付）。

阳泉公司不服原审判决，向本院提起上诉，请求撤销原审判决，改判驳回易钢公司的诉讼请求。理由：

一、在同一宗动力煤买卖过程中，协议各方既是”买方”，又是”卖方”，形成一个循环闭合的贸易链条。因此，本案的法律关系是易钢公司与仁礼公司通过虚构贸易合同为手段的非法融资行为，易钢公司为实际的出资方，仁礼公司为实际的借款方。

二、从各方交付货物的环节来看，各方履行交货义务的方式均是货权转让证明，而该货权转让证明中的货物并不真实存在。原审法院在未查明真实的货物交易情况下，迳行裁判，明显不符合法律规定。

三、从各方交易的资金流向来看，是从易钢公司开始至仁礼公司结束，结合各方所订立的协议，资金最终应当流转回易钢公司，但因仁礼公司未按代订货协议约定的 60 天的赎回期届满后赎回货物，部分资金未能最终流转回易钢公司，形成本案诉讼。

四、仁礼公司高买低卖，完全违背商业常理，有悖交易惯例。

五、纵观各方订立的合同看出，各方通过贸易所获得的利润基本为5万—10万元，相比较2000多万元的贸易额来说，其利润畸低，不符合商业惯例。

易钢公司答辩认为：一、阳泉公司与易钢公司之间是真实的买卖合同关系。各方之间签订协议是各公司自主市场经营行为，易钢公司事先并不知情除易钢公司与阳泉公司签订合同外，还存在其他公司与阳泉公司签订合同。且不仅易钢公司不知情，一审时阳泉公司也承认其不知情还有第三人的存在，至今为止，易钢公司与仁礼公司没有任何业务往来和接触。二、在易钢公司与阳泉公司的合同及与委托方漪文公司的合同中，易钢公司均明确约定货物交付条款，对货物交付具有真实意思表示。易钢公司与阳泉公司的合同中约定了货物的交付方式、质量检验认定方式、重量认定方式，约定了交付期、交付地点、违约责任等，并且在与阳泉公司签订合同之后，易钢公司还与江阴码头港签订了监管合同，易钢公司采购的煤炭能得到有效监管，这些均证明易钢公司与阳泉公司是存在真实货物交易的意思表示。易钢公司与漪文公司的合同中也明确规定只有漪文公司付清货款才能取走货物，所以阳泉公司认为名为买卖实为融资没有任何依据。三、阳泉公司对第三人之间的合同不知情也表明本案不存在名为买卖实为借贷的合意。综上，请求驳回阳泉公司的上诉，维持原判。

原审第三人太重公司陈述意见为：一、一审法院查明事实清楚，适用法律正确，请求驳回阳泉公司的上诉请求。二、阳泉公司诉称本案是通过虚构贸易合同手段的非法融资行为没有事实依据。本案中的各方当事人互不认识，没有任何业务往来，案涉合同是真实的贸易合同。

二、二审法院对案件的审理

各方当事人对原审判决查明的事实均无异议，本院予以确认。

二审中，易钢公司提交其与江阴海运煤炭市场有限公司于2014年8月15日签订的货物监管协议一份，拟证明监管协议是针对案涉买卖合同的煤炭所签，易钢公司与阳泉公司签订的购销合同是真实的货物买卖合同。

阳泉公司质证认为，货物监管协议与本案无关，不能证明本案易钢公司有要求阳泉公司交付合同标的物的意思表示和行为。

太重公司同意易钢公司的证明目的。

本院认证意见为，该监管协议系易钢公司与他人签订，阳泉公司并非缔约主体，且该协议所载明内容亦无法印证易钢公司为存放其与阳泉公司之间交易的煤炭而与他人签订监管协议，故该份证据与本案无关联性。

二审争议焦点为：1. 案涉阳泉公司与易钢公司的合同性质是买卖合同还是融资合同；2. 阳泉公司是否应当向易钢公司返还货款及承担违约责任。

二审法院认为：一、案涉阳泉公司与易钢公司的合同性质是买卖合同。案涉煤炭供需合同约定的权利义务符合买卖合同的法律特征，其内容不违反法律、行政法规的禁止性规定，应为合法有效。易钢公司系根据漪文公司的委托向阳泉公司购买煤炭，而阳泉公司系自主选择向中建材公司采购煤炭后转售给易钢公司，且阳泉公司于本案一、二审期间均表示没有证据证实易钢公司以虚构连环交易的形式向仁礼公司提供融资资金，故其主张本案法律关系为企业间借贷的依据不足，本院不予支持。在当事人未另有约定的情形下，本案纠纷仍应依据不同合同主体之间的买卖合同关系审查处理。故原审法院依据合同相对性，认定阳泉公司、易钢公司之间存在买卖合同法律关系，于法有据。

二、阳泉公司应当向易钢公司返还货款及承担违约责任。案涉合同中虽然约定以交付货权凭证的方式完成交货义务，但阳泉公司表示其不清楚是否实际存在货物，对于货物的具体数量、存放地点亦无其他有效证据再行佐证，故其仅提交货权转移指令单的行为不能证实其已经全面、适当地履行了交货义务。因阳泉公司未能依照合同约定的交货期限向易钢公司交货，符合合同法定解除情形，原审法院据此判决阳泉公司向易钢公司退还货款并承担违约责任，并无不当。

综上，原审判决认定事实清楚，适用法律正确，应予维持。依照《中华人民共和国民事诉讼法》第一百七十条第一款第(一)项之规定，判决如下：

驳回上诉，维持原判决。

二审案件受理费 161905 元，由阳泉公司负担。

本判决为终审判决。

二〇一六年五月三十一日审结。

第二节　案件的论证逻辑图

一、一审的逻辑图

（一）原告易钢公司起诉被告阳泉公司承担违约责任的逻辑图

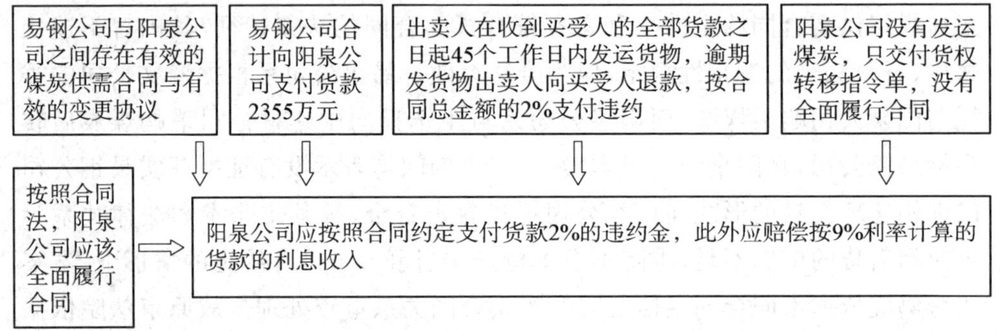

（二）被告阳泉公司答辩状驳回阳泉公司诉讼请求的逻辑图

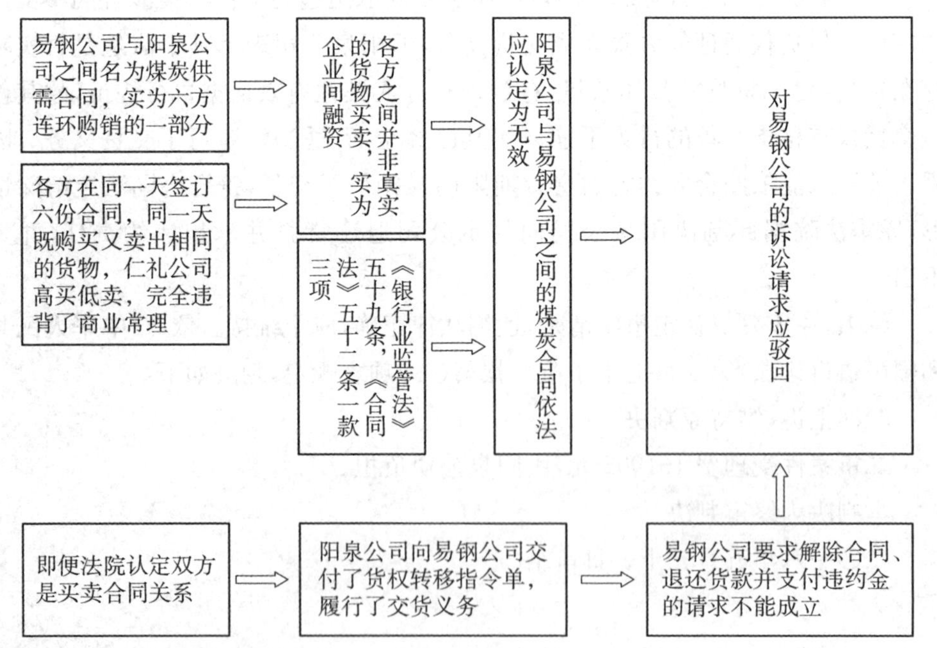

（三）一审法院对案件事实与阳泉公司承担责任的认定逻辑图

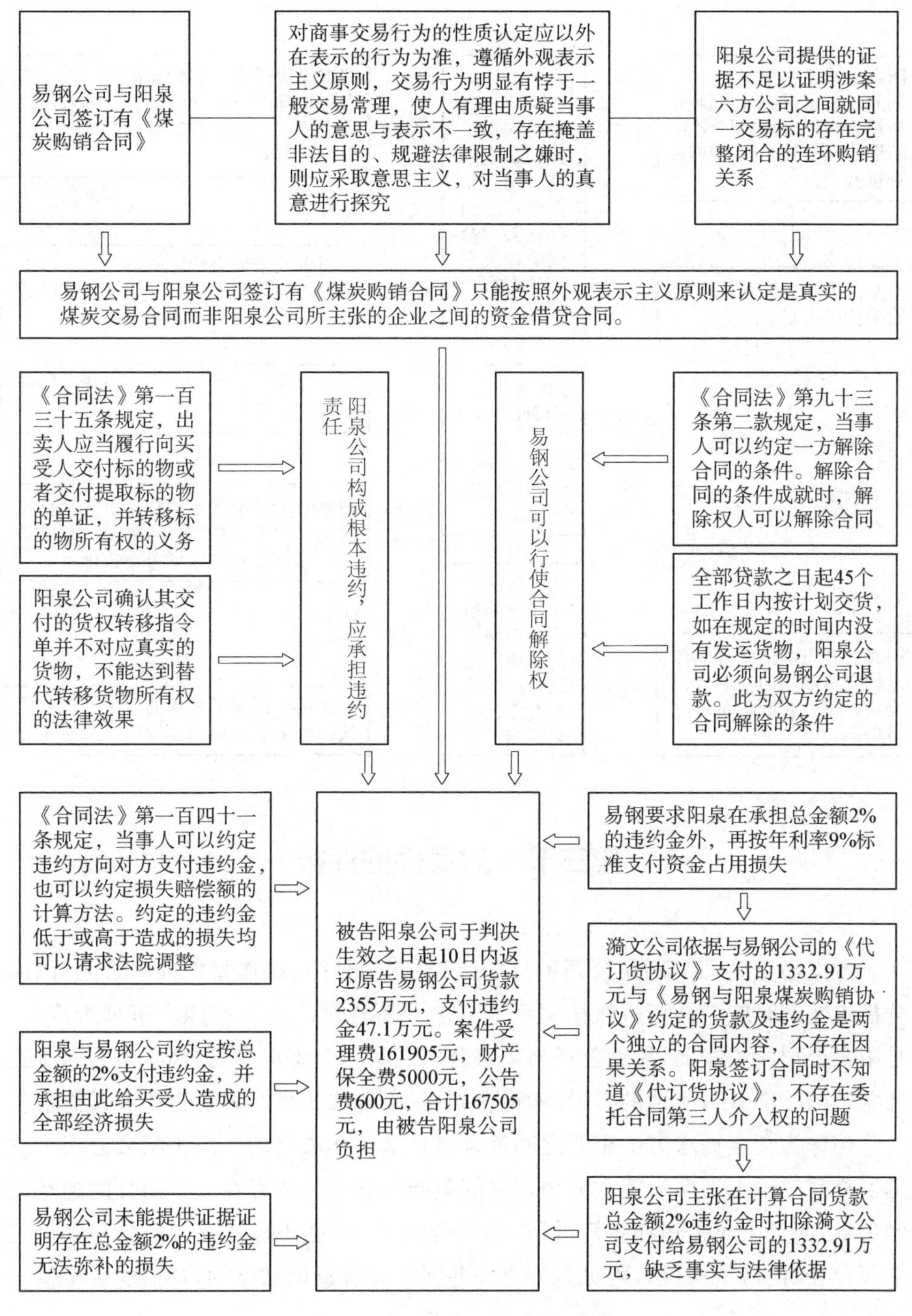

二、二审法院维持一审判决，驳回阳泉公司上诉的逻辑图

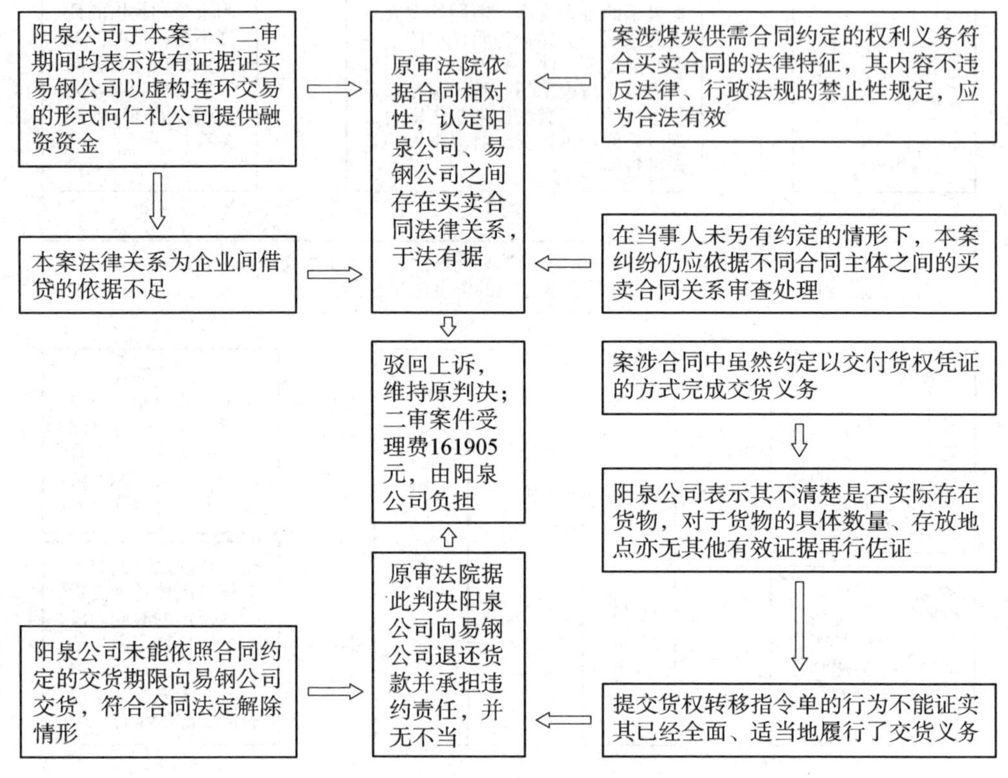

第三节 对案件的评析

本案易钢公司与阳泉公司签订的《煤炭购销合同》是典型的商事合同，因而分析该案例时应遵循商事法律关系的一般分析规则。本案有四个审理难点，一是阳泉公司所主张的“易钢公司与阳泉公司之间名为煤炭供需合同，实为六方连环购销的一部分”，所谓的《煤炭购销合同》是以合法的煤炭贸易合同形式掩盖仁礼公司作为资金需求方的企业之间资金借贷这一非法目的。由于阳泉公司无法提供充足的证据证明涉案六方公司之间就同一交易标的存在完整闭合的连环购销关系，而且阳泉公司在签订《煤炭购销合同》时并不知晓漪文公司与易钢公司之间存在《代订货协议》，可见六方之间并不存在有意思联络的，知情的资金借贷

关系。根据商法意思表示以外观表示主义为原则，只有交易行为明显有悖于一般交易常理，使人有理由质疑当事人的意思与表示不一致，存在掩盖非法目的、规避法律限制之嫌时，才应该采取意思主义，对当事人的真意进行探究。本案阳泉公司仅仅举证证明各方在同一天签订六份合同涉及的货物数量、质量标准、交货时间、地点、交货方式、验收等内容均相同，且在同一天既购买又卖出相同的货物，仁礼公司高买低卖，完全违背了商业常理。阳泉公司在庭审中确认在易钢公司起诉时才知道以形式上买卖合同掩盖真实的企业间借款行为，该陈述表明阳泉公司作为其主张的连环购销中的一个环节，事先并不存在以合法的形式掩盖非法目的的意思联络。结合易钢公司对阳泉公司该抗辩主张的否认，以及太重公司否认其参与的煤炭供需合同与案涉合同的关联性的事实，阳泉公司关于诉辩双方合同性质为企业间融资的抗辩主张，无充分的证据加以证明。因而一审与二审法院认定易钢公司与阳泉公司签订的《煤炭购销合同》是真实有效的，符合当时的事实。

二是阳泉公司交付的货权转移指令单能否替代实务交付履行合同的问题，由于阳泉公司在庭审中明确表示其不清楚货权转移指令单是否实际存在货物，对于货物的具体数量、存放地点亦无其他有效证据再行佐证，因而提交货权转移指令单并不对应真实的货物，不能达到替代转移货物所有权的法律效果，不能证实其已经全面、适当地履行了交货义务，因而其应该承担没有履行交付货物的违约责任。

三是在漪文公司与易钢公司之间的《代订货协议》，漪文公司委托易钢公司代理订购煤炭，作为委托订购煤炭合同第三人的阳泉公司是否享有介入权的问题，这直接决定阳泉公司对漪文公司支付给易钢公司的货款是否享有冲减违约金计算时的合同货款总金额的权利。由于阳泉公司在签订《煤炭购销合同》时并不知晓漪文公司与易钢公司之间存在《代订货协议》，就不存在介入权的问题，所以就不存在违约金计算时的货款金额冲抵问题。

四是易钢公司主张阳泉公司除承担合同货款总金额2%的违约金外，还应该归还易钢公司事先全额支付货款，资金实际被阳泉公司占有所形成的资金占用费。由于易钢公司未能提供证据证明存在总金额2%的违约金无法弥补的损失，而民事责任的特点是弥补损失，也不存在惩罚性赔偿金的问题，所以对于易钢主张按照年利率9%计算货款资金占用费的问题，无事实与法律上的依据。因而，阳泉公司应该返还原告易钢公司货款2355万元，支付违约金47.1万元。

由于本案只是阳泉公司单方面违约，易钢公司并没有违约之处，所以一审与二审的案件受理费、财产保全费、公告费等均由阳泉公司负担。

本案中值得一提的是阳泉公司以货权转移指令单替代煤炭实物履行《煤炭购销合同》的关键点在于该“货权转移指令单”是否对应相应的具体煤炭实物。无论是在现货交易还是期货交易均应遵循“货权转移指令单”与指令单上载明的货物相对应的原则，也就是说“货权转移指令单”必须与货物提单一致，是广义上所有权证券性质的单据，如果持有人不能向“货权转移指令单”上载明的债务人或债务人指定的受托人提取单据上载明的货物，那么该“货权转移指令单”就不能替代合同载明的实际货物的履行。

本案的关键点是商事关系意思表示外观主义原则的运用，商事交易追求效率，需要尽快确定交易双方的意思表示，要快速而又准确地确定交易的意思表示，以减少第三人把握该交易双方意思的认知时间，最好的方法便是从采用外观表示主义原则来确定该交易的真实意思，以降低第三人因为确定该交易真实性的成本，从而达到提高商事效率。但是商事交易还要兼顾公平，如果有充分的证据证明商事交易存在以合法形式掩盖非法目的，或者诸如欺诈、胁迫、认识错误、误导性陈述、乘人之危、或有其他严重不公平事项存在的情形下达成的交易，这种追求交易迅捷原则的外观意思表示主义便会被排除适用。然而这些排除适用的各种因素必须在交易人进行商事交易当时便客观存在，而不是因为情势变更之后方才出现的公平因素。情势变更后出现的对交易一方不利的因素已经超出了交易当时的意思表示范畴，而是属于情势变更原则的范畴。本案交易当事人阳泉公司与易钢公司签订《煤炭购销合同》之时，阳泉公司根本不知晓易钢公司与漪文公司存在《代订货协议》，也不了解存在以连环煤炭交易合同之形式掩盖仁礼公司行资金借贷之实质的事情，而这种不知情也不存在易钢公司刻意隐瞒，乃至欺诈或引诱，而且阳泉公司与易钢公司的煤炭交易按照当时的市场价进行，不存在显失公平，易钢公司没有披露与漪文公司之间的《代订货协议》既不影响阳泉公司对煤炭交易价格的实质判断也不影响其对煤炭交易决策的判断，易钢公司与漪文公司之间的《代订货协议》不涉及公众利益的情况下没有披露的义务，是专属于协议双方的商业秘密。阳泉公司在易钢公司提起诉讼时方发现连环的煤炭交易协议可能存在以合法形式的煤炭买卖合同掩盖真实的企业间借款行为，仁礼公司高买低卖，完全违背了商业常理，实质上是仁礼公司作为资金需求方的资金借贷行为，但是基于合同相对性原理，阳泉公司在无实质证据证明他人借煤炭交易掩盖企业间资金借贷行为与自己有实质性利害关系时，无权主张他人的资金借贷行为与自己煤炭交易之间存在法律上的因果关系，所以阳泉公司无权以仁礼公司的资金借贷行为否定自己与易钢公司的《煤炭购销合同》的效力。如果阳泉公司出于公益心认为仁礼公司的资金借贷行为损害金融交易秩序，他完全可以向银监会举报，让银监会进行监管。

思考题

1　口头合同在哪些领域有效？

2　商事合同为什么特别强调必须采用书面形式？

3. 商事意思表示外观原则的例外因素有哪些？

第三章　深圳胜捷公司案析商号与商标竞合时如何维权更有利

第一节　案情事实与法院的审理

深圳市胜捷消防器材工程有限公司与广东胜捷消防设备有限公司、冯毅侵害企业名称(商号)权纠纷申诉案[①]

一、案情事实

深圳市胜捷消防器材工程有限公司与广东胜捷消防设备有限公司、冯毅侵害企业名称(商号)权纠纷申诉、申请民事裁定书

广东省高级人民法院民事裁定书(2016)粤民申4301号

再审申请人(一审原告、二审上诉人):深圳市胜捷消防器材工程有限公司,住所地:广东省深圳市福田区深南路与农林路交界。

法定代表人:周红忠,该公司董事长。

委托诉讼代理人:李伟相,广东知恒律师事务所律师。

委托诉讼代理人:万诚,广东知恒律师事务所律师。

被申请人(一审被告、二审被上诉人):广东胜捷消防设备有限公司,住所地:广东省广州市番禺区桥南街蚬涌工业区。

法定代表人:陈玉华,该公司总经理。

委托诉讼代理人:李战良,广东联合发展律师事务所律师。

被申请人(一审被告、二审被上诉人):冯毅,男,汉族,1965年6月9日出

① 中国裁判文书网。

生,住址:广东省广州市番禺区。

委托诉讼代理人:李战良,广东联合发展律师事务所律师。

再审申请人深圳市胜捷消防器材工程有限公司(以下简称深圳胜捷公司)因与被申请人广东胜捷消防设备有限公司(以下简称广东胜捷设备公司)、冯毅侵害企业名称权纠纷一案,不服广州知识产权法院(2015)粤知法商民终字第59号民事判决,向本院申请再审。本院依法组成合议庭对本案进行了审查,现已审查终结。

深圳胜捷公司申请再审称:一、一审法院将无从考证的、仅有复印件的《解除〈深圳市胜捷消防器材厂与冯毅合作经营深圳胜捷(番禺)消防器材厂合同书〉合同》(以下简称《解除协议》),作为定案的关键证据,明显违反了民事诉讼法和证据规定,导致案件结论错误。二审法院认定该份协议的内容能被其他证据所佐证及证据之间相互印证,形成完整证据链,是错误的。1. 虽然深圳胜捷公司在一审中提交的《深圳市胜捷消防器材厂与冯毅合作经营深圳胜捷(番禺)消防器材厂合同书》(以下简称《合作经营合同》)也是复印件,但是深圳胜捷公司认可其真实性,且有其他材料可以直接证明该份协议的真实性,例如,深圳胜捷公司在一审中提交的证据二、证据三,都是关于深圳市胜捷消防器材厂迁厂到番禺的事实,可以证明深圳胜捷公司与冯毅的合作关系。而对于《解除协议》,深圳胜捷公司是不认可其真实性的,且没有其他证据可以直接证明深圳胜捷公司与冯毅解除上述合同。2. 该份《解除协议》是损害深圳胜捷公司自身利益的合同,作为正常的市场主体,深圳胜捷公司签订此类协议的行为是违背客观规律的。3. 根据《解除协议》中的内容,可看出该份协议明显是冯毅为了诉讼而准备的。作为认定事实如此重要的证据,广东胜捷设备公司、冯毅于第一次开庭后才提供,于理不合。4. 广东胜捷设备公司、冯毅没有提供任何一份有效书面证据以佐证其"'胜捷'商号使用限制已经深圳胜捷公司解除"的事实。5. 二审法院认定《解除协议》与深圳胜捷公司的生产许可证、经营范围的转入申请、广州市工商行政管理局番禺分局的《证明》可以相互印证,该认定漏洞百出。广东胜捷设备公司、冯毅主张因深圳胜捷公司无法提供生产许可证而导致双方签订解除协议的理由不能成立。二、二审法院认定广东胜捷设备公司、冯毅并非擅自使用"胜捷"字号,是错误的。1. 冯毅作为深圳胜捷公司下属企业即深圳胜捷(番禺)消防器材厂(后注册名称为番禺市深圳胜捷消防器材厂)的厂长,明知深圳胜捷公司享有"胜捷"字号。根据双方《合作经营合同》第二十二条约定,双方合作关系结束后,冯毅不得以任何形式继续沿用深圳胜捷公司的企业名称。此条明确了冯毅对"胜捷”字号的禁止性使用，但冯毅却利用企业名称变更、企业注册等手段，继续使用“胜捷”字号，并且还扩展使用到其相关关联公司上，具有明显的恶意。2. 根据深圳胜捷公司提交的番禺市胜捷消防器材厂于1996年10月22日向番禺市公安局消防科提出的申请以及深圳胜捷公司于二审中提交的四份工业产品生产许可证可以得知，广东胜捷设备公司、冯毅属于擅自使用“胜捷”字号。3. 北京市高级人民法院(2011)高行终字第40号(以下简称北京高院第40号案)生效判决已判定冯毅的行为具有明显恶意，侵害了深圳胜捷公司的商号权。既然一审法院认定深圳胜捷公司在先享有的“胜捷”字号拥有较高知名度，加上冯毅的明知，更加印证了冯毅擅自使用“胜捷”字号，恶意攀附的主观恶意。4. 广州市南沙区人民法院作出的(2014)穗南法知民初字第825号(以下简称南沙法院第825号案)民事判决认定了冯毅具有恶意，二审法院无视该判决中的“冯毅没有遵守合同的相关约定，超越了原告授权继续使用胜捷名称进行商业活动”的认定，牵强地认为该判决论述是针对商标权纠纷，并不涉及到商号权纠纷，明显错误。三、深圳胜捷公司与广东胜捷设备公司均从事消防行业，经营业务存在重合之处，足以引起相关公众的混淆，二审法院在“混淆后果”的事实认定上存在错误，适用法律错误。虽然深圳胜捷公司的主要经营业务是消防工程，但还涵盖消防产品的提供、施工、设计、维修、保养各个领域。广东胜捷设备公司主营的消防产品是通过一些消防工程来进行提供的，因此，深圳胜捷公司及广东胜捷设备公司都会涉及到消防工程和消防产品。在市场经济条件下，企业跨区域经营是正常形态，深圳胜捷公司在全国各地都有经营活动，而广东胜捷设备公司的工程、产品也是遍及各地，况且深圳胜捷公司所在的深圳和广东胜捷设备公司所在的广州是广东省乃至全国的经济发达城市，具有经济指向标的作品，更容易引起相关公众的注意。二审法院认为没有造成实际混淆，是错误的。综上所述，二审法院据以认定基本事实的主要证据不足，适用法律错误，请求：1. 依法撤销广州知识产权法院作出的(2015)粤知法商民终字第59号民事判决；2. 依法改判或发回重审，支持深圳胜捷公司的诉讼请求；3. 依法判令广东胜捷设备公司、冯毅承担所有诉讼费用。

广东胜捷设备公司、冯毅提交意见称，一、二审法院认定《解除协议》的内容能被其他证据佐证，且证据之间相互印证，形成完整证据链，是正确的。1. 生产许可证到期后，深圳胜捷公司未办理续期，致使《合作经营合同》无法继续履行。2. 深圳胜捷公司下属深圳市胜捷消防器材厂在1995年3月至2000年3月在深圳观兰租地筹划生产灭火器，证明了深圳胜捷公司在此期间没有将灭火器生产项目交予冯毅经营。3. 深圳胜捷公司下属企业番禺市深圳胜捷消防器材厂的营业执照于1998年被吊销,深圳胜捷公司不可能对此不知情。4.深圳胜捷公司没有主动在《合作经营合同》约定的合同履行期间内对第563356号商标办理续展。5.在1996年10月22日的证明中,有番禺市胜捷消防器材厂给番禺市防火科的报告,其中盖有深圳胜捷公司的印章。6.2014年番禺市工商局出具证明,证明番禺市胜捷消防器材厂与番禺市深圳胜捷消防器材厂是不同的主体。二、广东胜捷设备公司、冯毅并非擅自使用“胜捷”字号。1.第一,在冯毅与深圳胜捷公司、番禺市沙湾蚬涌经济发展有限公司磋商成立新企业时,深圳胜捷公司表示担心更改企业名称后,深圳胜捷公司需承担番禺市深圳胜捷消防器材厂遗留的债务以及产品的售后服务等问题,要求冯毅继续使用“胜捷”字号,且番禺市沙湾蚬涌经济发展有限公司也决定继续使用原来的“胜捷”字号。因冯毅挂靠成立新企业继续经营,最后妥协成立“番禺市胜捷消防器材厂”。第二,深圳胜捷公司下属全资子公司和冯毅合作成立的“番禺市深圳胜捷消防器材厂”的字号是“深圳胜捷”,而番禺市沙湾蚬涌经济发展有限公司和冯毅合作成立的“番禺市胜捷消防器材厂”的字号才是“胜捷”,也就是在番禺市工商局、广州市工商局、广东省工商局辖区内是番禺市沙湾蚬涌经济发展有限公司最先获得在消防行业的“胜捷”字号。2.北京高院第40号案以及南沙法院第825号案中,法庭并未审理“胜捷”的名称权纠纷,并未就名称权是否侵权进行法庭调查,也并未就1993年2月18日签订的《合作经营合同》等事实进行法庭调查。在没有审理商号是否侵权的情况下,武断地认为冯毅具有恶意,侵害深圳胜捷公司的商号权,是未审而判。综上,请求驳回深圳胜捷公司的再审申请。

二、再审法院对案件的审理

本院经审查认为,本案属于侵害企业名称权纠纷。综合再审申请人深圳胜捷公司的再审申请理由以及被申请人广东胜捷设备公司、冯毅的答辩意见,双方当事人争议的焦点主要在于广东胜捷设备公司、冯毅是否擅自使用深圳胜捷公司“胜捷”字号,是否构成不正当竞争。

根据《中华人民共和国反不正当竞争法》第五条第三项的规定,擅自使用他人的企业名称,引人误认为是他人的商品的,构成不正当竞争。根据《最高人民法院关于审理不正当竞争民事案件应用法律若干问题的解释》第六条的规定,具有一定市场知名度、为相关公众所知悉的企业名称中的字号,可以认定为反不正当竞争法规定的企业名称。

本案证据证明，深圳胜捷公司与冯毅于1993年2月18日签订《合作经营合同》，其中约定：由冯毅与深圳胜捷公司合作经营“深圳胜捷（番禺）消防器材厂”；“胜捷”名称属深圳胜捷公司所有，冯毅不得超越深圳胜捷公司授权以外使用“胜捷”的名称进行商业活动；深圳胜捷公司提供的生产许可证和“胜捷”商标的所有权属于深圳胜捷公司，合作期满后，冯毅不得使用；合作企业解散时，“深圳胜捷（番禺）消防器材厂”的名称应予以注销，冯毅不得以任何方式继续沿用；合作期限为十年，自营业执照签发之日起计等等。合同签订后，双方实际上于1993年4月19日注册成立了“番禺市深圳胜捷消防器材厂”，法定代表人为冯毅，地址为番禺市沙湾区陈涌工业区，企业类型为国有，主管部门为深圳胜捷公司。广州市工商局番禺分局沙湾工商所于2003年1月7日出具的《证明》证明，番禺市深圳胜捷消防器材厂因超过时间年检，于1998年12月1日被吊销。广州市工商行政管理局番禺分局的企业注册登记基本资料也显示，该厂于1999年2月14日被注销。广州市工商行政管理局番禺分局的企业注册登记基本资料证明“番禺市胜捷消防器材厂”成立于1995年7月3日，法定代表人为冯毅，地址为沙湾镇蚬涌村，主体类型为集体所有制，主管部门为沙湾镇蚬涌村经济合作社，该企业于2000年10月13日被注销。上述事实足以证明“番禺市深圳胜捷消防器材厂”与“番禺市胜捷消防器材厂”是两家并存的、不同的企业，这一事实也与广州市工商行政管理局番禺分局于2014年5月27日出具的《证明》的内容相一致。

消防器材的生产在我国属于国家控制管理的行业，必须在取得营业执照之外另行取得主管部门的批准持有许可证进行生产。《合作经营合同》约定深圳胜捷公司有义务提供编号分别为XK22－0210381号、XK22－0230382号的生产许可证给冯毅用于经营合作企业。本案证据证明，该两份《全国工业产品生产许可证》的核发日期为1991年7月，有效期均至1996年5月31日，许可的内容是生产“胜捷”牌的有关型号灭火器。深圳胜捷公司在二审期间所提交的以番禺市胜捷消防器材厂名义领取的同编号的两份许可证复印件，其内容是许可该厂生产“胜捷”牌MY2、MY4型手提式1211灭火器，MFZ2、MFZ3、MFZ4、MFZ5、MFZ8型手提式干粉灭火器，即覆盖了之前以番禺市深圳胜捷消防器材厂所领取的同号许可证的产品型号范围，该两份许可证的核发日期、有效期与番禺市深圳胜捷消防器材厂所领取的许可证相同。在上述两份许可证有效期满后，深圳胜捷公司并没有给番禺市深圳胜捷消防器材厂进行续期或重新领取许可证。而番禺市胜捷消防器材厂于1996年10月22日向番禺市消防科提交了《申请》，内容为:“我厂因名称登记变更,由原‘番禺市深圳胜捷消防器材厂’,变为‘番禺市胜捷消防器材厂’。因此,申请把原‘番禺市深圳胜捷消防器材厂’的经营范围全部转入‘番禺市胜捷消防器材厂’。”深圳胜捷公司于同年12月在该《申请》上盖章同意。但正如前面所分析的,由于番禺市深圳胜捷消防器材厂与番禺市胜捷消防器材厂是两家同时并存的不同的企业主体,因此,后者不可能由前者变更企业名称而来,上述申请的真实目的在于把番禺市深圳胜捷消防器材厂的经营范围全部转入番禺市胜捷消防器材厂。故深圳胜捷公司认为番禺市胜捷消防器材厂是由番禺市深圳胜捷消防器材厂变更企业名称而来,该主张缺乏依据,不能成立。

本案证据证明,深圳胜捷公司曾经在1999年7月、8月、10月就CO_2固定灭火系统与番禺市胜捷消防器材厂签订四份销售合同,深圳胜捷公司内档资料中填表日期为2005年10月20日的应付账款评估明细表显示有“序号8、户名(结算对象):广东胜捷公司、业务内容:消防设备款,账龄:1年以内”等信息。

上述证据已经形成完整的证据链,足以证明深圳胜捷公司早已知道冯毅在与深圳胜捷公司合作经营番禺市深圳胜捷消防器材厂期间,另外成立了以“胜捷”为企业字号的番禺市胜捷消防器材厂,并先后成立了以“胜捷”为字号的关联企业,深圳胜捷公司对此不仅未予制止或者提出异议,甚至还先后与其进行贸易往来,即深圳胜捷公司以实际行动表明了其同意冯毅在合作企业之外另行成立以“胜捷”为企业字号的企业,冯毅并不存在超越《合作经营合同》的约定擅自使用“胜捷”字号的情形。上述事实也进一步佐证了冯毅提供的《解除协议》的真实性,原审判决采信该证据并无不当。因此,深圳胜捷公司认为广东胜捷设备公司、冯毅在企业名称中擅自使用“胜捷”字号,存在主观恶意,侵害了深圳胜捷公司的企业名称权,该主张不能成立。

需要指出的是,北京高院第40号案审理的是第3087053号“胜捷及图”商标异议复审行政纠纷,解决的是商标评审委员会对该商标的处理是否得当的问题,而本案审理的是侵害企业名称权纠纷,因此两者纠纷的性质不同,审理的范围不同,当事人所提供的证据也不同。而且在北京高院第40号案判决理由中所述“冯毅在消防器材商品上申请注册于深圳胜捷公司实际使用的胜捷商号相同或近似的被异议商标,其行为具有明显恶意,侵犯了深圳胜捷公司的商号权”,结合该判决书的上下文,明显是指冯毅申请注册第3087053号商标的行为侵犯了深圳胜捷公司的商号权,不符合商标法的规定。冯毅在申请注册有关商标时是否侵犯深圳胜捷公司的在先权利包括商号权,与本案冯毅、广东胜捷设备公司使用含有“胜捷”字号的企业名称是否侵犯了深圳胜捷公司的商号权，系两个不同的法律关系。故北京高院的该行政判决对本案无拘束力。深圳胜捷公司还认为南沙法院第 825 号民事判决已经认定冯毅“超越了原告授权继续使用胜捷的名称进行商业活动”具有恶意。本院对此认为，该判决系一审判决，其所作的上述认定并没有被二审判决所采纳，故南沙法院在该案中的判决理由对本案亦不具有拘束力。深圳胜捷公司以上述两份判决所认定的事实为依据，认为冯毅及其关联公司擅自使用其“胜捷”字号，具有主观恶意，理由不成立。

深圳胜捷公司没有提供证据证明其在终止与冯毅的合作经营后，重新领取了消防器材的生产许可证，而且深圳胜捷公司于 2005 年 12 月将经营范围变更为经营消防器材及消防工程的设计、安装和维护，即已经没有了生产消防器材的经营范围。番禺市胜捷消防器材厂从成立时起就具有消防器材的生产经营范围，而且番禺市胜捷消防器材厂曾经与深圳胜捷公司签订过四份灭火系统销售合同，深圳胜捷公司内档资料的应付账款评估明细表中显示有“广东胜捷公司、消防设备款”等信息。上述事实证明，在冯毅注册成立番禺市胜捷消防器材厂之后，深圳胜捷公司与番禺市胜捷消防器材厂以及该厂后来变更名称后的广东胜捷设备公司系各自独自发展，并存在一定经济往来。结合双方当事人在诉讼中所提交的各自获得荣誉的证据来看，各自均通过自身努力取得了一定的市场影响力。也就是说，深圳胜捷公司与冯毅经营的番禺市胜捷消防器材厂及其以“胜捷”为企业名称字号的关联公司从 1995 年 7 月以来，各自以“胜捷”的字号从事与消防行业有关的经营活动，并各自取得了一定的市场知名度，建立了各自相对稳定的客户群，已经形成了两者共存的市场格局。对此基于历史原因以及市场竞争所形成的市场格局，应受到法律的保护，各方当事人均应互相尊重。虽然随着各自业务范围的逐步发展，两者在部分区域或者产品服务上会发生交叉重合，从而产生直接的竞争关系，也可能会导致部分相关公众对两者的市场主体或者产品来源发生混淆、误认，但只要是正常的、良性的市场竞争，就应该予以容忍。

广东胜捷设备公司的前身为番禺市胜捷消防器材设备有限公司，该公司由冯毅等人于 1999 年投资成立，其使用“胜捷”字号已经超过十年的时间，深圳胜捷公司对此应当清楚，但没有在本案诉讼之前予以制止或者提出过异议，故原审判决认为广东胜捷设备公司使用“胜捷”的字号并无侵犯深圳胜捷公司的商号权，该认定并无不当。

综上所述，深圳胜捷公司的再审申请不符合《中华人民共和国民事诉讼法》第二百条第一、二、三、六项规定的情形。依照《中华人民共和国民事诉讼法》第二百零四条第一款，《最高人民法院关于适用〈中华人民共和国民事诉讼法〉的解释》第三百九十五条第二款之规定，裁定如下：

驳回再审申请人深圳市胜捷消防器材工程有限公司的再审申请。

第二节　案件的论证逻辑图

一、再审申请人深圳胜捷公司提出申请再审诉讼请求的逻辑推理图

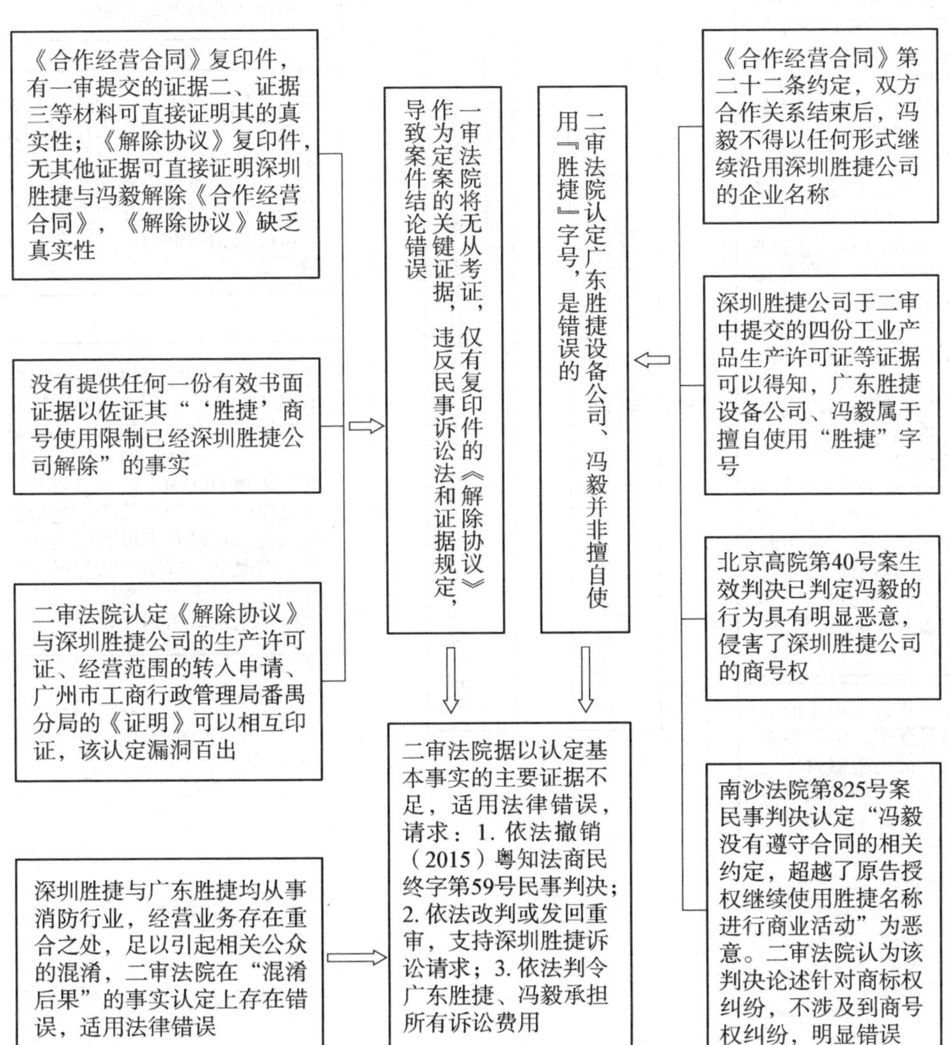

二、被申请人对再审申请案的答辩逻辑图

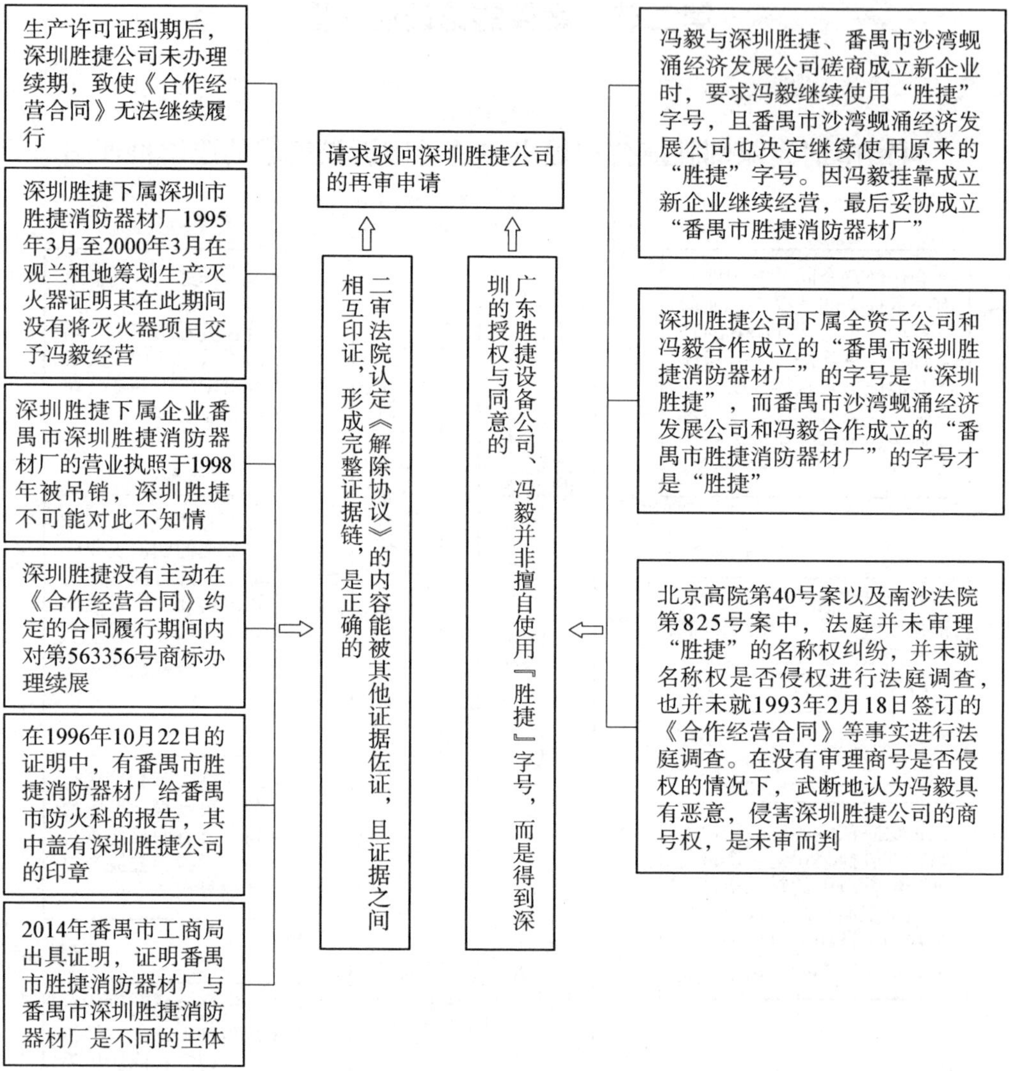

生产许可证到期后，深圳胜捷公司未办理续期，致使《合作经营合同》无法继续履行

深圳胜捷下属深圳市胜捷消防器材厂1995年3月至2000年3月在观兰租地筹划生产灭火器证明其在此期间没有将灭火器项目交予冯毅经营

深圳胜捷下属企业番禺市深圳胜捷消防器材厂的营业执照于1998年被吊销，深圳胜捷不可能对此不知情

深圳胜捷没有主动在《合作经营合同》约定的合同履行期间内对第563356号商标办理续展

在1996年10月22日的证明中，有番禺市胜捷消防器材厂给番禺市防火科的报告，其中盖有深圳胜捷公司的印章

2014年番禺市工商局出具证明，证明番禺市胜捷消防器材厂与番禺市深圳胜捷消防器材厂是不同的主体

⇨ 二审法院认定《解除协议》的内容能被其他证据佐证，且证据之间相互印证，形成完整证据链，是正确的

⇧ 请求驳回深圳胜捷公司的再审申请

冯毅与深圳胜捷、番禺市沙湾蚬涌经济发展公司磋商成立新企业时，要求冯毅继续使用“胜捷”字号，且番禺市沙湾蚬涌经济发展公司也决定继续使用原来的“胜捷”字号。因冯毅挂靠成立新企业继续经营，最后妥协成立“番禺市胜捷消防器材厂”

深圳胜捷公司下属全资子公司和冯毅合作成立的“番禺市深圳胜捷消防器材厂”的字号是“深圳胜捷”，而番禺市沙湾蚬涌经济发展公司和冯毅合作成立的“番禺市胜捷消防器材厂”的字号才是“胜捷”

北京高院第40号案以及南沙法院第825号案中，法庭并未审理“胜捷”的名称权纠纷，并未就名称权是否侵权进行法庭调查，也并未就1993年2月18日签订的《合作经营合同》等事实进行法庭调查。在没有审理商号是否侵权的情况下，武断地认为冯毅具有恶意，侵害深圳胜捷公司的商号权，是未审而判

⇦ 广东胜捷设备公司、冯毅并非擅自使用『胜捷』字号，而是得到深圳的授权与同意的

⇧ 请求驳回深圳胜捷公司的再审申请

三、广东省高级人民法院驳回再审申请人再审申请的逻辑图

合作经营企业番禺市深圳胜捷消防器材厂于1998年12月1日被吊销，于1999年2月14日被注销 ⇨

番禺市胜捷消防器材厂1995年7月3日成立，2000年10月13日注销，与番禺市深圳胜捷消防器材厂是两个企业 ⇨

两家不同企业在95年7月至99年共存，深圳胜捷公司关于番禺市胜捷消防器材厂是由番禺市深圳胜捷消防器材厂变更企业名称而来的主张缺乏依据，不能成立 ⇨

深圳胜捷公司曾经在1999年7月、8月、10月就CO_2固定灭火系统与番禺市胜捷消防器材厂签订四份销售合同 ⇨

深圳胜捷公司知道冯毅在与深圳胜捷公司合作经营番禺市深圳胜捷消防器材厂期间，另成立了以“胜捷”为企业字号的企业 ⇨

深圳胜捷对被申请人的行业未予制止与提出异议，还先后与其进行贸易，以实际行动表明其同意冯毅在合作企业之外另行成立以“胜捷”为企业字号的企业 ⇨

冯毅并不存在超越《合作经营合同》的约定擅自使用“胜捷”字号的情形。深圳胜捷公司认为广东胜捷设备公司、冯毅在企业名称中擅自使用“胜捷”字号，存在主观恶意，侵害了深圳胜捷公司的企业名称权，该主张不能成立 ⇨

广东胜捷公司的前身番禺市胜捷消防器材设备公司由冯毅等人于1999年投资成立，其使用“胜捷”字号已经超过十年的时间，深圳胜捷公司对此没有在本案诉讼之前予以制止或者提出异议，原审判决认为广东胜捷公司使用“胜捷”字号并无侵犯深圳胜捷公司商号权，该认定并无不当 ⇨

北京高院第40号案审理的是第3087053号“胜捷及图”商标异议复审行政纠纷，解决的是商标评审委员会对该商标的处理是否得当的问题，而本案审理的是侵害企业名称权纠纷，北京高院的该行政判决对本案无拘束力。南沙法院第825号民事判决认定冯毅具有恶意的判决系一审判决，该认定并没有被二审判决所采纳，故南沙法院在该案中的判决理由对本案亦不具有拘束力 ⇨

深圳胜捷公司以上述两份判决所认定的事实为依据，认为冯毅及其关联公司擅自使用其“胜捷”字号，具有主观恶意，理由不成立 ⇨

深圳胜捷公司与番禺市胜捷消防器材厂以及该厂后来变更名称后的广东胜捷设备公司系各自独自发展，并存在一定经济往来。各自以“胜捷”的字号从事与消防行业有关的经营活动，均通过自身努力取得了一定的市场知名度，产生了一定的市场影响力，建立了各自相对稳定的客户群，已经形成了两者共存的市场格局。两者在部分区域或者产品服务上会发生交叉重合，会产生直接的竞争关系，也可能会导致部分相关公众对两者的市场主体或者产品来源发生混淆、误认，但只要是正常的、良性的市场竞争，就应该予以容忍 ⇨

深圳胜捷公司的再审申请不符合《中华人民共和国民事诉讼法》第二百条第一、二、三、六项规定的情形。依照《中华人民共和国民事诉讼法》第二百零四条第一款、《最高人民法院关于适用〈中华人民共和国民诉讼法〉的解释》第三百九十五条第二款之规定，驳回再审申请人的再审申请

第三节　对案件的评析

一、本案诉因设置的评析

本案是一起典型的商业名称侵权诉讼案件，一审原告深圳胜捷公司采用了侵权这一诉因，而没有选择《合作经营协议》的违约作为诉因是因为《合作经营协议》规定的合作期限是1993年至2003年，《合作经营合同》虽然约定“胜捷”名称属深圳胜捷公司所有；冯毅不得超越深圳胜捷公司授权以外使用“胜捷”的名称进行商业活动；深圳胜捷公司提供的生产许可证和“胜捷”商标的所有权属于深圳胜捷公司，合作期满后，冯毅不得使用；合作企业解散后，“深圳胜捷（番禺）消防器材厂”的名称应予以注销，冯毅不得以任何方式继续沿用。本案的一审诉讼发生在2014年左右，离2003年已经过去9年，很显然超过了违约责任的诉讼时效。本案的诉因采取了侵权之诉，而且选择的是商业名称权的侵权之诉，而不是商标权的侵权之诉，是因为深圳胜捷公司没有及时对“胜捷”商标（第563356号商标）这一商品商标进行续展，2005年12月深圳胜捷公司的主营业务从消防设备器材的生产变更为经营消防器材及消防工程的设计、安装和维护，即已经没有了生产消防器材的经营范围。即使深圳胜捷公司依然持有“胜捷”商标，但是这一商标已经转化为“服务商标”。而被申请人冯毅与广东胜捷设备公司的经营范围是消防设备器材的生产经营，用的是商品商标“胜捷及图”。深圳胜捷公司与广东胜捷设备公司两家企业使用的注册商标尽管均含有“胜捷”两字，但是商标并不雷同，而且这两个商标属于不同的性质，一个是服务商标一个是商品商标，不存在商标侵权之说。所以，再审申请人所聘请的律师在一审时将该案设置成“商业名称权”与“商业标识”不当竞争侵权之诉，而不是“商标权侵权之诉”是明智的。

二、对本案判决的评析

从本案的事实与现行的法律来看，导致再审申请人深圳胜捷公司申请再审失败的真正原因在侵权之诉的诉讼时效已过，深圳胜捷公司已经丧失胜诉权，而不是二审判决与再审裁定中说的“冯毅并不存在超越《合作经营合同》的约定擅自使用‘胜捷’字号的情形”等原因，被申请人冯毅与广东胜捷设备公司侵犯深圳胜捷公司商业名称权中的核心组成部分“胜捷”这一“商号”发生在 1995 年 7 月 3 日番禺市胜捷消防器材厂成立之时，尽管广东胜捷设备公司 1999 年成立，但广东胜捷设备公司的前身是番禺市胜捷消防器材厂。再审申请人引用(2011)北京高院第 40 号案与(2014)穗南法知民初字第 825 号案论证冯毅具有恶意表明该申诉案的一审发生在 2014 年。深圳胜捷公司曾经在 1999 年 7 月、8 月、10 月就 CO_2 固定灭火系统与番禺市胜捷消防器材厂签订四份销售合同，说明深圳胜捷公司早在 1999 年就明知冯毅与广东胜捷设备公司侵犯其商号权，1999 年至 2014 年早已过了 2 年的侵权之诉的诉讼时效。所以本案关于双方当事人之间是否曾经订立过《合作经营解除协议》，是否构成侵权的争论的意义不大，即使法院认定冯毅与广东胜捷设备公司侵犯了深圳胜捷公司的商号权，也会因为诉讼时效届满 2 年而丧失胜诉权。但是本案对《解除协议》是否真实存在与广东胜捷公司使用“胜捷”字号是否侵犯深圳胜捷公司商号权的认定有一些地方值得推敲与商讨。

思考题

请分析以下案例的审理逻辑图，并加以评析。

徐州博后选煤机械有限公司与徐州博后工程机械有限公司侵害企业名称(商号)权纠纷申请再审民事裁定书①

中华人民共和国最高人民法院民事裁定书(2014)民申字第 1189 号。

再审申请人(一审被告、二审上诉人)：徐州博和工程机械有限公司(原徐州博后工程机械有限公司)。住所地：江苏省徐州市九里街道办事处李屯村内。

法定代表人：余正军，该公司董事长。

被申请人(一审原告、二审被上诉人)：徐州博后选煤机械有限公司。住所地：江苏省徐州市淮海西路 253 号新都大厦 A－1－901 室。

法定代表人：孙刚，该公司总经理。

再审申请人徐州博和工程机械有限公司因与被申请人徐州博后选煤机械有

① 案例来源：http://www.court.gov.cn/wenshu/xiangqing-4418.html。

限公司(以下简称博后选煤公司)侵犯企业名称权纠纷一案,不服江苏省高级人民法院(2011)苏知民终字第0175号民事判决,向本院申请再审。本院依法组成合议庭对本案进行审查,现已审查终结。

徐州博和工程机械有限公司申请再审称:1.徐州博后工程机械有限公司(以下简称博后工程公司)不存在侵犯企业名称权的主观恶意。博后工程公司的法定代表人余正军在申请设立博后工程公司时,是经徐州市工商局严格审核通过,经过合法的行政许可程序申领工商营业执照,根本不存在侵犯企业名称权的主观恶意。2.博后工程公司已经申请注册"博后"商标,博后选煤公司至今都没有"博后筛"专利,其02159947.5号专利和博后筛毫无关系。博后筛在专利申请前已经公开销售,属于现有技术。博后工程公司经营的是自己知识产权的产品,不可能构成侵权。3.博后工程公司的法定代表人余正军于2008年11月至2009年1月曾短暂地在博后选煤公司帮过忙,完全是做好人好事。4.博后选煤公司没有就10万元的经济损失提出任何证据,法院酌定10万元赔偿金没有任何事实和法律依据。5.在其他案件审理中,法院对博后选煤公司的违法行为不管不问,执法不公。综上,徐州博和工程机械有限公司根据《中华人民共和国民事诉讼法》第二百条第一、二、六、十二项的规定,请求再审本案。

本院经审查查明:2011年12月22日,经江苏省徐州市工商行政管理局准予,博后工程公司变更企业名称为徐州博和工程机械有限公司。

本院认为:《中华人民共和国反不正当竞争法》第五条规定:"经营者不得采用下列不正当手段从事市场交易,损害竞争对手:……(三)擅自使用他人的企业名称或者姓名,引人误认为是他人的商品;……"《最高人民法院关于审理不正当竞争民事案件应用法律若干问题的解释》第六条规定:"企业登记主管机关依法登记注册的企业名称,以及在中国境内进行商业使用的外国(地区)企业名称,应当认定为反不正当竞争法第五条第(三)项规定的'企业名称'。具有一定的市场知名度、为相关公众所知悉的企业名称中的字号,可以认定为反不正当竞争法第五条第(三)项规定的'企业名称'。"本案中,首先,如二审查明,博后选煤公司自2003年成立以来,其"博后筛"产品销往多个省区市。由于"博后"既是其字号,又是产品名称,加上此类产品为工矿产品,领域较为特殊,相关公众群体较为固定和有限,因此可以认定在2009年10月博后工程公司注册成立之时,博后选煤公司的字号"博后"已经具有一定的市场知名度、为相关公众所知悉,应当受到法律保护。其次,博后工程公司的法定代表人曾在博后选煤公司协助处理过事务,对博后选煤公司的字号、经营产品等情况是知晓的。再次,博后工程公司与博后选煤公司为同行业企业，经营同类产品，在博后选煤公司的字号“博后”具有一定知名度的情况下，博后工程公司的企业名称与博后选煤公司仅相差两个字，字号完全相同，相关公众容易产生混淆误认。因此原审判决认定博后工程公司构成不正当竞争并无不妥。

企业名称工商核准登记是一种行政管理措施，其主要从企业名称登记管理的角度进行审查，经过核准登记并不意味着一定不会侵犯其他人的在先权利。因此，博后工程公司关于其企业名称是经过核准登记而不具有主观恶意，不构成不正当竞争的主张不能成立。在博后选煤公司未能提供其具体损失证据的情况下，原审法院结合博后工程公司投标文件随附的公司业绩，综合考虑博后工程公司侵权行为的性质、持续时间、主观过错程度以及博后选煤公司企业名称的声誉等因素，依法酌定赔偿数额为 10 万元并无不妥。此外，博后工程公司是在博后选煤公司登记成立并经营多年之后才申请注册“博后”商标，不能据此证明其使用博后工程公司这一企业名称的合理性和正当性。至于博后工程公司所称其他案件的审理情况及“博后筛”技术是否属于现有技术等，与本案无关。

综上，徐州博和工程机械有限公司的再审申请不符合《中华人民共和国民事诉讼法》第二百条规定的情形。依照《中华人民共和国民事诉讼法》第二百零四条第一款之规定，裁定如下：

驳回徐州博和工程机械有限公司的再审申请。

1. 请根据上述案例画出再审申请人申请再审的逻辑图、被申请人答辩逻辑图与法院的裁判逻辑图。

2. 请对本案进行评析。

第四章 国家粮食交易中心案析商业登记公信力在隐名股东资格认定中的应用

第一节 案情事实与法院审理

一、案情事实

哈尔滨国家粮食交易中心与哈尔滨银行股份有限公司科技支行等执行异议纠纷上诉案①

中华人民共和国最高人民法院民事判决书，(2013)民二终字第111号。

上诉人(原审原告)：哈尔滨国家粮食交易中心。

法定代表人：陈立祥，该中心主任。

委托代理人：韩红，黑龙江天辅律师事务所律师。

被上诉人(原审被告)：哈尔滨银行股份有限公司科技支行。

负责人：于德源，该行行长。

委托代理人：曲龙江，该行职员。

委托代理人：王英军，该行职员。

被上诉人(原审被告)：黑龙江粮油集团有限公司。

法定代表人：国文庆，该公司总经理。

委托代理人：冯志，该公司法律顾问。

委托代理人：巩玉明，该公司职员。

---

① 中国裁判文书网。

被上诉人(原审被告)：黑龙江省大连龙粮贸易总公司。

法定代表人：杨臻，该公司总经理。

被上诉人(原审第三人)：中国华粮物流集团北良有限公司。

法定代表人：李敏也，该公司董事长。

委托代理人：蒋晓薇，黑龙江金马律师事务所律师。

上诉人哈尔滨国家粮食交易中心(以下简称交易中心)与被上诉人哈尔滨银行股份有限公司科技支行(以下简称科技支行)、黑龙江粮油集团有限公司(以下简称粮油集团)、黑龙江省大连龙粮贸易总公司(以下简称龙粮公司)、中国华粮物流集团北良有限公司(以下简称北良公司)执行异议纠纷一案，黑龙江省高级人民法院于2010年4月11日作出(2010)黑高商初字第1号民事判决，科技支行、北良公司不服该民事判决，向本院提起上诉。本院作出(2010)民二终字第94号民事裁定，以原审判决违反法定程序、适用法律错误为由将本案发回重审。黑龙江省高级人民法院重审后作出(2011)黑高商重初字第4号民事判决。交易中心不服该民事判决，向本院提起上诉。本院依法组成由审判员王宪森担任审判长，审判员殷媛、代理审判员张雪楳参加的合议庭进行了审理，书记员郑琪儿担任记录。本案现已审理终结。

黑龙江省高级人民法院审理查明：2006年9月5日，该院受理了科技支行与黑龙江龙粮谷物有限公司、黑龙江省京连粮食销售公司、粮油集团、龙粮公司、北良公司、肇东粮食储备库借款合同纠纷一案，2008年6月2日，该院作出(2006)黑高商初字第43号民事判决，认定粮油集团在6045万元本金及利息范围内向科技支行承担连带清偿责任；龙粮公司在9300万元范围内承担连带清偿责任；科技支行经上述给付仍未能受偿部分，北良公司在9300万元范围内承担赔偿责任。判后，北良公司不服上述判决向本院提起上诉。2009年5月4日，本院判决驳回上诉，维持原判。嗣后，科技支行向该院申请执行。同年9月27日，该院作出(2009)黑高法执字第29－11号执行裁定，冻结了粮油集团和龙粮公司在黑龙江三力期货经纪有限责任公司(以下简称三力期货公司)的股权。

另查明：2000年5月，黑龙江省粮油实业开发公司等20余家客户将共计3580万元的资金汇入账号为018100201268的三力期货公司筹建账户中。交易中心为上述20余家客户出具了“交纳交易或履约保证金”收据。三力期货公司于5月16日、6月20日将筹建账户中的3580万元资金以支票形式分别转给粮油集团2506万元、龙粮公司1704万元，该支票上盖有“三力期货公司(筹)财务专用章”和“吴久英”名章。粮油集团和龙粮公司收到上述款项后，经黑龙江兴企会计师事务所验资后，于次日将上述两笔款项作为投资款转回三力期货公司筹建账户中。7月26日，三力期货公司在财务账目上记载粮油集团2506万元、龙粮公司1704万元，科目为接受股东投资款。8月2日，三力期货公司取得《企业法人营业执照》，注册资本为3580万元，工商档案上载明的股东是粮油集团和龙粮公司，分别占70%和30%的股权。

2009年11月17日，交易中心向黑龙江省高级人民法院提起案外人执行异议之诉，请求判令：1. 确认交易中心是三力期货公司的实际出资人；2. 确认交易中心是三力期货公司的股东；3. 确认交易中心对三力期货公司享有投资权益；4. 停止依据(2009)黑高法执字第29－11号执行裁定对三力期货公司股权的执行；5. 本案诉讼费由被告承担。

黑龙江省高级人民法院审理认为，本案主要涉及以下两个焦点问题：

一、关于交易中心请求确认其为三力期货公司实际出资人、股东、享有投资权益的诉讼请求能否得到支持。根据最高人民法院《关于适用〈中华人民共和国公司法〉若干问题的规定(三)》第二十二条"当事人向人民法院起诉请求确认其股东资格的，应当以公司为被告，与案件争议股权有利害关系的人作为第三人参加诉讼"的规定，交易中心请求确认其为三力期货公司的实际出资人、股东及享有投资权益，应以三力期货公司为被告，粮油集团、龙粮公司为第三人，科技支行并非适格被告。且本案系执行异议之诉，交易中心在提起执行异议之诉的同时，又提起股东资格等的确认之诉，二者为不同的法律关系，不宜合并审理。该院曾就此问题向交易中心释明，但其仍坚持上述诉讼请求。鉴于交易中心的此项诉讼主张不属本案的审理范围，该院对此不予审理。

二、关于应否停止对三力期货公司股权的执行问题。根据《中华人民共和国公司法》第三十三条第三款关于"公司应当将股东的姓名或者名称及其出资额向公司登记机关登记，登记事项发生变更的，应当办理变更登记。未经登记或者变更登记的不得对抗第三人"的规定，依法进行登记的股东，具有对外公示效力。即使登记股东与实质股东(隐名股东)不一致，在未经合法登记或变更之前，登记股东不得以自己非实际出资人或实质股东为由对抗公司外部债权人(即第三人)。公司的实质股东(隐名股东)也不得以此对抗第三人向登记股东主张其名下的财产。本案中，粮油集团和龙粮公司系三力期货公司经工商登记的合法股东，即使交易中心系三力期货公司的实际出资人，在其未进行股东变更登记之前，三力期货公司的股权仍为登记股东粮油集团和龙粮公司的责任财产。故该院对粮油集团和龙粮公司持有的三力期货公司股权采取的执行行为合法，对该股权应予继续执行。

综上，交易中心的诉讼请求缺乏事实和法律依据，该院不予支持。依据《中华人民共和国民事诉讼法》第二百二十七条的规定，并经该院审判委员会讨论决定，判决：驳回交易中心的诉讼请求。一审案件受理费220800元，由交易中心承担。

交易中心不服原审法院上述民事判决，向本院提起上诉称：(一)应当认定交易中心为三力期货公司的实际出资人。在三力期货公司设立时，由于交易中心是事业法人，不符合当时的《期货经纪公司管理办理》的期货经纪公司的股东必须是企业法人的要求，由黑龙江省粮食局决定，由粮油集团、龙粮公司显名，交易中心为三力期货公司的隐名股东，并出资成立三力期货公司。交易中心将划入三力期货公司筹建账户的3580万元出资款，按入股比例分别转入粮油集团和龙粮公司账户。粮油集团和龙粮公司从未出资，在粮油集团和龙粮公司的账务上没有记载其为注册三力期货公司筹集资金、注入注册资金的内容。庭审中，粮油集团和龙粮公司亦承认三力期货公司的实际股东是交易中心。交易中心履行了股东出资义务，是三力期货公司的实际出资人，应当享有三力期货公司的投资收益。因此，交易中心提起了案外人执行异议之诉，请求法院判令停止对三力期货公司股权的执行。一审法院认为交易中心的此项诉讼主张不属于本案的审理范围，不予审理，是错误的。(二)应当停止对三力期货公司股权的执行。粮油集团、龙粮公司，只是三力期货公司股权名义上的持有人，不应以三力期货公司的股权作为粮油集团、龙粮公司的资产加以执行。一是粮油集团、龙粮公司未向三力期货公司出资，未履行股东出资义务；二是从三力期货公司的利润分配上，也表明粮油集团、龙粮公司从未在三力期货公司获得过投资收益。在粮油集团、龙粮公司没有出资、不享有出资权益的情况下，仍强制执行不属于粮油集团、龙粮公司的财产，必然损害实际出资人即交易中心的合法权益；三是粮油集团、龙粮公司未被国有资产管理机关授权经营管理三力期货公司的股权，三力期货公司的股权不是粮油集团、龙粮公司的财产，不能用以清偿自身债务。综上，请求撤销原判，支持交易中心的诉讼请求。

被上诉人科技支行答辩称：(一)交易中心非三力期货公司的实际出资人。本案中，交易中心主张其为三力期货公司的实际出资人，其未能提供任何证据证明与粮油集团、龙粮公司之间关于成立三力期货公司名实出资的约定，也没有提供向三力期货公司实际出资，由交易中心承担盈亏风险的证据。原审查明的事实已经说明三力期货公司的注册资金并非来源于交易中心。且交易中心提供的数份证据材料相互矛盾，不能证明其诉讼请求。(二)交易中心仅是三力期货公司的债权人,其向法院提出执行异议之诉,要求停止执行粮油集团、龙粮公司持有的三力期货公司股权没有任何事实和法律依据。本案中,粮油集团、龙粮公司系三力期货公司经工商登记机关登记的股东,即使交易中心提供证据证明系三力期货公司的实际出资人,但是在粮油集团、龙粮公司变更股东登记前,交易中心不能对抗第三人科技支行对于粮油集团、龙粮公司持有三力期货公司股权的强制执行。综上,请求驳回上诉,维持原判。

被上诉人粮油集团、龙粮公司未提交书面答辩状。粮油集团在二审开庭质证时口头答辩认为,粮油集团和龙粮公司在三力期货公司成立之初,确实没有出资,没有履行股东权利,也没有参与分配任何利润。交易中心和粮油集团、龙粮公司同属于省粮食局下属单位,成立三力期货公司是粮食局的内部操作,交易中心是三力期货公司的实际出资人。

被上诉人北良公司答辩称:(一)交易中心请求确认其为三力期货公司的实际出资人及股东,诉讼请求之间存在矛盾,且均无法律依据,应予驳回。(二)粮油集团和龙粮公司是三力期货公司的股东,交易中心主张其为三力期货公司的实际出资人没有依据。(三)即使粮油集团、龙粮公司与交易中心之间曾就名义出资与实际出资事宜作出过意思表示,并且各方已实际履行该意思表示,也仅在交易中心与粮油集团、龙粮公司之间形成实际出资人要求名义股东返还投资权益的请求权,交易中心无权向三力期货公司、公司其他股东或第三人主张其享有投资权益,或以此对抗善意第三人的债权。(四)交易中心与粮油集团、龙粮公司之间基于投资资金来源而形成的债的法律关系属于一般债务,不具有优先于粮油集团、龙粮公司其他债务的优先地位或对抗效力,交易中心请求停止对三力期货公司股权的执行没有依据。综上,请求驳回上诉,维持原判。

二、最高人民法院对案件的审理

本院对原审法院查明的事实予以确认。

本院认为,根据交易中心的上诉请求,本案二审的争议焦点问题是:交易中心提起的股东资格确认之诉与执行异议之诉能否合并审理;交易中心关于停止执行三力期货公司股权的上诉请求及理由是否成立。

一、关于交易中心提起的确认之诉与执行异议之诉能否合并审理的问题。

原审判决认定交易中心提起的确认其为三力期货公司的实际出资人、股东、享有投资权益的诉讼请求,与其提起的执行异议之诉,属于不同的法律关系,故其该项诉讼主张不属本案的审理范围，对此不予审理。交易中心对此向本院提起上诉，主要理由是：交易中心是三力期货公司的实际出资人，应当享有三力期货公司的投资权益，因此其提起了案外人执行异议之诉，故所提起的确认其为三力期货公司的实际出资人等诉讼请求，应当属于本案的审理范围。本院认为，交易中心的一审诉讼请求中涉及两个法律关系，一是交易中心与粮油集团、龙粮公司之间存在的股权确认法律关系，二是交易中心对抗外部债权人对股权申请强制执行的执行异议法律关系。对其股权确认方面的请求而言，属于公司股东资格确认纠纷，根据《中华人民共和国公司法》及本院《关于适用〈中华人民共和国公司法〉若干问题的规定（三）》的相关规定，交易中心提起股东资格确认之诉，适格的诉讼当事人应当是三力期货公司、粮油集团和龙粮公司。因此，如交易中心提起股东资格确认之诉，则该诉与科技支行和北良公司并不存在法律上的关系，科技支行、北良公司均不是该确认之诉适格的诉讼主体。本案系执行异议纠纷，根据我国民事诉讼法的相关规定，本案与股东资格确认纠纷不属于必要的共同诉讼，不应合并审理。故原审判决认定交易中心提起的确认之诉不属于本案审理范围并无不当。交易中心的该项上诉理由不能成立，本院不予支持。

二、关于交易中心提出停止执行三力期货公司股权的上诉请求及理由是否成立的问题。

原审判决认定对粮油集团和龙粮公司持有的三力期货公司股权采取的执行行为合法，对该股权应予继续执行。交易中心对此向本院提起上诉，主要理由是：粮油集团、龙粮公司只是三力期货公司股权名义上的持有人，该股权不应成为其责任财产，不能用以清偿自身债务，强制执行必然损害实际出资人交易中心的合法权益。本院认为，《中华人民共和国公司法》第三十三条第三款规定："公司应当将股东的姓名或者名称及其出资额向公司登记机关登记；登记事项发生变更的，应当办理变更登记。未经登记或者变更登记的，不得对抗第三人。"依据该条规定，依法进行登记的股东具有对外公示效力，隐名股东在公司对外关系上不具有公示股东的法律地位，其不能以其与显名股东之间的约定为由对抗外部债权人对显名股东主张的正当权利。因此，当显名股东因其未能清偿到期债务而成为被执行人时，其债权人依据工商登记中记载的股权归属，有权向人民法院申请对该股权强制执行。根据本案原审查明的事实，三力期货公司工商登记记载的股东为粮油集团和龙粮公司，科技支行依另案生效判决向法院申请冻结并强制执行粮油集团和龙粮公司在三力期货公司的股权，有事实和法律依据。因此，本案中，交易中心是否为三力期货公司的实际出资人，不影响科技支行实现其请求对三力期货公司股权进行强制执行的权利主张。故交易中心关于停止对粮油集团和龙粮公司所持有三力期货公司股权强制执行的请求,没有事实和法律依据,本院不予支持。

综上,原审判决认定事实清楚,适用法律正确,本院予以维持。交易中心的上诉请求没有事实和法律依据,不予采纳。本院依照《中华人民共和国民事诉讼法》第一百七十条第一款第(一)项的规定,判决如下:

驳回上诉,维持原判。

二〇一三年十一月二十二日审结。

第二节　案件的论证逻辑图

一、原告(上诉人)交易中心的论证逻辑

1. 交易中心是三力期货公司的实际出资人,粮油集团、龙粮公司未向三力期货公司出资,不享有出资权益。强制执行不属于粮油集团、龙粮公司的财产,会损害实际出资人(交易中心)的合法权益。因此应该停止执行(2009)黑高法执字第29-11号执行裁定。

(1) 证明交易中心是三力期货公司的实际出资人,粮油集团、龙粮公司未向三力期货公司出资的逻辑:

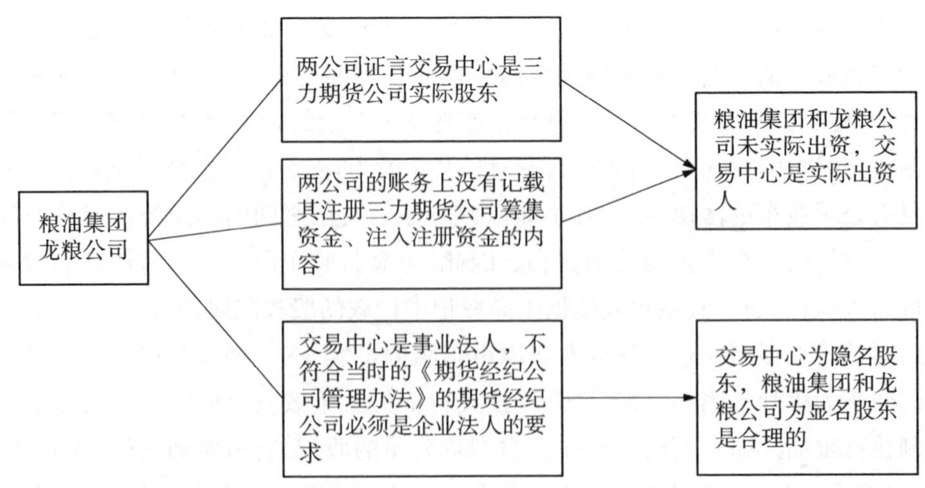

(2) 证明应该停止执行(2009)黑高法执字第 29－11 号执行裁定的逻辑图:

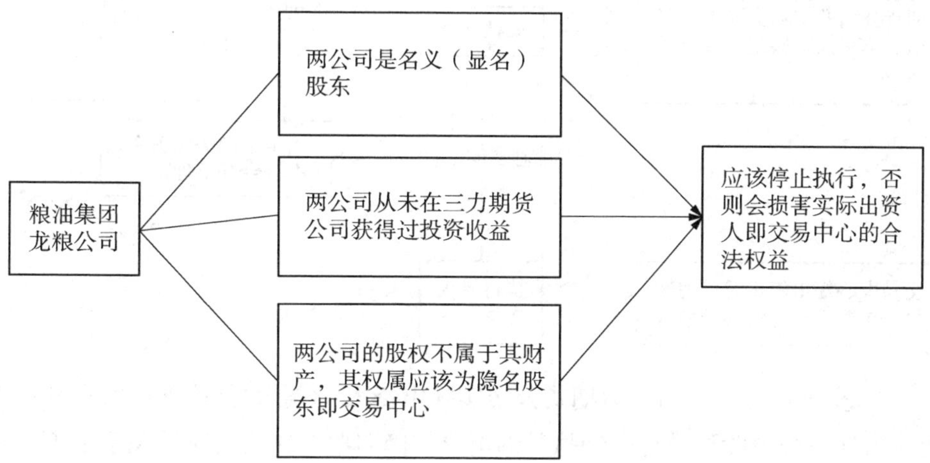

二、被告(被上诉人)科技支行、北良公司的论证逻辑

1. 交易中心既不是三力期货公司的实际出资人,也不是三力期货公司的股东,交易中心仅是三力期货公司的债权人。粮油集团、龙粮公司系三力期货公司合法登记的股东,即便交易中心是三力期货公司的实际出资人,也不能对抗第三人科技支行。

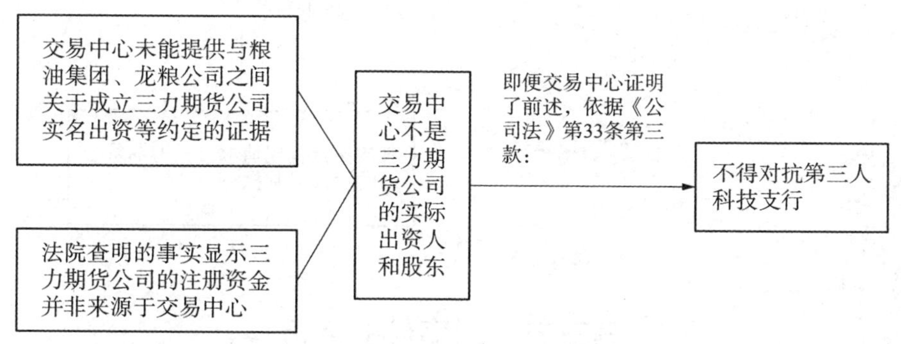

三、法院判决的论证逻辑

1. 原告提出的实际上是两个诉讼,一个是确认之诉,一个是执行异议之诉。确认之诉与执行异议之诉不属于必要的共同诉讼,不应合并审理。

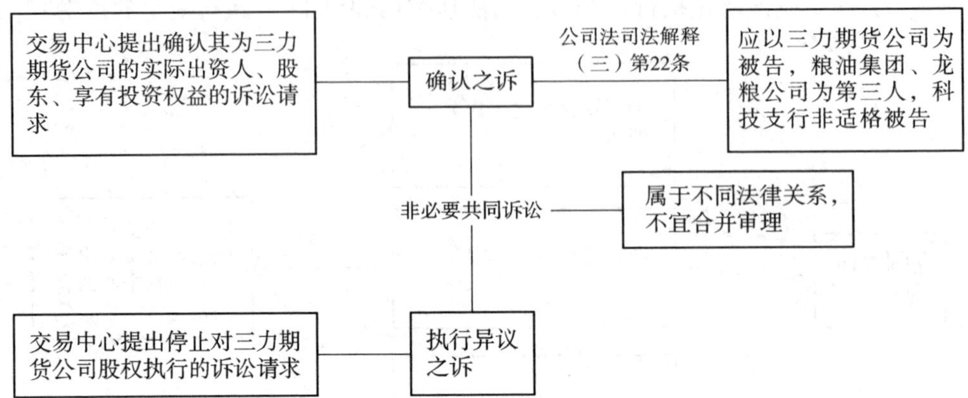

2. 交易中心是否为三力期货公司实际出资人，不影响科技支行实现其请求对三力期货公司股权进行强制执行的请求。隐名股东在公司对外关系上不具有显名股东的法律地位，不能以与显名股东之间的约定对抗外部债权人。

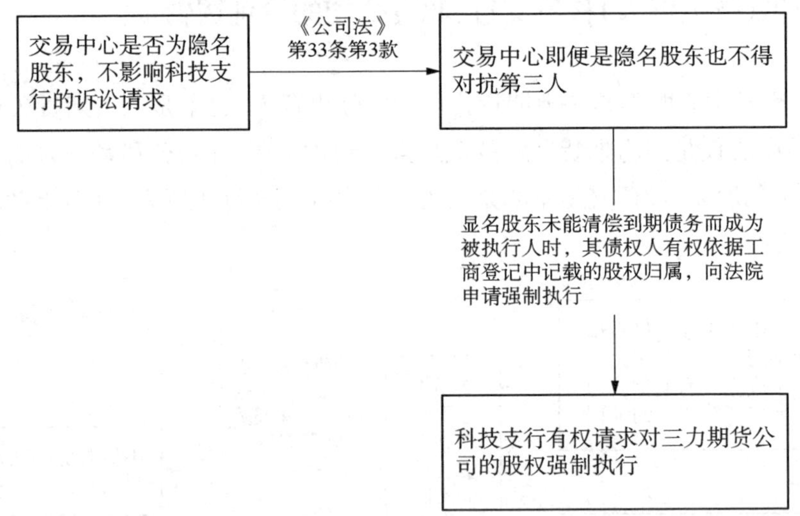

第三节　对案件的评析

本案涉及到了隐名股东资格确认与案外人执行异议的问题。其中对隐名股东资格的确认涉及到商事主体意思表示外观表示主义和商事登记事项的公信力理论。

一、关于股东资格确认

股东资格的确认在司法实践中具有重要的意义。从宏观上分析，股东资格的确认能够准确定位在公司享有权利、承担义务的股东，可以推进股东之间的相互合作共赢，促进市场的良性发展；从微观上看，股东资格的确认可以界定清楚股东之间、股东与企业之间、股东与外部第三人之间的权利义务关系。

股东资格确认的理论基础主要包含以下三个方面：一是保护优先责任公司的利益；二是保护公司其他股东的合法权益；三是保护善意第三人的利益。[①] 在股东资格确认的案例中，为了维护各方利益，需要明确以下股东资格确认的原则。一是公司稳定原则，二是利益平衡原则，三是意思自治原则，四是公示与外观主义原则，五是禁止规避法律原则。

在本案中，虽然对于交易中心是否为三力期货公司实际出资人(隐名股东)，不影响科技支行实现其请求对三力期货公司股权进行强制执行的请求，且在案件的审理过程中，黑龙江高院和最高院均未将其作为争议焦点进行审理；但是这个问题却是原被告双方针锋相对之处，有必要进一步进行阐明。对于这个问题的处理，需要正确把握股东资格确认原则中“公示与外观主义原则”。

“公示与外观主义原则”，实际上包含了“公示”与“外观主义”两层含义。工商登记注册是公司成立的必然要求，这一方面是为了加强对公司的管理，另一方面则主要是让公司以外的债务人以及交易第三人了解公司的状况，从而提升公司诚信度。工商登记所表现出来的对外公示作用，能最大限度地保护交易人的合法权益。“外观主义”指的是行为意思以行为外观为准并适用法律推定，该行为实际完成后，一般不得撤销，除非有法律规定。公司的登记事项一经登记，并依法定方式进行公告或采取其他方式公示后，便成为一种法定的客观事实，对社会产生了公信力，从而保护不特定第三人的合法利益和交易安全，这是商法确保交易安全原则的要求。如果粮油集团、龙粮公司及交易中心的陈述属实，无疑可以认定粮油集团、龙粮公司是三力期货公司的显名股东，交易中心是三力期货公司的隐名股东。但以公示原则为出发点，根据《公司法》第 32 条第三款的规定，依法进行登记的粮油集团、龙粮公司具有对外公示的效力。隐名股东交易中心不具有公示股东的法律地位，不能以其与显名股东粮油集团、龙粮公司之间的内

---

① 郭哲、符勇：《论股东资格确认的法律规则》，《财经理论与实践》2018 年 7 月第 4 期，第 148—149 页。

部约定为由去对抗外部债权人科技支行所主张的正当权利，即不能对抗科技支行请求对三力期货公司强制执行的主张。

二、关于案外人执行异议

案外人执行异议之诉是《民诉法》于2007年修订时所确立的一种特殊的诉讼形态，其目的在于阻止或撤销法院对执行标的的执行，以维护案外人的合法财产性权益。案外人执行异议之诉的目的是排除法院对案外人享有实体权利之标的的执行处分，其法律性质为程序上的形成之诉，异议之诉的理由应当是案外人对执行标的享有足以排除强制执行的权利。① 对于案例外异议之诉的原告应该符合以下三个条件：一是原告应该不受执行名义效力所及；二是原告对执行标的享有足以阻止转让或者交付的实体权利；三是原告向执行法院的执行阻止提出了执行异议。对于异议之诉的被告，应该为执行申请人或者受让执行名义权利之人。对于异议之诉中债务人，从我国实务中的做法来看，是普遍将其列为第三人。如《北京市高级人民法院关于审理执行异议之诉案件适用法律若干问题的执导意见（试行）》规定：被执行人不反对案外人请求，案外人也未将其列为第三人的，法院一般应当将被执行人追加为无独立请求权第三人；被执行人因下落不明而无法对案外人权利主张标明意见的，应当将其列为共同被告。

在本案中，如果交易中心仅有请求法院停止对三力期货公司股权执行的诉讼请求，那么该诉讼仅为执行异议之诉。此时，交易中心为原告，科技支行为被告，粮油集团、龙粮公司及三力期货公司等应为第三人。以此为逻辑，其争议焦点在于原告交易中心是否对执行标的（即粮油集团、龙粮公司在三力期货公司中享有的股权）享有足以阻止或者转让交付的实体权利。在原告看来，他是享有的，因为他是隐名股东，是实际出资人；而粮油集团、龙粮公司仅为显名股东，并未实际出资。因此认为粮油集团、龙粮公司在三力期货公司中享有的股权实际上不是粮油集团、龙粮公司的财产，而是归属于交易中心，如果强制执行的话，必然会损害隐名股东交易中心的合法权益。实际上，从这个角度来看，原告确实享有足以阻止对执行标的交付或转让的实体权利。但本案实际上还存在两个问题，一是原告未能充分证明其是三力期货公司的隐名股东；二是此案属于隐名股东的执行异议之诉问题，此诉讼受到《公司法》第33条第3款的强制性规定，即

---

① 唐力：《案外人执行异议之诉的完善》，《法学》2014年第7期，第141页。

依法进行登记的股东具有对外公示的效力，隐名股东在公司对外关系上不具有公示股东的法律地位，其不能以其与显名股东之间的约定为由对抗外部债权人对显名股东主张的正当权利。本案中的法院虽未说明这一点，但其判决有工商管理局的登记这一法定事实为基础，有《公司法》32 条这一法条为准绳。适用法律准确，判决结果既合法又合理。

三、关于股东资格确认之诉与案外人执行异议之诉是否能合并审理的问题

在本案中，交易中心的诉讼请求确实涉及到两个法律关系，并且执行异议之诉与股东资格确认之诉确实不属于必要的共同诉讼。按照案件合并审理的一般规定，两个不同法律关系的案件确实不宜合并审理。但值得注意的是，这只是一般的规则，并不适用于特殊程序的案件，而根据法律的规定，案外人执行异议之诉属于特殊程序案件。并且，从案件审理的事实方面来看，执行异议之诉中必须要确认案外人就执行标的是否享有足以排除强制执行的民事权益，在这类代持股案件中，就必然涉及到执行标的的股权权属问题，即需要事先确认股权权属。最后，2015 年发布实施的《最高人民法院关于适用〈中华人民共和国民事诉讼法〉的解释》第 312 条也明确规定，对案外人提起的执行异议之诉，案外人同时提出确认其权利的诉讼请求的，人民法院可以在判决中一并做出判决。这一司法解释也充分地证明了以上的分析逻辑。但本案发生在 2013 年，而这个司法解释是于 2015 年 2 月 4 日开始实施的。因此，在当时，法院进行如此判决也是没有问题的。对于今后这类案外人执行异议的案件，在当事人提出股权确认之诉的情况下，法院也应当将其作为案件的争议焦点先行进行确定，并将股东资格确认之诉与案外人执行异议之诉进行合并审理。

思考题

1．商业登记有什么样的法律效力？

2．我国的商业登记效力与商法意思表示的外观表示主义之间的关系是什么？

第五章 公司剩余财产分配案析专有技术与专利技术出资的区别

第一节 案情事实与法院的审理

一、案情事实

吴昊与张兆华、顾腊娣等清算责任纠纷申诉、申请民事裁定书

江苏省高级人民法院事裁定书(2019)苏民申4217号。

再审申请人(一审原告、二审上诉人):吴昊,男,1975年2月7日生,汉族,住北京市海淀区。

委托诉讼代理人:吕剑峰,江苏汉宇律师事务所律师。

委托诉讼代理人:何志骏,江苏汉宇律师事务所律师。

被申请人(一审被告、二审被上诉人):张兆华,男,1966年10月18日生,汉族,住江苏省江阴市。

被申请人(一审被告、二审被上诉人):顾腊娣,女,1967年12月28日生,汉族,住江苏省常州市钟楼区。

被申请人(一审被告、二审被上诉人):江苏天鹅动力机械集团有限公司,住所地江苏省常州市金坛区华城东路1号。

法定代表人:张兆华,该公司董事长。

以上三被申请人共同委托诉讼代理人:姜晓东,江苏常武律师事务所律师。

再审申请人吴昊因与被申请人张兆华、顾腊娣、江苏天鹅动力机械集团有限公司(以下简称天鹅公司)清算责任纠纷一案,不服江苏省常州市中级人民法院(2018)苏04民终2868号民事判决,向本院申请再审。本院依法组成合议庭进行了审查，现已审查终结。

吴昊申请再审称：一、原审法院认定吴昊未履行股东出资义务错误。1. 吴昊是以专利使用权出资，并非以专利所有权出资。常州华理精饰材料科技有限公司（以下简称精饰公司）章程明确吴昊以专有技术“代替磷化液的金属表面处理剂及制备方法和用途”作价 40 万元出资，并未要求吴昊以专利所有权出资。从《专利实施许可合同（备案证明）》可知，吴昊实际是以专有技术专利权实施许可形式进行出资，并已依法办理相关备案登记手续。2. 吴昊已将专利技术资料交给精饰公司，精饰公司也进行了生产和销售，吴昊已履行了出资义务。3. 精饰公司认可吴昊出资已经到位。精饰公司资产负债表和清算报告均明确吴昊已履行 40 万元出资义务，清算报告中还记载吴昊应分得 24.45 万元。二、二审法院适用法律错误。二审法院依照最高人民法院《关于适用若干问题的规定（三）》（以下简称公司法司法解释三）的相关规定，认定天鹅公司有权主张吴昊不享有相应的股东权利错误。吴昊已履行相应出资义务，不存在对吴昊股东权利进行限制的前提，不适用公司法司法解释三第九条、第十六条的规定。综上，请求再审本案。

张兆华、顾腊娣、天鹅公司共同提交意见称，原审法院认定事实清楚，适用法律正确。请求驳回审申请。

二、再审法院对案件的审理

本院认为，吴昊的再审请求不能成立。理由是：

（一）吴昊未能履行公司章程约定的出资义务。《中华人民共和国公司法》第二十八条第一款规定，以非货币财产出资的，应当依法办理其财产权的转移手续。本案天鹅公司、吴昊于 2012 年 11 月 20 日签署精饰公司章程，约定天鹅公司、吴昊共同出资设立精饰公司，天鹅公司以货币形式出资 160 万元，于公司设立登记前缴纳；吴昊以专有技术“代替磷化液的金属表面处理剂及制备方法和用途”作价 40 万元作为出资，自公司成立之日起两年内缴足。精饰公司于 2012 年 12 月 3 日设立，实收资本 160 万元，天鹅公司已履行出资义务。吴昊于 2013 年 10 月 16 日获得上述专有技术发明专利证书，但直至 2017 年 5 月 23 日精饰公司注销止，并未与精饰公司办理专利所有权的转移手续，应认定其未按章程约定的方式履行出资义务。虽然吴昊提供的《专利实施许可合同备案证明》反映吴昊与精饰公司之间的专利实施许可合同已由国家知识产权局审查备案并公告，精饰公司被独占许可使用专利技术（有效期限为 2012 年 11 月 8 日至 2018 年 11 月 7 日），使用费 40 万元，但该合同与公司章程约定的出资履行方式不同,不能视为对章程的变更。故吴昊主张实际以专有技术专利权实施许可形式进行出资并已履行出资义务缺乏事实和法律依据。

(二)精饰公司对吴昊的股东权利进行限制符合法律规定。公司法司法解释三第十六条规定,股东未履行或者未全面履行出资义务或者抽逃出资,公司根据公司章程或者股东会决议对其利润分配请求权、新股优先认购权、剩余财产分配请求权等股东权利作出相应的合理限制,该股东请求认定该限制无效的,人民法院不予支持。因吴昊对精饰公司未出资到位,故精饰公司对吴昊的剩余财产分配权进行限制符合法律规定。2017 年 5 月 10 日精饰公司清算报告中虽然列明吴昊出资 40 万元,但公司财产评估中仅有库存资产 122.23 万元,并未包含专利技术价值,且专利权利一直归吴昊所有。因此,吴昊要求分配精饰公司剩余财产亦违背公平原则,本院不予支持。

依照《中华人民共和国民事诉讼法》第二百零四条第一款,《最高人民法院关于适用的解释》第三百九十五条第二款规定,裁定如下:

驳回吴昊的再审申请。本案于二〇二〇年六月二十九日审结。

第二节　本案当事人申请再审、答辩及法院审理的逻辑图

一、吴昊申请再审的的逻辑图

1. 办理了备案登记手续的《专利实施许可合同》证明吴昊是以专利使用权出资,并非以专利所有权出资

2. 吴昊已将专利技术资料交给精饰公司,公司使用该技术生产与销售产品

3. 精饰公司认可吴昊出资已经到位

⇩

原审法院认定吴昊未履行股东出资义务错误

原审法院适用《公司法》司法解释(三)第九条与第十六条是适用法律错误,认定天鹅公司有权主张吴昊不享有相应的股东权利错误

《中华人民共和国民事诉讼法》第一百零九十九条"当事人对已经发生法律效力的判决、裁定,认为有错误的";第二百条一款七项"原判决、裁定适用法律确有错误的",可以申请再审

⇨ 请求江苏省高级人民法院再审,撤销常州市中级人民法院(2018)苏04民终2868号民事判决,认定申请再审人吴昊履行了公司出资义务

二 再审法院驳回吴昊再审申请的逻辑图

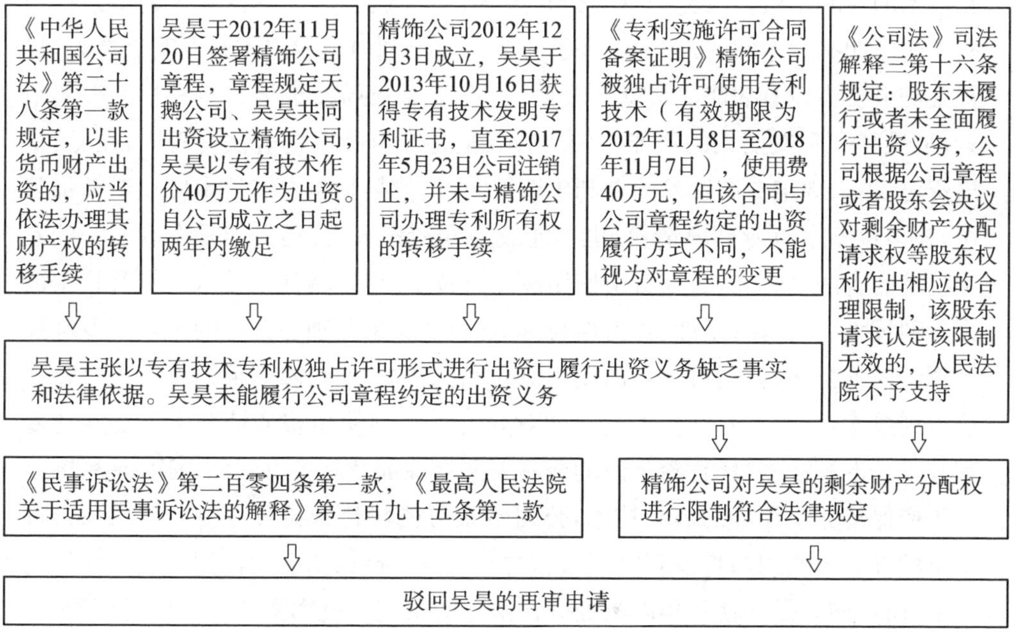

《中华人民共和国公司法》第二十八条第一款规定，以非货币财产出资的，应当依法办理其财产权的转移手续

⇩

吴昊于2012年11月20日签署精饰公司章程，章程规定天鹅公司、吴昊共同出资设立精饰公司，吴昊以专有技术作价40万元作为出资。自公司成立之日起两年内缴足

⇩

精饰公司2012年12月3日成立，吴昊于2013年10月16日获得专有技术发明专利证书，直至2017年5月23日公司注销止，并未与精饰公司办理专利所有权的转移手续

⇩

《专利实施许可合同备案证明》精饰公司被独占许可使用专利技术（有效期限为2012年11月8日至2018年11月7日），使用费40万元，但该合同与公司章程约定的出资履行方式不同，不能视为对章程的变更

⇩

吴昊主张以专有技术专利权独占许可形式进行出资已履行出资义务缺乏事实和法律依据。吴昊未能履行公司章程约定的出资义务

⇩

《公司法》司法解释三第十六条规定：股东未履行或者未全面履行出资义务，公司根据公司章程或者股东会决议对剩余财产分配请求权等股东权利作出相应的合理限制，该股东请求认定该限制无效的，人民法院不予支持

⇩

精饰公司对吴昊的剩余财产分配权进行限制符合法律规定

《民事诉讼法》第二百零四条第一款，《最高人民法院关于适用民事诉讼法的解释》第三百九十五条第二款

⇩

驳回吴昊的再审申请

第三节　对法院裁定的评析

本案的关键点是对《公司法》第二十八条第一款：“以非货币财产出资的，应当依法办理其财产权的转移手续。”的理解。法条本身规定应该办理“财产权的转移手续”而不是所有权的转移手续，因为有很多出资的权利性财产本身就不能用“所有权”这个概念来表述，如土地使用权、商业秘密权、商业名称权等。精饰公司章程规定吴昊以专有技术作价 40 万元作为出资，并没有写清楚是用专有技术的“所有权”还是独占的使用权出资，公司出资自公司成立之日起两年内缴足。精饰公司 2012 年 12 月 3 日登记成立，吴昊于 2013 年 10 月 16 日获得专有技术发明专利证书，表明吴昊签署公司章程时其享有的专有技术尚未获得专利，专利与专有技术最大的区别在于专利的垄断性与排他性，他人即使具有与专利技术同样的专有技术也只能在原来的使用地域与使用规模上继续使用该技术，而且

要证明其技术来源合法。而专有技术不具有垄断性与排他性，只要以合法途径获得或者自己开发取得的同种类专有技术均可以自由使用，不受地域与规模的限制。精饰公司章程规定吴昊以专有技术作价 40 万元作为出资，并不是以该专有技术的专利出资，在《公司章程》与《股东出资协议》对专有技术专利申请权归属未作出明确规定时，按照专利法的相关规定专利申请权应该归发明创造人，尽管案例事实中没有表明吴昊就是发明人，但从专利局授予吴昊专利权的事实来看，吴昊是专利发明人的可能性较大。吴昊是专有技术的合法持有人，在《股东出资协议》未规定专有技术的专利申请权时，即使吴昊将专有技术转让给精饰公司，公司也不享有专利申请权，也不能成为专利权人，公司只能是专利权标的专利技术的合法享有者，有权自由使用该专有技术，可以转让该技术。专有技术成为专利技术后具有垄断性、独占性与排他性，吴昊采用独占许可的方式将专利技术授予精饰公司，公司可以自己使用该专利所涉的专有技术，但是不得擅自转让该专利技术，只有在专利权人吴昊同意并支付专利使用费的情况下才能转让专利技术。专有技术“代替磷化液的金属表面处理剂及制备方法和用途”是精饰公司生产保持竞争优势的核心技术，公司不太可能转让。吴昊将专利技术独占许可给精饰公司使用与将没有申请专利的专有技术授权给公司使用能达到同样的效果，所不同只是在使用年限与处分自由上的限制。就本案的实际情况而看，专利技术的长期独占许可权基本上可以与专有技术的“所有权”相等同，所不同的是技术的处分权范围与技术的享有期限。

在本案中法院搞混了专利与专有技术的不同属性，专有技术的转移不需要办理登记手续，只有专利入股才需要在专利局办理专利转让的登记手续，变更专利权人。精饰公司的《公司章程》明确了吴昊是以专有技术入股，不是以专利入股，公司资本必须在公司设立后的 2 年内缴足，专有技术入股公司前属于吴昊所有，吴昊申请专利的时候作为股东出资的期限尚未届满，吴昊在入股前有权申请专利，专利权归吴昊享有，吴昊在公司成立后 2 年内将专利以独占许可的方式许可公司使用不构成违约。精饰公司于 2012 年 12 月 3 日设立，吴昊于 2013 年 10 月 16 日获得专有技术发明专利证书，授予精饰公司专利的独占许可，并向国家知识产权局办理了专利许可的备案与公告手续，精饰公司被独占许可使用专利技术(有效期限为 2012 年 11 月 8 日至 2018 年 11 月 7 日)，使用费 40 万元。表明吴昊在公司成立后 2 年内已经将技术资料转移给公司，让公司掌握了专利技术并成功生产经营，而且吴昊并没有将专利技术许可他人使用。表明吴昊在公司成立后 2 年内完成了向公司出资财产权的转移手续。

公司在专利技术独占许可期限结束前便终止营业进行了清算，清算时精饰公司没有对专利技术尚未届满的独占许可期间的价值进行评估，更没有将专利独占许可使用权转让获利，这是公司的自由处分权，跟股东吴昊无关，如果精饰公司成功地将尚未实施完毕的专利独占许可权转让给第三人，那么第三人在2018年11月7日后必须给吴昊支付专利使用费。

综合上面的分析，精饰公司独占享有专利技术在生产上的使用权，可以得出吴昊基本上履行了出资义务，而且专利技术比专有技术的保护更全面，使公司专有技术被泄露维权时更低的取证成本与更好的保护路径。公司清算时“公司财产评估中仅有库存资产122.23万元”，该库存资产不是现金，也并非全部是原材料，有使用专利技术生产出来的产成品，所以吴昊的专利技术对公司还是有贡献的。法院判决吴昊未履行出资义务，显然没有顾及专利技术的贡献。所以本案驳回吴昊的再审申请并不科学。

再审法院认为“吴昊要求分配精饰公司剩余财产亦违背公平原则”，从专利技术独占许可的实际效果与公司经营的实际情况来看，不让对公司有贡献的股东吴昊参与分配公司清算时的剩余财产才是不公平的。案件没有披露精饰公司2012年至2017年公司运营期间运用吴昊的专有技术产生了多少销售收入与多少利润，无法衡量股东是否收回了出资，因而无法确定专利技术对公司的贡献，如果公司刚成立，在没有生产出产品与产生利润的情况下就被清算，那么公司清算时的有形资产才能全部视为现金出资股东天鹅公司的贡献，本案股东吴昊才不享有分配请求权。在现金与专利技术均为精饰公司生产所必须的要素与资源时，只要股东提供了生产要素，为公司带来了收益，就不能否定该股东的出资贡献。结合本案吴昊的专利技术独占许可合同尚未到期精饰公司就被清算，专利技术最终还是归吴昊享有的事实，应该聘请专家评估该专利技术在2012年11月8日至2018年11月7日期间独占许可的价值是否达到《公司》章程载明的吴昊出资额40万。如果评估价值低于40万，吴昊只能根据评估值与40万之间的比率再乘以吴昊在公司的名义出资与公司总出资所形成的比率参与公司剩余财产的分配。这样才是真正贯彻了商法的公平原则。

思考题

1. 专利技术与专有技术出资的区别有哪些？
2. 公司股东剩余财产分配请求权的行使要件是什么？

第六章　花木公司案析公司法强制性规范对公司章程条款效力的影响

第一节　案情事实与法院的审理

一、案情事实

河南省高级人民法院民事判决书(2017)豫民再226号

抗诉机关：河南省人民检察院。

申诉人(一审原告、二审上诉人)：河南林都实业有限公司。住所地：河南省鄢陵县柏梁镇311国道北侧。

法定代表人：董震，该公司执行董事。

委托诉讼代理人：刘鹏，河南刘鹏律师事务所律师。

被申诉人(一审被告、二审被上诉人)：河南鄢陵花木交易中心有限公司。住所地：河南省鄢陵县柏梁镇311国道北侧鄢陵花木市场东临。

法定代表人：袁发义，该公司董事长。

委托诉讼代理人：张志扬，河南金学苑律师事务所律师。

被申诉人(一审被告、二审被上诉人)：河南中远投资有限公司。住所地：郑州经济技术开发区第四大街167号03号楼9805室。

法定代表人：袁发义，该公司董事长。

委托诉讼代理人：张志扬，河南金学苑律师事务所律师。

申诉人河南林都实业有限公司(以下简称林都公司)因与被申诉人河南鄢陵花木交易中心有限公司(以下简称花木公司)、河南中远投资有限公司(以下简称中远公司)股东会决议纠纷一案，不服许昌市中级人民法院(2015)许民终字第

1029号民事判决，向检察机关申诉。河南省人民检察院于2016年11月18日作出豫检民(行)监〔2016〕41000000422号民事抗诉书，对本案提出抗诉。本院于2017年1月18日作出(2017)豫民抗2号民事裁定，提审本案。本院依法组成合议庭，公开开庭审理了本案。河南省人民检察院指派检察员郭松、邓艳娜出庭履行职务。申诉人林都公司的委托诉讼代理人刘鹏，被申诉人中远公司、花木公司的共同委托诉讼代理人张志扬到庭参加诉讼。本案现已审理终结。

河南省人民检察院抗诉认为，许昌市中级人民法院(2015)许民终字第1029号民事判决适用法律错误。《中华人民共和国公司法》第四十条第一款不属于效力性强制性规定。花木公司章程第十七条虽然与公司法第四十条第一款规定不一致，但不违反效力性强制性规定，不应认定为无效条款。

林都公司申诉称，一、原判适用法律错误。公司法第四十条是管理性规范，不属于效力性规范。原判认定花木公司章程第十七条为无效条款，没有法律依据。二、原判认定事实不清。中远公司召集和主持股东会、董事会的程序颠倒，原判均未认定。三、林都公司请求撤销花木公司2014年第一次临时股东会决议，并宣告董事会决议无效，有充分的事实根据和法律根据。中远公司在2014年7月31日自行召集和主持花木公司2014年第一次临时股东会，违反了公司章程第十七条规定的会议召集和主持程序，亦违反公司法第四十条规定的召集和主持程序。花木公司2014年第一次临时股东会决议被撤销，所谓的新任命的董事、监事自始丧失董事、监事资格。由伪董事召集的董事会自然违法，形成的董事会决议内容的合法性荡然不存，应宣告董事会决议无效。林都公司请求撤销原判，并改判撤销花木公司2014年第一次临时股东会决议，宣告花木公司2014年第一次临时董事会决议无效。

花木公司辩称，一、抗诉理由不成立，中远公司有权提议召开临时股东会议并依法行使股东表决权。在花木公司董事会、监事不履行召集、主持花木公司2014年度第一次临时股东会的前提下，中远公司自行召集并主持花木公司2014年度第一次临时股东会符合公司法和花木公司章程的规定，程序正当、不存在瑕疵。二、抗诉书将公司章程的本质定性为“公司股东之间签署的合同”是不严谨、不科学的。三、姚秋平提出的2014年8月2日召开花木公司2014年第一次临时股东会的提议和议案，均属于新的提议和议案。林都公司召开新的临时股东会的提议和议案如果经董事会通知到中远公司，并经过股东会表决，亦可形成相应通过或不予通过的股东会决议。花木公司经营管理的稳定性理应依法得到维护。因林都公司阻挠，花木公司2014年第一次临时股东会决议事项未能得到落实，公司资产已经遭受了重大损失，且损失仍在进一步扩大。花木公司请求维持原判。

中远公司答辩意见同花木公司答辩意见。

2014年9月16日，林都公司向河南省鄢陵县人民法院提起诉讼，请求撤销花木公司2014年7月31日作出的2014年第一次临时股东会决议，并宣告2014年第一次董事会决议无效。

河南省鄢陵县法院一审经审理查明，花木公司是依法设立的有限责任公司，截止到2013年11月，该公司的注册资金为1亿元。中远公司出资7200万元，其占花木公司股份为72%。林都公司出资2800万元，其占花木公司股份为28%。花木公司的董事为姚秋平、袁发义、牛泳，监事为李成龙。

2014年6月26日，中远公司提议召开花木公司2014年第一次临时股东会，并以快递的形式通知姚秋平、袁发义、牛泳、李成龙及林都公司，会议时间定于2014年7月12日上午9时在郑州市××酒店××楼××会议室召开。林都公司于2014年7月2日收到该通知。因距召开临时股东会议不足15日，林都公司反对召开第一次临时股东会议，并根据公司章程向董事长姚秋平提议召开临时股东会议。

2014年7月3日，花木公司通知中远公司、林都公司及花木公司的董事牛泳、袁发义、监事李成龙于2014年8月2日上午九点整，在花木公司二楼会议室，召开2014年花木公司第一次临时股东会。

2014年7月4日，中远公司向姚秋平、袁发义、牛泳、李成龙、林都公司以快递的形式通知变更提议召开花木公司2014年第一次临时股东会，要求于2014年7月31日上午9点整，会议地点为郑州市××酒店××楼××会议室。如花木公司第一次临时股东会未能在上述的时间内如期召开，则视为公司的董事会、董事长、董事、监事不能履行其召集、主持股东会议的职责。中远公司将于2014年7月31日上午11点整在郑州市××酒店××楼××会议室自行召集，并主持花木公司2014年第一次临时股东会议。

2014年7月31日，河南刘鹏律师事务所律师刘鹏在郑州市××酒店××楼××会议室向中远公司递交律师函，要求召开花木公司2014年第一次临时股东会，按照公司章程由花木公司的法定代表人姚秋平召集并主持。反对中远公司召开花木公司2014年第一次临时股东会议。

2014年7月31日11时，中远公司召开了花木公司2014年第一次临时股东会，并由郑州市黄河公证处于2014年8月4日作出(2014)郑黄证经字第2377号公证书，选举产生花木公司新的董事、监事，免去姚秋平、牛泳董事职务，免去李成龙监事职务及其他议案。

2014年7月31日，由中远公司提议召开的花木公司2014年第一次临时股东会而产生的花木公司的董事、监事召开了花木公司2014年第一次董事会决议，产生了新的董事长、总经理。任命白涛为花木公司董事长，并免去姚秋平等人在花木公司中所担任的职务，并由郑州市黄河公证处于2014年8月4日作出(2014)郑黄证经字第2378号公证书。

林都公司根据花木公司的章程第十七条规定："股东会会议由董事长召集和主持；董事长不能履行职务或者不履行职务的，由监事召集和主持；监事不召集和主持的，代表十分之一表决权的股东可以自行召集和主持"。请求撤销2014年第一次临时股东会决议并宣告花木公司2014年第一次董事会决议无效。

河南省鄢陵县人民法院一审认为，林都公司与中远公司系花木公司的股东，花木公司章程第十六条规定："股东会会议分为定期会议和临时会议。召开股东会会议，应当于会议召开十五日以前通知全体股东。定期会议定时召开。代表十分之一以上表决权的股东，三分之一以上的董事，监事提议召开临时会议的，应当召开临时会议。"《中华人民共和国公司法》第四十条规定："股东会会议分为定期会议和临时会议。定期会议应当按照公司章程的规定按时召开。代表十分之一以上表决权的股东，三分之一以上的董事，监事会或者不设监事会的公司的监事提议召开临时会议的，应当召开临时会议"。花木公司章程第七条规定："公司的出资持有者为公司股东，股东按其持有出资份额享有权利，承担义务。公司股东依法享有资产收益、参与重大决策和选择管理者的权利"。中远公司在花木公司中所占的股权为72%，已超过代表十分之一以上表决权的股东，故，中远公司有权提议召开临时股东会。花木公司章程第十七条规定："股东会会议由董事长召集和主持；董事长不能履行职务或者不履行职务的，由监事召集和主持；监事不召集和主持的，代表十分之一表决权的股东可以自行召集和主持。"《中华人民共和国公司法》第四十一条规定："有限责任公司设立董事会的，股东会会议由董事会召集，董事长主持；董事长不能履行职务或者不履行职务的，由副董事长主持；副董事长不能履行职务或者不履行职务的，由半数以上董事共同推举一名董事主持。有限责任公司不设董事会的，股东会会议由执行董事召集和主持。董事会或者执行董事不能履行或者不履行召集股东会会议职责的，由监事会或者不设监事会的公司监事召集和主持；监事会或者监事不召集和主持的，代表十分之一以上表决权的股东可以自行召集和主持"。中远公司已履行通知林都公司、花木公司及花木公司相关董事、监事的义务，中远公司的通知行为符合《中华人民共和国公司法》第四十条、第四十一条的相关规定，故中远公司自行召集的花木公司2014年第一次临时股东会、召集程序、表决方式，并不违反法律、行政法规及花木公司章程的有效条款的规定，且花木公司章程第十七条的规定与《中华人民共和国公司法》第四十一条第一款:"股东会会议由董事会召集"的规定不一致。林都公司依据花木公司章程请求撤销花木公司2014年第一次临时股东会会议于法无据,不予支持。根据中远公司召开的花木公司2014年第一次临时股东会议选举产生的花木公司新的董事,其后召开花木公司董事会,其行为符合法律规定。林都公司请求宣告2014年花木公司第一次董事会决议无效的诉讼请求,于法无据,不予支持。该院经审判委员会研究决定,于2015年5月21日作出(2014)鄢民二初字第141号民事判决:驳回林都公司的诉讼请求。

林都公司不服一审判决,向许昌市中级人民法院提起上诉,请求撤销一审判决,发回重审或依法改判撤销花木公司2014年第一次临时股东会决议,并宣告2014年第一次董事会无效。

许昌市中级人民法院二审查明的事实与一审一致。

许昌市中级人民法院二审认为,本案争议的焦点是中远公司提议并自行召集的花木公司2014年第一次临时股东会决议是否应予以撤销,花木公司2014年第一次董事会决议是否有效。

《中华人民共和国公司法》第二十二条规定,公司股东会或者股东大会、董事会的决议内容违反法律、行政法规的无效。股东会或者股东大会、董事会的会议召集程序、表决方式违反法律、行政法规或者公司章程,或者决议内容违反公司章程的,股东可以自决议作出六十日内,请求人民法院撤销。股东会是公司最高权力机构,依法作出的股东会决议具有法律效力。但股东会的决议应当程序合法、内容合法、符合公司章程有效条款规定。本案各方当事人的根本分歧是花木公司章程第十七条内容效力认定问题。花木公司章程第十七条规定:"股东会会议由董事长召集和主持;董事长不能履行职务或者不履行职务的,由监事召集和主持;监事不召集和主持的,代表十分之一表决权的股东可以自行召集和主持。"《中华人民共和国公司法》第四十条规定:"有限责任公司设立董事会的,股东会会议由董事会召集,董事长主持;董事长不能履行职务或者不履行职务的,由副董事长主持;副董事长不能履行职务或者不履行职务的,由半数以上董事共同推举一名董事主持。有限责任公司不设董事会的,股东会会议由执行董事召集和主持。董事会或者执行董事不能履行或者不履行召集股东会会议职责的,由监事会或者不设监事会的公司监事召集和主持;监事会或者监事不召集和主持的,代表十分之一以上表决权的股东可以自行召集和主持"。显然,公司章程第十七条与公司法第四十条内容冲突。关于该公司章程条款的效力问题,该院认为,公司法虽然是私法,但也包含了较多的强行性规范,是公司和公司股东及高级管理人员必须遵守的。股东会的召集程序和董事会的议事规则等，均必须遵守法定程序。公司章程是公司法的调整对象，公司自治是相对的，其内容不得违反公司法强制性规范。公司法第三十九条规定，临时股东会代表十分之一以上表决权的股东、三分之一以上的董事等提议召开临时股东会的应当召开临时股东会。中远公司作为占72%表决权的股东享有召开临时股东会提议权。其提议后，董事会应当组织召开临时股东会。

董事会是有限责任公司的业务执行机构，享有业务执行权和日常经营决策权。公司法第四十六条规定了董事会的职权为召集股东会，并向股东会报告工作等。董事长的职权是主持股东会议，召集和主持董事会会议。公司法未赋予董事长召集股东会的职权，股东会的召集权属于董事会。董事长在没有经过董事会讨论并作出决定的情况下，无权擅自召集股东会。花木公司章程规定由董事长个人行使本应由董事会这个组织机构行使的职权，违反了公司法规定，可能损害公司、股东的权益或董事会及其他董事的权力行使，应为无效条款。原花木公司董事长姚秋平在接到股东中远公司提议召开临时股东会议的提议后，未召集董事会讨论，也未答复。其发出的《关于召开2014年第一次临时股东会的通知》中的议案内容在没有召开董事会进行讨论、决定的情况下直接对中远公司议案内容进行否定，超越了董事长的职权范围。中远公司根据公司法规定，自行召集花木公司2014年第一次临时股东会于法有据。花木公司2014年第一次临时股东会决议召集程序、表决方式不违反法律、行政法规和公司章程有效条款相关规定，内容不违反公司章程有效条款规定，林都公司请求撤销的依据不足，不予支持。花木公司2014年第一次董事会决议内容不违反法律和行政法规，林都公司请求宣告董事会决议内容无效没有事实和法律依据。至于董事会决议中姚秋平、常付涛名字有误，经该院审核股东会和董事会的决议、记录及其他相关证据材料认为，该错误应系笔误，并不会影响对姚秋平、常付涛身份的认知。林都公司认定董事会决议无效的理由不成立。一审判决认定事实清楚，适用法律正确，但引用法条序号有误，文中公司法第四十条、第四十一条应为第三十九条、第四十条，对此应予以纠正。但此错误不影响判决结果，依法应予以维持。2015年8月19日，该院作出(2015)许民终字第1029号民事判决：驳回上诉，维持原判。二审案件受理费100元，由林都公司承担。

林都公司不服，向本院申请再审。

二、河南省高级法院对案件的审理

本院再审查明的事实与原审查明的事实一致。

本院再审认为：一、关于花木公司2014年第一次临时股东会决议是否应予撤销的问题。《中华人民共和国公司法》第四十条规定："有限责任公司设立董事会的，股东会会议由董事会召集，董事长主持；董事长不能履行职务或者不履行职务的，由副董事长主持；副董事长不能履行职务或者不履行职务的，由半数以上董事共同推举一名董事主持。有限责任公司不设董事会的，股东会会议由执行董事召集和主持。董事会或者执行董事不能履行或者不履行召集股东会会议职责的，由监事会或者不设监事会的公司监事召集和主持；监事会或者监事不召集和主持的，代表十分之一以上表决权的股东可以自行召集和主持。"花木公司章程第十七条规定："股东会会议由董事长召集和主持；董事长不能履行职务或者不履行职务的，由监事召集和主持；监事不召集和主持的，代表十分之一表决权的股东可以自行召集和主持"。《中华人民共和国公司法》规定股东会会议的召集人依次为董事会或者执行董事、监事会或者监事、代表十分之一以上表决权的股东；主持人依次为董事长、副董事长、半数以上董事共同推荐的一名董事、监事会或者监事、代表十分之一以上表决权的股东。花木公司章程规定的股东会会议的召集和主持人依次为董事长、监事、代表十分之一表决权的股东。比较两者，花木公司章程与《中华人民共和国公司法》的相关规定尽管不一致，但并未构成实质性冲突，故花木公司章程及相关条款并不因此而无效。公司章程及其有关条款的效力判断，应以是否违反法律、行政法规的强制性规定为依据。原判认定花木公司章程第十七条无效错误，本院依法予以纠正。

花木公司章程第十七条规定了临时股东会议的召集程序及主持人，且明确在董事长、监事不履行召集和主持股东会会议职务的情况下，代表十分之一表决权的股东可以自行召集和主持股东会会议。本案中，中远公司召集并主持花木公司2014年第一次临时股东会议，并未提供证据证明花木公司董事长不履行召集和主持股东会的职责，或者在董事长不履行上述职责后公司监事亦不履行职责的情形，故其召集和主持临时股东会议的程序违反了公司章程规定，亦与《中华人民共和国公司法》的相关规定不符。根据《中华人民共和国公司法》第二十二条第二款规定："股东会或者股东大会、董事会的会议召集程序、表决方式违反法律、行政法规或者公司章程，或者决议内容违反公司章程的，股东可以自决议作出六十日内，请求人民法院撤销。"花木公司2014年第一次临时股东会会议的召集程序违反《中华人民共和国公司法》及花木公司章程规定，林都公司在法定期限内向法院起诉请求撤销花木公司2014年第一次临时股东会决议，于法有据，本院依法予以支持。

二、关于花木公司2014年第一次临时董事会决议效力问题。花木公司2014年第一次临时股东会决议被撤销后，其选举的董事、监事自始不具有董事、监事资格，由其召集并主持的董事会形成的决议不具有合法性，应属无效决议。林都公司请求确认花木公司2014年第一次临时董事会决议无效的诉请，本院依法予以支持。

综上，原判适用法律错误，处理结果不当，本院予以纠正。检察机关的抗诉意见及林都公司申诉理由成立，本院予以支持。依照《中华人民共和国公司法》第二十二条、《中华人民共和国民事诉讼法》第二百零七条第一款、第一百七十条第一款第二项之规定，判决如下：

一、撤销许昌市中级人民法院(2015)许民终字第1029号民事判决、鄢陵县人民法院(2014)鄢民初字第141号民事判决；

二、撤销河南鄢陵花木交易中心有限公司2014年第一次临时股东会决议；

三、河南鄢陵花木交易中心有限公司2014年第一次董事会决议无效。

本案一审案件受理费100元、保全费2000元，二审案件受理费100元，由河南中远投资有限公司负担。本判决为终审判决。二〇一七年十一月二日审结。

第二节 当事人申请再审、答辩与法院裁判的逻辑图

一、申请再审人林都公司申请再审的逻辑图

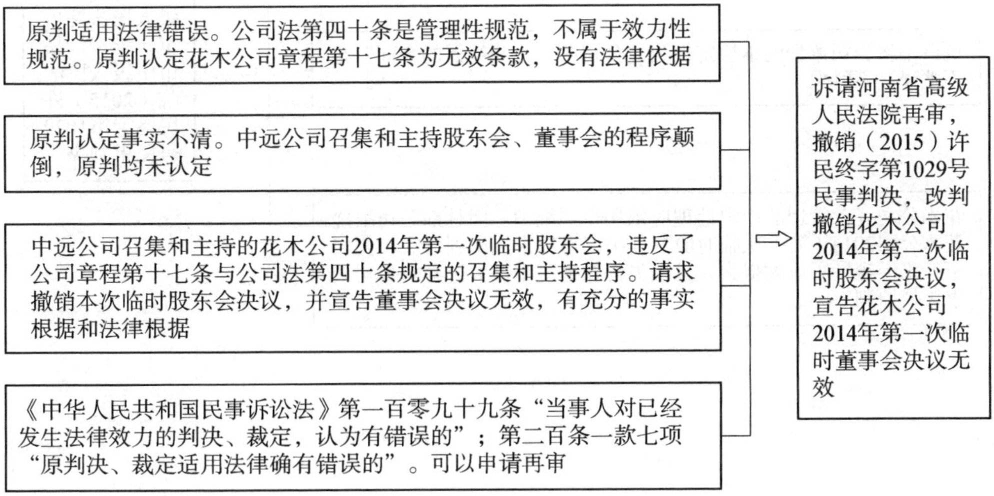

原判适用法律错误。公司法第四十条是管理性规范，不属于效力性规范。原判认定花木公司章程第十七条为无效条款，没有法律依据

原判认定事实不清。中远公司召集和主持股东会、董事会的程序颠倒，原判均未认定

中远公司召集和主持的花木公司2014年第一次临时股东会，违反了公司章程第十七条与公司法第四十条规定的召集和主持程序。请求撤销本次临时股东会决议，并宣告董事会决议无效，有充分的事实根据和法律根据

《中华人民共和国民事诉讼法》第一百零九十九条“当事人对已经发生法律效力的判决、裁定，认为有错误的”；第二百条一款七项“原判决、裁定适用法律确有错误的”。可以申请再审

⇨

诉请河南省高级人民法院再审，撤销（2015）许民终字第1029号民事判决，改判撤销花木公司2014年第一次临时股东会决议，宣告花木公司2014年第一次临时董事会决议无效

二、河南省人民检察院的抗诉逻辑图

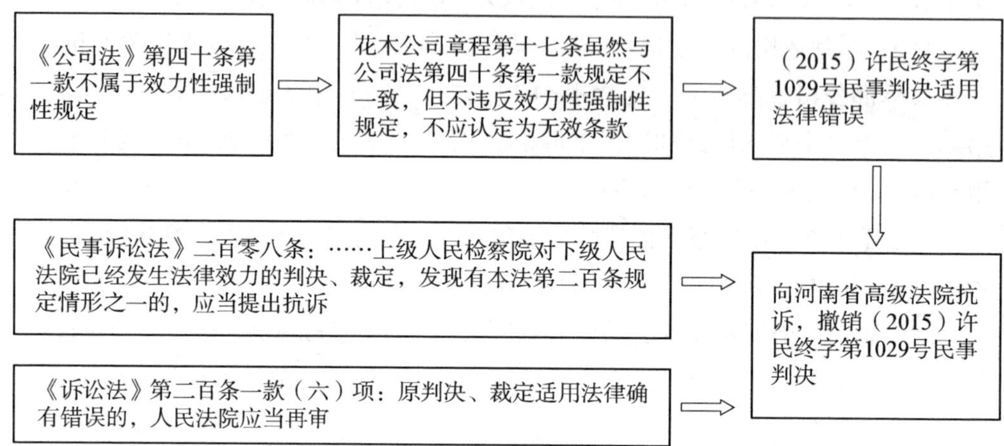

三、被申请人花木公司与中远公司的答辩逻辑图

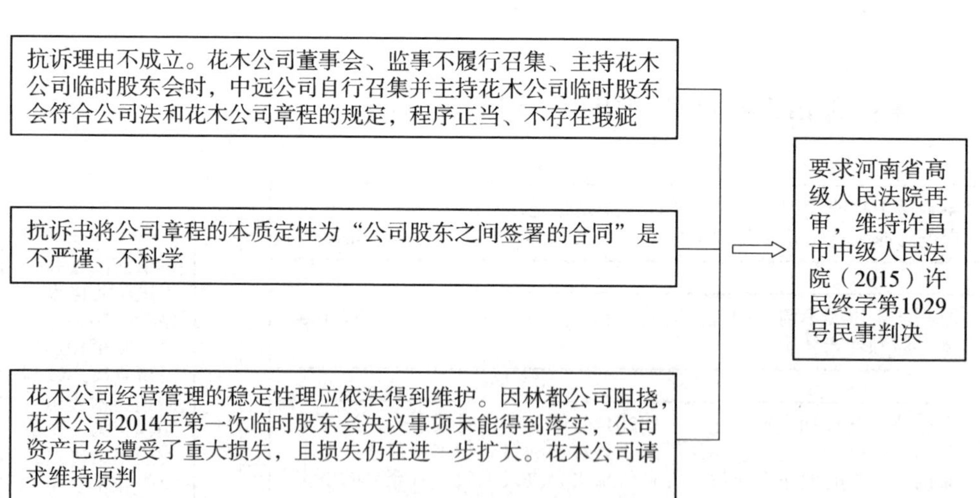

四、河南省高级法院再审的逻辑图

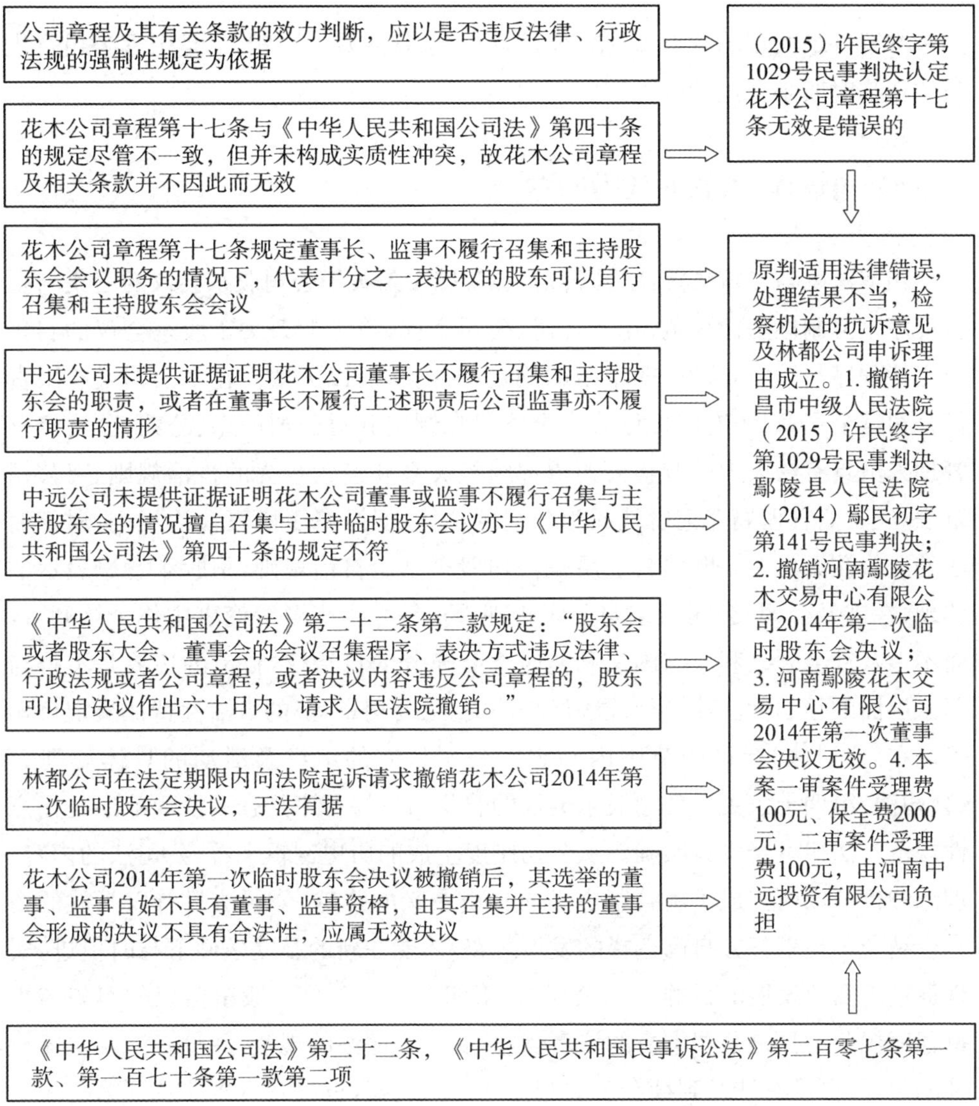

公司章程及其有关条款的效力判断，应以是否违反法律、行政法规的强制性规定为依据 ⇒

花木公司章程第十七条与《中华人民共和国公司法》第四十条的规定尽管不一致，但并未构成实质性冲突，故花木公司章程及相关条款并不因此而无效 ⇒

（2015）许民终字第1029号民事判决认定花木公司章程第十七条无效是错误的

⇓

花木公司章程第十七条规定董事长、监事不履行召集和主持股东会会议职务的情况下，代表十分之一表决权的股东可以自行召集和主持股东会会议 ⇒

中远公司未提供证据证明花木公司董事长不履行召集和主持股东会的职责，或者在董事长不履行上述职责后公司监事亦不履行职责的情形 ⇒

中远公司未提供证据证明花木公司董事或监事不履行召集与主持股东会的情况擅自召集与主持临时股东会议亦与《中华人民共和国公司法》第四十条的规定不符 ⇒

《中华人民共和国公司法》第二十二条第二款规定："股东会或者股东大会、董事会的会议召集程序、表决方式违反法律、行政法规或者公司章程，或者决议内容违反公司章程的，股东可以自决议作出六十日内，请求人民法院撤销。" ⇒

林都公司在法定期限内向法院起诉请求撤销花木公司2014年第一次临时股东会决议，于法有据 ⇒

花木公司2014年第一次临时股东会决议被撤销后，其选举的董事、监事自始不具有董事、监事资格，由其召集并主持的董事会形成的决议不具有合法性，应属无效决议 ⇒

原判适用法律错误，处理结果不当，检察机关的抗诉意见及林都公司申诉理由成立。1. 撤销许昌市中级人民法院（2015）许民终字第1029号民事判决、鄢陵县人民法院（2014）鄢民初字第141号民事判决；2. 撤销河南鄢陵花木交易中心有限公司2014年第一次临时股东会决议；3. 河南鄢陵花木交易中心有限公司2014年第一次董事会决议无效。4. 本案一审案件受理费100元、保全费2000元，二审案件受理费100元，由河南中远投资有限公司负担

⇑

《中华人民共和国公司法》第二十二条，《中华人民共和国民事诉讼法》第二百零七条第一款、第一百七十条第一款第二项

第三节　对案件的评析

本案件最关键的两点，一是《公司章程》条款的效力问题，二是中远公司召集与主持临时股东会议的效力问题。

一、《公司章程》条款的效力问题

初审法院与二审法院认为《公司法》第四十条关于公司股东会议的召集与主持程序是强制性法律规范，花木公司《公司章程》第十七条关于股东会议的召集与主持程序与《公司法》第四十条的规定相冲突，所以无效。花木公司是有限责任公司，《公司章程》有限责任公司全体股东制定并对公司股东、公司、公司经营管理人员具有约束力的调整公司内部组织关系和经营行为的自治规则。《公司章程》经工商管理局登记后就成为公司的法律文件，属于商事自治规则，属于商法的法律渊源之一。既然其性质是公司股东制定自治规则，是股东意思表示的体现，在涉及公司、公司股东与公司管理人员等公司事务等商事主体个体利益，而不涉及社会公共利益与国家利益时享有充分的自治权，自治的边界是不得与国家层面的强制性法律与行政法规相冲突。《公司章程》的自治性特征决定公司可以在《公司法》允许的范围内确定本公司特有的组织及活动的具体规则。[①]《公司法》第四十条关于公司股东会议的召集与主持程序是强制性规范还是任意性规范？法律本身没有明确。从公司制度生成的历史逻辑来看，公司法的内容、理念和价值取向完成了由管制主义向自由主义的跨越，公司法只有以开放的姿态容纳公司当事各方自己选择的发展之路，才能在新的私立条件下与时俱进，实现促进工商业发展的目的。[②]《公司法》第四十条关于公司股东会议的召集与主持程序规范的只是公司本身的议事程序，属于程序性的规范，并没有涉及实体权利的分配，更没有涉及到社会公共利益与国家利益，也没有直接涉及到第三人的实体利益，因而属于公司自治的范畴，公司可以通过占表决权三分之二以上有表决权股权的绝对多数表决权的意见确定与修改。花木公司《公司章程》第十七条

① 赵旭东主编：《公司法学》(第四版)，高等教育出版社，2015 年 4 月，第 124 页。

② 蔡立东：《公司自治论》，北京大学出版社，2006 年 9 月，第一版，第 43 页。

关于股东会议的召集与主持程序尽管与《公司法》第四十条的规定相冲突，但既不损害社会公共利益，也不损害公司利益，该规定对所有股东适用，不存在歧视少数股东，不违背公司法基本原则，因而是有效的章程条款。河南省高级人民法院认为“花木公司章程第十七条与《中华人民共和国公司法》第四十条的规定尽管不一致，但并未构成实质性冲突，故花木公司章程及相关条款并不因此而无效。”该判定尽管没有明确的法律依据，但是符合《公司法》的精神与公司法理论。在民商事领域，“法无明文禁止即可为”这一法学谚语也表明商事主体可以在不违背法律精神、法律原则与法律强制性规范的情况下自由治理其民商事行为。

二、中远公司召集与主持临时股东会议的效力问题

2014 年 7 月 4 日，中远公司向姚秋平、袁发义、牛泳、李成龙、林都公司以快递的形式通知变更提议召开花木公司 2014 年第一次临时股东会，要求于 2014 年 7 月 31 日上午 9 点整召开，如花木公司第一次临时股东会未能在上述的时间内如期召开，则视为公司的董事会、董事长、董事、监事不能履行其召集、主持股东会议的职责。中远公司将于同日上午 11 点整自行召集并主持花木公司 2014 年第一次临时股东会议。这是股东中远公司单方面的意思通知，并未得到被通知方的回应，相反，2014 年 7 月 31 日，河南刘鹏律师事务所律师刘鹏向中远公司递交律师函，要求召开花木公司 2014 年第一次临时股东会，按照公司章程应由花木公司的法定代表人姚秋平召集并主持，反对中远公司召开花木公司 2014 年第一次临时股东会议。这表明公司董事长与监事并不是不履行召集与主持股东会议的职责，而是反对中远公司违法花木公司章程第十七条规定自行召集和主持股东会会议。中远公司作为公司股东如果认为公司章程第十七条与《公司法》第四十条无效，理应诉请人民法院确认章程条款的效力，不应该无视章程条款的规定擅自召开临时股东会议，损害公司的经营秩序。《公司法》第二十条第一款规定“公司股东应当遵守法律、行政法规和公司章程，依法行使股东权利，不得滥用股东权利损害公司或者其他股东的利益……第二款规定“公司股东滥用股东权利给公司或者其他股东造成损失的，应当依法承担赔偿责任。”可见，《公司法》对不遵守《公司章程》滥用股东权利的行为给予了否定性的评价。中远公司在再审答辩状中称“因林都公司阻挠，花木公司 2014 年第一次临时股东会决议事项未能得到落实，公司资产已经遭受了重大损失，且损失仍在进一步扩大。花木公司经营管理的稳定性理应依法得到维护”不但毫无法律依据，而且是持续

破坏花木公司经营秩序的行为，花木公司的损失应该由中远公司承担才符合《公司法》二十条第一款与第二款的精神。河南省高级法院认定中远公司未提供证据证明花木公司董事长不履行召集和主持股东会的职责，或者在董事长不履行上述职责后公司监事亦不履行职责的情形下，擅自召集与主持花木公司 2014 年第一次临时股东会议的行为与《公司法》第四十条规定的精神不符，判决撤销花木公司 2014 年第一次临时股东会决议，2014 年第一次董事会决议无效。这无疑是正确的。

思考题

童丽芳等 13 人诉上海康达化工有限公司确认决议无效纠纷上诉案——与公司法强制性规范冲突的公司章程条款无效①

【裁判要旨】公司章程属于自治性规则，股东可根据意思自治原则制定、修改公司章程，但不得违反公司法的强制性规范，否则不具有法律效力。

【案号】(2006)浦民二(商)初字第 2800 号二审：(2007)沪一中民三(商)终字第 172 号

【案情】

原告：童丽芳等 13 人。

被告：上海康达化工有限公司。

被告上海康达化工有限公司登记股东为 49 个自然人，原告童丽芳等 13 名自然人系该公司的股东。2006 年 7 月 29 日，被告召开股东会会议，讨论修改公司章程事宜。会议记录表明：应出席 54100 股，实际出席 53891 股，出席股东所持表决权占全部股权的 99.6%；经表决，同意 42451 股，不同意 11440 股(其中 13 名原告的表决意见均为不同意)，同意的比例为 78.8%，不同意的比例为 21.2%，同意的比例超过三分之二。

修改后引起争议的章程内容有：(一)第二十五条规定了股东享有的权利，共有七项。该条第(四)项规定："按照出资比例分取红利，公司新增资本时，按照股东会决议可以优先认缴出资"。(二)第二十四条规定了自然人死亡后其股权的处置办法，其中第(二)项规定，合法继承人只继承部分股东权利(继承章程第二十五条规定的七项股东权利中的四项)和所有义务；第(三)项规定继承人可以

① 《人民商法(案例)》2008 年第 8 期，第 87 页。

出席股东会,必须同意由股东会作出的各项有效决议。(三)第二十九条规定,股东会作出的决议,须经出席会议的股东所持表决权过半数通过。但股东会作出有关公司增加或者减少注册资本,分立、合并、解散或者变更公司形式及修改公司章程的决议必须经出席会议的股东所持表决权的三分之二以上通过。(四)第四十一条规定,公司不设监事会,设监事一名,由公司工会主席担任。

股东会决议还对被告公司原有章程的其他部分内容作了修改。

原告认为,被告不顾原告的反对,操纵股东会强行通过《上海康达化工有限公司关于修改公司章程的决议》。上述决议内容实质上是公司的少数大股东利用优势表决权,损害甚至剥夺其他股东的合法权益,达到其完全操纵公司的目的。由于上述章程条款内容违法而无效,且基于上述无效条款是章程的一部分,故原告起诉请求法院确认 2006 年 7 月 29 日通过的《上海康达化工有限公司关于修改公司章程的决议》无效。

【审判】

法院经审理认为,公司章程是调整一个公司所有股东之间、股东与公司之间法律关系的必备性文件,它是股东意思自治的体现,但章程的自治性是相对的,以不违反法律、行政法规的强制性规范为前提。

一、公司章程第二十四条第(二)项、第(三)项内容的效力。

公司法第七十六条规定:"自然人股东死亡后,其合法继承人可以继承股东资格;但是,公司章程另有规定的除外。"法院认为,基于公司所具有的人合性,法律允许公司章程对已故股东的继承人成为公司股东设置一定的限制条件。然而一旦章程规定继承人可以继承死亡股东的股东资格,则该继受取得资格的股东就应当依法享有法律所赋予的股东权利,而不应当对其股东权利加以随意限制。

公司法第四十三条规定:"股东会会议由股东按照出资比例行使表决权;但是,公司章程另有规定的除外。"股东会会议是股东表达自己意志的场所,股东在股东会上有表决权,这是股东基于投资人特定的地位对公司的有关事项发表意见的基本权利。法律赋予公司章程自治权,即公司章程可以规定另外的行使表决权的方式,但并不能因此剥夺股东行使表决权的权利。现修改后的公司章程第二十四条第(二)项、第(三)项显然剥夺了继承股东的上述权利,违反法律的规定,应当确认无效。

二、公司章程第二十五条第(四)项内容的效力。

公司法第三十五条规定:"股东按照实缴的出资比例分取红利;公司新增资本时,股东有权优先按照实缴的出资比例认缴出资。但是,全体股东约定不按照出资比例分取红利或者不按照出资比例优先认缴出资的除外。"据此,法院认为,在有的情况下,考虑到有限责任公司的人合因素,可以不按照出资比例优先认缴出资,但必须经过全体股东的约定。修改后的公司章程第二十五条第(四)项的内容违反了上述法律的规定,应确认无效。

三、公司章程第二十九条内容的效力。

公司法第四十四条规定:"股东会的议事方式和表决程序,除本法有规定的外,由公司章程规定。股东会会议作出修改公司章程、增加或者减少注册资本的决议,以及公司合并、分立、解散或者变更公司形式的决议,必须经代表三分之二以上表决权的股东通过。"修改后的公司章程第二十九条内容违反了公司法对于公司上述事项法定表决方式的规定,亦属无效。

四、公司章程第四十一条内容的效力。

本案被告注册资金达 500 多万,且股东人数较多,被告应当设立监事会。现被告不设监事会,仅设监事一名,显然与公司法第五十二条的规定不符。

根据法律规定,监事会应当包括股东代表和适当比例的公司职工代表,股东代表由股东会选举产生,职工代表由公司职工通过职工代表大会、职工大会或者其他形式民主选举产生。现被告通过公司章程直接规定监事由公司的工会主席担任,与公司法规定不符。且并非所有职工都是工会会员,而作为职工代表的监事是由全体职工选举产生,工会主席和职工代表监事的选举受不同法律调整,两者的主体和范围亦不相一致。讼争条款实际上剥夺了一部分职工(未加入工会的职工)依法享有的选举监事的权利。故原告主张讼争章程第四十一条无效的主张成立。

由于被告对 2006 年 7 月 29 日《上海康达化工有限公司关于修改公司章程的决议》的表决程序和方式没有异议,故除上述四条内容因违反法律规定而无效外,章程其余条款均依法有效。原告主张上述决议和章程全部无效无事实和法律依据,法院不予支持。

综上,依照公司法的上述规定,法院判决如下:被告上海康达化工有限公司 2006 年 7 月 29 日通过的《上海康达化工有限公司关于修改公司章程的决议》中"上海康达化工有限公司章程"第二十四条第(二)项、第(三)项,第二十五条第(四)项,第二十九条,第四十一条的内容无效;对原告童丽芳等 13 人的其余诉讼请求不予支持。

宣判后,原告童丽芳等 13 人不服一审判决,向上海市第一中级人民法院提起上诉。二审法院经审理判决驳回上诉,维持原判。

根据上述案情回答下列问题：

1. 画出法院判决的逻辑图。

2. 比较本案与(2017)豫民再226号案，思考《公司章程》条款的效力的决定因素。

3. 比较效力性强制规范与管理性强制性规范的特性。

4. 请对本案加以评析。

第七章　云南白药集团股权案析上市公司国有股权转让的条件

第一节　案情事实与法院的审理

一、案情事实

中华人民共和国最高人民法院民事判决书(2013)民二终字第42号

上诉人(原审原告):陈发树。

委托代理人:李庆,北京市尚公律师事务所律师。

委托代理人:许金利,福建大中律师事务所律师。

被上诉人(原审被告):云南红塔集团有限公司。住所地:云南省玉溪市红塔大道118号。

法定代表人:李剑波,该公司董事长。

委托代理人:周冰,北京德恒律师事务所律师。

委托代理人:王葳,北京德恒律师事务所律师。

上诉人陈发树为与被上诉人云南红塔集团有限公司(以下简称红塔有限公司)股权转让纠纷一案,不服云南省高级人民法院(2012)云高民二初字第1号民事判决,向本院提起上诉。本院受理后,依法组成由审判员宫邦友担任审判长,审判员朱海年、代理审判员林海权参加的合议庭进行审理。书记员陆昱担任记录。本案现已审理终结。

一审法院经审理查明:2009年1月4日,中国烟草总公司(以下简称中烟总公司)作出《关于云南红塔集团有限公司转让持有的云南白药集团股份有限公司股份事项的批复》,同意红塔有限公司有偿转让其持有的云南白药集团股份有限公司(以下简称云南白药集团)无限售条件的流通国有法人股份65813912股，要求云南中烟工业有限公司(以下简称云南中烟公司)依该批复指导红塔有限公司按《国有股东转让所持上市公司股份管理暂行办法》和《上市公司解除限售存量股份转让指导意见》的规定进行股份转让。2009年8月13日、14日，云南白药集团先后刊登了《关于云南红塔集团有限公司拟整体协议转让所持云南白药股权的提示性公告》《关于云南红塔集团有限公司拟整体协议转让所持云南白药股权公开征集受让方的公告》。

2009年9月10日，红塔有限公司与陈发树签订了《股份转让协议》，约定红塔有限公司将其持有的占云南白药集团总股本12.32%的本案争议股份全部转让给陈发树，对价为每股33.543元，总价款2207596050.22元，在转让协议签订后五个工作日内一次性付清。该协议第十二条约定红塔有限公司在转让协议生效并收到全部价款后，应当及时办理所有与本次目标股份转让有关的报批、信息披露等法律手续，陈发树应当配合红塔有限公司的上述工作。该协议第三十条约定，转让协议自签订之日起生效，但须获得有权国资监管机构的批准同意后方能实施。协议还对其他相关股权转让事宜进行了约定。2009年9月11日，云南白药集团刊登了《关于云南红塔集团有限公司拟整体协议转让所持云南白药股权进展情况的公告》，对本次股份转让交易进行了初次信息披露。2009年9月14日，云南白药集团发布公告，公告2009年9月11日陈发树和红塔有限公司签订的《云南红塔集团有限公司简式权益变动报告书》和《陈发树简式权益变动报告书》，对股份变动再次进行了信息披露。《股份转让协议》签订后，陈发树按约将2207596050.22元(含之前交付的应征受让股权保证金)支付到红塔有限公司指定账户。红塔有限公司收款后，向陈发树开具了收款专用发票，并于2011年4月19日再次就其上述收款情况出具书面说明，确认收到了上述款项。

2009年9月11日，红塔有限公司向其上级机构红塔烟草(集团)有限责任公司(以下简称红塔集团公司)上报了《云南红塔集团有限公司关于将所持云南白药集团股份有限公司的股份整体协议转让给自然人陈发树的请示》【云红司(2009)47号】，并附上了相应的附件。

2010年5月28日，云南白药集团召开2009年度股东大会通过决议，以公司现有总股本534051138股为基数，向全体股东每10股派2元现金(扣税后实际每10股1.8元)，同时以资本公积金向全体股东每10股转增3股。

2011年4月27日，陈发树向红塔有限公司发出《办理股份过户登记催促函》，要求红塔有限公司自接函之日起十个工作日内将转让协议项下股份办理过户登记至陈发树名下。红塔有限公司于 2011 年 5 月 10 日回函称，本次股份转让事宜必须获得有权国资监管机构的批准后方能实施，其积极向上级主管机构进行了相关报批工作，现并未收到任何书面批复意见，本次股份转让事宜存在批复同意或被否决的可能性，若有任何变化或进展，将及时予以通知。

2012 年 1 月 17 日，中烟总公司作出《关于不同意云南红塔集团有限公司转让所持云南白药集团股份有限公司股份事项的批复》【中烟办(2012)7 号】，该批复载明"不同意本次股份转让"。依据该批复意见，云南中烟公司和红塔集团公司也作出了不同意本次股份转让的相关批复。

2011 年 12 月 21 日，陈发树向云南高院起诉，请求：1. 确认《股份转让协议》合法有效，判令红塔有限公司全面继续履行；2. 确认红塔有限公司未恰当履行合同义务，致使本案争议股份不能在合理期限内过户给陈发树，已构成违约，判令红塔有限公司立即采取完善申报材料、催请审批等补救措施；3. 确认红塔有限公司因违约给陈发树已经造成和可能造成的损失，判令红塔有限公司将因拖延本案争议股份过户所获股息 11846502. 16 元及其利息和转增股份 19744173. 6 股赔偿给陈发树，并赔偿截至争议股份过户时陈发树继续遭受的其他损失，包括针对争议股份继续发生的利润分配、派送红利、资本公积金转增股份等权益损失，以及争议股份过户时可能发生的贬值价差损失(截至 2011 年 12 月 8 日上午 10 点止，总损失以每股 58. 45 元计，共 1165893450 元)。

一审法院认为，结合确认的事实及当事人诉辩主张，本案各方当事人争议的焦点为：1.《股份转让协议》的效力，陈发树诉请红塔有限公司全面继续履行合同是否成立？2. 红塔有限公司是否构成违约？陈发树诉请红塔有限公司立即采取完善申报材料、催请审批等补救措施是否成立？3. 陈发树诉请判令红塔有限公司赔偿其损失是否成立？

一、关于《股份转让协议》的效力，陈发树诉请红塔有限公司全面继续履行合同是否成立的问题。2009 年 1 月 4 日，中烟总公司作出《关于云南红塔集团有限公司转让持有的云南白药集团股份有限公司股份事项的批复》，根据该批复精神，经过公告的法定程序和充分协商，2009 年 9 月 10 日，本案双方当事人签订了《股份转让协议》。该协议系双方当事人真实的意思表示，内容也不违反法律法规的禁止性规定，且根据《股份转让协议》第三十条"本协议自签订之日起生效"的约定，陈发树诉请确认《股份转让协议》合法有效的请求成立，应予支持。根据《股份转让协议》第三十条"本协议自签订之日起生效，但须获得有权国有资产监督管理机构的批准同意后方能实施”的约定，本案的股份转让只有在获得有权国有资产监督管理机构批准同意后方能实施，但目前本案的《股份转让协议》并未获得有权国有资产监督管理机构批准，因此，对陈发树诉请判令红塔有限公司继续全面履行该《股份转让协议》的请求，不予支持。

二、关于红塔有限公司是否构成违约，陈发树诉请红塔有限公司立即采取完善申报材料、催请审批等补救措施是否成立的问题。《股份转让协议》合法有效，根据《中华人民共和国合同法》第六十条第一款“当事人应当按照约定全面履行自己的义务”的规定，本案双方当事人均应严格依约履行各自的义务。依据《股份转让协议》第十二条的约定，红塔有限公司在协议生效，且收到陈发树支付的2207596050.22元款项后，应当及时办理所有与本次目标股份转让有关的报批、信息披露等手续。根据查明的事实，在《股份转让协议》签订的第二天，即2009年9月11日，红塔有限公司就及时依约履行了相应的信息披露手续，并按规定向其上级机构上报了相关审批手续，因此，红塔有限公司已及时按约履行了就本案所涉股份转让的有关报批、信息披露等手续，并未违反协议的约定，陈发树认为红塔有限公司未恰当履行合同义务已构成违约无事实及法律依据。此外，从当事人举证来看，红塔有限公司已按约将完善的申报材料向其上级机构进行了上报，因此对于陈发树诉请红塔有限公司立即采取完善申报材料、催请审批等补救措施的请求，不予支持。

三、关于陈发树诉请判令红塔有限公司赔偿其损失是否成立的问题。根据《中华人民共和国合同法》第一百零七条“当事人一方不履行合同义务或者履行合同义务不符合约定的，应当承担继续履行、采取补救措施或者赔偿损失等违约责任”的规定，只有在当事人违反合同约定，构成违约的前提下，依法才承担相应的违约责任。而从本案查明的事实看，红塔有限公司并未构成违约，因此对于陈发树认为因红塔有限公司违约给其造成的损失应由红塔有限公司予以赔偿的请求，不予支持。

综上所述，《股份转让协议》合法有效，红塔有限公司已按约履行了自己的合同义务，陈发树的诉讼请求除请求确认《股份转让协议》合法有效外，其余均不能成立。据此，经该院审判委员会讨论决定，依照《中华人民共和国合同法》第四十四条、第六十条，《中华人民共和国民事诉讼法》第六十四条的规定，判决：一、陈发树与云南红塔集团有限公司2009年9月10日签订的《股份转让协议》合法有效；二、驳回原告陈发树的其他诉讼请求。案件受理费16968480.02元，由陈发树负担。

陈发树不服一审判决，向本院提起上诉，请求：1. 维持原判决第一项，即“陈发树与红塔有限公司 2009 年 9 月 10 日签订的《股份转让协议》合法有效”；2. 改判红塔有限公司继续全面履行其与陈发树 2009 年 9 月 10 日签订的《股份转让协议》，立即采取有效措施，就本案股份转让事项报送财政部审批；3. 改判确认红塔有限公司因违约给陈发树已经造成和可能继续造成的损失，判令将其违约所获得的股息 11846504.16 元及其利息和转增股份 19744173.6 股赔偿给陈发树，并且赔偿截至争议股份过户时陈发树因此继续遭受的其他损失，包括针对争议股份（含已转增股份）继续发生的利润分配、派送红股、资本公积金转增股份等权益损失，以及争议股份过户可能发生的贬值价差损失（截至 2011 年 12 月 8 日上午 10 点，总损失以当时每股 58.45 元计，共计 1165893450 元）；4. 改判红塔有限公司负担本案一审、二审案件受理费各 16968480.02 元。事实和理由如下：一、原判决认定事实错误。根据《股份转让协议》第十二条，红塔有限公司负有“应当及时办理所有与本次目标股份转让有关的报批手续”的义务，但红塔有限公司在长达 3 年多时间里，根本未按协议约定和有关规定将该协议报送至有权审批本案国有股权转让事项的国务院国有资产监管机构即财政部审批，其没有全面履行协议约定的报批义务。原判决仅仅查明红塔有限公司在签约第二天向其上一级单位红塔集团公司上报相关审批手续的事实，即认定红塔有限公司已及时按约履行了有关报批手续，属认定事实错误。中烟总公司批复不同意本案股份转让，而且不按规定将《股份转让协议》报送财政部门审批，应属红塔有限公司内部决策程序中的行为，不属于《国有股东转让所持上市公司股份管理暂行办法》《财政部关于烟草行业国有资产管理若干问题的意见》和《股份转让协议》约定的国务院国有资产监管机构的有权审批，不应产生对本案股权转让不批准的法律效力，其行为应构成红塔有限公司对陈发树的违约。二、原判决违反法定程序，已经影响到本案的正确判决。《财政部关于烟草行业国有资产管理若干问题的意见》对中烟总公司下属企业产权转让有明确、具体规定，中烟总公司、云南中烟公司以及红塔集团公司作出不同意本案所涉股权转让批复的行为，是超越其职权的无权审批行为，该行为直接导致合同履行僵局和本案纠纷，并直接导致红塔有限公司没有全面履行协议约定的报批义务，构成对陈发树的违约。三单位与本案纠纷的产生、审理和处理，均具有法律上的直接牵连和利害关系，陈发树在一审中申请法院追加三单位作为无独立请求权第三人参加诉讼，符合法律规定。

红塔有限公司答辩称：一、《股份转让协议》合法有效，红塔有限公司依约履行了合同义务，因约定的解除条件已成就，该协议应当解除。1. 双方当事人对《股份转让协议》得到或得不到有权国有资产监督管理机构批准有明确预期，并对得到批准或得不到批准的后续处理都分别作了明确、具体的约定。云南中烟公司和红塔集团公司依据中烟总公司不同意转让的批复逐级做出了不同意本次股权转让的相关批复，《股份转让协议》第二十六条第(三)项所约定的解除条件已成就，《股份转让协议》应当依法解除。2. 红塔有限公司于《股份转让协议》签订后的次日，将符合法律规定的有关报批文件按法律规定程序上报至红塔集团公司，又依法通过云南白药集团对本次股份转让事项进行了信息披露，并在收到红塔集团公司下发的不同意转让股份的批复后，立即通知陈发树，告知审批结果，红塔有限公司全面履行了协议约定的报批义务和信息披露义务。二、陈发树主张红塔有限公司未将文件报送至财政部即为未履行协议约定的报批义务，该主张不能得到支持。一方面，《股份转让协议》并没有此种约定，红塔有限公司上级主管部门做出任何决定(包括不批准)均不构成红塔有限公司违约。另一方面，按照《财政部关于烟草行业国有资产管理若干问题的意见》，烟草行业国有资产转让需逐级报批，红塔有限公司无权越级上报。三、红塔有限公司的上级单位不同意本次股份转让的批复系行使国有资产出资人权利，依法属于有权审批，其作出不同意股份转让的决定后，无需继续上报。四、红塔有限公司的上级主管部门不是《股份转让协议》的当事人，其对协议的审批属依法行使国有资产出资人的权利，陈发树在订立协议时明知该协议存在得到批准和得不到批准的两种可能，其要求揭开红塔有限公司的法人面纱，缺乏事实和法律依据。

上诉法院对原审查明的事实予以确认。

另查明：陈发树所支付的股权转让款分两次支付：2009 年 8 月 20 日，陈发树支付 2 亿元作为项目保证金；2009 年 9 月 16 日，陈发树向红塔有限公司再支付 2007596050. 22 元。

再查明：红塔有限公司(甲方)、陈发树(乙方)2009 年 9 月 10 日签订的《股份转让协议》第四条约定："乙方同意受让甲方持有的云南白药集团 65813912 股的股份，并已充分知悉：本协议约定股份转让事宜在本协议生效后尚需获得有权国有资产监督管理机构的批准同意后方能实施。"第十二条约定："本协议生效，且甲方已收到本协议第六条约定的全部款项后，甲方应当及时办理所有与本次目标股份转让有关的报批、信息披露等法律手续，乙方应当配合甲方的上述工作(包括但不限于提供甲方所要求的材料、出具说明等)。"第二十六条第(三)项约定:“如本协议得不到相关有权国有资产监督管理机构的批准,甲方应及时通知乙方,并将乙方交付的全部款项不计利息退还给乙方,甲乙双方互不承担违约责任,且本协议自乙方收到甲方退还的全部款项之日起解除。”第三十条约定:“本协议自签订之日起生效,但须获得有权国有资产监督管理机构的批准同意后方能实施。”

再查明:2009年9月11日,红塔集团公司向其上级机构云南中烟公司上报了《红塔集团关于将云南红塔集团有限公司所持云南白药集团股份有限公司的股份整体协议转让给自然人陈发树的请示》,并附上了相应的附件。2009年12月2日,云南中烟公司向其上级机构中烟总公司上报了《云南中烟工业公司关于云南红塔集团有限公司协议转让所持云南白药集团股份有限公司股份的请示》,并附上了相应的附件。

2012年1月17日,中烟总公司作出《中国烟草总公司关于不同意云南红塔集团有限公司转让所持云南白药集团股份有限公司股份事项的批复》【中烟办(2012)7号】后,云南中烟公司和红塔集团公司分别于2012年1月18日和2012年1月19日作出了不同意本次股份转让的相关批复。

2012年1月19日,红塔有限公司致函陈发树称,因上级主管单位批复不同意本次股份转让,本次股份转让的过户条件不成就;请你于接到通知之日,尽快提供收款账户的信息,我公司将按约定退还你所支付的全部履约保证金人民币2207596050.22元(不计利息);《股份转让协议》按约定解除。

二、上诉法院对案件的审理

上诉法院认为,本案争议焦点有二:一是程序上是否需要追加中烟总公司、云南中烟公司、红塔集团公司等作为无独立请求权第三人参加诉讼;二是陈发树是否有权要求红塔有限公司继续履行《股份转让协议》并承担违约责任。

一、关于本案是否需要追加中烟总公司、云南中烟公司、红塔集团公司(以下简称中烟总公司等)作为无独立请求权第三人参加诉讼的问题。根据《中华人民共和国民事诉讼法》(以下简称《民事诉讼法》)第五十六条第二款,同案件处理结果有法律上的利害关系的主体可以作为无独立请求权第三人参加诉讼。所谓“有法律上的利害关系”,通常是指当事人双方争议的诉讼标的涉及的法律关系,与无独立请求权的第三人参加的另一个法律关系有牵连。前一个法律关系的审理,将影响无独立请求权第三人在后一个法律关系中的责任承担。本案的双方当事人是陈发树与红塔有限公司，争议的标的是基于《股份转让协议》产生的股权转让法律关系，中烟总公司等是红塔有限公司的出资人，但不是《股份转让协议》的当事人，故不属于本案所审理的股权转让纠纷的当事人。中烟总公司等对《股份转让协议》所作的批复是依法行使国有资产出资人的权利，批复结果将影响《股份转让协议》的效力，故本案审理的股权转让法律关系应审查中烟总公司等的批复行为，但本案的审理结果并不会反过来影响中烟总公司等的批复行为效力的认定及相应的责任承担，因此，中烟总公司等不属于《民事诉讼法》第五十六条第二款所指的“有法律上的利害关系”的第三人。陈发树认为，中烟总公司等与本案纠纷的产生、审理和处理，均具有法律上的直接牵连和利害关系，应作为无独立请求权第三人参加诉讼，不符合法律规定，本院不予支持。

二、关于陈发树是否有权要求红塔有限公司继续履行《股份转让协议》并承担违约责任的问题。该问题的前提是《股份转让协议》是否有效、是否能够继续履行。对此，本院认为，本案所涉《股份转让协议》依法属于应当办理批准手续的合同，但未能得到有权机关批准，故应依法认定为不生效合同。

第一，本案所涉《股份转让协议》依法属于应当办理批准手续的合同。《企业国有资产监督管理暂行条例》(以下简称《暂行条例》)第二十三条规定，国有资产监督管理机构决定其所出资企业的国有股权转让。对于重要子企业的重大事项，《暂行条例》第二十四条规定，所出资企业投资设立的重要子企业的重大事项，需由所出资企业报国有资产监督管理机构批准的，管理办法由国务院国有资产监督管理机构另行制定，报国务院批准。根据以上规定，国务院国有资产监督管理委员会与中国证券监督管理委员会经国务院同意，于 2007 年联合颁布了《国有股东转让所持上市公司股份管理暂行办法》(以下简称《暂行办法》)，对国有股东转让所持上市公司股份行为进行规范。《暂行办法》规定，国有股东所持上市公司股份的协议转让至少需要经过两次上报：一是国有股东拟协议转让上市公司股份的，在内部决策后，应当及时按照规定程序逐级书面报告省级或省级以上国有资产监督管理机构；二是国有股东与拟受让方签订股份转让协议后，应及时履行信息披露等相关义务，同时应按规定程序报国务院国有资产监督管理机构审核批准。本案红塔有限公司是国有企业，拟转让的是所持云南白药集团的上市股份，转让的形式是与受让人协议转让，故双方当事人签订《股份转让协议》后，应按照《暂行办法》要求的程序办理相关手续。本案双方当事人对本案所涉股权的转让需要经过审批均是明知的。根据《股份转让协议》的约定，双方当事人在订立《股份转让协议》时知悉该协议需要经过审批，并通过《股份转让协议》第四条予以确认，同时双方还在第十二条、第二十六条对审批手续的办理以及不能得到审批的后果作了明确、清晰的约定。

第二，《股份转让协议》未得到有权机关批准。对于烟草行业产权转让的审批程序和权限，《财政部关于烟草行业国有资产管理若干问题的意见》（以下简称《财政部意见》）规定："中烟总公司所属烟草单位向非烟草单位的产权转让，主业评估价值在 1 亿元以上（含 1 亿元）、多种经营在 2 亿元以上（含 2 亿元）的，由各单位逐级上报中烟总公司（国家烟草专卖局），由中烟总公司（国家烟草专卖局）报财政部审批。"本案《股份转让协议》签订时，双方拟转让的股份价值 20 多亿元，根据《财政部意见》的精神，应由红塔有限公司逐级上报至中烟总公司，由中烟总公司报财政部批准。红塔有限公司在与陈发树签订《股份转让协议》后，即按程序将相关材料上报至红塔集团公司，红塔集团公司则按程序上报至云南中烟公司，云南中烟公司也按程序上报至中烟总公司，现中烟总公司收到上报材料后，明确作出不同意本次转让的批复。据此，《股份转让协议》已无法经由财政部批准。陈发树认为，中烟总公司批复不同意本案股份转让，而且不按规定将《股份转让协议》报送财政部审批，应属红塔有限公司内部决策程序中的行为，不属于有权审批，不应产生对本案股权转让不批准的法律效力，其行为应构成红塔有限公司对陈发树的违约。根据《财政部意见》的精神，本案所涉《股份转让协议》的有权审批主体虽是财政部，中烟总公司无权批准本次股权转让行为，但作为红塔有限公司的出资人，中烟总公司等根据国有资产监督管理相关规定，行使股东重大决策权和国有资产出资人权利，其作出的不同意本次股权转让的批复，终结了《股份转让协议》的报批程序。此外，中烟总公司等是红塔有限公司的出资人，属于独立的主体，且不是《股份转让协议》的当事人，将中烟总公司等的行为视为红塔有限公司违约亦缺乏法律依据。

第三，《股份转让协议》依法应认定不生效。关于审批对合同效力的影响，《中华人民共和国合同法》（以下简称《合同法》）第四十四条第二款规定："法律、行政法规规定应当办理批准、登记等手续生效的，依照其规定。"《最高人民法院关于适用〈中华人民共和国合同法〉若干问题的解释（一）》（以下简称《合同法解释一》）第九条进一步明确"依照合同法第四十四条第二款的规定，法律、行政法规规定合同应当办理批准手续，或者办理批准、登记等手续才生效，在一审法庭辩论终结前当事人仍未办理批准手续的，或者仍未办理批准、登记等手续的，人民法院应当认定该合同未生效。"本案所涉《股份转让协议》依法属于应当办理批准手续的合同，需经财政部批准才能生效，但因红塔有限公司上级主管部门中烟总公司不同意本次股权转让，报批程序已经结束，《股份转让协议》已确定无法得到有权机关批准，故应依法认定为不生效合同。值得注意的是，《合同法》第四十四条和《合同法解释一》第九条对合同生效的要求，是合同的法定生效条件，属于强制性规定，不允许当事人通过约定的方式予以变更，故尽管当事人对合同生效有相关约定，仍应依据以上法律规定来判断合同的效力。一审法院根据《股份转让协议》第三十条关于“本协议自签订之日起生效”之约定认定《股份转让协议》合法有效，属适用法律错误，应予纠正。既然《股份转让协议》不生效，其第二十六条关于协议解除的约定也不产生效力，红塔有限公司提出的《股份转让协议》应按第二十六条第（三）项之约定解除的主张亦不能成立。

因《股份转让协议》不生效，陈发树要求红塔有限公司继续履行《股份转让协议》并承担违约责任的主张缺乏合同依据，本院不予支持。《股份转让协议》不生效后，当事人应比照《合同法》第五十八条关于“合同无效或者被撤销后，因该合同取得的财产，应当予以返还”之规定，向对方承担返还取得财产的义务，故红塔有限公司应将已经收取的2207596050.22元款项返还给陈发树，并给付相应利息，其利息标准根据公平原则应按照银行同期贷款利率计算。

综上，原审判决认定事实基本清楚，但适用法律不当，应予纠正。本院经审判委员会讨论决定，依据《中华人民共和国民事诉讼法》第一百七十条第一款第（二）项之规定，判决如下：

一、撤销云南省高级人民法院(2012)云高民二初字第1号民事判决；

二、云南红塔集团有限公司自本判决生效之日起十日内向陈发树返回2207596050.22元本金及利息（利息标准按同期人民银行贷款利率计算，其中2亿元从2009年8月20日计算至实际给付之日，2007596050.22元从2009年9月16日计算至实际给付之日）；

三、驳回陈发树的其他诉讼请求。

如未按本判决指定的期间履行给付金钱义务，应当依照《中华人民共和国民事诉讼法》第二百五十三条之规定，加倍支付迟延履行期间的债务利息。

一、二审案件受理费各16968480.02元，共33936960.04元，由陈发树承担40％，即13574784.02元，由云南红塔集团有限公司承担60％，即20362176.02元。

本判决为终审判决。二〇一四年七月十六日审结。

第二节 当事人上诉、答辩与法院审理的逻辑图

一、一审法院的裁判逻辑图

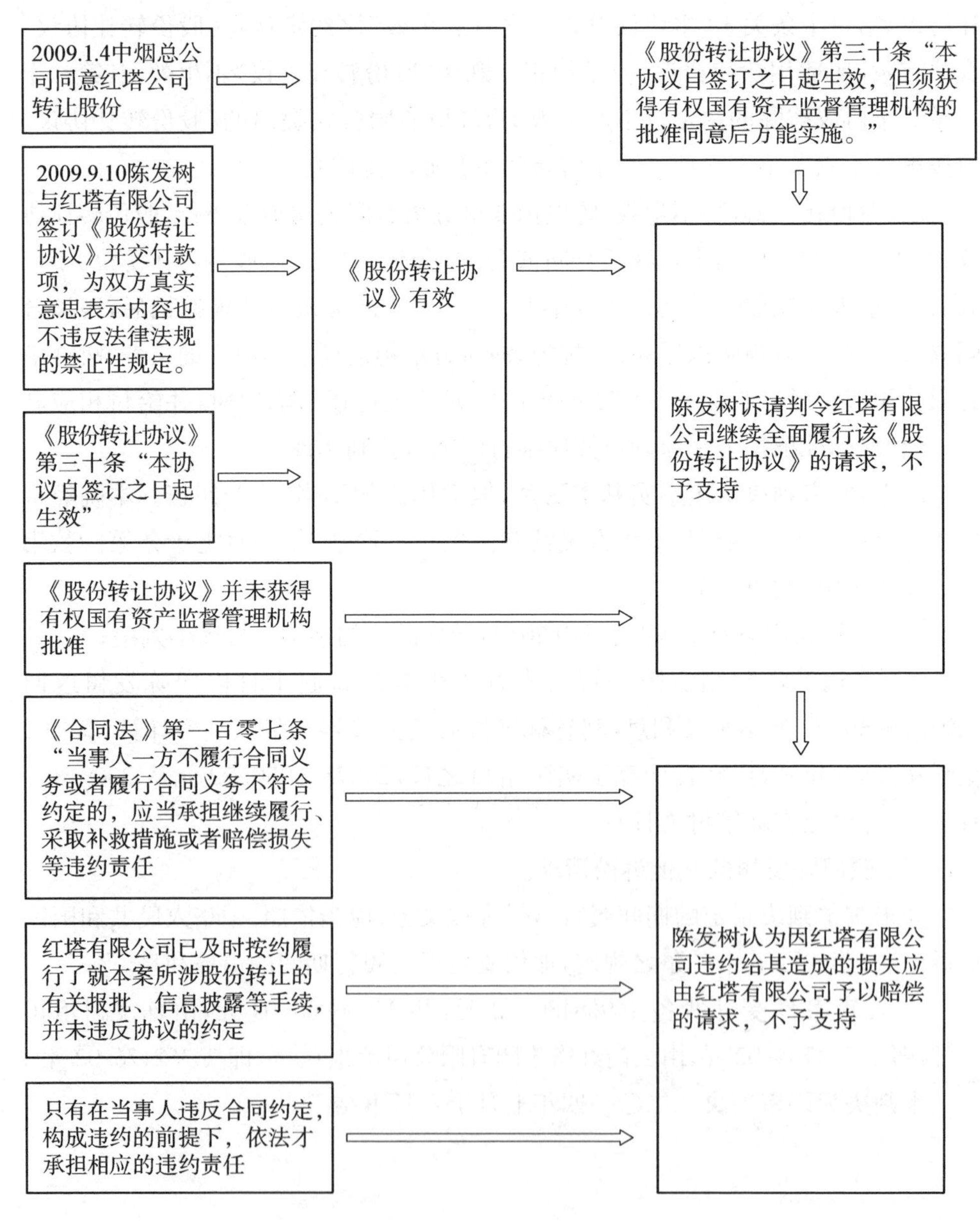

二、上诉人陈发树上诉的逻辑图

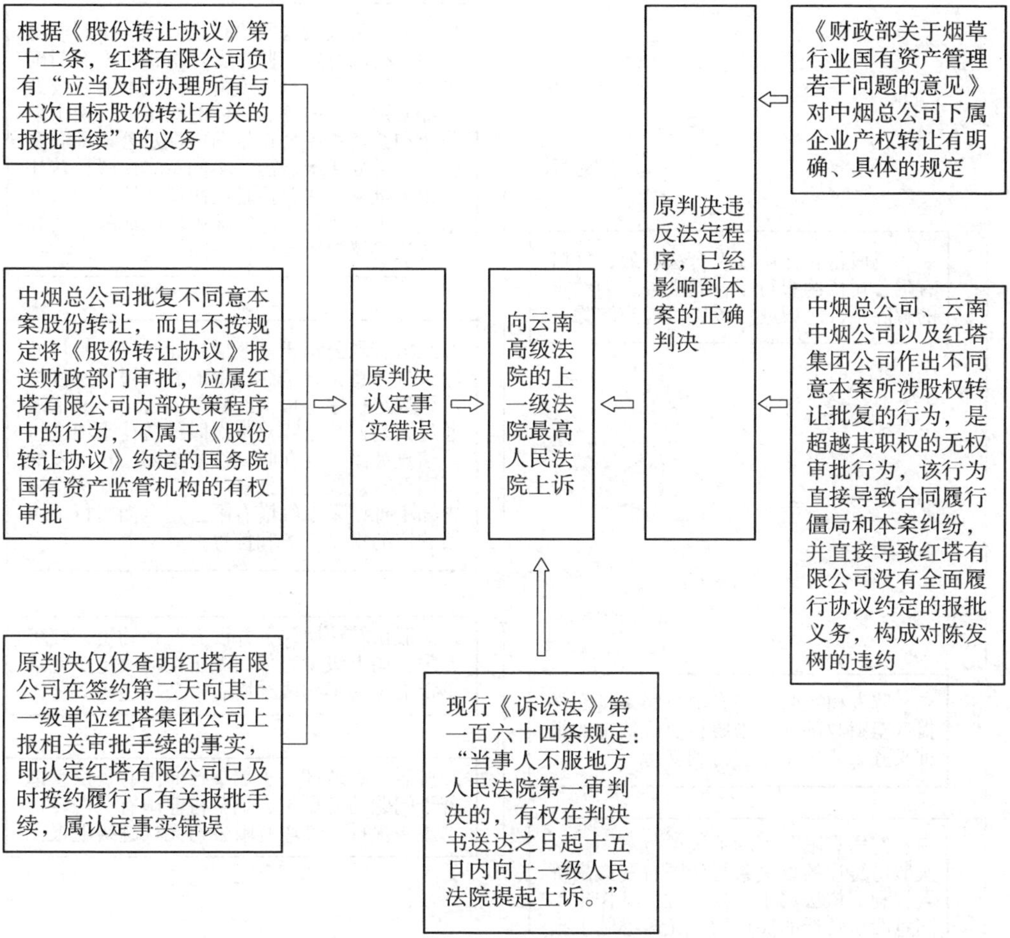

根据《股份转让协议》第十二条，红塔有限公司负有“应当及时办理所有与本次目标股份转让有关的报批手续”的义务

中烟总公司批复不同意本案股份转让，而且不按规定将《股份转让协议》报送财政部门审批，应属红塔有限公司内部决策程序中的行为，不属于《股份转让协议》约定的国务院国有资产监管机构的有权审批

原判决仅仅查明红塔有限公司在签约第二天向其上一级单位红塔集团公司上报相关审批手续的事实，即认定红塔有限公司已及时按约履行了有关报批手续，属认定事实错误

⇨ 原判决认定事实错误 ⇨ 向云南高级法院的上一级法院最高人民法院上诉

现行《诉讼法》第一百六十四条规定：“当事人不服地方人民法院第一审判决的，有权在判决书送达之日起十五日内向上一级人民法院提起上诉。” ⇧ 向云南高级法院的上一级法院最高人民法院上诉

《财政部关于烟草行业国有资产管理若干问题的意见》对中烟总公司下属企业产权转让有明确、具体的规定

中烟总公司、云南中烟公司以及红塔集团公司作出不同意本案所涉股权转让批复的行为，是超越其职权的无权审批行为，该行为直接导致合同履行僵局和本案纠纷，并直接导致红塔有限公司没有全面履行协议约定的报批义务，构成对陈发树的违约

⇦ 原判决违反法定程序，已经影响到本案的正确判决 ⇦ 向云南高级法院的上一级法院最高人民法院上诉

三、答辩人红塔有限公司的答辩逻辑图

一、《股份转让协议》合法有效，红塔有限公司依约履行了合同义务，因约定的解除条件已成就，该协议应当解除

1. 双方当事人对《股份转让协议》得到或得不到有权国有资产监督管理机构批准有明确预期，并对得到批准或得不到批准的后续处理都分别作了明确、具体的约定。云南中烟公司和红塔集团公司依据中烟总公司不同意转让的批复逐级做出了不同意本次股权转让的相关批复，《股份转让协议》第二十六条第（三）项所约定的解除条件已成就，《股份转让协议》应当依法解除

2. 红塔有限公司于《股份转让协议》签订后的次日，将符合法律规定的有关报批文件按法律规定程序上报至红塔集团公司，又依法通过云南白药集团对本次股份转让事项进行了信息披露，并在收到红塔集团公司下发的不同意转让股份的批复后，立即通知陈发树，告知审批结果，红塔有限公司全面履行了协议约定的报批义务和信息披露义务

二、陈发树主张红塔有限公司未将文件报送至财政部即为未履行协议约定的报批义务，该主张不能得到支持

1.《股份转让协议》并没有此种约定，红塔有限公司上级主管部门做出任何决定（包括不批准）均不构成红塔有限公司违约

2. 按照《财政部关于烟草行业国有资产管理若干问题的意见》，烟草行业国有资产转让需逐级报批，红塔有限公司无权越级上报

三、红塔有限公司的上级单位不同意本次股份转让的批复系行使国有资产出资人权利，依法属于有权审批，其作出不同意股份转让的决定后，无需继续上报

四、红塔有限公司的上级主管部门不是《股份转让协议》的当事人，其对协议的审批属依法行使国有资产出资人的权利，陈发树在订立协议时明知该协议存在得到批准和得不到批准的两种可能，其要求揭开红塔有限公司的法人面纱，缺乏事实和法律依据

四、上诉审法院对案件的判决逻辑

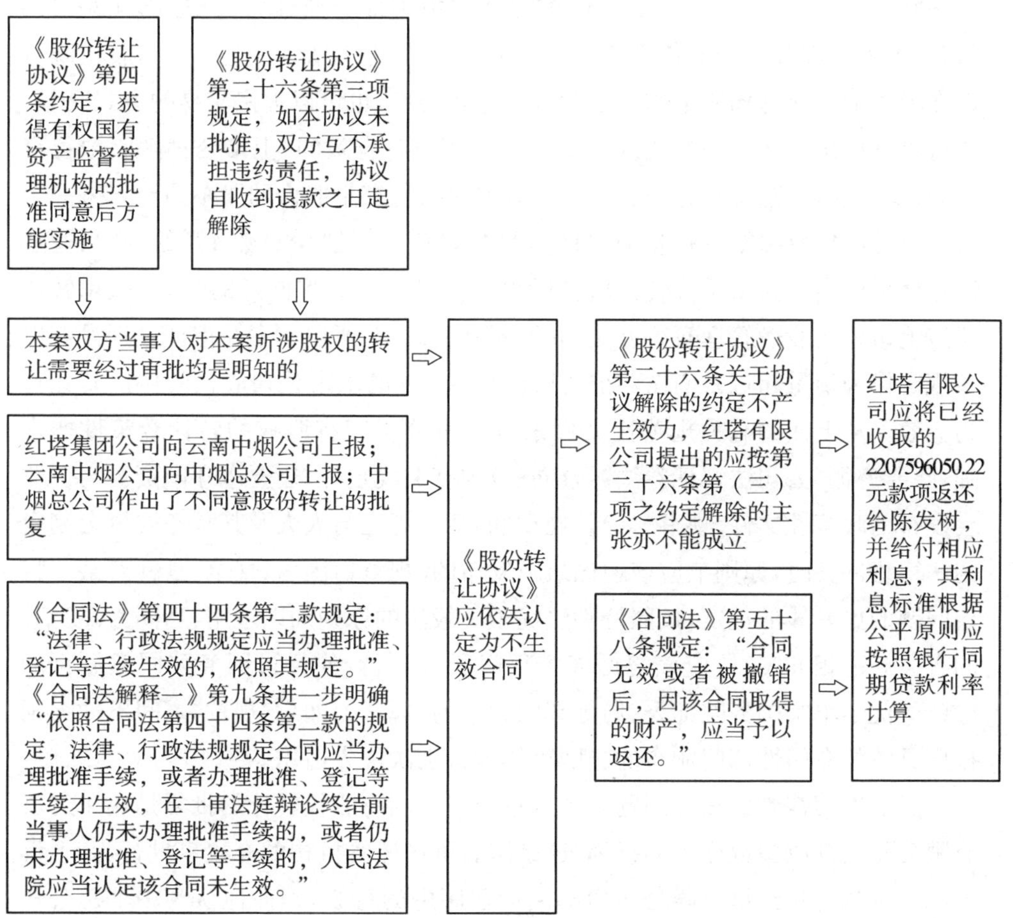

第三节　对案件及法院判决的评析

本案是发生在2009年至2012年期间的上市公司国有股权转让引起的纠纷。当时规制上市公司国有股权转让的法律主要有《中华人民共和国公司法》《企业国有资产监督管理暂行条例》(2003年5月27日公布施行，2019年3月2日修正)《企业国有产权转让管理暂行办法》(国资委、财政部颁布，于2004年2月1日施行，2018年1月12日国务院国资委公布了《废止失效的规章规范性文件目录》,宣布废止该文件)、《国有股东转让所持上市公司股份管理暂行办法》(国务院国有资产监督管理委员会、中国证券监督管理委员会 2007 年 6 月 30 日公布,7 月 1 日起施行。)《上市公司解除限售存量股份转让指导意见》(中国证监会 2008 年 4 月 20 日发布并施行,该文件被中国证券监督管理委员会〔2014〕8 号《关于废止部分证券期货规章的决定》(第十二批)废除)。上市公司股权既可以在沪深证券交易场所采用集中竞价的方式交易,也可以大宗交易的方式交易,还可以采取协议转让的方式进行交易。尽管当时有效的《上市公司解除限售存量股份转让指导意见》第三条规定"持有解除限售存量股份的股东预计未来一个月内公开出售解除限售存量股份的数量超过该公司股份总数 1%的,应当通过证券交易所大宗交易系统转让所持股份。"但是经国务院同意的《国有股东转让所持上市公司股份管理暂行办法》并没有这一规定,所以本案在审理过程没有以该规定作为衡量超过云南白药公司股份总数 1%的上市公司股权的协议转让行为无效。从上面的有关规范性文件来看上市公司国有股权的转让政策性非常强,除要遵循《公司法》《证券法》《合同法》的有关规定外,还要遵守国资委与证监会发布的政策性文件《规章》。当《规章》的某一规定与人大及其常务委员会制定的法律相冲突时,原则上应该遵循最新发布的《规章》,因为《规章》是针对某一特定问题的更具体的规定,按照特别法优于一般法的原则加以适用,当同为《规章》的有关规范相冲突时,应该遵循多个部门联合颁行、或经过国务院同意颁行的《规章》优于单个国务院部委、局等部门颁布的《规章》,如果《规章》之间不冲突则按照具体的专门性部门颁布的《规章》作为特别法优先适用。

影响本案裁判的核心问题是中烟总公司对国有股权转让的批复是属于红塔有限公司内部决策程序中的行为,还是国有资产监管机构的有权审批行为,上诉人陈发树认为是红塔有限公司内部决策程序中的行为,因而他认为中烟总公司 2012 年 1 月 17 日《关于不同意云南红塔集团有限公司转让所持云南白药集团股份有限公司股份事项的批复》不属于《股份转让协议》约定的国务院国有资产监管机构的有权审批。

本案涉及到《企业国有资产监督管理暂行条例》关于国有资产授权经营的规定与《公司法》关于母公司对子公司股权的处分权的问题。新旧《企业国有资产监督管理暂行条例》均在第二十八条规定"国有资产监督管理机构可以对所出资企业中具备条件的国有独资企业、国有独资公司进行国有资产授权经营。"中国烟草总公司成立于 1982 年 1 月,主要职责是根据国家法律和国务院的有关法规、法令、方针政策,按照国家计划,对所属企业的生产、供应、销售、进出口业务和对外经济技术合作实行集中统一经营管理，受国家烟草专卖局领导。中国烟草总公司属于《企业国有资产监督管理暂行条例》第二十八条规定的被授权经营国有资产的总公司，因而享有国有资产的经营管理权与法规授予的国有资产监管权。中国烟草总公司以批文的方式否定云南红塔集团有限公司转让其持有的云南白药集团股份公司的股权转让是依法行使法规授权的国有资产管理行为，是有权与有效的受托经济行政职权行为，所以不属于上诉人所称的红塔有限公司内部决策程序中的行为。

从《公司法》规定的母子公司法人人格独立的角度分析，中烟公司的批复行为也不属于红塔集团公司的内部决策行为。中烟总公司作为红塔集团有限公司的祖公司其人格是与孙子公司独立的，与陈发树签订股权转让合同的主体是红塔集团有限公司，不是中烟总公司，按照合同相对性原理，中烟总公司不是合同主体，不受合同的约束，尽管 2009 年 1 月 4 日，中国烟草总公司作出《关于云南红塔集团有限公司转让持有的云南白药集团股份有限公司股份事项的批复》，同意红塔有限公司有偿转让其持有的云南白药集团股份有限公司无限售条件的流通国有法人股份 65813912 股。但是批复提到要求云南中烟工业有限公司依该批复指导红塔有限公司按《国有股东转让所持上市公司股份管理暂行办法》和《上市公司解除限售存量股份转让指导意见》的规定进行股份转让。因而中烟公司同意孙公司持有的上市公司云南白药集团国有股权转让但必须遵守法律法规的规定，而我国上市公司国有股权的转让要遵循一套严格的操作程序，其中就有事前同意转让，事中草签股权转让合同，并将合同向国资委或授权经营的国有独资公司批复的规定。既然中烟公司不受《股份转让协议》约束，中烟公司的批复行为又是依法行使国有资产授权经营的职权行为，那么中烟公司批复不同意将红塔有限公司持有云南白药集团公司国有股权转让的行为并不构成中烟公司违约。

根据《合同法》第四十四条第二款和《合同法解释一》第九条对合同生效的规定，《股份转让协议》依法属于应当办理批准手续的合同，需经财政部批准才能生效，但因红塔有限公司上级主管部门中烟总公司不同意本次股权转让，报批程序已经结束，使股权转让客观上无法实施，《股份转让协议》已确定无法得到有权机关批准，上诉审法院认定《股份转让协议》为不生效合同。其认定事实清楚，使用法律准确。既然股权转让合同无效，根据《合同法》第五十八条关于“合同无效或者被撤销后，因该合同取得的财产，应当予以返还”之规定，上诉审法院做出本章第一节所述的判决结果完全正确。

思考题

1. 上市公司国有股权转让的条件有哪些?
2. 国有资产监督管理机构如何监管国有企业的?

第八章 麦克在线公司案析违反公司章程内容的股东会决议效力

第一节 案情事实与法院的审理

一、案情事实

王斌与眉山麦克在线设备股份有限公司股东会或股东大会、董事会决议撤销纠纷一审民事判决书[①]

眉山市东坡区人民法院民事判决书(2016)川1402民初1281号

2013年3月28日,王某与眉山麦克在线设备股份有限公司(以下简称“眉山麦克公司”)签订了《劳动合同书》,该合同约定,自2013年3月28日起至2016年3月27日止,王某出任眉山麦克公司研发副总一职,年薪20万元。据此,王某入职眉山麦克公司处工作。2013年7月19日,眉山麦克公司向工商局申请股东变更登记,王某受让并持有眉山麦克公司股份10%,2015年8月25日工商变更登记为6.41%的股份。2015年10月9日,眉山麦克公司由原名称“眉山麦克在线设备有限公司”变更为现名“眉山麦克在线设备股份有限公司”。2016年2月1日,眉山麦克公司向王某邮寄送达了《关于召开眉山麦克在线设备股份有限公司2016年股东大会的通知》,该通知载明会议时间为2016年2月22日9时,会议地点为公司二楼会议室,会议议题为:(1) 审议公司2015年董事会报告、监事会报告、财务报告;(2) 审议公司2016年工作计划报告;(3) 审议公司应对黄某某重大诉讼案件。2016年2月22日上午王某与其他股东郭某红(持股

① 中国裁判文书网。

73.09%)、袁某某(持股14.09%)、郭某(持股6.41%)共同出席了股东大会,郭某红董事长主持股东大会期间,其突然提起增加撤销王某研发副总职务、撤销王某董事会董事职务及对王某罚款10万元的会议议题,并且郭某红、袁某某夫妻以其大股东的身份和权利,强行通过决议。《公司法》第102条规定,召开股东大会会议,应当将会议召开的时间、地点和审议事项于会议召开20日前通知各股东。股东大会不得对通知中未列明的事项作出决议。《眉山麦克在线设备股份有限公司章程》第十五条规定内容同《公司法》第102条规定。依据上述规定,眉山麦克公司的股东大会不得对通知中未列入议题的"撤销王某研发副总职务、撤销王某董事会董事职务,及对王某罚款10万元"作出会议决议。眉山麦克公司的该决议违反了公司法及公司章程的规定,应依法予以撤销。现诉至法院请求依法撤销2016年股东会关于撤销王某研发副总职务,撤销王某董事会董事职务及对王某罚款10万元的会议决议。

二、法院的审理

审理中,眉山麦克公司辩称:第一,本案公司股东会决议的会议召集程序、表决方式没有违反法律、行政法规或公司章程,同时决议内容没有违反公司章程。在未违反上述规定的前提下,解聘王某副总经理职务的决议和撤销其董事职务、对其经济处罚所依据的事实属实,理由成立,属于本公司自治行为,依法不属于司法审查范围。第二,王某违反劳动合同的约定和公司的规章制度,从2015年10月21日起未办理任何请假手续,长期旷工不在公司上班,给公司造成了巨大的经济与名誉损失,导致公司大量客户及业务流失。为了严肃公司纪律,经被告书面通知,于2016年2月22日眉山麦克公司全体股东进行了股东大会决议,依法审议后经三分之二以上表决权通过了公司2015年财务报告等七项决议,包括《关于公司应对黄春梅重大诉讼案件的决议》和《公司2015年董事会工作报告》《公司2015年监事会工作报告》,这其中包含了撤销王某研发副总并处罚人民币10万元、撤销王某董事职务等事项,王某也在该决议上签字。第三,王某不但违反公司有关关联交易的禁止性规定,还虚拟事实以其关联公司和其妻黄某某的名义提起三起恶意诉讼,涉嫌犯罪。最高人民法院2002年9月18日发布的第三批指导案例中的第10号指导案例"李建军诉上海佳动力环保科技有限公司公司决议撤销纠纷案"与本案雷同,终审驳回了个人的撤销决议申请,本案应依法参照裁判,请求驳回王某的诉讼请求。

法院审理查明： 麦克公司的股东有郭某红(持股比例 73.09%)、袁某某(持股比例 14.09%)、郭某(持股比例 6.41%)及王某(持股比例 6.41%)。2015 年度，麦克公司的董事会成员有郭某红、袁某某、王某、李某某、张某、窦某某、尚某等七人，其中后四位是职工董事，郭某红是董事长。眉山麦克公司章程第十二条规定"公司股东大会由全体股东组成。股东大会是公司的权力机构，其职权是：(一)决定公司的经营方针和投资计划；(二)选举和更换非由职工代表担任的董事、监事，决定有关董事、监事的报酬事项；(三)审议批准董事会的报告；(四)审议批准监事会的报告；(五)审议批准公司的年度财务预算方案、决算方案……"。第十三条规定"股东大会应当每年召开一次年会"，第十四条规定"股东大会会议由董事会召集，董事长主持"，第十五条规定"召开股东大会会议，应当将会议召开的时间、地点和审议的事项于会议召开二十日前通知各股东；……股东大会不得对前两款通知中未列明的事项作出决议"，第十六条规定"股东大会作出决议，必须经出席会议的股东所持表决权过半数通过"。2013 年 3 月 28 日，王某与眉山麦克公司签订《劳动合同书》，约定眉山麦克公司聘请王某担任公司的研发副总，聘期为 2013 年 3 月 28 日至 2016 年 3 月 27 日。2016 年 2 月 1 日，眉山麦克公司向其公司股东送达了"关于召开眉山麦克在线设备股份有限公司 2016 年股东大会的通知"，该通知载明会议时间为 2016 年 2 月 22 日 9 时，会议地点为公司二楼会议室，会议议题：1. 审议公司 2015 年董事会报告、监事会报告、财务报告，2. 审议公司 2016 年工作计划报告，3. 审议公司应对黄某某重大诉讼案件。眉山麦克公司在发送该通知时，并未向王某披露会议议题中列明的各项报告的内容。2016 年 2 月 22 日，眉山麦克公司召开了股东大会，四个股东全部到会。会议通过了《公司 2015 年董事会工作报告》，该报告中"提议撤销王某副总职务、并处罚人民币十万元，撤销王某董事职务"，该项议题的表决结果为同意票为 1360.88 万股(郭某红、袁某某)，占出席会议股东的 87.18%，弃权票为 100 万股(郭某)，占出席会议股东的 6.41%，反对票为 100 万股(王某)，占出席会议股东的 6.41%。四位股东均在股东大会决议上签名，其中王某签名时备注"今年开会内容不真实，我反对部分内容"。

法院说理及判决： 本案的争议焦点为眉山麦克公司召开股东大会前，是否按照法律及公司章程的规定，向王某通知了"撤销王某研发副总职务、董事职务，并对王某罚款 10 万元"的审议事项。眉山麦克公司章程第十五条规定"召开股东大会会议，应当将会议召开的时间、地点和审议的事项于会议召开二十日前通知各股东；……股东大会不得对前两款通知中未列明的事项作出决议"。本案中，眉山麦克公司在发送该通知时，并未向王某披露会议议题中列明的各项报告的内容。故本院认为，眉山麦克公司没有按照公司章程的规定向王某通知“撤销王某研发副总职务、董事职务，并对王某罚款 10 万元”的审议事项，根据眉山麦克公司章程的规定，眉山麦克公司 2016 年 2 月 22 日的股东大会不得对该审议事项作出决议。《中华人民共和国公司法》第二十二条第二款规定“股东会或者股东大会、董事会的会议召集程序、表决方式违反法律、行政法规或者公司章程，或者决议内容违反公司章程的，股东可以自决议作出之日起六十日内，请求人民法院撤销。”遂判决：

1. 撤销眉山麦克公司股东会于 2016 年 2 月 22 日作出的“关于撤销王某公司研发副总职务、董事职务及对王某罚款 10 万元”的决议。

2. 案件受理费 100 元，由眉山麦克公司负担。

如不服本判决，可在判决书送达之日起十五日内，向本院递交上诉状，并按对方当事人人数提交副本，上诉于四川省眉山市中级人民法院。二〇一六年五月十一日审结。

第二节　案件的论证逻辑

一、王某诉眉山麦克公司决议撤销纠纷案的证据要点与证明逻辑

1. 王某与眉山麦克公司签订的《劳动合同书》，证明：眉山麦克公司聘请王某担任公司的研发副总，聘期为 2013 年 3 月 28 日至 2016 年 3 月 27 日。

2. 股东大会通知，证明：眉山麦克公司在发送该会议通知时，并未向王某披露会议议题中列明的各项报告的内容，内容包括“撤销王某研发副总职务、董事职务，并对王某罚款 10 万元”在内的审议事项。

3. 股东大会决议，证明：会议通过了《公司 2015 年董事会工作报告》，包括该报告中“提议撤销王某副总职务、并处罚人民币十万元，撤销王某董事职务”的大会决定。

4. 眉山麦克公司章程第十五条规定，证明：“召开股东大会会议，应当将会议召开的时间、地点和审议的事项于会议召开二十日前通知各股东；……股东大会不得对前两款通知中未列明的事项作出决议”。

结论：眉山麦克公司 2016 年 2 月 22 日的股东大会对“撤销王某副总职务并处罚人民币十万元，撤销王某董事职务”的决议无效。

王某与眉山麦克公司签订的《劳动合同书》 ⇨ 王某与眉山麦克公司存在合法有效的劳动合同关系。眉山麦克公司聘请王某担任公司的研发副总经理

股东大会会议通知 ⇨ 眉山麦克公司在发送该会议通知时,并未向王某披露会议议题中列明的各项报告的内容，内容包括“撤销王某研发副总职务、董事职务，并对王某罚款10万元”在内的审议事项

⇨ 眉山麦克公司在发送股东大会会议通知时，并未向王某披露会议议题中列明的各项报告内容，即眉山麦克公司并未按照公司章程的规定向王某通知“撤销王某研发副总职务、董事职务，并对王某罚款10万元”的审议事项，故眉山麦克公司2016年2月22日的股东大会对该审议事项作出的决议无效 ⇦

会议通过了《公司2015年董事会工作报告》，包括该报告中“提议撤销王某副总职务、并处罚人民币十万元，撤销王某董事职务”的大会决定 ⇦ 股东大会决议

召开股东大会会议，应当将会议召开的时间、地点和审议的事项于会议召开二十日前通知各股东；……股东大会不得对前两款通知中未列明的事项作出决议 ⇦ 眉山麦克公司章程第十五条规定

二　诉讼当事人起诉、答辩与法院裁判的逻辑图

（一）王某的起诉逻辑图

2016年2月1日，眉山麦克公司向王某邮寄送达的股东大会召开通知中没有提到“撤销王某研发副总职务”的议题 ⇨

股东大会期间，董事长突然提起增加撤销王某研发副总职务、撤销王某董事会董事职务及对王某罚款10万元的会议议题，并且郭某红、袁某某夫妻以其大股东的身份和权利，强行通过决议 ⇨

《公司法》第102条与《眉山麦克在线设备股份有限公司章程》第十五条均规定“股东大会不得对通知中未列明的事项作出决议。” ⇨

《公司法》第二十条二款：股东会或者股东大会、董事会的会议召集程序、表决方式违反法律、行政法规或者公司章程或者决议内容违反公司章程的股东可以自决议作出之日起六十日内，请求人民法院撤销 ⇨

眉山麦克公司的该决议违反了公司法及公司章程的规定，应依法予以撤销 ⇨ 诉至法院请求依法撤销2016年股东会关于撤销王某研发副总职务，撤销王某董事会董事职务及对王某罚款10万元的会议决议

（二）被告眉山麦克公司的答辩逻辑图

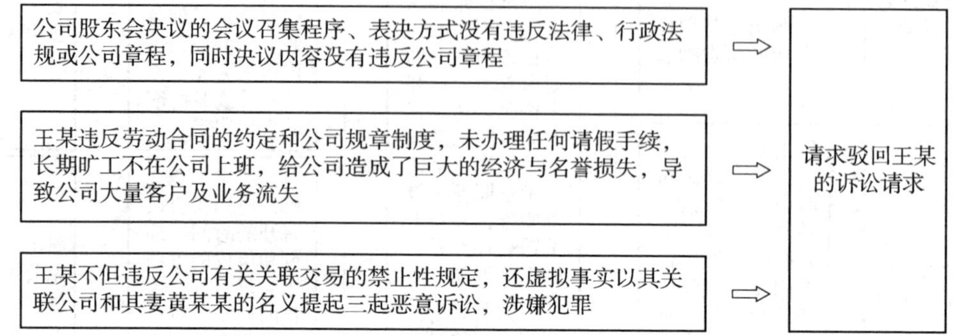

（三）法院的判决逻辑图

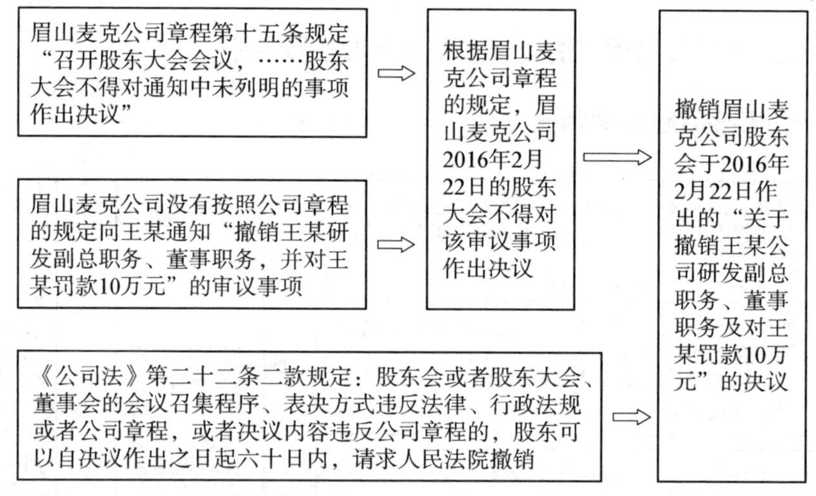

第三节　对案件的评析

眉山麦克公司章程第十五条规定股东大会不得对通知中未列明的事项作出决议，《中华人民共和国公司法》第二十二条第二款规定，“股东会或者股东大会、董事会的会议召集程序、表决方式违反法律、行政法规或者公司章程，或者决议内容违反公司章程的，股东可以自决议作出之日起六十日内，请求人民法院撤销。”眉山麦克公司违反公司章程规定作出股东大会决议，王某在决议作出之日起六十日内请求撤销该决议，符合法律规定。法院据此判决“撤销眉山麦克公司股东会于2016年2月22日作出的“关于撤销王某公司研发副总职务、董事职务及对王某罚款10万元”的股东会议决议，适用法律准确，逻辑清晰。

本案被告答辩称董事王某存在诸多违法公司董事职责与《劳动合同书》的事项，应该根据《公司法》第一百四十七条与第一百四十九条的规定向法院起诉，诉请法院判决董事王某承担损害赔偿责任，并且在判决生效后解除王某的董事职务。眉山麦克公司在股东兼董事侵犯公司利益未经法院确定的情况下就判定董事损害公司利益有失公允，难以令人信服。

思考题

1. 公司董事在何种情况下可以被公司解除职务？
2. 《中华人民共和国公司法》第二十二条第二款规定的“六十日”是否合理？

第九章 黄山西园置业公司诉久大置业公司案析关联交易民事责任的构成

第一节 案情事实与法院的审理

一、案情事实

黄山西园置业有限公司与朱建洪、王凌峰、方红书、杭州久大置业有限公司公司关联交易损害责任纠纷二审民事判决书[①]

安徽省高级人民法院民事判决书(2015)皖民二终字第00560号。

上诉人(一审原告):黄山西园置业有限公司,住所地安徽省黄山市屯溪区。

法定代表人:亢吉成,该公司董事长。

委托诉讼代理人:黄观松,安徽地平律师事务所律师。

上诉人(一审被告):朱建洪,男,住浙江省淳安县。

委托诉讼代理人:唐民松,安徽承义律师事务所律师。

委托诉讼代理人:沈小军,安徽承义律师事务所实习律师。

上诉人(一审被告):王凌峰,男,住浙江省淳安县。

委托诉讼代理人:王勤保,浙江思伟律师事务所律师。

委托诉讼代理人:范晓霞,浙江思伟律师事务所实习律师。

被上诉人(一审被告):方红书,男,住浙江省淳安县。

被上诉人(一审被告):杭州久大置业有限公司,住所地浙江省淳安县。

法定代表人:孙建华,该公司董事长。

---

① 中国裁判文书网。

委托诉讼代理人：唐民松，安徽承义律师事务所律师。

委托诉讼代理人：胡润恒，安徽承义律师事务所实习律师。

上诉人黄山西园置业有限公司（以下简称西园公司）、上诉人朱建洪、王凌峰因与被上诉人方红书、杭州久大置业有限公司（以下简称久大公司）公司关联交易损害责任纠纷一案，不服安徽省黄山市中级人民法院（2014）黄中法民二初字第00048号民事判决，向本院提起上诉。本院于2015年6月29日立案后，依法组成合议庭，公开开庭审理了本案。上诉人西园公司的委托诉讼代理人黄观松，上诉人朱建洪及其委托诉讼代理人唐民松、沈小军，上诉人王凌峰的委托诉讼代理人王勤保，被上诉人久大公司的委托诉讼代理人唐民松、胡润恒到庭参加诉讼。被上诉人方红书经本院传票传唤无正当理由未到庭参加诉讼。本案现已审理终结。

西园公司上诉请求：依法改判朱建洪、王凌峰、方红书共同赔偿因实施关联交易给西园公司造成的损失14477173元，朱建洪、王凌峰、方红书共同赔偿（2013）黄中法民二再初字第00001号民事判决判令支付给西园公司标的金额的利息损失747878元（暂计至2013年12月31日，赔偿计算到履行日止），久大公司承担连带赔偿责任。事实和理由：一、一审判决对西园公司损失数额认定不完整。一审法院对西园公司损失的认定系以西园公司依据生效的（2013）黄中法民二再初字第00001号民事判决经执行不能获得的数额为准，即11490412元。但该数额只是黄山新街商城发展有限公司（以下简称新街公司）应该返还的数据，而西园公司在（2013）黄中法民二再初字第00001号民事判决中所承担的2986761元利息损失也是各被上诉人实施关联交易造成的损失，故西园公司的损失总额应是14477173元。二、一审判决酌情确定朱建洪、王凌峰、方红书承担70%的赔偿责任没有事实和法律依据。新街公司经营范围除无开发房地产外，其余经营范围与西园公司相同，故西园公司没有必要将商品房销售及商城运作交给新街公司经营。新街公司无论在关联交易返还案的一审、二审，还是再审，均未提供证据证明除在西园公司报销开支外还有其他为西园公司新街商城的运作而产生相关费用开支。所以，一审判决关于“西园公司自行销售商品房及进行商城运作也必然产生相关的费用和支出，朱建洪等基于协议书及合作协议的签订亦为西园公司销售商品房及商城运作创造了一定价值”的认定与事实不符。三、由于新街公司未履行生效的（2013）黄中法民二再初字第00001号民事判决确定的给付义务，由此产生的利息也是各被上诉人给西园公司造成的损失，亦应予以赔偿。四、久大公司应当承担连带责任。久大公司作为西园公司的股东和当时的实际控制人，伙同西园公司原董事、高管为实施关联交易而设立新街公司以损害西园公司利益，违反了《中华人民共和国公司法》（以下简称公司法）、《中华人民共和国民法通则》（以下简称民法通则）等法律、法规的相关规定，则对西园公司的损失应当承担连带赔偿责任。

朱建洪辩称：一、西园公司于 2008 年 6 月 12 日曾就联营合同纠纷一案向黄山市中级人民法院起诉，在该案起诉状中表示在 2002 年 7 月就知悉其权利被侵害的事实，但其没有证据证明已向朱建洪等人以诉讼方式或其他适当方式主张过权利，甚至在 2008 年 6 月 12 日对新街公司联营合同纠纷诉讼中也未同时对朱建洪提起损害赔偿诉讼。因而，西园公司主张权利已超过诉讼时效，且没有发生诉讼时效中断的事实。二、西园公司起诉新街公司关联交易合同无效的返还之诉，历经多次诉讼，最后经黄山市中级人民法院再审，在新街公司缺席情况下作出（2013）黄中法民二再初字第 00001 号民事判决，并进入执行程序。本案西园公司提起的公司关联交易损害责任诉讼，系西园公司直接将前述重审判决未能执行到位的款项作为损失，诉请法院判决朱建洪等人另行赔偿。同一损失通过合同之诉和侵权之诉两种不同诉讼重复主张，如均得以判决支持，明显构成“一债两还”，同时违背“一事不再理”的诉讼法原则。三、朱建洪虽是西园公司高管，但没有实际控制西园公司，也没有实施损害西园公司利益的自我交易行为，更没有实施违反忠实义务的行为，故其没有过错，且西园公司并没有因为案涉两份合作协议的履行而遭受任何损害。即使（2013）黄中法民二再初字第 00001 号民事判决确定的损失成立，也是新街公司未能执行该判决所直接导致的，与朱建洪前述商业运作行为没有直接的因果联系。综上，请求二审法院依法驳回西园公司的上诉请求。

王凌峰辩称：一、西园公司上诉主张的损失 14477173 元或一审判决认定的损失 11490412 元均存在错误。因为两者计算方法均相同，之间差额就是 2986761 元的利息，但损失计算口径错误，即均以西园公司的支出为计算口径，没有扣除新街公司的项目运营成本。二、一审判决既然承认西园公司自行销售商品房及进行运作，必然产生相关费用和支出，那么就要在查明费用和支出的基础上才能确定损失；而且，一审中朱建洪、王凌峰已提供证据证明发生的费用和支出，但一审判决对此不予审查。综上，西园公司的上诉缺乏事实和法律依据，依法应予驳回。

久大公司辩称：一、同意朱建洪的答辩意见。二、久大公司是西园公司小股东，没有恶意，不应当承担连带赔偿责任。

朱建洪上诉请求：依法撤销一审判决第一项，改判驳回西园公司的全部诉讼请求。事实和理由：一、一审判决认定事实错误。一审判决将(2013)黄中法民二再初字第00001号民事判决判令新街公司应当返还和赔偿的11490412元作为本案损失，明显错误。1.该11490412元中未剔除开支费用，并非《黄山新街招商运作管理合作协议》(以下简称《合作协议》)履行中的净收益，因而不等同于西园公司受到的损失。2.《合作协议》并未造成西园公司损失。从黄山光大会计师事务所《审计报告》、安徽中安会计师事务所《鉴定报告》及黄山东方司法鉴定所《鉴定报告》来看，仅因一笔抵扣款206121元归类口径不一致而稍有差距，口径调整后能相互印证，而且(2013)黄中法民二再初字第00001号民事判决采用的五项收入12600998元和垫付工程款7680000元与黄山光大会计师事务所《审计报告》的收入数据吻合，唯独把四项支出6598437.78元忽略。由此，一审判决认定的“损失”是未扣除“开支费用”的损失，有违事实和常理。如果扣除“开支费用”，则收支余额为负数，这表明西园公司损失根本不存在。3.新街公司无可执行财产系认定错误。新街公司有无执行财产只有新街公司与法院共同参与才能认定，但黄山市中级人民法院在没有询问新街公司情况下，却凭西园公司法定代表人亢吉成及诉讼代理人黄观松的口述笔录即裁定确认新街公司无财产可供执行显属错误。二、一审判决没有法律依据。一审法院引用公司法第一百四十七条和第一百四十九条作为判决朱建洪承担赔偿责任的法律依据，而构成前述赔偿责任必须同时具备损害、过错及因果关系三个要件，但本案中这三个要件均不具备，一审判决没有证据证明损失存在，也没有证据证明朱建洪等有过错，且西园公司与新街公司以合同无效赔偿的损失没有得到执行产生的所谓损失，与朱建洪不存在因果关系。三、一审判决混淆了(2013)黄中法民二再初字第00001号民事判决与本案之间的关系，存在逻辑错误。(2013)黄中法民二再初字第00001号案是西园公司与新街公司因《合作协议》无效而引起的合同纠纷之诉，该判决是在新街公司未到庭参加诉讼情况下作出的判决，且该判决将未扣除“开支费用”的收入作为新街公司承担赔偿损失的金额，对新街公司明显不公。而朱建洪并非该案当事人，没有理由承担该“缺席判决”的错误结果。但一审判决混淆了两个案件的关系，一方面认为(2013)黄中法民二再初字第00001号案与本案当事人及依据理由不同，西园公司的起诉不违背“一事不再理”原则；另一方面对有关新街公司费用开支的情况，以(2013)黄中法民二再初字第00001号民事判决已作出认定为由，对朱建洪提交的证明新街公司经营及费用开支的证据不予审查。由此，一审判决对同一事实作出相反认定，存在明显的逻辑错误。四、一审法院在证据采信上显失偏颇。一审法院在证据采信方面除了前述混淆两个案件界定的逻辑错误外，将西园公司提交的证据二和证据四作为认定损失的证据，而对朱建洪提供的证据四至证据十二不予审查，均系错误。五、本案已超过诉讼时效。一审已查明，2004 年 7 月 14 日和 2005 年 5 月 30 日，西园公司与新街公司签订的有关合作协议分别由黄山市屯溪区人民法院和黄山仲裁委员会确认无效，西园公司在上述关联交易案件中即已知朱建洪设立关联公司情形，西园公司最迟在 2006 年就应对其提起诉讼，但西园公司直至 2014 年才提起本案诉讼，显已超过诉讼时效。一审法院认定西园公司在其与新街公司签订的两份协议被确认无效后一直主张权利无任何事实依据。即使西园公司主张权利的事实存在，也不影响西园公司诉讼行为的实施，因而西园公司对新街公司的诉讼不能导致对朱建洪诉讼时效的中断。

西园公司辩称：一、在(2013)黄中法民二再初字第 00001 号案中，新街公司不存在还有合理开支未抵扣情况，关联交易给西园公司造成的损失已是生效法律文书确定的事实。1.(2013)黄中法民二再初字第 00001 号民事判决已经生效。本案是因新街公司无财产可供执行，被法院裁定执行终结而造成西园公司损失，西园公司依法起诉要求当时实施关联交易的公司董事、经理等高管人员承担赔偿责任。2.朱建洪提供的三份鉴定报告，均不能达到相应的证明目的。其一，三份鉴定报告都是公安机关为侦查犯罪委托鉴定的，未经查证属实不具有证据效力；其二，三份鉴定报告都未对新街公司支出的真实性、合理性作出鉴定，更不能证明支出是为西园公司开支；其三，三份鉴定报告都是基于关联交易协议有效为前提，关联交易协议被确认无效后，审计基础即不存在。3.除三份鉴定报告外，其他证据都是新街公司单方面的支出清单，也不能证明是为西园公司的开支。而且，从(2013)黄中法民二再初字第 00001 号民事判决中看出，新街公司只要有证据证明是为西园公司的支出，都已作了认定和冲抵。综上，(2013)黄中法民二再初字第 00001 号民事判决及(2013)黄中法执字第 96-1 号执行裁定依法可以作为西园公司要求朱建洪等赔偿的依据。二、侵权事实清楚，损害结果明确，侵权与损失之间有直接因果关系。1.朱建洪在任职期间客观上实施了损害西园公司利益的侵权行为。根据(2013)黄中法民二再初字第 00001 号民事判决，朱建洪、王凌峰在时任西园公司董事长、总经理期间，与监事方红书另设关联公司——新街公司，并利用其在西园公司所任职务之便，与新街公司签订关联交易协议，将本属于西园公司的利益和财产变相转移到新街公司，从而造成西园公司 1447.7 万余元的利益损失。2.西园公司作为被侵权人存在相应的损害结果。(2013)黄中法民二再初字第00001号民事判决生效后，西园公司于2013年9月24日申请执行，但黄山市中级人民法院于2013年10月21日以新街公司无任何财产可供执行为由裁定终结执行。至此，朱建洪等人违法行为给西园公司造成了14477173元的损失及相应的利息损失。3. 朱建洪等人对损害事实和损害结果的产生存在过错。朱建洪等人与新街公司签订关联交易协议，是一种规避公司法关于董事、经理不得自营或者为他人经营与其所任职公司同类营业以及董事、经理除公司章程规定或者股东会同意外，不得同本公司订立合同或者进行交易的行为。所以，朱建洪等人利用关联交易损害西园公司利益的行为，违反了公司法第二十一条、第一百四十七条、第一百四十八条相关条款以及公司章程的规定，朱建洪等人主观存在明显过错。三、对朱建洪其他观点的反驳。1. 新街公司是否有合理开支系关联交易合同纠纷案件需要查明的事实，关联交易合同纠纷一案业已审结且(2013)黄中法民二再初字第00001号民事判决已生效，在朱建洪不能举证推翻该生效判决情况下，本案不存在还要审查新街公司开支问题，更不存在西园公司负有对新街公司开支是否合理的举证义务。2. 关联交易有公司与公司之间关联交易合同纠纷、公司与实施关联交易高管之间法律纠纷之分，所以，关联交易合同纠纷案与西园公司诉公司高管赔偿因实施关联交易给公司造成损失案是两个案件，后一案件对前一案件生效判决认定的事实，在没有充分证据推翻情况下显然不能再审前一案件中已经认定的事实。四、所谓的黄山市中级人民法院凭西园公司法定代表人及代理律师的陈述作出执行终结裁定的说法与事实不符，因为(2013)黄中法民二再初字第00001号民事判决生效后，西园公司申请法院强制执行，法院经过执行确定新街公司早已被吊销营业执照，查清新街公司无财产可供执行，故一审判决依据生效的判决和裁定认定朱建洪等人赔偿损失正确。综上，朱建洪的上诉理由不能成立，依法应予以驳回。

王凌峰、久大公司均述称：同意朱建洪的上诉请求。

王凌峰上诉请求：撤销一审判决，改判驳回西园公司的诉讼请求。事实和理由：一审判决对(2013)黄中法民二再初字第00001号民事判决予以确认，但对黄山光大会计师事务所出具的审计报告不予认定，是导致本案错误判决的根本原因。一、(2013)黄中法民二再初字第00001号民事判决不应作为确定损失的依据。首先，该判决认定事实存在以下错误：2003年9月28日、29日，新街公司在西园公司列支报销开城费、广告费等费用共计2774161.78元已包含在12600998元中，新街公司仅仅是以发票提供西园公司做账，不存在重新报销问题;该判决认定126份租赁合同约定租金第一年总计1977637元、收取管理费881022元、保证金724000元,但新街公司是否全部收取,西园公司没有提供证据证明;该判决没有采信黄山市公安局委托黄山光大会计师事务所在2004年5月28日作出的审计报告;该判决对新街公司关于关联交易的支出未予查明和认定。其次,该判决适用民法通则第六十一条和公司法第一百四十九条,系适用法律错误。二、西园公司就本案关联交易没有任何损失。新街公司收入为14007247.04元,但支出16526606.7元,而对于管理费881022元和保证金724000元,西园公司没有证据证明新街公司已收取,且保证金不属于新街公司收入,应返还给承租户。由此,新街公司的支出大于收入,西园公司要求其承担赔偿责任没有依据。三、西园公司提供的证据不足以证明王凌峰参与了关联交易合同的签订及履行,故王凌峰对关联交易无过错,也无侵权行为。四、西园公司的起诉已超过诉讼时效。西园公司在2004年和2005年就进行了关联交易的诉讼和仲裁,法院和仲裁机构均已确认关联交易无效,至此西园公司已知其权利受到侵害,且西园公司没有诉讼时效中断的情形,所以西园公司在十年后起诉王凌峰已过诉讼时效。

西园公司辩称:其答辩意见同对朱建洪上诉的答辩意见。

朱建洪、久大公司均述称:同意王凌峰的上诉请求。

方红书未参加二审庭审,也未提交书面答辩或陈述意见。

西园公司向一审法院起诉请求:判令朱建洪、王凌峰、方红书共同赔偿因实施关联交易给西园公司造成的损失14477173元;朱建洪、王凌峰、方红书共同赔偿(2013)黄中法民二再初字第00001号民事判决支付给西园公司标的金额的利息损失747878元(暂计至2013年12月31日,赔偿计算到履行日止);久大公司承担连带赔偿责任。

一审法院认定事实:西园公司成立于2000年2月18日,由淳安千岛湖西园房地产有限公司(以下简称淳安西园公司)、杭州千岛湖物业开发有限公司(后更名为久大公司)、淳安西园实业有限公司投资设立,董事会由董事长倪健康、董事朱建洪及叶元剑组成,方红书为监事。2002年2月8日,西园公司股东变更为淳安西园公司和久大公司,其中淳安西园公司占出资额的69.23%,久大公司占出资额的30.77%。同时,董事长变更为朱建洪,淳安西园公司委派叶元剑、王凌峰担任该公司董事,并选举方红书为监事。2003年5月23日,淳安西园公司主持召开西园公司股东会,并作出股东会决议,同意淳安西园公司委派的方昶行、周金富为公司董事。同日,方昶行主持召开西园公司董事会,到会董事方昶行、周金富选举方昶行为董事长，免去朱建洪的董事长职务。2003年10月8日，工商部门核准西园公司变更法定代表人为方昶行。

2002年7月18日，由朱建洪担任董事长的久大公司与方红书、王凌峰共同投资100万元设立新街公司，其中久大公司占出资额的40％，方红书、王凌峰各占出资额的30％，方红书为新街公司法定代表人。2003年8月18日，王凌峰、方红书将其持有的新街公司的各30万元股权转让给钱晓州。2008年1月22日，新街公司因未按规定接受年检而被吊销营业执照。

2002年7月29日，西园公司与新街公司签订《协议书》，约定西园公司在新街商城完成主体工程建设、土建及部分装修工程后交由新街公司进行后期精细装饰和装修，新街商城西侧裙房及新街商城、办公楼由新街公司接盘承包销售等。2003年5月5日，西园公司又与新街公司就新街商城的销售招商经营运作事宜签订《合作协议》，约定西园公司委托新街公司代理所有营业房销售，在合作期内未销售营业房交由新街公司管理，合作期限为2003年5月1日至2006年12月等。西园公司于2004年2月9日诉至黄山市屯溪区人民法院，请求确认2003年5月5日《合作协议》无效，黄山市屯溪区人民法院作出(2004)屯民一初字第25号民事判决，确认该合作协议无效。新街公司不服提起上诉，黄山市中级人民法院于2004年7月14日作出(2004)黄中法民二终字第37号民事判决，认定朱建洪等在签订合作协议中，规避公司法的规定，违反公司法规定的董事、监事忠实履行职务的义务，合作协议应为无效，并判决驳回上诉，维持原判。西园公司于2005年4月向黄山仲裁委员会申请仲裁，请求确认2002年7月29日《协议书》无效，黄山仲裁委员会于2005年5月30日作出的(2005)黄仲裁字第02号裁决，认定2002年7月29日《协议书》因违反公司法的相关规定而无效。

2006年6月20日，西园公司根据上述确认两协议无效的生效仲裁裁决书和民事判决书发函要求新街公司返还相关款项。2008年6月12日，西园公司诉至黄山市中级人民法院，请求判令新街公司返还西园公司各项费用13235014元(含所有店面出租获得的634016元租金收益)、从事关联交易获得的营业收入1605022元归西园公司所有、赔偿因非法占用资金给西园公司造成的损失5191458.50元，合计20031494.50元。黄山市中级人民法院于2009年1月21日作出(2008)黄中法民二初字第9号民事判决，驳回西园公司的诉讼请求。西园公司不服提起上诉，安徽省高级人民法院于2009年6月10日作出(2009)皖民二终字第0079号民事判决，驳回上诉，维持原判。西园公司仍不服，向最高人民法院申请再审。最高人民法院于2011年11月29日作出(2011)民申字第875号民事裁定，指令安徽省高级人民法院再审本案。安徽省高级人民法院再审认为：原一、二审判决认定事实不清、证据不足，于2012年11月26日作出(2012)皖民二再终字第00004号民事裁定，撤销(2009)皖民二终字第0079号及(2008)黄中法民二初字第9号民事判决，发回黄山市中级人民法院重新审理。

黄山市中级人民法院再审查明：2002年7月29日，西园公司(甲方)与新街公司(乙方)就黄山新街商城的销售、招商、经营运作等事宜签订一份《协议书》，约定：一、甲方同意在新街商城完成主体工程建设、土建及部分装修后，交由乙方按照用户的经营需求和功能配置进行店面后期精细装饰和装修，装修费用由乙方负责，如乙方资金筹措有困难，甲方应给予适当支持；二、为加快新街商城销售和资金回笼，由乙方接盘承包销售，甲方按销售额的6%向乙方支付代理费，如乙方运作超价部分，甲方提留10%作为管理费和税费支出，其余归乙方；若乙方销售价低于售价，则低于部分全额由乙方承担；三、为确保新街商城在年底前全面开城营业，甲方同意向乙方分期支付前期运作费用320万元整；四、甲方同意承担新街开城后6个月内50%店面(不含银联)的租金、水电费、物业管理费等经营管理专项包干费350万元，用于对主力商家进驻新街的政策优惠等项支出；甲方考虑到新街商城规模大、城市人口少等不确定因素，同意一次性支付新街开城后前三年的保租返利经营运作风险金200万元；五、甲方同意从8月1日起将营销部人员转至乙方管理、使用，时间暂定两年，合同期内劳动关系暂维持原状，工资福利由乙方负责，由甲方代为发放，营销部工作场地、办公设施一并提供乙方使用；六、凡用户在8月1日后办理销售结算的，乙方按销售额的5%向甲方收取代理费，代理销售期间的销售人员费用、营销策划和广告宣传费由乙方承担等。2003年5月5日，西园公司(甲方)与新街公司(乙方)又签订一份《合作协议》，约定：一、双方应对原协议约定的合作事项和实际费用本着务实可行的原则办理清算，三项包干费用按单项结算，如有结余，仍归乙方专项使用，原协议有关装修底价、超价分成及销售进度目标等约定解除；二、甲方承担保租返利部分的50%，其余50%由乙方从租金及销售提成中支出，该款项由甲方于1月和6月足额支付给乙方；三、甲方同意委托乙方代理所有新街营业房销售并按实际销售额的8%支付乙方代理费；四、甲方同意在合作期内未销售营业房，交由乙方管理，其收益全额用于对经营户扶持、公共设施运行和物业管理的维护；五、甲方同意乙方按准成本价受让新街部分营业用房和综合楼办公用房；六、乙方应保持商家进驻率达到60%以上，并保持新街正常开业；七、合作期限为2003年5月1日至2006年12月止；八、因一方违约除向对方赔偿损失外，还须支付违约金10万元……九、原协议在本协议签订生效后解除等。2002年11月至2003年10月，新街公司将西园公司开发的黄山新街商城营业房对外租赁，共与承租方签订126份房屋代理租赁合同，租赁期限均至2005年12月31日，该126份合同约定第一年租金总计1977631元，综合管理费881022元，保证金724000元，后两项共计1605022元。从2002年9月至2003年9月期间，新街公司向西园公司开具收款收据，载明售房手续费(比例为5%及6%)、开城包干费、优惠包干费、保租返利风险包干费总计12600998元。新街公司成立以来其办公场所由西园公司提供，商城营运时发生的水、电、卫生费用按房屋代理租赁合同约定由承租户承担，从2002年6月至2003年12月止，新街公司人员工资由西园公司发放。2003年9月28日、29日，新街公司在西园公司列支、报销开城费、广告费等费用共计2774161.78元。黄山新街商城装潢工程款768万元由新街公司垫付，西园公司予以认可。关于西园公司的损失，新街公司收取的租金1977631元加上售房手续费(比例为5%及6%)、开城包干费、优惠包干费、保租返利风险包干费总计12600998元，两项共计14578629元，扣除新街公司垫付的工程款768万元，为6898629元。按银行同期贷款利率计算从2003年9月28日至2013年3月28日，6898629元的贷款利息是5973522元。

黄山市中级人民法院再审认为：新街公司因履行协议书及合作协议而取得的费用，扣除新街公司已垫付的工程款，共计6898629元应归还受损失的西园公司。关于新街公司占用资金所造成的利息损失，因其占用的资金已扣除新街公司垫付的工程款，故不应包括新街公司垫付的工程款768万元的利息。西园公司与新街公司对造成协议书及合作协议的无效，都有过错，应当各自承担相应的责任，对新街公司占用资金所造成的利息损失5973522元，西园公司和新街公司各承担一半即2986761元。关于新街公司经营所得保证金724000元、综合管理费881022元，根据公司法第一百四十九条“董事、经理不得自营或者为他人经营与其所任职公司同类的营业或者损害本公司利益的活动，从事上述营业或者活动的，所得收入应当归公司所有的规定”，朱建洪、王凌峰、方红书作为西园公司的董事、监事，他们从事关联交易所得收入保证金724000元、综合管理费881022元，应当归西园公司所有。黄山市中级人民法院依照《中华人民共和国民法通则》第六十一条，《中华人民共和国公司法》第一百四十九条，《中华人民共和国民事诉讼法》第一百四十二条、第一百四十四条、第二百零七条的规定，于

2013年6月1日作出(2013)黄中法民二再初字第00001号民事判决：一、新街公司返还西园公司6898629元，新街公司给付西园公司经营所得保证金724000元、综合管理费881022元；二、新街公司赔偿西园公司经济损失2986761元；上述款项，新街公司应在判决生效后十日内给付；三、驳回西园公司其他诉讼请求。再审中，新街公司经传票传唤未到庭参加诉讼，亦未对该判决提起上诉。该判决生效后，西园公司申请执行。2013年10月21日，黄山市中级人民法院作出(2013)黄中法执字第00096－1号执行裁定，因被执行人新街公司无任何财产可供执行，申请执行人西园公司同意终结本案的执行，裁定终结黄山市中级人民法院(2013)黄中法民二再初字第00001号民事判决的执行。

一审法院认为，本案争议焦点是：一、西园公司起诉是否违背“一事不再理”原则；二、西园公司起诉是否超过诉讼时效；三、西园公司主张是否有充分依据，朱建洪等人是否承担赔偿责任；四、久大公司是否存在损害公司利益行为。

关于焦点一。本案中，西园公司提起的是侵权之诉，主张公司原董事、监事因实施关联交易，给公司造成损失而应承担损害赔偿责任。与西园公司诉新街公司基于合同无效要求返还财产的合同纠纷当事人不同，依据的理由不同，西园公司的起诉不违背“一事不再理”原则，不构成重复起诉。

关于焦点二。诉讼时效制度的意义在于促使权利人及时行使权利，结束经济关系和法律关系的不稳定状态，以维持一定的经济和社会秩序。在西园公司与新街公司签订的两份协议于2004年7月14日和2005年5月30日被生效判决及仲裁裁决确认无效后，西园公司一直在主张权利。朱建洪等提出诉讼时效抗辩的理由不能成立。

关于焦点三。生效的民事判决及仲裁裁决已经认定西园公司与新街公司签订协议书及合作协议系规避公司法的行为，朱建洪、王凌峰、方红书的行为有违公司法有关董事、监事忠实履行义务的规定。由此给西园公司造成的损失，朱建洪、王凌峰、方红书应承担赔偿责任。该损失的认定应以西园公司依据生效的(2013)黄中法民二再初字第00001号民事判决经执行不能获得的数额为准。朱建洪、王凌峰、方红书在西园公司任职期间，正处于西园公司开发的新街商城营业房销售及运作期间。根据市场情况，西园公司自行销售商品房及进行商城运作也必然产生相关的费用和支出，朱建洪等基于协议书及合作协议的签订亦为西园公司销售商品房及商城运作创造了一定价值，酌情确定朱建洪、王凌峰、方红书承担70%的赔偿责任，对西园公司的其他请求，不予支持。

关于焦点四。久大公司并非西园公司的控股股东，西园公司也没有证据证明久大公司利用其公司股东的地位通过关联关系实施了损害西园公司利益的行为，对西园公司要求久大公司承担连带赔偿责任的请求，不予支持。

综上，案经一审法院审判委员会讨论决定，依照《中华人民共和国公司法》第一百四十七条第一款、第一百四十八条第一款第四项、第一百四十九条，《中华人民共和国民事诉讼法》第一百四十二条之规定，判决：一、朱建洪、王凌峰、方红书于判决生效后十五日内赔偿西园公司 8043288.4 元；二、驳回西园公司的其他诉讼请求。案件受理费 113150 元，由西园公司负担 53180 元，朱建洪、王凌峰、方红书共同负担 59970 元。

二、上诉法院对案件的审理

各方当事人所举证据与一审相同，相对方的质证意见也同于原审，二审认证意见与一审一致。本院二审对一审查明的事实予以确认。

本院认为，综合各方当事人的诉辩意见，本案二审争议焦点为：一、西园公司的起诉是否违背“一事不再理”原则。二、西园公司的起诉是否已超过诉讼时效。三、如西园公司的起诉不违背“一事不再理”原则，也未超过诉讼时效，则西园公司的主张有无充分依据，朱建洪等人的赔偿责任如何确定，久大公司应否承担连带赔偿责任。对此，分析评判如下：

一、关于本案是否违背“一事不再理”原则。根据《最高人民法院关于适用〈中华人民共和国民事诉讼法〉的解释》第二百四十七条规定，当事人在前诉过程中或者判决生效后又提起诉讼，后诉的诉讼主体、诉讼标的和诉讼请求均与前诉相同的，违反一事不再理原则，构成重复起诉。根据查明的事实，黄山市中级人民法院作出的(2013)黄中法民二再初字第 00001 号民事判决，系西园公司在关联交易协议被确认无效后基于无效协议本身起诉新街公司返还非法财产所得及赔偿损失一案的判决。但本案中，西园公司提起的是公司关联交易损害赔偿责任之诉，主张公司时任董事长、董事、监事因实施关联交易行为给公司造成损失而应承担的损害赔偿责任，本案诉讼的被告主体、依据的事实理由及诉讼请求与前一案件均有不同，故一审判决认定西园公司的起诉不违背“一事不再理”原则，不构成重复起诉，并无不当。

二、关于西园公司的起诉是否超过诉讼时效问题。根据《中华人民共和国民法通则》第一百三十五条及第一百三十七条的规定，除法律另有规定外，权利人向人民法院请求保护民事权利的诉讼时效期间为二年,诉讼时效期间的起算从权利人知道或者应当知道其权利被侵害时起计算。本案中,西园公司提起的是侵权之诉,主张因公司时任董事长、董事、监事通过签订《协议书》及《合作协议》的形式实施关联交易,给公司造成损失而应承担损害赔偿责任。根据查明的事实,西园公司与新街公司所签上述两份协议,分别于 2004 年 7 月 14 日和 2005 年 5 月 30 日被生效的法院判决及仲裁裁决确认无效,而且生效的法院判决及仲裁裁决均认定朱建洪等人在签订上述协议时规避公司法关于董事、经理不得自营或者为他人经营与其所任职公司同类营业及董事、经理除公司章程规定或者股东会同意外不得同本公司订立合同或者进行交易的行为,有违董事、经理、监事忠实履行职务的义务。由此,至迟在上述两份协议被确认无效后,西园公司作为权利人即应知道朱建洪等人实施关联交易行为并侵害了其权利,依法应在两年的诉讼时效期间内向朱建洪等人主张权利。

西园公司在上述两份协议被确认无效后,虽于 2008 年 6 月 12 日对新街公司提起诉讼,但该诉讼系基于关联交易协议无效起诉新街公司返还非法财产所得及赔偿损失,这与本案西园公司起诉朱建洪等人的公司关联交易损害赔偿责任纠纷,并非同一民事法律关系,而且关联交易协议无效诉讼也非本案公司关联交易损害赔偿责任诉讼的前置程序。所以,西园公司在另案对新街公司的起诉不能产生对朱建洪等人诉讼时效中断的法律效果。现朱建洪等人在本案一审、二审中均提出诉讼时效抗辩,而西园公司没有证据证明其在本案一审起诉前曾向朱建洪等人主张过权利,也没有证据证明本案存在其他诉讼时效中断的法定事由。因此,西园公司在 2014 年 5 月 14 日提起本案诉讼时,已超过两年诉讼时效期间。朱建洪等人关于西园公司主张权利已超过诉讼时效的抗辩理由成立。依据《最高人民法院关于适用〈中华人民共和国民事诉讼法〉的解释》第二百一十九条的规定,西园公司的诉讼请求,应予驳回。据此对焦点三本院不再分析评判。

综上所述,朱建洪、王凌峰的上诉请求成立,予以支持。依照《中华人民共和国民法通则》第一百三十五条、第一百三十七条,《中华人民共和国民事诉讼法》第一百四十四条、第一百七十条第一款第二项,第一百七十四条,《最高人民法院关于适用〈中华人民共和国民事诉讼法〉的解释》第二百一十九条规定,判决如下:

一、撤销安徽省黄山市中级人民法院(2014)黄中法民二初字第 00048 号民事判决;

二、驳回黄山西园置业有限公司的诉讼请求。

一审案件受理费 113150 元，二审案件受理费 113150 元，均由黄山西园置业有限公司负担。

本判决为终审判决。二〇一六年十二月二十九日审结。

第二节　上诉当事人的上诉、答辩与法院的审判逻辑图

一、当事人上诉的逻辑图

上诉人西园公司（一审原告）、上诉人朱建洪（一审被告）、上诉人王凌峰（一审被告）的三份上诉逻辑图。

1. 上诉人（一审原告）西园公司的上诉逻辑图

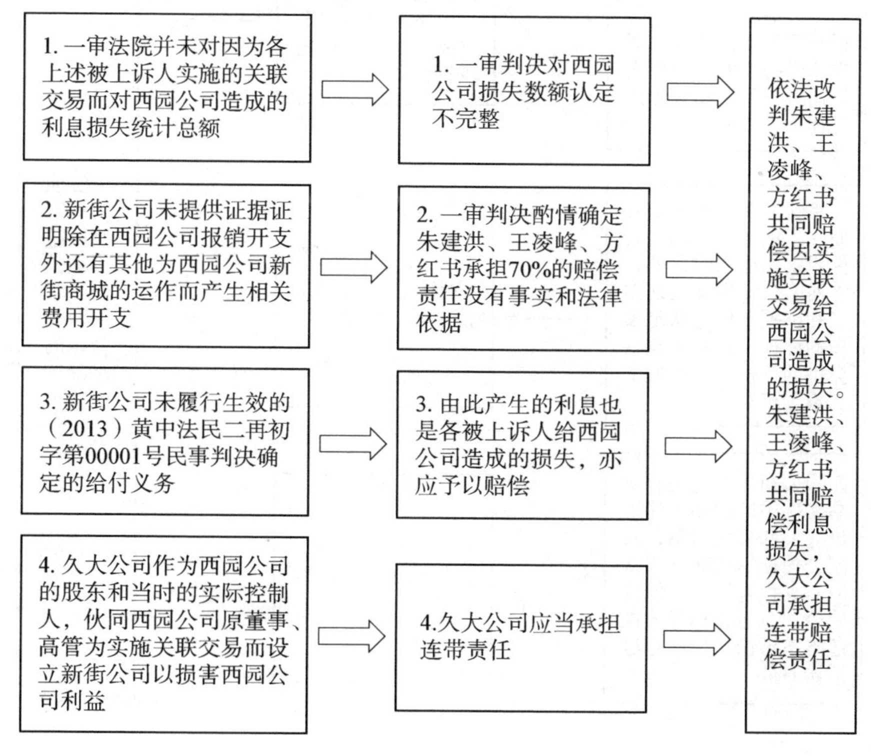

2. 上诉人（一审被告）朱建洪的上诉逻辑图

1. 要求剔除11490412元中的开支费用；
2. 认定《合作协议》并未造成西园公司损失；
3. 确认新街公司无可执行财产系认定错误

→ 一审判决认定事实错误 →

构成前述赔偿责任必须同时具备损害、过错及因果关系三个要件，但本案中这三个要件均不具备

→ 一审判决没有法律依据 →

依法撤销一审判决第一项，改判驳回西园公司的全部诉讼请求

一审判决混淆了两个案件的关系，一方面认为西园公司的起诉不违背“一事不再理”原则；另一方面对有关新街公司费用开支的情况，对朱建洪提交的证明新街公司经营及费用开支的证据不予审查

→ 一审判决混淆了（2013）黄中法民二再初字第00001号民事判决与本案之间的关系，存在逻辑错误 →

一审法院在证据采信方面除了前述混淆两个案件界定的逻辑错误外，将西园公司提交的证据二和证据四作为认定损失的证据，而对朱建洪提供的证据四至证据十二不予审查

→ 一审法院在证据采信上显失偏颇 →

西园公司在上述关联交易案件中即已知朱建洪设立关联公司情形，西园公司最迟在2006年就应对其提起诉讼，但西园公司直至2014年才提起本案诉讼，显已超过诉讼时效

→ 认定已过诉讼时效 →

依法撤销一审判决第一项，改判驳回西园公司的全部诉讼请求

3. 上诉人(一审被告)王凌峰上诉逻辑图

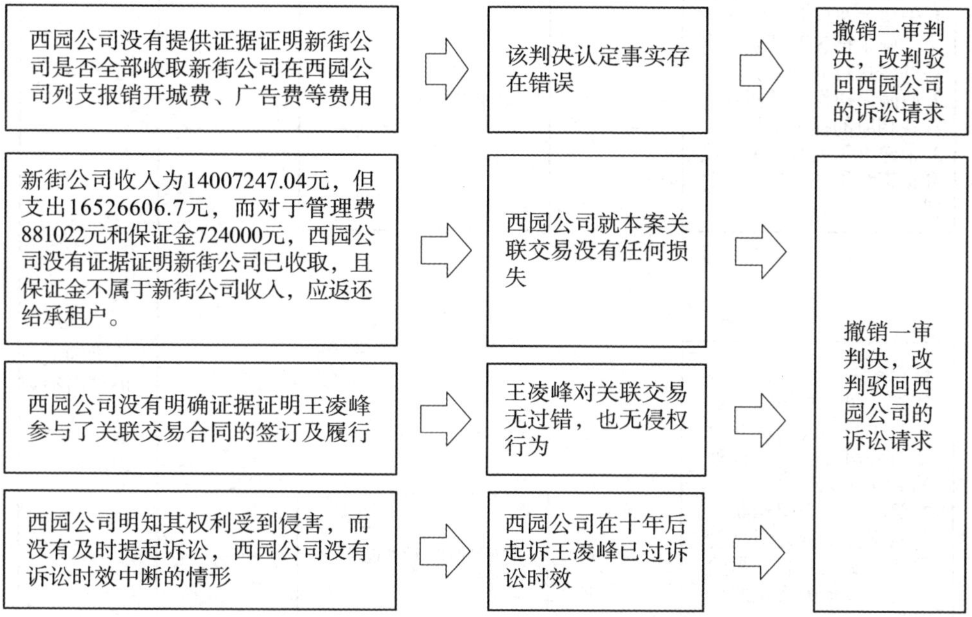

西园公司没有提供证据证明新街公司是否全部收取新街公司在西园公司列支报销开城费、广告费等费用 ⇨ 该判决认定事实存在错误 ⇨ 撤销一审判决，改判驳回西园公司的诉讼请求

新街公司收入为14007247.04元，但支出16526606.7元，而对于管理费881022元和保证金724000元，西园公司没有证据证明新街公司已收取，且保证金不属于新街公司收入，应返还给承租户。 ⇨ 西园公司就本案关联交易没有任何损失 ⇨ 撤销一审判决，改判驳回西园公司的诉讼请求

西园公司没有明确证据证明王凌峰参与了关联交易合同的签订及履行 ⇨ 王凌峰对关联交易无过错，也无侵权行为 ⇨ 撤销一审判决，改判驳回西园公司的诉讼请求

西园公司明知其权利受到侵害，而没有及时提起诉讼，西园公司没有诉讼时效中断的情形 ⇨ 西园公司在十年后起诉王凌峰已过诉讼时效 ⇨ 撤销一审判决，改判驳回西园公司的诉讼请求

二、当事人的答辩逻辑图

西园公司的答辩逻辑图

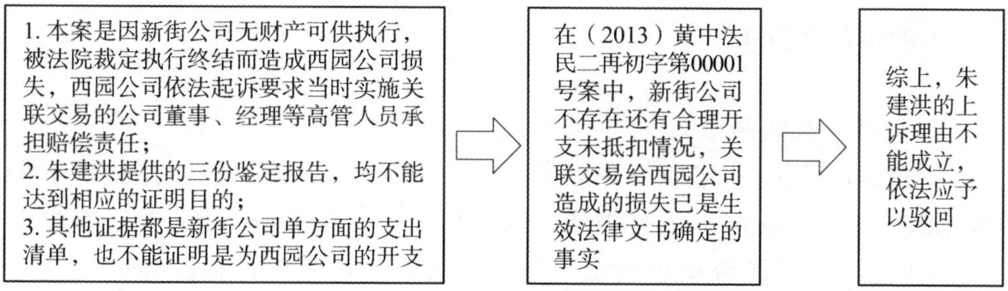

1. 本案是因新街公司无财产可供执行，被法院裁定执行终结而造成西园公司损失，西园公司依法起诉要求当时实施关联交易的公司董事、经理等高管人员承担赔偿责任；
2. 朱建洪提供的三份鉴定报告，均不能达到相应的证明目的；
3. 其他证据都是新街公司单方面的支出清单，也不能证明是为西园公司的开支

⇨ 在（2013）黄中法民二再初字第00001号案中，新街公司不存在还有合理开支未抵扣情况，关联交易给西园公司造成的损失已是生效法律文书确定的事实

⇨ 综上，朱建洪的上诉理由不能成立，依法应予以驳回

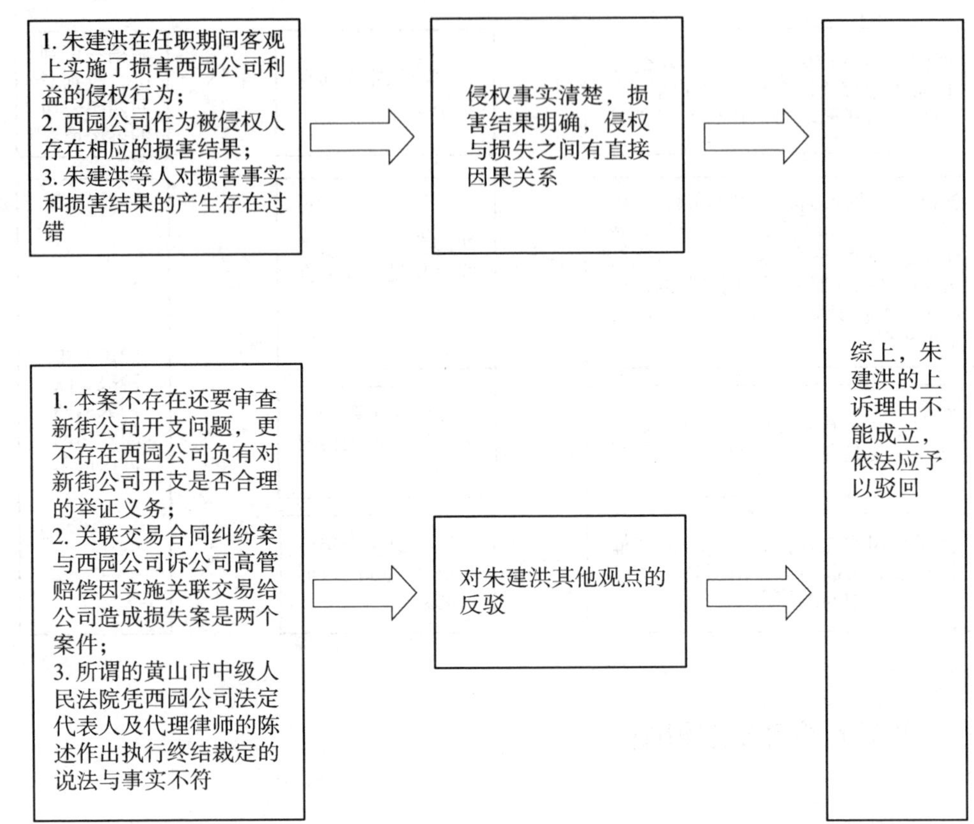

三、法院的判决图

1. 一审法院的判决图

一审法院认为,本案争议焦点是:一、西园公司起诉是否违背“一事不再理”原则;二、西园公司起诉是否超过诉讼时效;三、西园公司主张是否有充分依据,朱建洪等人是否承担赔偿责任;四、久大公司是否存在损害公司利益行为。

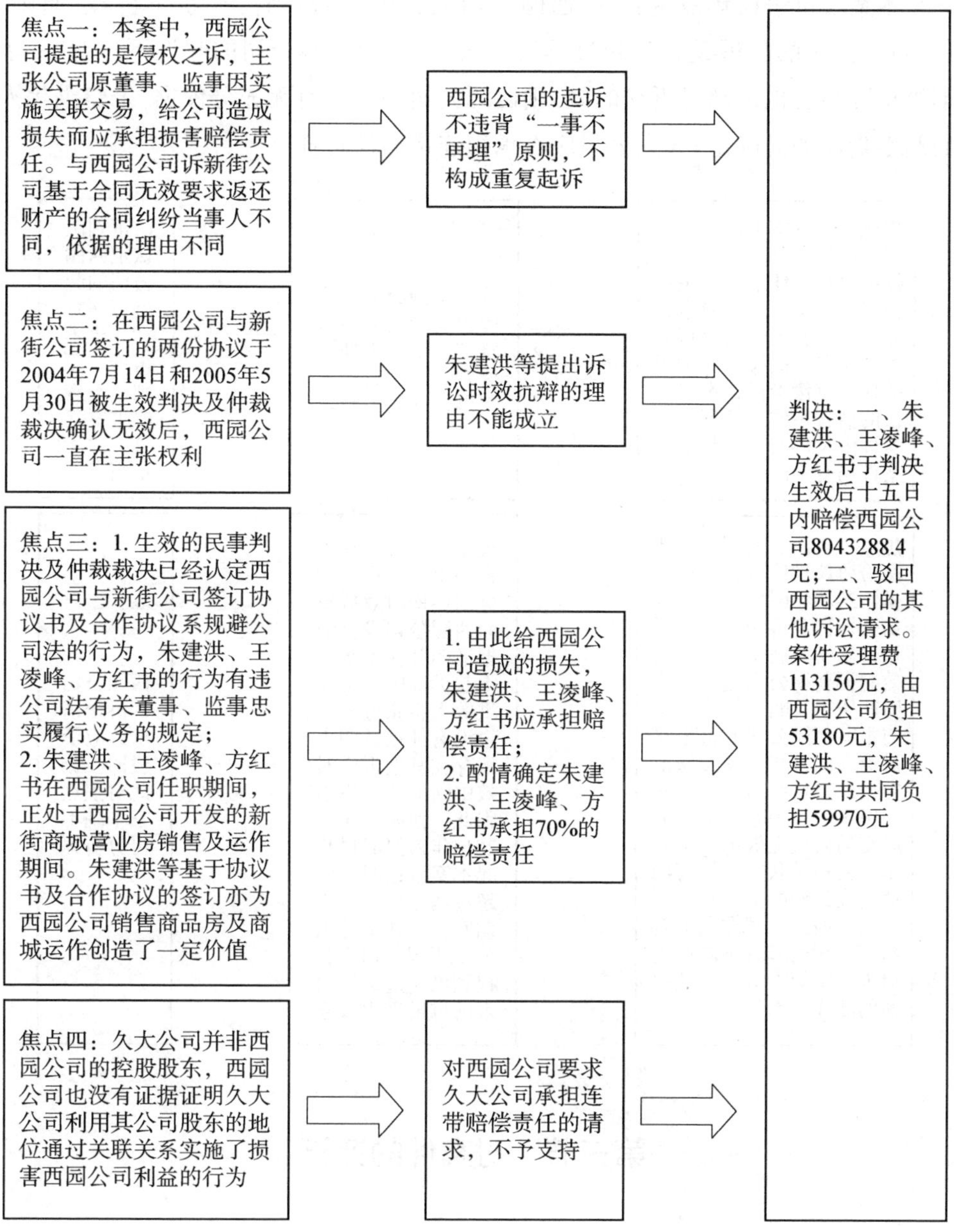

焦点一：本案中，西园公司提起的是侵权之诉，主张公司原董事、监事因实施关联交易，给公司造成损失而应承担损害赔偿责任。与西园公司诉新街公司基于合同无效要求返还财产的合同纠纷当事人不同，依据的理由不同

⇒ 西园公司的起诉不违背“一事不再理”原则，不构成重复起诉 ⇒

焦点二：在西园公司与新街公司签订的两份协议于2004年7月14日和2005年5月30日被生效判决及仲裁裁决确认无效后，西园公司一直在主张权利

⇒ 朱建洪等提出诉讼时效抗辩的理由不能成立 ⇒

焦点三：1. 生效的民事判决及仲裁裁决已经认定西园公司与新街公司签订协议书及合作协议系规避公司法的行为，朱建洪、王凌峰、方红书的行为有违公司法有关董事、监事忠实履行义务的规定；
2. 朱建洪、王凌峰、方红书在西园公司任职期间，正处于西园公司开发的新街商城营业房销售及运作期间。朱建洪等基于协议书及合作协议的签订亦为西园公司销售商品房及商城运作创造了一定价值

⇒ 1. 由此给西园公司造成的损失，朱建洪、王凌峰、方红书应承担赔偿责任；
2. 酌情确定朱建洪、王凌峰、方红书承担70%的赔偿责任 ⇒

焦点四：久大公司并非西园公司的控股股东，西园公司也没有证据证明久大公司利用其公司股东的地位通过关联关系实施了损害西园公司利益的行为

⇒ 对西园公司要求久大公司承担连带赔偿责任的请求，不予支持 ⇒

判决：一、朱建洪、王凌峰、方红书于判决生效后十五日内赔偿西园公司8043288.4元；二、驳回西园公司的其他诉讼请求。案件受理费113150元，由西园公司负担53180元，朱建洪、王凌峰、方红书共同负担59970元

2. 二审法院的判决图

本案二审争议焦点为：一、西园公司的起诉是否违背“一事不再理”原则。二、西园公司的起诉是否已超过诉讼时效。三、如西园公司的起诉不违背“一事不再理”原则，也未超过诉讼时效，则西园公司的主张有无充分依据，朱建洪等人的赔偿责任如何确定，久大公司应否承担连带赔偿责任。

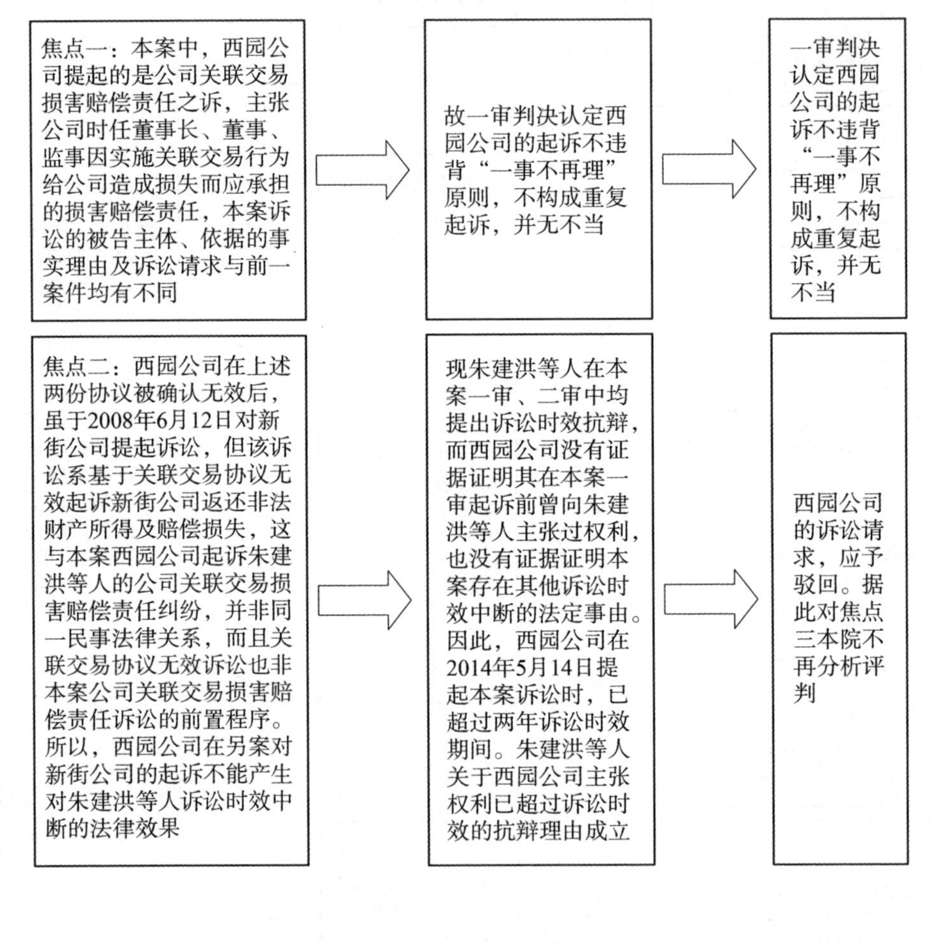

第三节 对案件的评析

一、案件的诉讼经过

西园公司于 2004 年 2 月 9 日诉至黄山市屯溪区人民法院，请求确认 2003

年 5 月 5 日《合作协议》无效，黄山市屯溪区人民法院作出(2004)屯民一初字第 25 号民事判决，确认该合作协议无效。新街公司不服提起上诉，黄山市中级人民法院于 2004 年 7 月 14 日作出(2004)黄中法民二终字第 37 号民事判决，认定朱建洪等在签订合作协议中，规避公司法的规定，违反公司法规定的董事、监事忠实履行职务的义务，合作协议应为无效，并判决驳回上诉，维持原判。西园公司于 2005 年 4 月向黄山仲裁委员会申请仲裁，请求确认 2002 年 7 月 29 日《协议书》无效，黄山仲裁委员会于 2005 年 5 月 30 日作出的(2005)黄仲裁字第 02 号裁决，认定 2002 年 7 月 29 日《协议书》因违反公司法的相关规定而无效。

2006 年 6 月 20 日，西园公司根据上述确认两协议无效的生效仲裁裁决书和民事判决书发函要求新街公司返还相关款项。新街公司拒绝返还款项后，2008 年 6 月 12 日西园公司诉至黄山市中级人民法院，请求判令新街公司返还西园公司各项费用 13235014 元(含所有店面出租获得的 634016 元租金收益)、从事关联交易获得的营业收入 1605022 元归西园公司所有、赔偿因非法占用资金给西园公司造成的损失 5191458.50 元，合计 20031494.50 元。黄山市中级人民法院于 2009 年 1 月 21 日作出(2008)黄中法民二初字第 9 号民事判决，驳回西园公司的诉讼请求。西园公司不服提起上诉，安徽省高级人民法院于 2009 年 6 月 10 日作出(2009)皖民二终字第 0079 号民事判决，驳回上诉，维持原判。西园公司仍不服，向最高人民法院申请再审。最高人民法院于 2011 年 11 月 29 日作出(2011)民申字第 875 号民事裁定，指令安徽省高级人民法院再审本案。

二、对本案核心要点的评析

一审二审总结的争议焦点是：一、西园公司起诉是否超过诉讼时效；二、西园公司起诉是否违背“一事不再理”原则；三、西园公司主张是否有充分依据，朱建洪等人是否承担赔偿责任；四、久大公司是否存在损害公司利益行为。

焦点一：诉讼时效的起算点是诉讼时效期间自权利人知道或者应当知道权利受到损害以及义务人之日起计算，法律另有规定的，依照其规定。根据该规定，债权人知道或应当知道两方面情况才开始起算诉讼时效：一是权利被侵害，二是义务人是谁。西园公司在根据之前的胜诉判决进行催告时，实则就是在向背后的实际控制人和股东进行催要，因此，西园公司对上述被告人的催要并没有停止，诉讼时效发生了中断，本案没有超过诉讼时效。

焦点二：西园公司主张公司原董事、监事因实施关联交易，给公司造成损失而应承担损害赔偿责任。与西园公司诉新街公司基于合同无效要求返还财产的合同纠纷当事人不同,依据的理由不同,西园公司的起诉不违背“一事不再理”原则,不构成重复起诉。

焦点三:一审法院判决的朱建洪、王凌峰、方红书和新城公司一起承担连带责任,但对于责任承担的金额认定似有不妥,一审判决对(2013)黄中法民二再初字第00001号民事判决予以确认,但对黄山光大会计师事务所出具的审计报告不予认定,是导致本案错误判决的根本原因。在之前的判决中,法院并没有认可会计师事务所出具的审计报告,即便西园公司和新城公司之间的协议没有效力,但新城公司对协议中规定的劳务进行了出资,还支付了各种费用,会计师事务所也出具了相关的账务信息披露,法院应当认可,但是法院认为协议是无效的,其发生的交易也无效,这不符合民商法的公平原则。所以,法院认定的新城公司赔偿金额有误。

焦点四:西园公司没有证据证明久大公司利用其公司股东的地位通过关联关系实施了损害西园公司利益的行为,对西园公司要求久大公司承担连带赔偿责任的请求,不应该支持。

本案一审与二审的判决均存在不足,根据案情与法律规定不难得出如下结论:1. 本案不构成重复起诉;2. 没有超过诉讼时效;3. 判决新城公司、朱建洪、王凌峰、方红书对西园公司承担连带赔偿责任,但赔偿数额需要重新计算;4. 久大公司不应该承担连带赔偿责任。

思考题

1. 关联交易的构成要件是什么?

2. 关联交易其侵害公司利益应该根据《公司法》中的哪些条款进行维权?哪些人可以维权?

3. 如何计算关联交易民事责任的赔偿范围?

第十章 联达动力公司董事郭慧轩上诉案析竞业禁止的责任

第一节 案情事实与法院的审理

一、案情事实

郭慧轩与北京联达动力信息科技股份有限公司损害公司利益责任纠纷二审民事判决书[①]

北京市第一中级人民法院民事判决书(2018)京01民终8475号

上诉人(原审被告):郭慧轩,男,1975年7月9日出生,汉族,住山西省太原市迎泽区。

委托诉讼代理人:任箴,北京恒理律师事务所律师。

被上诉人(原审原告):北京联达动力信息科技股份有限公司,住所地北京市海淀区上地信息产业基地**街**号楼**层**段**。

法定代表人:王尔明,董事长。

委托诉讼代理人:徐大圣,男。

委托诉讼代理人:徐展勤,男。

上诉人郭慧轩因与被上诉人北京联达动力信息科技股份有限公司(以下简称联达动力公司)损害公司利益责任纠纷一案,不服北京市海淀区人民法院(2017)京0108民初30588号民事判决,向本院提起上诉。本院于2018年10月10日立案后,依法组成合议庭进行了审理。本案现已审理终结。

---

① 中国裁判文书网。

郭慧轩上诉请求：1. 撤销一审判决，发回重申或改判驳回联达动力公司一审全部诉讼请求。2. 本案一审、二审案件受理费、财产保全费由联达动力公司承担。事实和理由：一、郭慧轩 2015 年 5 月 31 日离职后，不应再受到董事竞业禁止的法律限制，一审判决认定事实不清，适用法律错误。1.《中华人民共和国公司法》(以下简称《公司法》)第一百八十四条第(五)项规定的情形，董事的竞业禁止的忠实义务是法定义务，仅限于董事执行公司职务过程中。2. 本案中联达动力公司在公司章程中关于"董事辞职生效或者任期届满，其对公司和股东承担的忠实义务，在任期结束后并不当然解除，在任期结束后两年内仍然有效"的规定，与《公司法》第一百八十四条规定的法定竞业禁止相矛盾，对董事的限制超出了法律规定的范畴，延长了法定竞业禁止的期限，并且该延长期限的约定并未征得包括郭慧轩在内的公司董事的同意，在郭慧轩出具的《承诺书》中，也没有关于离职后竞业禁止的约定，因此该期限的延长对郭慧轩不具有约束力。3. 联达动力公司章程未经股东大会通过，其内容无效，对郭慧轩不具有约束力。4. 郭慧轩于 2015 年 5 月 31 日辞去董事职务，不应再受到董事竞业禁止的限制。二、郭慧轩并未实施利用职务便利谋取属于联达动力公司的商业机会，自营与联达动力公司同类业务的行为。在 2015 年 1 月至 3 月期间，与北京近颐科技有限公司(以下简称近颐公司)"近医通"和联达动力公司"联达健康宝"类似的想法，已经在社交媒体上公开，并且目前社会上类似产品还有 114 挂号平台等，因此，该创意并非联达动力公司的商业秘密，并且，截至 2017 年 6 月 9 日，联达动力公司的"联达健康宝"还只是一个想法，无实际产品，亦不存在实际客户，而"近医通"已经上线运行了一段时间。即使认定"近医通"与"联达健康宝"功能相似性较高，也不能得出"近医通"是郭慧轩利用职务便利谋取了属于联达动力公司的商业机会的结论。三、联达动力公司的"联达健康宝"无实际产品，无任何成本损失，一审法院判决郭慧轩向联达动力公司赔偿损失 30 万元没有事实和法律依据。联达动力公司提交的会计师事务所出具的"联达健康宝"项目专项情况报告，系由联达动力公司单方委托，不能准确反映联达动力公司为研发"联达健康宝"项目的实际损失，截至 2017 年 6 月 9 日，"联达健康宝"只是联达动力公司的一个想法，无实际产品亦不存在实际客户。四、一审判决认为郭慧轩仍须遵守联达动力公司章程关于"对公司商业秘密的保密义务直到该秘密被公开方可解除，不以两年为限"的规定，没有事实依据。首先，联达动力公司起诉是认为郭慧轩违反董事竞业禁止的忠实义务，不涉及违反保密义务或者侵犯商业秘密的内容；其次，联达动力公司章程未经股东大会审议通过，不具有法律效力，其内容对郭慧轩不具有约束力；另外，如果联达动力公司认为郭慧轩违反了保密义务，侵犯其商业秘密，应当按照侵犯商业秘密的构成要件提交相关证据材料。

联达动力公司辩称，一审法院认定事实清楚，适用法律正确。一、郭慧轩2015年5月31日离职后，仍应受到竞业禁止的限制。郭慧轩作为公司高级管理人员，其所应受到的竞业禁止限制应当是来源于《公司法》对董事、监事等高管人员忠实义务的规定，并非劳动法对于员工竞业禁止限制约定。因此，不受郭慧轩是否在联达动力公司工作的限制。二、联达动力公司的公司章程经过股东大会及创立大会的通过，合法有效，并且一审已经出示了原件，郭慧轩应当遵守公司章程的约定。三、郭慧轩离职以后立即成立近颐公司，经营与联达动力公司同类业务，违反了其作为董事的忠实义务。四、无论郭慧轩是否具有保守商业秘密的义务，其自营或经营与联达动力公司同类业务的事实无可辩驳。五、中国电子商务协会回复的说明有效，其是否具有司法鉴定资质不影响该证据的有效性。六、"联达健康宝"和"近医通"具有相似性，"联达健康宝"已于2015年5月以后上线，并且无论"联达健康宝"是否上线，均不能否认两个微信公众号功能相近的事实。

联达动力公司向一审法院起诉请求：1. 郭慧轩停止其违反董事忠实义务的侵权行为；2. 郭慧轩自2015年7月至2017年6月从近颐公司取得的各类收入人民币50万元（暂估，按照每月2.083万元标准计算）归联达动力公司所有；3. 郭慧轩赔偿其侵权行为给联达动力公司造成的经济损失50万元；4. 郭慧轩承担本案保全费、公证费共计4520元；5. 诉讼费用由郭慧轩承担。

一审法院认定事实：北京联达动力信息科技发展有限公司于2000年注册成立。

2015年5月8日，联达动力公司召开了创立大会暨第一次股东大会，会议通过的股东会决议内容包括：一、审议通过了《关于北京联达动力信息科技发展有限公司由有限责任公司整体变更为股份公司的议案》，公司名称变更为"北京联达动力信息科技股份有限公司"，公司营业期限变更为永久存续，公司经营范围变更为：许可经营项目无，一般经营项目：技术开发、技术服务、技术转让、技术咨询、技术推广、技术培训；销售计算机、软件及辅助设备、电子产品；计算机系统服务。四、审议通过了《关于〈北京联达动力信息科技股份有限公司章程（草案）〉的议案》。十一、审议通过了《关于选举北京联达动力信息科技股份有限公司第一届董事会董事的议案》，会议选举王尔明、张志威、郭慧轩、王尔睿、李鹏担任公司董事。十二、选举徐展勤、彭志飞担任公司监事，且徐展勤、彭志飞和经公司职工代表大会选举产生的职工代表监事濮益凯共同组成公司第一届监事会。

郭慧轩担任联达动力公司董事并出具承诺书，承诺不存在公司法第 146 条规定的不得担任公司董事、监事和高级管理人员的情形等，本人不存在未经股东大会同意，利用职务便利为自己或者他人谋取属于联达动力公司的商业机会，自营或者为他人经营与联达动力公司同类业务的情况。

2015 年 5 月 8 日联达动力公司章程中规定，章程自生效之日起，即成为规范公司的组织与行为、公司与股东、股东与股东之间权利义务关系的具有法律约束力的文件，对公司、股东、董事、监事、高级管理人员具有法律约束力的文件。董事应当遵守法律、行政法规和本章程，对公司负有下列忠实义务：……未经股东大会同意，不得利用职务便利，为自己或他人谋取公司的商业机会，自营或者为他人经营与本公司同类的业务；不得擅自披露公司秘密；不得利用其关联关系损害公司利益……董事违反本条规定所得的收入，应当归公司所有；给公司造成损失的，应当承担赔偿责任。董事可以在任期届满以前提出辞职。董事辞职生效或者任期届满，其对公司和股东承担的忠实义务，在任期结束后并不当然解除，在任期结束后两年内仍然有效；其对公司商业秘密的保密义务直到该秘密被公开方可解除，不以两年为限。

郭慧轩在联达动力公司工作期间，负责联达动力健康宝实施方案的领导工作，工作小组成员还包括：李冬梅、王尔睿、濮益凯等，项目实施目标包括完成健康宝后台应用的功能开发、前台与后台功能对接及数据接口传输，完成与微信服务号的功能接入实现，完成与微支付对接，实现预存款、挂号等资金流动的功能，完成与医院对接，实现号源管理、挂号、缴费、对账等功能，其中包括无偿为山医大二院部署并推进实施“健康宝”项目一期功能模块与上线，推动以山医大二院为主体的联合医联体健康信息移动化与数字化建设。

2015 年 5 月 31 日，联达动力公司召开了 2015 年第一次临时股东大会，会议通过了如下事项：一、通过了《关于公司股票采取协议转让方式的议案》；二、通过了《关于修改〈公司章程〉的议案》；三、通过了《关于董事变更的议案》，同意郭慧轩的辞职申请，选举娜仁花担任公司董事。2015 年 6 月 19 日，联达动力公司董事人员名单在工商局做了变更登记。

2015 年 7 月 1 日，近颐公司注册成立，投资人包括李冬梅、郭慧轩等，郭慧轩担任近颐公司的法定代表人、执行董事与经理职务。近颐公司营业期限自 2015 年 7 月 1 日至 2035 年 6 月 30 日，经营范围为技术推广服务；软件开发；计算机系统服务；销售计算机、软件及辅助设备、电子产品；设计、制作、代理、发布广告。

近颐公司所有的微信公众号近医通显示：近医通是近颐公司及其战略合作伙伴携手全国多家大型三甲医院联合推出的智慧医院医疗服务平台，旨在通过运用移动互联网手段，将患者所有线下就医流程转移到互联网端，以此优化医院现有医疗资源配置，完善医疗服务体系，提升医院内部管理效率，做到医疗对患者、对医院管理的智慧化升级。

2017 年 6 月 28 日，中国电子商务协会法律工作委员会向联达动力公司出具《关于"近医通"与"联达健康宝"功能相似性的回复》，"联达健康宝"（微信号：×××）显示的经营范围为"挂号平台"；"近医通"（微信号：×××）显示的经营范围为"挂号平台"。两个微信公众号相比，"近医通"的功能更为丰富，但"近医通"与"联达健康宝"两者之间主要功能相同，均系为求医者提供医院线上挂号服务，二者功能相似性较高。

诉讼中，应郭慧轩申请，该院依法传唤濮益凯作为证人出庭作证。濮益凯称其 2006 年 6 月 7 日至 2017 年 2 月 28 日在联达动力公司任副总裁，负责全公司销售业务。其任职期间，联达动力公司在医院行业的主要业务及服务是为医院提供综合办公管理系统软件，也就是 OA 系统，客户均是医院，并不存在针对患者的互联网挂号的智慧医院系统。2015 年 5 月 29 日，其收到郭慧轩发送的邮件，让其参加联达健康宝项目小组，但自 2015 年 5 月 31 日郭慧轩离开联达动力公司后，直至濮益凯本人离开公司期间，联达动力公司也没有相应的产品销售。濮益凯离职后到近颐公司工作。

本案诉讼中，近颐公司出具证明称，其员工郭慧轩自 2015 年 7 月 1 日起在该公司担任 CEO 一职，2015 年 7 月至 2015 年 10 月期间未从公司领取工资。近颐公司出具的收入清单和银行电子回单显示，郭慧轩自 2015 年 10 月至 2017 年 5 月的收入合计为 155232.7 元。郭慧轩提交了自己 2015 年、2016 年社会保险个人缴费信息对账单等佐证自己的收入情况。

诉讼中，联达动力公司提交北京永恩力合会计师事务所有限公司出具的"联达健康宝"项目专项情况报告，就联达动力公司研发的"联达健康宝"项目研发阶段的人力成本支出情况进行审核，项目研发阶段人力成本支出总计 777798.27 元。联达动力公司提交的工资证明显示郭慧轩在联达动力公司任职期间税后月收入为 21568 元；联达动力公司就本案诉讼支出了财产保全责任保险保费 3000 元。

一审法院认为，我国《公司法》第一百四十七条规定，董事、监事、高级管理人员应当遵守法律、行政法规和公司章程,对公司负有忠实义务和勤勉义务;第一百四十八条第一款第五项规定:董事、高级管理人员不得未经股东会或者股东大会同意,利用职务便利为自己或者他人谋取属于公司的商业机会,自营或者为他人经营与所任职公司同类的业务。上述内容系我国法律对董事、高级管理人员忠实义务和竞业禁止义务的规定。所谓竞业禁止,是指对与权利人有特定关系之人的特定竞争行为的禁止。我国《公司法》要求公司董事、监事、高级管理人员应当对公司负有忠实和勤勉义务,要求董事、监事、高级管理人员在执行公司业务时或担任公司职务期间需要全心全意为公司服务,以公司最佳利益为出发点,不得追求公司利益以外的个人利益。因此,董事、高级管理人员对公司负有竞业禁止义务,即包含禁止自营或为他人从事与公司经营有竞争性的活动,也包含禁止利用职务便利谋取属于公司的商业机会。

本案中,虽然郭慧轩于 2015 年 5 月 31 日离职而不再担任联达动力公司的董事,但该公司 2015 年 5 月 8 日的公司章程系于其任职公司董事期间作出,其内容合法有效,对公司股东、董事、高管等均具有法律约束力,故郭慧轩应当受该公司章程对董事忠实义务条款的约束。根据联达动力公司所提交的 2015 年 5 月 8 日的公司章程第八十八条第六项规定,未经股东大会同意,郭慧轩不得利用职务便利,为自己或他人谋取属于公司的商业机会,自营或为他人经营与本公司同类的业务;根据该公司章程第九十二条规定,郭慧轩对联达动力公司和股东承担的忠实义务在其董事任期结束后两年内仍然有效;其对公司商业秘密的保密义务直到该秘密被公开方可解除,不以两年为限。故郭慧轩离职后两年内的竞业禁止义务已在公司章程中确定,在其离职后两年内仍负有对联达动力公司的忠实义务,且对联达动力公司的商业秘密的保密义务直至秘密公开方可解除。因此,即便郭慧轩与联达动力公司并未另行签订竞业禁止协议,但联达动力公司 2015 年 5 月 8 日的公司章程即可作为郭慧轩在离职后两年内应承担竞业禁止义务的依据。就郭慧轩所主张的"自 2015 年 5 月 31 日起,郭慧轩辞任董事,即并非履行董事忠实义务的适格主体,不受董事忠实义务对在职董事的约束,因此联达动力公司引用《章程》及《公司法》相关条款不适用本案及郭慧轩"的抗辩意见,该院不予支持。

本案的争议焦点为:一、郭慧轩的行为是否构成董事违反竞业禁止的忠实义务;二、如果构成违反,郭慧轩在竞业禁止期间所得收入及相应损失赔偿数额如何计算。

一、关于郭慧轩的行为是否构成竞业禁止而违反了董事忠实义务的问题。

该院认为，郭慧轩作为公司董事，是基于股东、公司的信任，担负着受托管理者的角色。基于公司赋予的权利和所处公司内部治理结构中的地位，郭慧轩得以便利地掌握公司大量商业秘密和公司经营中的重大信息，故其应当对公司及股东负有忠实义务。本案诉讼中，郭慧轩主张：第一，其所设立的近颐公司并未与联达动力公司经营同类业务，联达动力公司的主要服务为“系统管理套装软件销售及基于协同管理技术的软件定制”，其用户主要是各级医疗卫生机构；而近颐公司的主要服务为“通过移动互联网优化医疗资源配置”，其用户主要是患者，故不构成同业。第二，在2015年5月31日之前，“联达动力健康宝”仅为一个想法，无实际产品亦不存在现实客户。因此，郭慧轩并未从事同类业务，亦没有利用职务之便谋取联达动力公司的商业机会。对此该院认为，所谓同类业务应当是指与公司形成竞争关系的相同或类似的经营活动，包括公司目前实际正在进行的营业或已着手准备开展的业务。在郭慧轩担任联达动力公司董事期间，承担着“联达健康宝”项目的总领导、总指挥工作，“联达健康宝”作为联达动力公司开发的功能性产品，公司为此投入了大量人力物力，并完成了一定的研发和对接使用功能。郭慧轩离职后遂投资成立了近颐公司，并担任公司执行董事、经理、法定代表人。通过对比联达动力公司与近颐公司实际经营内容和经营目的可见，近颐公司推出的产品“近医通”与联达动力公司推出的产品“联达健康宝”的操作界面和所提供服务的主要功能极为相似，从本质上看均系为求医者提供医院线上挂号等服务，功能相似性较高，存在替代关系。最后，从郭慧轩经营上述业务是否抢夺了联达动力公司的商业机会来看，拟与联达动力公司合作的客户山医大二院成为近颐公司“近医通”产品的合作客户，且原联达动力公司的项目人员也先后随其转到近颐公司工作，综上可见，构成了与联达动力公司经营同类业务，违反了联达动力公司章程及公司法对董事忠实义务的规定，郭慧轩利用职务便利谋取了属于联达动力公司的商业机会，自营与联达动力公司同类的业务。因此，郭慧轩的行为违反了《公司法》第一百四十七条、第一百四十八条第一款第五项、联达动力公司章程第八十八条及第九十二条规定的相应的忠实义务，构成竞业禁止，客观上造成了对联达动力公司的现实利益和可期待利益的实际损害。

二、关于郭慧轩在违反董事忠实义务期间所得收入及相应损失赔偿数额如何计算的问题。郭慧轩主张：第一，《公司法》以及公司章程中董事违反忠实义务所得的收入，应当归公司所有；给公司造成损失的，应当承担赔偿责任；上述规定只适用于在职董事，而郭慧轩系离任董事，故对其不适用。第二，联达动力公司无证据证明在2015年7月至2017年6月，郭慧轩在近颐公司的月收入为

2.083万元以及总收入50万元，该数字仅为联达动力公司的猜测；亦无证据证明联达动力公司因此遭受了经济损失，以及遭受经济损失的金额为50万元。因此，联达动力公司相关诉讼请求没有事实依据。

对此该院认为，关于公司归入权的行使，不以董事是否在职为前提。本案中郭慧轩于离任董事两年内设立近颐公司从事联达动力公司同类业务，违反了联达动力公司章程规定的对公司的竞业禁止义务，联达动力公司有权要求郭慧轩将其离任后两年内在近颐公司所得的收入归联达动力公司所有。根据郭慧轩提交的工资表、工资发放银行流水及社保缴纳信息等证据显示，其从联达动力公司离职后两年内，在近颐公司任职期间的工资收入共计155232.7元应当归联达动力公司所有。

关于郭慧轩违反董事忠实义务给联达动力公司造成的经济损失及如何计算问题，联达动力公司主张郭慧轩赔偿的经济损失50万元包括但不限于联达动力公司开发“联达健康宝”的成本损失，该项诉请的证据依据为联达动力公司提交的会计师事务所出具的“联达健康宝”项目专项情况报告，证明该项目研发阶段的人力成本支出总额为777798.27元。对此该院认为，会计师事务所出具的专项情况报告系由联达动力公司单方委托，其中载明的人力成本支出并不客观等同于“联达健康宝”项目的专项费用，不能准确反映联达动力公司为研发“联达健康宝”项目的实际损失，但联达动力公司确为研发“联达健康宝”项目投入了大量人力、物力、财力，且因郭慧轩违反董事忠实义务给该项目投入市场过程中造成了商业机会和商业利益上的损失，该院结合本案查明的事实及郭慧轩的义务违反程度对该部分损失数额予以酌定。

联达动力公司就本案诉讼支出的财产保全责任保险保费3000元应由郭慧轩承担；联达动力公司主张的公证费1520元未提交相关证据，该院不予支持。

鉴于联达动力公司起诉时，郭慧轩已超过公司章程规定的“董事对公司和股东承担的忠实义务截止到任期结束后两年”的期限，故该院对联达动力公司要求郭慧轩停止竞业禁止侵权行为的诉讼主张不予支持，但郭慧轩仍需遵守公司章程关于“对公司商业秘密的保密义务直到该秘密被公开方可解除，不以两年为限”的规定。

综上所述，该院依照《中华人民共和国公司法》第一百四十七条第一款、第一百四十八条第一款第（五）项、第二款、第一百四十九条，《中华人民共和国民事诉讼法》第六十四条之规定，判决如下：1. 郭慧轩于判决生效之日起10日内向联达动力公司支付自2015年7月至2017年5月从近颐公司取得的各类收入

155232.7 元，并向联达动力公司赔偿损失 30 万元，合计 455232.7 元；2. 郭慧轩于判决生效之日起 10 日内向联达动力公司支付本案财产保全责任保险保费 3000 元；3. 驳回联达动力公司的其他诉讼请求。

二审期间，郭慧轩向本院提交如下新证据材料：证据 1. 北京 1＊＊预约挂号平台启用的新闻网页，证明 2011 年北京 1＊＊网络预约挂号覆盖 40 余家医院。证据 2. 就医 160 挂号的搜狗百科网页，证明 2009 年就医 160 网已经实现网络预约挂号。证据 3. 12580 预约挂号的新闻网页，证明 2009 年市民可以通过 12580 实现网上预约挂号。上述证据 1—3 共同证明联达动力公司所谓的"联达健康宝"产品是商业秘密，但早在 2009 年以后，网络上就出现了类似产品。证据 4. "近医通"网络搜索页面，证明近医通网络预约挂号查询已经是成熟运营的产品。证据 5. "联达动力健康宝"网络搜索页面，证明网络预约挂号系统没有"联达健康宝"产品存在，该产品并未上线。

联达动力公司未向本院提交新证据。

二、上诉法院对案件的审理

经本院庭审质证，联达动力公司对郭慧轩提交证据的真实性均予以认可，证据 1—3 能够证明近颐公司所经营的业务与联达动力公司相同，均为医疗挂号领域，联达动力公司商业秘密是指在实现产品功能的具体技术路径、软件的开发过程，郭慧轩在任职联达动力公司期间也曾提出"联达健康宝"应当保密，说明"联达健康宝"是商业秘密。

本院经审查并结合当事人的质证意见后，对郭慧轩提交的证据的真实性均予以认定。

本院对一审查明的事实予以确认。

本院认为，董事、监事、高管人员的忠实义务，是指董事、监事、高管人员管理公司、经营业务、履行职责时，必须代表全体股东为公司最大利益努力工作，最大限度地保护公司的利益作为衡量自己执行职务的标准，当自身利益与公司利益发生冲突时，必须以公司利益为重，不得将自身利益或者与自己有利害关系的第三人的利益置于公司利益之上。董事的忠实义务要求董事不得损害公司的利益，其核心在于董事不得利用其董事身份获得个人利益，董事不得以牺牲公司利益作为代价而获得个人利益，不得为个人利益而将公司机会据为己有。董事、监事、高管人员的忠实义务的本质要求，应当在法律法规与公序良俗的范围内，忠诚于公司利益,以最大限度实现和保护公司利益作为衡量自己执行职务的标准,全心全意为公司利益服务。董事、高管人员在任职期间,无疑应当遵守忠实义务。董事、高管人员离任以后,由于其在公司任职期间而产生的权利及其影响并不会因其与公司之间法律关系的解除而自动终止,一旦被离任董事、高管人员不当使用,则可能损害公司的利益。《中华人民共和国合同法》第九十二条规定:"合同权利义务终止后,当事人应当遵循诚实信用原则,根据交易习惯履行通知、协助、保密等义务",根据该条规定,董事、高管人员与公司之间的法律关系终止后,离任董事、高管人员仍需承担合同法上的后契约义务,这种义务不是基于契约的约定而是基于合同法的强制性规定产生,因此并非合同义务,而是法定义务。因此,董事、高管人员离任后仍然对公司负有一定的忠实义务。本案中,郭慧轩于 2015 年 5 月 31 日辞去联达动力公司董事职务,与联达动力公司的法律关系终止,但其离任后仍然应当对联达动力公司负有一定的忠实义务,故郭慧轩上诉主张其在离任后,不应再受到董事竞业禁止的法律限制,与法相悖,本院不予支持。对于郭慧轩作为联达动力公司董事应否受到公司章程约束一节,本院认为,公司章程是公司的宪法,规定了公司的权力(利)架构与基本制度,是公司存在和活动的基本依据,是公司行为的根本准则,公司章程是公司的契约,以此约定股东、董事和公司的权利义务。公司章程是规范公司组织和活动的基本规则,公司内部包括股东、公司、管理机关和职工等多重利益主体,为了平衡各方利益,协商各方的行动,规范对内和对外的各种关系,必须制定一个规则,使公司正常运转,因此章程是公司的根本准则。因此,根据章程的法律性质,郭慧轩作为公司董事,应当受到公司章程的约束。

我国《公司法》第一百四十八条对董事、高管人员违反对公司忠实义务的情形进行了列举,其中第一款第五项规定:"未经股东会或股东大会同意,利用职务便利为自己或者他人谋取属于公司的商业机会,自营或者为他人经营与所任职公司同类的业务",即董事、高管人员不得篡夺公司的商业机会,不得同公司开展非法竞争。关于竞业禁止一节,本院认为,董事、高管人员的竞业禁止义务,是指不得自营或者为他人经营与所任职公司同类的经营业务。本案中,郭慧轩在任职联达动力公司董事期间,承担着"联达健康宝"项目的总领导、总指挥工作,"联达健康宝"产品作为联达动力公司开发的功能性产品,联达动力公司投入了大量人力物力,并完成了一定的研发和对接使用功能。郭慧轩于 2015 年 5 月 31 日离职联达动力公司后,于 2015 年 7 月 1 日即投资成立了近颐公司,自任法定代表人,从事"近医通"产品的研发并投入使用,对于"联达健康宝"和"近医通"产品的相似性一节，二者的操作界面和所提供服务的主要功能极为相似，亦都为患者提供医院线上挂号等服务，功能相似性较高，此亦有中国电子商务协会法律工作委员会出具的回复相佐证。郭慧轩上诉称 2015 年 1 月至 3 月期间，与“近医通”和“联达健康宝”类似的想法，已经在社交媒体上公开，类似产品众多，“联达健康宝”并非联达动力公司的商业秘密，“联达健康宝”也没有实际产品，对此本院认为，判断郭慧轩是否违反了竞业禁止义务，并不在于社会上其他方是否拥有类似产品，而是在于郭慧轩是否自营或者为他人经营了与联达动力公司同类的经营业务，本案中，在郭慧轩任职联达动力公司期间，“联达健康宝”产品已经进入研发、对接使用功能阶段，该产品与“近医通”的功能亦具有相似性，故一审法院认定郭慧轩违反了竞业禁止义务并无不当，本院对郭慧轩上述主张不予采信。关于篡夺公司商业机会一节，所谓商业机会，是指董事、高管人员在执行公司职务过程中获得的并有义务向公司披露的、与公司经营活动密切相关的各种商业信息和机会。本案中，拟与联达动力公司合作的客户山医大二院成为近颐公司的合作客户，联达动力公司的部分项目人员流转到近颐公司工作，综合上述，一审法院认定郭慧轩利用职务便利谋取了属于联达动力公司的商业机会并无不当。

本院认为，根据《公司法》第一百四十八条的规定，公司有权对董事、高管人员违反忠实义务的所得收入行使归入权。故郭慧轩违反对联达动力公司的忠实义务，结合联达动力公司章程的约定，郭慧轩在近颐公司两年任职期间所得工资收入应归联达动力公司所有。根据《公司法》第一百四十九条的规定，董事违反忠实义务给公司造成损失的，应当承担赔偿责任。本案中，联达动力公司确为“联达健康宝”的研发投入了人力、物力，一审法院综合考量本案具体情形，再结合会计师事务所出具的专项情况报告酌情判定郭慧轩赔偿联达动力公司损失 30 万元并无不当。

综上所述，郭慧轩的上诉理由不能成立，对其上诉请求本院不予支持。一审判决认定事实清楚，适用法律正确，处理结果并无不当，应予维持。依照《中华人民共和国民事诉讼法》第一百七十条第一款第一项规定，判决如下：

驳回上诉，维持原判。

二审案件受理费 8173 元，由郭慧轩负担。

本判决为终审判决。二〇一八年十二月六日。

第二节　当事人起诉、上诉、答辩与法院的判决逻辑图

一、一审当事人的起诉、答辩与法院的判决逻辑图

1. 联达动力公司起诉的逻辑图

2015年5月8日，联达动力公司召开第一次股东大会，选举郭慧轩担任公司董事之一 ⇒ 郭慧轩曾担任联达动力公司董事

2015年5月8日联达动力公司章程中规定，章程自生效之日起，对公司、股东、董事、监事、高级管理人员具有法律约束力。董事应当遵守法律、行政法规和本章程，对公司负有忠实义务 ⇒ 郭慧轩应当对联达动力公司负有忠实义务

郭慧轩在联达动力公司期间，负责联达动力健康宝的领导工作，项目实施目标包括完成与医院对接，实现号源管理、挂号、缴费、对账等功能，推动以山医大二院为主体的联合医联体健康信息移动化与数字化建设

2015年5月31日，联达动力公司召开股东大会，同意郭慧轩的辞职申请

2015年7月1日，近颐公司注册成立，投资人包括郭慧轩等，郭慧轩担任近颐公司的法定代表人、执行董事与经理职务。近颐公司的微信公众号近医通携手全国多家大型三甲医院联合推出的智慧医院医疗服务平台，将患者所有线下就医流程转移到互联网端，做到医疗对患者、对医院管理的智慧化升级

2017年6月28日，中国电子商务协会法律工作委员会出具说明："近医通"与"联达健康宝"均系为求医者提供医院线上挂号服务，二者功能相似性较高

（以上四项）→ 郭慧轩利用职务便利，为自己谋取联达动力公司的商业机会，自营与联达动力公司同类的业务

联达动力公司提交的工资证明显示郭慧轩在联达动力公司任职期间税后月收入为21568元 ⇒ 郭慧轩自2015年7月至2017年6月从近颐公司取得的各类收入人民币50万元

联达动力公司研发的"联达健康宝"项目研发阶段的人力成本支出情况进行审核，项目研发阶段人力成本支出总计777798.27元 ⇒ 郭慧轩的侵权行为给联达动力公司造成的经济损失50万元

（以上各项）⇒ 向一审法院起诉请求：1. 郭慧轩停止其违反董事忠实义务的侵权行为；2. 郭慧轩自2015年7月至2017年6月从近颐公司取得的各类收入人民币50万元归联达动力公司所有；3.郭慧轩赔偿其侵权行为给联达动力公司造成的经济损失50万元；4.郭慧轩承担本案保全费、公证费共计4520元；5.诉讼费用由郭慧轩承担

2. 郭慧轩答辩逻辑图

自2015年5月31日起，郭慧轩辞任董事

郭慧轩并非履行董事忠实义务的适格主体，不受董事忠实义务对在职董事的约束，联达动力公司引用《章程》及《公司法》相关条款不适用本案

联达动力公司的主要服务为“系统管理套装软件销售及基于协同管理技术的软件定制”，其用户主要是各级医疗卫生机构；近颐公司的主要服务为“通过移动互联网优化医疗资源配置”，其用户主要是患者

2015年5月31日之前，“健康宝”无实际产品亦不存在现实客户

郭慧轩并未从事同类业务，亦没有利用职务之便谋取联达动力公司的商业机会

《公司法》以及公司章程中董事违反忠实义务所得的收入，应当归公司所有；给公司造成损失的，应当承担赔偿责任；上述规定只适用于在职董事，而郭慧轩系离任董事

故《公司法》以及公司章程的规定对郭慧轩不适用

联达动力公司无证据证明在2015年7月至2017年6月，郭慧轩在近颐公司的月收入为2.083万元以及总收入50万元

联达动力公司对郭慧轩在近颐公司的的收入仅为猜测

联达动力公司无证据证明公司遭受了经济损失，以及遭受经济损失的金额为50万元

联达动力公司相关诉讼请求没有事实依据

请求法院驳回联达动力公司全部诉讼请求

3. 一审法院的判决逻辑图

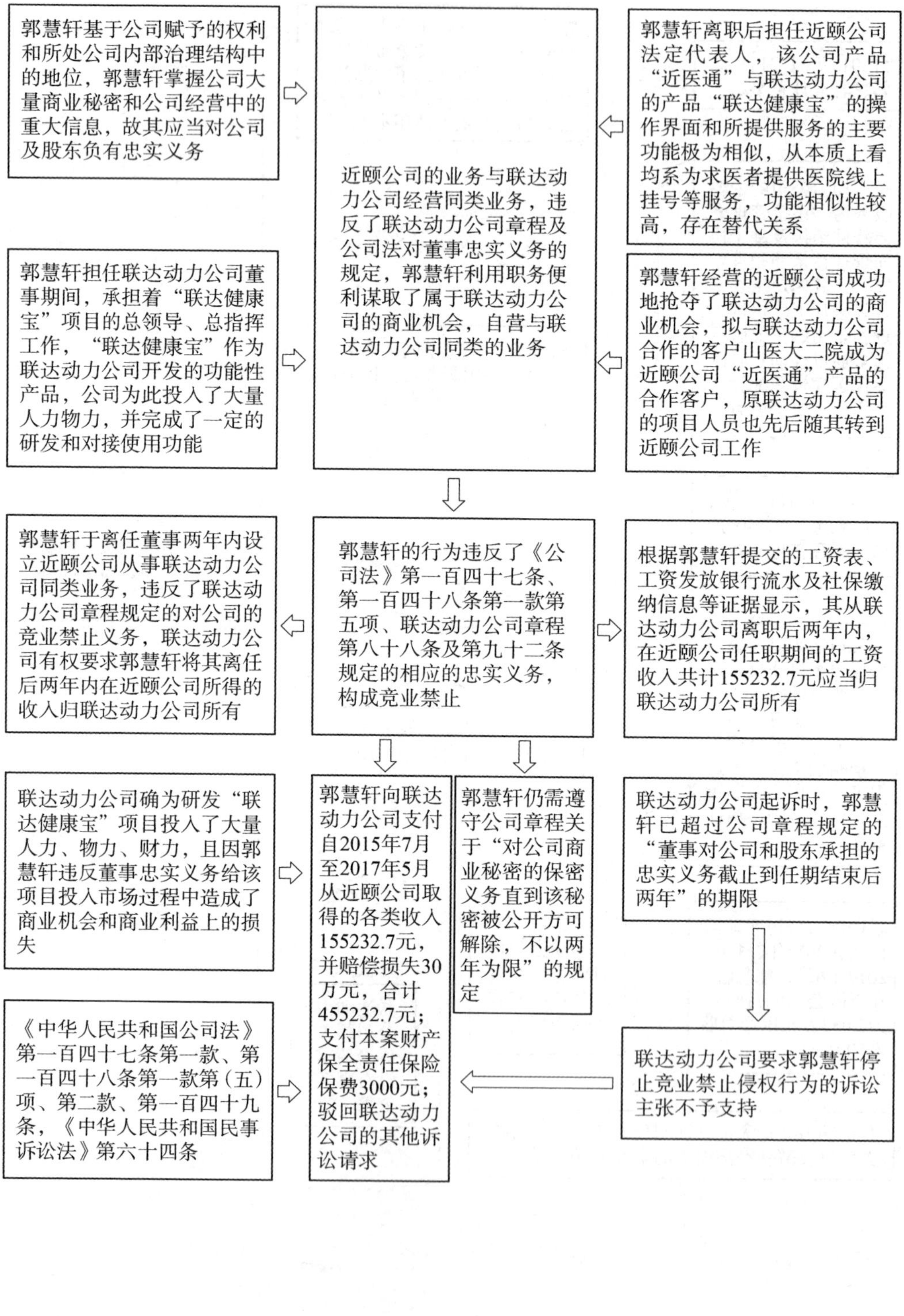

郭慧轩基于公司赋予的权利和所处公司内部治理结构中的地位，郭慧轩掌握公司大量商业秘密和公司经营中的重大信息，故其应当对公司及股东负有忠实义务

郭慧轩担任联达动力公司董事期间，承担着“联达健康宝”项目的总领导、总指挥工作，“联达健康宝”作为联达动力公司开发的功能性产品，公司为此投入了大量人力物力，并完成了一定的研发和对接使用功能

郭慧轩离职后担任近颐公司法定代表人，该公司产品“近医通”与联达动力公司的产品“联达健康宝”的操作界面和所提供服务的主要功能极为相似，从本质上看均系为求医者提供医院线上挂号等服务，功能相似性较高，存在替代关系

郭慧轩经营的近颐公司成功地抢夺了联达动力公司的商业机会，拟与联达动力公司合作的客户山医大二院成为近颐公司“近医通”产品的合作客户，原联达动力公司的项目人员也先后随其转到近颐公司工作

近颐公司的业务与联达动力公司经营同类业务，违反了联达动力公司章程及公司法对董事忠实义务的规定，郭慧轩利用职务便利谋取了属于联达动力公司的商业机会，自营与联达动力公司同类的业务

郭慧轩的行为违反了《公司法》第一百四十七条、第一百四十八条第一款第五项、联达动力公司章程第八十八条及第九十二条规定的相应的忠实义务，构成竞业禁止

郭慧轩于离任董事两年内设立近颐公司从事联达动力公司同类业务，违反了联达动力公司章程规定的对公司的竞业禁止义务，联达动力公司有权要求郭慧轩将其离任后两年内在近颐公司所得的收入归联达动力公司所有

根据郭慧轩提交的工资表、工资发放银行流水及社保缴纳信息等证据显示，其从联达动力公司离职后两年内，在近颐公司任职期间的工资收入共计155232.7元应当归联达动力公司所有

联达动力公司确为研发“联达健康宝”项目投入了大量人力、物力、财力，且因郭慧轩违反董事忠实义务给该项目投入市场过程中造成了商业机会和商业利益上的损失

《中华人民共和国公司法》第一百四十七条第一款、第一百四十八条第一款第（五）项、第二款、第一百四十九条，《中华人民共和国民事诉讼法》第六十四条

联达动力公司起诉时，郭慧轩已超过公司章程规定的“董事对公司和股东承担的忠实义务截止到任期结束后两年”的期限

联达动力公司要求郭慧轩停止竞业禁止侵权行为的诉讼主张不予支持

郭慧轩仍需遵守公司章程关于“对公司商业秘密的保密义务直到该秘密被公开方可解除，不以两年为限”的规定

郭慧轩向联达动力公司支付自2015年7月至2017年5月从近颐公司取得的各类收入155232.7元，并赔偿损失30万元，合计455232.7元；支付本案财产保全责任保险保费3000元；驳回联达动力公司的其他诉讼请求

二、二审当事人上诉、答辩与法院判决逻辑图

1. 郭慧轩上诉逻辑图

2015年1月至3月期间，与“近医通”和“联达健康宝”类似的想法，已在社交媒体上公开，并且社会上有类似产品

“联达健康宝”并非联达动力公司的商业秘密

截止2017年6月9日“联达健康宝”无实际产品，不存在实际客户，而“近医通”已经上线运行了一段时间

不能说明“近医通”是郭慧轩利用职务便利谋取了属于联达动力公司的商业机会

郭慧轩并未实施利用职务便利谋取属于联达动力公司的商业机会，自营与联达动力公司同类业务的行为

会计师事务所系由联达动力公司单方委托，其出具的“联达健康宝”项目专项情况报告，不能准确反映“联达健康宝”的实际损失

一审法院判决郭慧轩向联达动力公司赔偿损失30万元没有事实和法律依据

郭慧轩2015年5月31日离职

《公司法》第一百八十四条第（五）项规定，董事的竞业禁止的忠实义务是法定义务，仅限于董事执行公司职务过程中

郭慧轩不应再受到董事竞业禁止的法律限制

联达动力公司的章程中关于“董事辞职生效或者任期届满，其对公司和股东承担的忠实义务，在任期结束后并不当然解除，在任期结束后两年内仍然有效”的规定，与《公司法》第一百八十四条规定相矛盾，延长了法定竞业禁止的期限，在郭慧轩出具的《承诺书》中，没有离职后竞业禁止的约定

联达动力公司的章程中法定竞业禁止期限的延长对郭慧轩不具有约束力

联达动力公司章程未经股东大会通过联达动力公司章程内容无效，对郭慧轩不具有约束力

一审判决认定事实不清，适用法律错误

联达动力公司起诉不涉及违反保密义务或者侵犯商业秘密的内容

联达动力公司未按照侵犯商业秘密的构成要件提交相关证据材料

一审判决认为郭慧轩仍须遵守联达动力公司章程关于“对公司商业秘密的保密义务直到该秘密被公开方可解除，不以两年为限”的规定，没有事实依据

上诉请求：1.撤销一审判决，发回重审或改判驳回联达动力公司一审全部诉讼请求；2.本案一审、二审案件受理费、财产保全费由联达动力公司承担

2. 二审联达动力公司答辩逻辑图

郭慧轩作为联达动力公司高级管理人员，其所应受到的竞业禁止限制应当是来源于《公司法》对董事、监事等高管人员忠实义务的规定，并非劳动法对于员工竞业禁止限制约定 ⇨ 郭慧轩2015年5月31日离职后，仍应受到竞业禁止的限制

联达动力公司的公司章程经过股东大会及创立大会的通过，合法有效，并且一审已经出示了原件 ⇨ 郭慧轩应当遵守公司章程的约定

郭慧轩离职以后立即成立近颐公司，经营与联达动力公司同类业务 ⇨ 郭慧轩违反了其作为董事的忠实义务

中国电子商务协会是否具有司法鉴定资质不影响该证据的有效性 ⇨ 中国电子商务协会回复的说明有效

郭慧轩在联达动力公司工作期间，负责联达动力健康宝实施方案的领导工作，项目实施目标包括完成与医院对接，实现号源管理、挂号、缴费、对账等功能，其中包括无偿为山医大二院部署并推进实施“健康宝”项目一期功能模块与上线，推动以山医大二院为主体的联合医联体健康信息移动化与数字化建设

近医通是近颐公司携手全国多家大型三甲医院联合推出的智慧医院医疗服务平台，旨在通过运用移动互联网手段，将患者所有线下就医流程转移到互联网端做到医疗对患者、对医院管理的智慧化升级

“联达健康宝”已于2015年5月以后上线

（以上三项）⇨ 郭慧轩自营或经营与联达动力公司同类业务的事实无可辩驳

（以上各项结论）⇨ 郭慧轩违背了对联达动力公司的忠实义务，未经股东大会同意，利用职务便利，为自己谋取公司的商业机会，自营与联达动力公司同类的业务 ⇨ 一审法院认定事实清楚，适用法律正确

二、二审法院的判决逻辑图

郭慧轩于2015年5月31日辞去联达动力公司董事职务

《合同法》九十二条

郭慧轩仍然对联达动力公司负有忠实义务

公司章程是公司的宪法，规定了公司的权力架构与基本制度，是公司存在和活动的基本依据，是公司行为的根本准则，公司章程是公司的契约，以此约定股东、董事和公司的权利义务

郭慧轩作为公司董事，应当受到公司章程的约束

郭慧轩在任职联达动力公司董事期间，承担着“联达健康宝”项目的总领导、总指挥工作

郭慧轩于2015年5月31日离职联达动力公司后，于2015年7月1日即投资成立了近颐公司，自任法定代表人，从事“近医通”产品的研发并投入使用

“联达健康宝”和“近医通”的操作界面和所提供服务的主要功能极为相似，亦有中国电子商务协会法律工作委员会出具的回复相佐证

在郭慧轩任职联达动力公司期间，“联达健康宝”产品已经进入研发、对接使用功能阶段

“联达健康宝”和“近医通”产品具有相似性

拟与联达动力公司合作的客户山医大二院成为近颐公司的合作客户，联达动力公司的部分项目人员流转到近颐公司工作

郭慧轩篡夺了联达动力公司商业机会

《公司法》一百四十八条

郭慧轩未经股东大会同意，利用职务便利，为自己谋取公司的商业机会，自营与联达动力公司同类的业务

《民事诉讼法》一百七十条

判决如下：驳回上诉，维持原判；二审案件受理费8173元，由郭慧轩负担

郭慧轩违反对联达动力公司的忠实义务，结合联达动力公司章程约定

《公司法》一百四十八条

郭慧轩在近颐公司两年任职期间所得收入归联达动力公司所有

联达动力公司确为“联达健康宝”的研发投入了人力、物力，郭慧轩违反忠实义务给公司造成损失

结合会计师事务所出具的专项情况报告

《公司法》一百四十九条

判定郭慧轩赔偿联达动力公司损失30万元并无不当

第三节 对法院判决的评析

本案中，二审法院认为董事、监事、高管人员的忠实义务，是指董事、监事、高管人员管理公司、经营业务、履行职责时，必须代表全体股东为公司最大利益努力工作，最大限度地保护公司的利益作为衡量自己执行职务的标准，当自身利益与公司利益发生冲突时，必须以公司利益为重，不得将自身利益或者与自己有利害关系的第三人的利益置于公司利益之上。董事的忠实义务要求董事不得损害公司的利益，其核心在于董事不得利用其董事身份获得个人利益，董事不得以牺牲公司利益作为代价而获得个人利益，不得为个人利益而将公司机会据为己有。董事、监事、高管人员的忠实义务的本质要求，应当在法律法规与公序良俗的范围内，忠诚于公司利益，以最大限度实现和保护公司利益作为衡量自己执行职务的标准，全心全意为公司利益服务。董事、高管人员在任职期间，无疑应当遵守忠实义务。董事、高管人员离任以后，由于其在公司任职期间而产生的权利及其影响并不会因其与公司之间法律关系的解除而自动终止，一旦被离任董事、高管人员不当使用，则可能损害公司的利益。《中华人民共和国合同法》第九十二条规定："合同权利义务终止后，当事人应当遵循诚实信用原则，根据交易习惯履行通知、协助、保密等义务"，根据该条规定，董事、高管人员与公司之间的法律关系终止后，离任董事、高管人员仍需承担合同法上的后契约义务，这种义务不是基于契约的约定而是基于合同法的强制性规定产生，因此并非合同义务，而是法定义务。

因此，董事、高管人员离任后仍然对公司负有一定的忠实义务。本案中，郭慧轩于2015年5月31日辞去联达动力公司董事职务，与联达动力公司的法律关系终止，根据该公司章程第九十二条规定，郭慧轩对联达动力公司和股东承担的忠实义务在其董事任期结束后两年内仍然有效；其对公司商业秘密的保密义务直到该秘密被公开方可解除，不以两年为限。故郭慧轩离职后两年内的竞业禁止义务已在公司章程中确定，在其离职后两年内仍负有对联达动力公司的忠实义务，且对联达动力公司的商业秘密的保密义务直至秘密公开方可解除。

联达公司的《公司章程》九十二条的规定并没有违反《公司法》《劳动法》等关于劳动者权利与自由的强制性法律规范，目前国内地方性法规或地方章程为保护公司的商业秘密，规定公司高级职工离职后二到三年内不得从事与原公司相同或相类似的工作。我国《中央企业商业秘密保护暂行规定》(国资发〔2010〕41号)第十四条规定中央企业自行设定商业秘密的保密期限,可以预见时限的以年、月、日计,不可以预见时限的应当定为"长期"或者"公布前"。我国《劳动合同法》第二十四条规定"竞业限制的人员限于用人单位的高级管理人员、高级技术人员和其他负有保密义务的人员。竞业限制的范围、地域、期限由用人单位与劳动者约定,竞业限制的约定不得违反法律、法规的规定。在解除或者终止劳动合同后,前款规定的人员到与本单位生产或者经营同类产品、从事同类业务的有竞争关系的其他用人单位,或者自己开业生产或者经营同类产品、从事同类业务的竞业限制期限,不得超过二年。"

所以《公司章程》第九十二条的规定没有违反国家法律与法规。

案情中尽管没有披露郭慧轩与联达动力签订有《劳动合同》,但是其与联达动力公司存在真实的劳动关系,其既然是公司董事并且出具了《承诺书》,承诺自己愿意遵守《公司章程》,自然要遵守公司章程的全部条款。根据联达动力《公司章程》第九十二条,郭慧轩对联达动力公司和股东承担的忠实义务在其董事任期结束后两年内仍然有效;其对公司商业秘密的保密义务直到该秘密被公开方可解除,不以两年为限。郭慧轩离职后两年内的竞业禁止义务已在公司章程中确定,在其离职后两年内仍负有对联达动力公司的忠实义务,且对联达动力公司的商业秘密的保密义务直至秘密公开方可解除。

即使郭慧轩与联达动力公司并未另行签订竞业禁止协议,但联达动力公司2015年5月8日的公司章程即可作为郭慧轩在离职后两年内应承担竞业禁止义务的依据。其离任后仍然应当对联达动力公司负有一定的忠实义务,故郭慧轩上诉主张其在离任后,不应再受到董事竞业禁止的法律限制,与法律及公司章程相悖。对于郭慧轩作为联达动力公司董事应否受到公司章程约束,二审法院认为,公司章程是公司的宪法,规定了公司的权力(利)架构与基本制度,是公司存在和活动的基本依据,是公司行为的根本准则,公司章程是公司的契约,以此约定股东、董事和公司的权利义务。公司章程是规范公司组织和活动的基本规则,公司内部包括股东、公司、管理机关和职工等多重利益主体,为了平衡各方利益,协商各方的行动,规范对内和对外的各种关系,必须制定一个规则,使公司正常运转,因此章程是公司的根本准则。根据章程的法律性质,郭慧轩作为公司董事,应当受到公司章程的约束。

我国《公司法》第一百四十八条对董事、高管人员违反对公司忠实义务的情形进行了列举,其中第一款第五项规定:"未经股东会或股东大会同意,利用职务便利为自己或者他人谋取属于公司的商业机会,自营或者为他人经营与所任职公司同类的业务”,即董事、高管人员不得篡夺公司的商业机会,不得同公司开展非法竞争。关于竞业禁止,二审法院认为,董事、高管人员的竞业禁止义务,是指不得自营或者为他人经营与所任职公司同类的经营业务。本案中,郭慧轩在任职联达动力公司董事期间,承担着“联达健康宝”项目的总领导、总指挥工作,“联达健康宝”产品作为联达动力公司开发的功能性产品,联达动力公司投入了大量人力物力,并完成了一定的研发和对接使用功能。郭慧轩于 2015 年 5 月 31 日离职联达动力公司后,于 2015 年 7 月 1 日即投资成立了近颐公司,自任法定代表人,从事“近医通”产品的研发并投入使用,对于“联达健康宝”和“近医通”产品的相似性一节,二者的操作界面和所提供服务的主要功能极为相似,亦都为患者提供医院线上挂号等服务,功能相似性较高,此亦有中国电子商务协会法律工作委员会出具的回复相佐证。本案中,在郭慧轩任职联达动力公司期间,“联达健康宝”产品已经进入研发、对接使用功能阶段,该产品与“近医通”的功能亦具有相似性,故郭慧轩违反了竞业禁止义务。关于篡夺公司商业机会,所谓商业机会,是指董事、高管人员在执行公司职务过程中获得的并有义务向公司披露的、与公司经营活动密切相关的各种商业信息和机会。本案中,拟与联达动力公司合作的客户山医大二院成为近颐公司的合作客户,联达动力公司的部分项目人员流转到近颐公司工作,表明郭慧轩成功地利用原联达动力公司董事职务的便利,谋取了属于联达动力公司的商业机会。

二审法院认为,根据《公司法》第一百四十八条的规定,公司有权对董事、高管人员违反忠实义务的所得收入行使归入权。故郭慧轩违反对联达动力公司的忠实义务,结合联达动力公司章程的约定,郭慧轩在近颐公司两年任职期间所得工资收入应归联达动力公司所有。根据《公司法》第一百四十九条的规定,董事违反忠实义务给公司造成损失的,应当承担赔偿责任。本案中,联达动力公司确为“联达健康宝”的研发投入了人力、物力,法院综合考量本案具体情形,再结合会计师事务所出具的专项情况报告酌情判定郭慧轩赔偿联达动力公司损失 30 万元。

二审法院判决“郭慧轩的上诉理由不能成立,对其上诉请求不予支持。一审判决认定事实清楚,适用法律正确,处理结果并无不当,应予维持”。这一判决既体现了程序公正,又体现了实体公正。保证了司法活动的合法性和司法结果的正确性。该判决事实清楚,证据确凿,定性准确;处理适当,宽严适度,合法合情合理。所以二审法院的判决十分妥当。

思考题

1. 竞业禁止的构成要件是什么？

2. 违反竞业禁止的规定需要承担什么责任？

3. 商业秘密保护与竞业禁止两者的关系是什么，采取何种方式保护商业秘密更有利？

第十一章　股东诉公司法定代表人案析派生诉权的行使

第一节　案情事实与法院的审理

一、案情事实

龚进、詹永胜等与韩忠与公司有关的纠纷一审民事裁定书①

湖北省武汉市中级人民法院民事裁定书(2015)鄂武汉中民商初字第00361号

原告：龚进。

委托代理人：魏以军、潘忠华，湖北维思德律师事务所律师。

原告：詹永胜。

委托代理人：魏以军、潘忠华，湖北维思德律师事务所律师。

被告：韩忠。

委托代理人：李斌，湖北得伟君尚律师事务所律师。

第三人：武汉市硚口利济商场有限责任公司，住所地：武汉市硚口区中山大道352号。

法定代表人：韩忠，该公司总经理。

委托代理人：张晨，该公司员工。

委托代理人：杨亚，湖北得伟君尚律师事务所律师。

原告龚进、詹永胜与被告韩忠及第三人武汉市硚口利济商场有限责任公

---

① 参见中国裁判文书网 http://wenshu.court.gov.cn。

司(以下简称利济商场)与公司有关的纠纷一案,本院于2015年3月5日受理后,依法组成合议庭公开开庭进行了审理。原告龚进、詹永胜及其委托代理人潘忠华,被告韩忠的委托代理人李斌,第三人利济商场的委托代理人张晨均到庭参加诉讼。审理中,本院依法扣除公告送达期间的审限。本案现已审理终结。

原告龚进、詹永胜诉称:利济商场成立于2000年,企业性质为集体所有。2009年,利济商场进行了企业改制,企业性质为有限责任公司。两原告、韩忠系利济商场的股东,其中龚进占股15%、詹永胜占股15.7%,韩忠占股69%,韩忠任公司董事长兼公司法定代表人。

2010年12月至2014年12月期间,韩忠作为利济商场的控股股东、法定代表人、实际控制人,违反有关法律法规和公司章程的有关规定,采取欺诈、转移公司资产等手段,给公司造成严重损失,将公司拖入无法持续经营的深渊。韩忠的违法行为具体包括:1.2010年12月至2014年12月间,将利济商场1—13楼全部物业租金收入占为己有,其中侵占武汉俭朴菜有限公司(以下简称俭朴菜公司)和武汉经纬如家酒店管理有限公司(以下简称如家酒店)两家公司租金高达544万元。2.2013年8月12日,未经公司股东同意的情况下,擅自以利济商场名义向武汉市长江食品厂(以下简称长江食品厂)借款,私自将借款挪作自用。2014年4月,长江食品厂将利济商场起诉到武汉市硚口区人民法院。2014年7月,武汉市硚口区人民法院(2014)鄂硚口民二初字第00174号民事判决,判令利济商场偿还借款本金150万元及利息6万元,并承担诉讼费。3.2012年7月,未经股东同意的情况下,擅自以利济商场名义为王军借款提供担保,担保金额高达1350万元;由于王军未及时还款,债权人武汉鲁园建设集团有限公司(以下简称鲁园公司)将利济商场起诉到法院;2013年11月18日,本院(2013)鄂武汉中民商初字第00353号民事调解书,调解利济商场在981万元范围内对王军的债务承担连带清偿责任;由于债务人王军未能在规定期限内履行调解协议,鲁园公司依法申请对(2013)鄂武汉中民商初字第00353号民事调解书进行强制执行,查封了利济商场位于硚口区利济南路的房产,拟对查封房产采取强制执行措施。

综上,韩忠的上述侵权行为给利济商场造成重大损失,根据《公司法》第149条之规定,韩忠应对上述侵权行为向利济商场承担赔偿责任。为此,两原告特向法院提起诉讼,请求判令:1.被告韩忠向第三人利济商场返还700万元,包括侵占的租金544万元(其中:俭朴菜公司的租赁费为340万元,从2010年3月28

日起至2015年3月28日止，按每年68万元计；如家酒店的租赁费为204万元，从2011年8月10日至2014年8月10日止，按每年68万元计）、借款156万元（即偿还长江食品厂的借款本金150万元、利息6万元）；2. 被告韩忠向第三人利济商场赔偿981万元；3. 被告韩忠向第三人利济商场移交公司账目（2010年至2015年间公司所有的财务账目），供原告龚进、詹永胜查阅；4. 被告韩忠承担本案案件受理费、保全费。

被告韩忠辩称：1. 原告的起诉系股东派生诉讼，必须经过法定前置程序。原告以自己的名义直接提起诉讼违反法定前置程序，为违法起诉，法院应当依法驳回原告的起诉。2. 原告第一项诉讼请求不属于人民法院的受案范围，亦没有事实依据及证据支持，原告该项起诉属滥用诉权，法院应当依法驳回原告的起诉。原告龚进侵占公司财产、损害公司利益的事实清楚、证据确凿。3. 原告第二项诉讼请求中的损失并未实际发生，该项诉讼请求不成立，法院应予驳回。4. 原告第三项诉讼请求违反法律规定，起诉对象错误，请求程序违法，请求事项不成立，法院应予驳回。

综上，原告的起诉违反法律规定，具体诉讼请求没有事实及法律依据，请求法院依法判决驳回原告的起诉。

第三人利济商场口头辩称：原告诉求与事实不符，可能会影响后期公司的经营，请求法院驳回原告的诉请。

经审查，利济商场于2000年11月3日成立，企业类型为有限责任公司，法定代表人韩忠，股东由詹永胜占15.67%、韩忠占69%、龚进占15%、童杨健占0.33%构成；周德义任公司监事会主席、李桂华任公司监事、龚进任公司董事长/总经理、詹永胜任公司董事、童杨健任公司董事、刘凤兰任公司监事。

2015年1月24日，利济商场向股东詹永胜发出《通知》，主要载明：因公司土地证过期及职工维稳问题，需向银行贷款解决上述问题，根据我国《公司法》和公司章程的有关规定及本公司的实际情况，特召开2015年第一次股东会，并通知会议时间为2015年2月16日，会议地点在利济商场15楼，会议议题为武汉城发建设工程有限公司向工行水果湖支行申请办理贷款4000万元，以硚口区利济南路D栋5－15层房地产作为抵押，抵押期限至2017年1月4日。请詹永胜根据本通知准时出席会议，本人确不能参加的，可委托他人参加会议；本人不出席，也不委托他人或委派代表参加会议的，视为放弃参加会议的一切权利。审理中，两原告自认于收到上述2015年1月24日《通知》后，发现韩忠对公司有侵权行为，遂向公司监事会主席提出书面请求。

2014年10月10日，股东龚进向利济商场监事会出具的《通知》一份，该通知主要载明：龚进以股东的身份，向公司监事会请求就公司控股股东兼法定代表人韩忠侵害公司行为提起诉讼，希望监事会给予明确决议并答复。对此，周德义于2015年3月23日签收，并签署“本人股权已于2010年10月31日转给韩忠，现在是否监事资格尚在待查”。

二、法院的审理

本院认为，根据原告龚进、詹永胜的诉讼请求内容分析，本案系股东派生诉讼。原告龚进、詹永胜向本院递交起诉材料、预缴案件受理费的时间系2015年3月2日前，本院于2015年3月5日予以立案。依据我国《公司法》第一百五十一条第一款：“董事、高级管理人员有本法第一百四十九条规定的情形的，有限责任公司的股东、股份有限公司连续一百八十日以上单独或者合计持有公司百分之一以上股份的股东，可以书面请求监事会或者不设监事会的有限责任公司的监事向人民法院提起诉讼；监事有本法第一百四十九条规定的情况的，前述股东可以书面请求董事会或者不设董事会的有限责任公司的执行董事向人民法院提起诉讼”，以及第二款：“监事会、不设监事会的有限责任公司的监事，或者董事会、执行董事收到前款规定的股东书面请求后拒绝提起诉讼，或者自收到请求之日起三十日内未提起诉讼，或者情况紧急、不立即提起诉讼将会使公司利益受到难以弥补的损害的，前款规定的股东有权为了公司的利益以自己的名义直接向人民法院提起诉讼”的规定，即当公司董事会或执行董事、监事会或监事未提起损害赔偿诉讼时，可由符合一定持股条件的股东以自己的名义，直接向人民法院提起诉讼。

本案中，利济商场的企业性质系有限责任公司，韩忠系该公司的法定代表人兼股东，并持有股权69%。原告龚进书面请求监事会向法院提起诉讼，而监事会主席周德义于2015年3月23日签收时，仅表示其股权已转让、监事资格待查，并没有直接表示拒绝提起诉讼。审理中，原告龚进、詹永胜并无充分证据证明情况紧急、不立即提起诉讼将会使公司利益受到难以弥补的损害。遂，原告龚进、詹永胜应自监事会收到请求之日起30日内未提起诉讼时，才有权为了公司的利益以自己的名义直接向法院提起诉讼，即2015年4月22日之后可依法提起诉讼。故，两原告的起诉违反了股东派生诉讼的法定前置程序。

同时,依据我国《公司法》第三十三条:“股东有权查阅、复制公司章程、股东会会议记录、董事会会议决议、监事会会议决议和财务会计报告。股东可以要求查阅公司会计账簿。股东要求查阅公司会计账簿的,应当向公司提出书面请求,说明目的。公司有合理根据认为股东查阅会计账簿有不正当目的,可能损害公司合法利益的,可以拒绝提供查阅,并应当自股东提出书面请求之日起十五日内书面答复股东并说明理由。公司拒绝提供查阅的,股东可以请求人民法院要求公司提供查阅”的规定,针对两原告的起诉包含了要求查阅公司账簿的诉请,本院认为股东请求查阅公司账簿而提起的诉讼,应将公司列为被告地位,而并非第三人,且两原告无证据证明提起诉讼之前被公司拒绝提供查阅。综上所述,依照《中华人民共和国公司法》第三十三条、第一百五十一条,《中华人民共和国民事诉讼法》第一百五十四条第一款第三项,裁定如下:

驳回原告龚进、詹永胜的起诉。

如不服本裁定,可在裁定书送达之日起十日内,向本院递交上诉状,并按对方当事人的人数提出副本,上诉于湖北省高级人民法院。上诉人应在提交上诉状时,根据不服本判决的上诉请求数额及《诉讼费用交纳办法》第十三条的规定预交上诉案件受理费,款汇至湖北省高级人民法院,开户银行:中国农业银行武汉市东湖支行,户名:湖北省财政厅非税收入财政专户,账号:052101040000369－1。上诉人在上诉期满后七日内仍未预交诉讼费用的,按自动撤回上诉处理。本案二〇一六年三月十日审结。

第二节　当事人起诉与答辩及法院的判决逻辑图

一、原告龚进、詹永胜的起诉逻辑图

(图见下页)

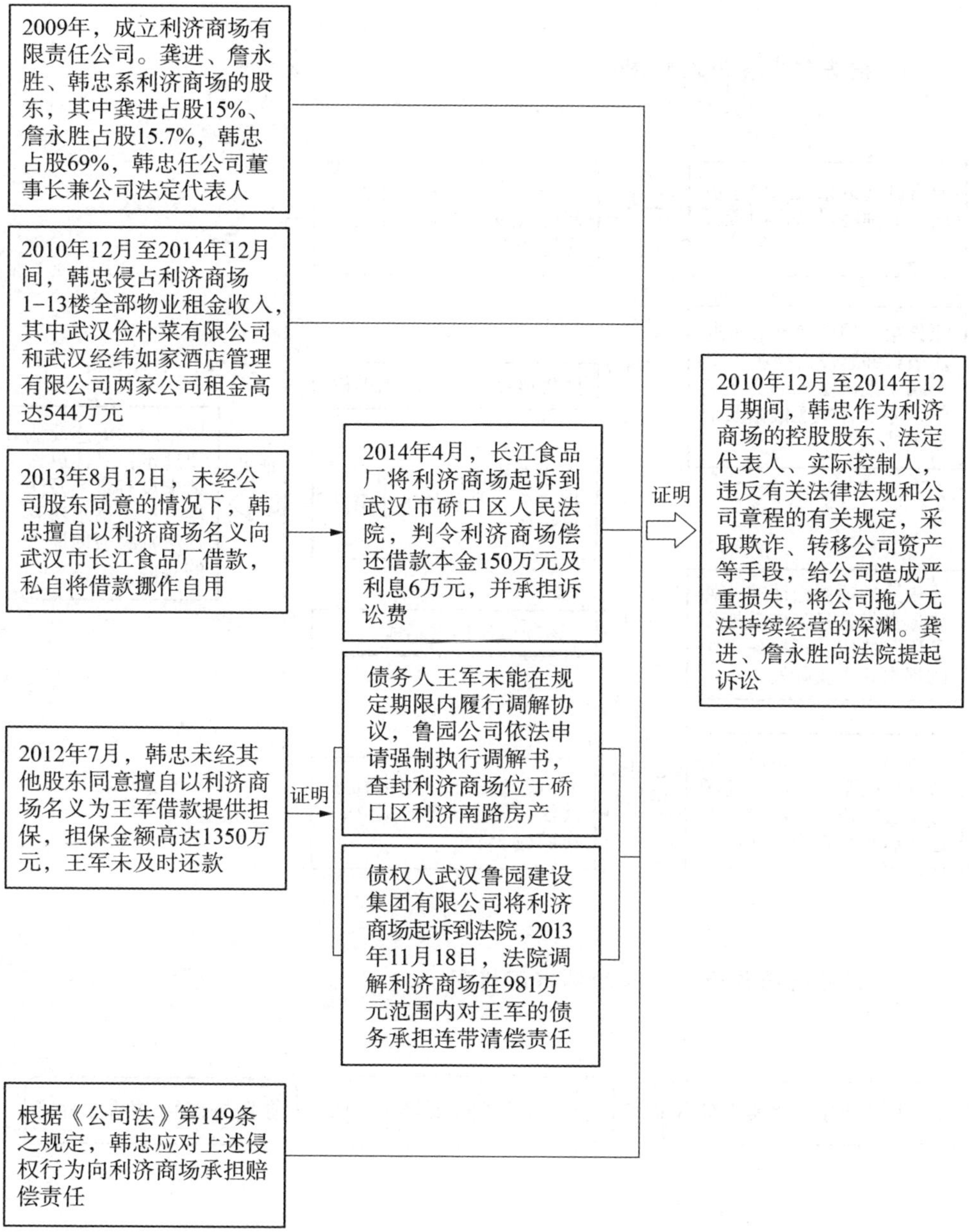

2009年，成立利济商场有限责任公司。龚进、詹永胜、韩忠系利济商场的股东，其中龚进占股15%、詹永胜占股15.7%，韩忠占股69%，韩忠任公司董事长兼公司法定代表人

2010年12月至2014年12月间，韩忠侵占利济商场1-13楼全部物业租金收入，其中武汉俭朴莱有限公司和武汉经纬如家酒店管理有限公司两家公司租金高达544万元

2013年8月12日，未经公司股东同意的情况下，韩忠擅自以利济商场名义向武汉市长江食品厂借款，私自将借款挪作自用

2014年4月，长江食品厂将利济商场起诉到武汉市硚口区人民法院，判令利济商场偿还借款本金150万元及利息6万元，并承担诉讼费

2012年7月，韩忠未经其他股东同意擅自以利济商场名义为王军借款提供担保，担保金额高达1350万元，王军未及时还款

证明

债务人王军未能在规定期限内履行调解协议，鲁园公司依法申请强制执行调解书，查封利济商场位于硚口区利济南路房产

债权人武汉鲁园建设集团有限公司将利济商场起诉到法院，2013年11月18日，法院调解利济商场在981万元范围内对王军的债务承担连带清偿责任

根据《公司法》第149条之规定，韩忠应对上述侵权行为向利济商场承担赔偿责任

证明

2010年12月至2014年12月期间，韩忠作为利济商场的控股股东、法定代表人、实际控制人，违反有关法律法规和公司章程的有关规定，采取欺诈、转移公司资产等手段，给公司造成严重损失，将公司拖入无法持续经营的深渊。龚进、詹永胜向法院提起诉讼

二、当事人的答辩逻辑图

1. 被告韩忠答辩逻辑图

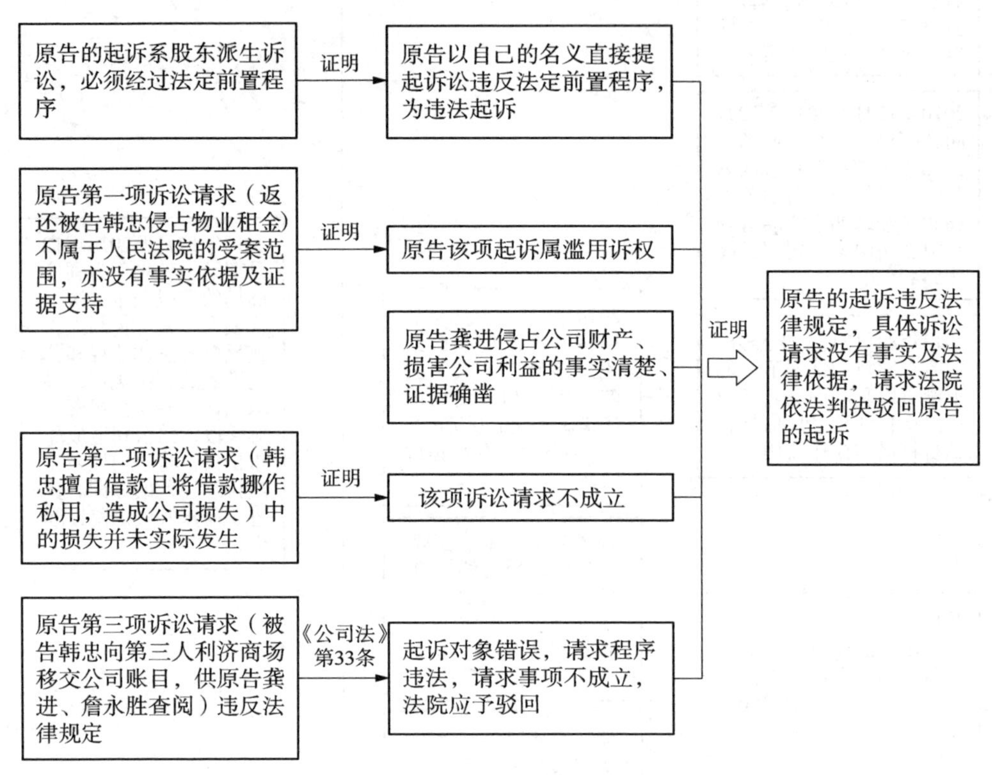

2. 利济商场作为第三人的答辩逻辑图

三、法院的判决逻辑图

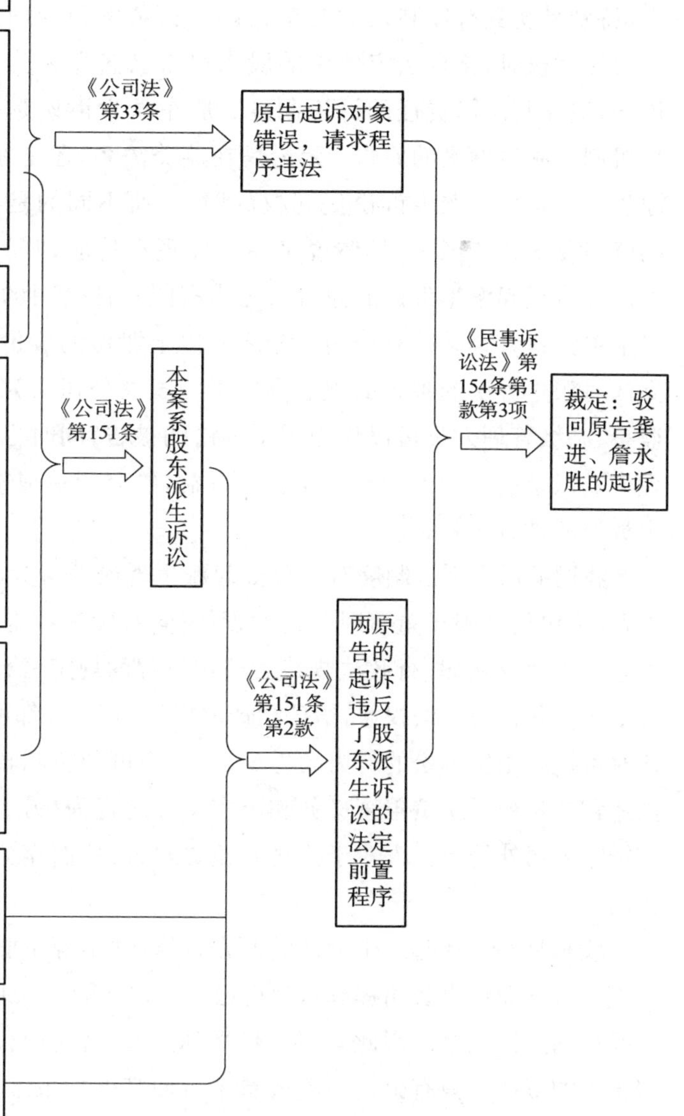
原告无证据证明提起诉讼之前被公司拒绝提供查阅
2009年，成立利济商场有限责任公司。龚进、詹永胜、韩忠系利济商场的股东，其中龚进占股15%、詹永胜占股15.7%，韩忠占股69%，韩忠任公司董事长兼公司法定代表人
原告为龚进、詹永胜，被告为韩忠
原告诉称：2010年12月至2014年12月期间，韩忠作为利济商场的控股股东、法定代表人、实际控制人，违反有关法律法规和公司章程的有关规定，采取欺诈、转移公司资产等手段，给公司造成严重损失，使得公司无法持续经营
原告龚进书面请求监事会向法院提起诉讼，而监事会主席周德义于2015年3月23日签收时，仅表示其股权已转让、监事资格待查，并没有直接表示拒绝提起诉讼
原告龚进、詹永胜并无充分证据证明情况紧急、不立即提起诉讼将会使公司利益受到难以弥补的损害
原告龚进、詹永胜向本院递交起诉材料、预缴案件受理费的时间系2015年3月2日前，本院于2015年3月5日予以立案
《公司法》第33条
原告起诉对象错误，请求程序违法
《公司法》第151条
本案系股东派生诉讼
《公司法》第151条第2款
两原告的起诉违反了股东派生诉讼的法定前置程序
《民事诉讼法》第154条第1款第3项
裁定：驳回原告龚进、詹永胜的起诉

第三节　对法院的判决进行评析

本案为股东派生诉讼。股东派生诉讼是指当公司的合法权益受到他人侵害，特别是受到有控制权的股东、母公司、董事和管理人员等的侵害而公司怠于行使诉权时，符合法定条件的股东以自己名义为公司的利益对侵害人提起诉讼，追究其法律责任的诉讼制度。股东派生诉讼是一种独特的事后救济责任机制。派生诉讼的原告：无论是在英美法系，还是在大陆法系，派生诉讼的原告大都是享有派生诉讼提起权的股东，所不同的是各国公司法对原告股东的资格要求宽严不一，具体说来主要体现在持股期间和持股数量上。中国公司法也将提起派生诉讼的原告限定为有限责任公司的股东及连续一百八十日以上单独或者合计持有公司百分之一以上股份的股份有限公司的股东。中国立法对派生诉讼的被告的规定类似于美国，《公司法》第 151 条不仅规定董事、监事、高级管理人员可以作为派生诉讼的被告；同时也规定董事、监事、高级管理人员以外的其他人侵犯公司合法权益，给公司造成损失的，同样也能作为派生诉讼的被告。

我国的派生诉讼制度对于可提起派生诉讼的行为的界定，同美国模式基本一致，不仅仅局限于董事对公司的责任；同时股东对监事、高级管理人员执行公司职务时违反法律、行政法规或者公司章程的规定，给公司造成损失的行为，以及他人侵犯公司合法权益，给公司造成损失的行为，都可依法提起诉讼。中国法律对可提起派生诉讼的行为的界定，一方面可预防和救济公司治理机构组成人员违背其对公司所负善管义务和忠实义务之行为；另一方面也可以有效地阻吓和铲除公司外的第三人对于公司利益之侵害，从而充分发挥了派生诉讼制度的作用。

股东具备了提起派生诉讼的原告资格，并不等于股东在公司遭受不当行为侵害时可立即代表公司提起派生诉讼。公司法的一条基本理念是公司具有独立于股东的法律人格。因此公司一旦受到损害，就应由公司决定是否及如何追究侵害人的责任。只有公司拒绝或怠于行使其诉权来维护自己的利益时，才允许股东提起派生诉讼，即原告股东在起诉前，必须首先请求公司机关采取措施，否则不得提起派生诉讼。原告股东请求公司机关采取措施的行为就是股东派生诉讼的前置程序。股东派生诉讼是一种代位诉讼，是作为原有公司内部监督制度失灵的补充救济设计而存在，因此其适用的前提是公司内部救济手段的用尽。中国新修订的公司法亦对股东的派生诉讼附加了一定的前置条件。依据我国新修订的公司法的规定，当董事、高级管理人员执行公司职务时违反法律、行政法规或者公司章程的规定，给公司造成损失时，或他人侵犯公司合法权益，给公司造成损失时，具备了提起派生诉讼的原告资格的股东，可以书面请求监事会或者不设监事会的有限责任公司的监事向人民法院提起诉讼(监事有执行公司职务时违反法律、行政法规或者公司章程的规定，给公司造成损失情形的，前述股东可以书面请求董事会或者不设董事会的有限责任公司的执行董事向人民法院提起诉讼)。监事会、不设监事会的有限责任公司的监事，或者董事会、执行董事收到前款规定的股东书面请求后拒绝提起诉讼，或者自收到请求之日起三十日内未提起诉讼，或者情况紧急、不立即提起诉讼将会使公司利益受到难以弥补的损害的，前款规定的股东有权为了公司的利益以自己的名义直接向人民法院提起诉讼。司法实践中，普遍认为在以下情况下原告股东可以不必经过前置程序直接提起派生诉讼：(1)因等待法定期限将给公司造成不可弥补的损失；(2)董事、监事及高级管理人员全部或过半数均为加害人；(3)董事、监事及高级管理人员等在所诉过错行为人的控制之下；(4)董事、监事及高级管理人员等否认所诉过错行为的发生；(5)董事、监事及高级管理人员等已批准过错行为并已实施；(6)其他情况紧急，不需经过前置程序的情形。股东派生诉讼制度对于维护公司的整体利益，从而最终保障股东，尤其是小股东的权益，具有极其重要的作用。派生诉讼制度为股东提供了一种有效的救济方式，使得广大股东尤其是小股东乐于为了公司及股东整体利益，而不是单单为个人利益，对公司的经营管理进行监督，从而能防止公司管理者滥用经营管理权来侵害公司和股东利益。股东代表诉讼产生以来在各国的实践证明，该制度对维护公司利益和股东的权利，加强对公司董事等高级管理人员经营活动的监督，保证公司的健康运作是有着积极意义的。

利济商场于2000年11月3日成立，企业类型为有限责任公司，法定代表人韩忠，股东由詹永胜占15.67％、韩忠占69％、龚进占15％、童杨健占0.33％构成；周德义任公司监事会主席、李桂华任公司监事、龚进任公司董事长及总经理、詹永胜任公司董事、童杨健任公司董事、刘凤兰任公司监事。依据我国《公司法》第一百五十一条第一款："董事、高级管理人员有本法第一百四十九条规定的情形的，有限责任公司的股东、股份有限公司连续一百八十日以上单独或者合计持有公司百分之一以上股份的股东，可以书面请求监事会或者不设监事会的有限责任公司的监事向人民法院提起诉讼；监事有本法第一百四十九条规定的情况的，前述股东可以书面请求董事会或者不设董事会的有限责任公司的执行董事向人民法院提起诉讼”，以及第二款：“监事会、不设监事会的有限责任公司的监事，或者董事会、执行董事收到前款规定的股东书面请求后拒绝提起诉讼，或者自收到请求之日起三十日内未提起诉讼，或者情况紧急、不立即提起诉讼将会使公司利益受到难以弥补的损害的，前款规定的股东有权为了公司的利益以自己的名义直接向人民法院提起诉讼”的规定，即当公司董事会或执行董事、监事会或监事未提起损害赔偿诉讼时，可由符合一定持股条件的股东以自己的名义，直接向人民法院提起诉讼。本案中，利济商场的企业性质系有限责任公司，韩忠系该公司的法定代表人兼股东，并持有股权 69%。原告龚进书面请求监事会向法院提起诉讼，而监事会主席周德义于 2015 年 3 月 23 日签收时，仅表示其股权已转让、监事资格待查，并没有直接表示拒绝提起诉讼。审理中，原告龚进、詹永胜并无充分证据证明情况紧急、不立即提起诉讼将会使公司利益受到难以弥补的损害。遂，原告龚进、詹永胜应自监事会收到请求之日起 30 日内未提起诉讼时，才有权为了公司的利益以自己的名义直接向法院提起诉讼，即 2015 年 4 月 22 日之后可依法提起诉讼。故，两原告的起诉违反了股东派生诉讼的法定前置程序。法院认定合理。

股东查阅权，指股东对公司的会计账簿、会计文书等相关的会计原始凭证和文书、记录进行查阅的权利。法律设立股东账簿查阅权，是因为公司的财务会计报告是笼统、大概地反映公司的经营管理情况，原始的会计账簿更能够充分反映公司的经营管理事务发生的具体情况。股东要想获取更充分的公司经营管理信息就必须查阅公司的会计账簿。股东的账簿记录查阅权制度源于美国公司法。我国股东查阅权的法律渊源主要来源于两个方面：一是证券法中关于上市公司强制信息披露的相关规定，二是公司法中有关股东知情权的相关规定。由于上市公司与非上市的股份有限公司和有限责任公司对股东知情权的价值取向不同，故在股东知情权的行使与立法保护上也不尽相同。对于上市公司，因其股权的分散，股票市场的流动性，使投资者在对公司事务和经营状况不满时，就会采取“用脚投票”的方式离开公司，所以，上市公司的股东大都对公司事务表现为冷漠，缺乏直接干预公司事务的动力，但对与股价有关的信息内容则关注较多。为此，证券法中的强制信息披露制度，是以公司投资变化、经营、资产、所有权和人事变动等与市场股价有关联的，足以引起股价变动的重大性事项作为标准；对应当披露的文件和具体内容，时间及方式，比公司法有更为明确的规定。如我国证券法第 78 条、第 84 条、第 85 条的规定。从这些规定之中可以看出,法律对上市公司的股东查阅权,是通过强制信息披露制度来保护的,即公司应主动向投资者披露有关信息。

会计账簿查阅权诉讼一般主要争议焦点是股东行使该权利的正当目的认定。我国《公司法》第 33 条规定,有限责任公司的股东有权查阅、复制公司章程、股东会会议记录、董事会会议决议、监事会会议决议和财务会计报告。股东可以要求查阅公司会计账簿。股东要求查阅公司会计账簿的,应当向公司提出书面请求,说明目的。公司有合理根据认为股东查阅会计账簿有不正当目的,可能损害公司合法利益的,可以拒绝提供查阅,并应当自股东提出书面请求之日起十五日内书面答复股东并说明理由。公司拒绝提供查阅的,股东可以请求人民法院要求公司提供查阅。即《公司法》规定股东行使会计账簿查阅权应先书面向公司提出请求,说明查阅的目的,公司不具有正当目的拒绝股东进行查阅或十五天内不作出任何回应的,股东才可以通过诉讼程序行使自己的会计账簿查阅权。最高人民法院的《关于审理公司纠纷案件若干问题的规定(一)》(征求意见稿)第 36 条第 2 款:股东请求查阅、复制公司会计账簿的,应当说明正当目的。最高人民法院《关于适用〈中华人民共和国公司法〉若干问题的规定(四)》第 8 条规定:"有限责任公司有证据证明股东存在下列情形之一的,人民法院应当认定股东有公司法第三十三条第二款规定的'不正当目的':(一)股东自营或者为他人经营与公司主营业务有实质性竞争关系业务的,但公司章程另有规定或者全体股东另有约定的除外;(二)股东为了向他人通报有关信息查阅公司会计账簿,可能损害公司合法利益的;(三)股东在向公司提出查阅请求之日前的三年内,曾通过查阅公司会计账簿,向他人通报有关信息损害公司合法利益的;(四)股东有不正当目的的其他情形。"在通常情况下,股东查阅账簿的目的是为了了解公司的账务状况、经营状况等权利,即视为具有正当目的。倘若股东出于恶意收购,损害公司而为其他公司服务等目的,谋取私利的,在这此种情形下,申请查询的股东应举证证明其不存在恶意收购等行为。

本案中法院针对两原告的起诉包含了要求查阅公司账簿的诉请,认为股东请求查阅公司账簿而提起的诉讼,应将公司列为被告,而并非第三人,且两原告无证据证明提起诉讼之前被公司拒绝提供查阅。因此本案原告将韩忠列为被告是为起诉对象错误,请求程序违法,法院认定合理。

思考题

原告：林宇

被告：航天新概念科技有限公司(以下简称新概念公司)

第三人：北京航天城市通智能卡工程有限公司(以下简称城市通公司)

原告林宇诉称：1999年7月8日城市通公司成立，注册资本200万元。股东及股份组成为：中外建设信息有限责任公司投资70万元，占35%股份；新概念公司(原航天金卡有限公司)投资70万元，占35%股份；原告投资30万元，占15%股份；李某投资10万元，占5%股份；姚某投资10万元，占5%股份；付某投资10万元，占5%股份。城市通公司成立后一直由新概念公司负责经营，经营期间从未通报经营状况，从未分配红利。2002年底城市通公司被工商局吊销营业执照，2003年原告在海淀区人民法院起诉要求新概念公司履行对城市通公司的清算义务。该案经判决对城市通公司进行清算。由于新概念公司拒不履行生效判决，原告申请强制执行。海淀区人民法院委托北京中昊信泰会计师事务所进行审计，根据审计报告，在城市通公司刚刚成立的1999年10月8日，新概念公司就利用其经营城市通公司的便利，抽逃其注册资金70万元，同时侵占城市通公司100万元，该公司应退还城市通公司1894465.90元，但拒不归还。原告提起诉讼，诉讼请求：(1)判令新概念公司退还1894465.90元；(2)判令新概念公司赔偿自1999年10月8日至实际执行日造成的损失；(3)由新概念公司承担诉讼费。

被告新概念公司辩称：在2002年11月6日林宇发现了我公司收回借款170万元的问题，但起诉时，已过两年，超出了诉讼时效期间。林宇提交的审计报告不是以清算为目的作的，不能真实反映城市通公司的财务状况。

法院经审理查明：

城市通公司于1999年7月8日注册登记成立，股东分别为中外建设信息有限责任公司、新概念公司、林宇、李某、姚某、付某。2002年12月19日，城市通公司被吊销营业执照。之后，城市通公司未成立清算组。

2004年5月19日，本院就受理的林宇与新概念公司、中外建设信息有限责任公司、李某企业清算纠纷一案，作出一审判决：林宇与新概念公司、中外建设信息有限责任公司、李某共同对城市通公司进行清算。新概念公司不服判决，提出上诉。北京市第一中级人民法院于2004年10月14日作出终审判决：驳回上诉，维持原判。在本院所判上案执行过程中，曾委托北京中昊信泰会计师事务所对城市通公司 2001 年 3 月 26 日的资产负债表及成立以来的收支情况进行了清查认定，会计师事务所于 2005 年 11 月 10 日作出审计报告确认：航天金卡公司系新概念公司前身从城市通公司取得的 170 万元属于股东占用公司的财产，应予收回；城市通公司违规支付的 194465.90 元应从责任人航天金卡公司收回。

2002 年 10 月 16 日，华建会计师事务所有限责任公司受中外建设信息有限责任公司的委托，对城市通公司 2002 年 9 月 30 日的资产负债及成立以来的收支情况进行了清查核实，并作出清产核资审计报告，其中第 3 条清查验证事项说明第 3 项：其他应收款 170 万元，全部为应收航天金卡有限公司的款项。1999 年 7 月 13 日，股东航天金卡有限公司人资 70 万元，中外建设信息有限责任公司入资 70 万元、林宇入资 30 万元，李某入资 10 万元，姚某人资 10 万元，付某人资 10 万元，合计人资 200 万元。以上人资已经北京华京会计师事务所出具的开业验资报告书确认。上述人资款于 1999 年 10 月 8 日，转付航天金卡有限公司 170 万元，形成其他应收款——航天金卡有限公司 170 万元。

2002 年 11 月 6 日，林宇向航天金卡有限公司发函，提到了城市通公司注册资金 170 万元被抽逃，虚假做账等情况，要求妥善、圆满、友好地解决。

北京安必盛会计师事务所于 2006 年 3 月 30 日接受新概念公司的委托对该公司与城市通公司的资金往来情况进行了审计并作出专项审计报告，报告记载：经审计新概念公司账载与城市通公司的资金往来，自 1999 年 6 月始，至 1999 年 12 月止，其中新概念公司于 1999 年 7 月 1 日划转 170 万元，收款人为城市通公司，该笔资金账务处理为借：其他应收款——暂借款——城市通 170 万元，贷：银行存款 170 万元。新概念公司于 1999 年 7 月 22 日收回 170 万元，付款人为城市通公司，该笔资金账务处理为借：银行存款 170 万元，贷：其他应收款——暂借款——城市通 170 万元。

问：1. 本案中林宇能否直接以自己的名义提起诉讼？

2. 本案是否已超过诉讼时效？

3. 请画出案件的诉讼逻辑图。

第十二章　债权人诉公司股东案析公司法人人格否定的构成

第一节　案情事实与法院的审理

一、案情事实

何清华等诉张科等股东损害公司债权人利益责任纠纷上诉案[①]

上诉人(原审原告)：何清华。

委托代理人：黄增城、岑永胜，均系广东宏港律师事务所律师。

被上诉人(原审被告)：张科。

被上诉人(原审被告)：广州二天堂玉函阁中药厂有限公司。

法定代表人：张宝清。

被上诉人(原审被告)：广州二天堂大药房连锁有限公司。

法定代表人：张宝清。

上述三被上诉人的共同委托代理人：冉茜，广东经纶律师事务所律师。

上述三被上诉人的共同委托代理人：左维，广东经纶律师事务所实习律师。

原审第三人：广州精武门餐饮管理有限公司。

法定代表人：陈少军。

委托代理人：冉茜，广东经纶律师事务所律师。

委托代理人：左维，广东经纶律师事务所实习律师。

---

① 北大法宝，【法宝引证码】CLI. C. 8486122，http://210. 35. 251. 121：8080/ermsras/。

二、上诉人的诉讼请求

上诉人何清华因与被上诉人张科、广州二天堂玉函阁中药厂有限公司（以下简称玉函阁公司）、广州二天堂大药房连锁有限公司（以下简称大药房公司）、原审第三人广州精武门餐饮管理有限公司（以下简称精武门公司）股东损害公司债权人利益责任纠纷一案，不服广东省广州市天河区人民法院（2014）穗天法民二初字4540号民事判决，向本院提起上诉。本院依法组成合议庭审理了本案，现已审理终结。

何清华原审诉讼请求：1. 张科、玉函阁公司以及大药房公司连带清偿第三人精武门公司所欠何清华货款227485.84元及利息（从2013年6月10日起按中国人民银行同期同类贷款利率计至2013年11月18日利息为6058元，自2013年11月19日起至实际付清之日止加倍支付迟延履行期间的债务利息，暂计至2014年9月9日逾期利息为22063元）、诉讼受理费4700元的债务；2. 张科、玉函阁公司以及大药房公司共同承担原审案件的诉讼费用。

三、一审法院对案情的查明与审理

原审法院经审理查明：2009年7月16日，精武门公司经广州市工商行政管理局核准成立，注册资本为500万元，实收资本为500万元，经营范围为餐饮管理，主营项目类别为商务服务业。精武门公司现股东为张科及玉函阁公司，其中张科出资额为450万元，玉函阁公司出资额为50万元。精武门公司下设有十多家门店。玉函阁公司的主营项目类别为医药制造业。大药房公司的主营项目类别为零售业。

2012年12月12日，何清华与精武门公司签订了《供货合同》，约定何清华向精武门公司供应干货等。后因精武门公司拖欠何清华到期货款未支付，2013年5月14日，何清华向原审法院提起诉讼要求精武门公司支付拖欠的货款，案号为（2013）穗天法民二初字第2112号。该案经原审法院审理后作出了（2013）穗天法民二初字第2112号民事判决书，判决精武门公司向何清华支付货款227485.84元及其利息。判决生效后，由于精武门公司未履行判决所确定的给付义务，何清华向原审法院申请执行，执行案号为（2013）穗天法执字第8344号。

原审法院在执行过程中未发现精武门公司有可供执行的财产，于 2014 年 8 月 15 日作出(2013)穗天法执字第 8344 号执行裁定书，裁定终结执行。上述事实有(2013)穗天法民二初字第 2112 号民事判决书及(2013)穗天法执字第 8344 号执行裁定书予以证明。

庭审中，何清华认为张科、玉函阁公司为精武门公司的股东，大药房公司与精武门公司是关联公司，张科、玉函阁公司和大药房公司与精武门公司存在人事混同、财产混同和业务混同，精武门公司长期法人人格形骸化，没有独立的财务管理制度，其主要财产去向不明，故向原审法院提起诉讼要求张科、玉函阁公司和大药房公司连带清偿精武门公司所欠何清华货款 227485.84 元及利息。庭审中，何清华还主张精武门公司股东存在虚构债务、抽逃出资的行为。为证明上述主张的内容，何清华提交了《欠条》《供货合同》《收据》、月收入表、中国银行交易记录、招商银行对账单、工商登记资料、精武门公司 2009 及 2010 年年度审计报告予以证明。而张科、玉函阁公司、大药房公司及精武门公司则辩称精武门公司全体股东已全部履行出资义务，精武门公司有自己独立的财产、人事、财务会计账以及业务，业务范围与玉函阁公司及大药房公司完全不同。为证明其主张，张科、玉函阁公司、大药房公司及精武门公司共同提交了精武门公司 2009、2010 年度验资报告、精武门公司 2013 年度审计报告、精武门公司与员工签订的部分劳动合同、精武门公司成立时开户的相关资料凭证以及精武门公司对外签订的部分合同予以证明。

庭后，原审法院依职权向中国农业银行股份有限公司广东省分行查询了精武门公司在中国农业银行广州烟草大厦支行的银行账号流水清单。何清华认为该账号流水清单证明了精武门公司存在将验资款转移抽逃的行为，精武门公司银行账号在 2010 年 6 月 22 日汇入 400 万元投资款后，2010 年 6 月 24 日就转出了 150 万元、2010 年 6 月 25 日转出了 250 万元，所以投资款已经全部转移、抽逃。张科、玉函阁公司、大药房公司以及精武门公司则辩称精武门公司经营五年多，已经开了十多家门店，需要很多费用开支，经营过程实际上是有投入的，银行流水清单只能反映部分交易情况。

原审法院认为：精武门公司作为一家依法成立的有限责任公司，拥有独立的法人财产，以其全部财产对公司的债务承担责任，股东以其认缴的出资额为限对公司承担责任。精武门公司对何清华所负之债务，已经人民法院生效裁判文书依法确认，理应清偿。何清华主张股东损害公司债权人利益的，应就公司股东滥用公司法人独立地位和股东有限责任，逃避债务，严重损害公司债权人利益等问题进行举证。

案件争议的焦点在于张科、玉函阁公司作为精武门公司的股东，是否存在滥用公司法人独立地位和股东有限责任，逃避债务以及抽逃出资的行为。关于此焦点，原审法院作如下分析：一、何清华主张张科、玉函阁公司、大药房公司与精武门公司存在人事混同、财务混同、业务混同，提供了月收入表、中国银行交易记录、招商银行对账单、工商登记资料。首先，从何清华提供的上述证据内容上看，仅能证明精武门公司曾经委托相同的人员办理相关工商登记事宜，该行为并不足以证明张科、玉函阁公司、大药房公司与精武门公司存在人事混同。精武门公司亦提供了部分劳动合同用以证明其有独立的人事制度。其次，从玉函阁公司、大药房公司以及精武门公司的企业注册基本资料可得知玉函阁公司、大药房公司以及精武门公司的经营范围以及主营项目类别均不相同。且何清华认为三公司存在业务混同亦未提供相应的证据予以证明。最后，从何清华提供的月收入表、中国银行交易记录、招商银行对账单来看，仅能证明何清华在与精武门公司交易的过程中，精武门公司曾通过张宝清及陈少军的个人账号向何清华支付过货款，但陈少军、张宝清并不是精武门公司的股东，何清华以此证据证明精武门公司的财产与作为其股东的张科、玉函阁公司的财产发生混同证据不足。二、关于何清华主张张科、玉函阁公司、大药房公司及精武门公司存在抽逃出资，逃避债务的行为的问题。从张科、玉函阁公司、大药房公司和精武门公司提交的精武门公司验资报告、账户开户相关资料，以及各方提供的精武门公司年度审计报告来看，结合原审法院调取的银行流水清单，可证明精武门公司股东已依法实际缴纳了出资款并已通过验资。根据原审法院依法调取的银行流水清单中显示了精武门公司分别在 2010 年 6 月 24 日支出了 150 万元、2010 年 6 月 25 日支出了 250 万元两笔款项，该两笔款项支付记录只能证明精武门公司存在相应金额的资金流向，且精武门公司拥有多家门店，经营成本应不低，亦不排除上述两笔款项用于支付经营成本的可能性。因此，何清华根据银行流水清单中显示的上述两笔款项的支出即主张精武门公司存在抽逃出资、逃避债务的行为理据不足。且上述两笔款项的支出时间均在 2010 年，而涉案货款产生的时间在 2012 年，故何清华认为上述两笔款项的支出为精武门公司逃避涉案债务的主张缺乏事实依据，原审法院不予采信。综上，何清华主张作为精武门公司股东的张科、玉函阁公司滥用法人独立资格和股东有限责任损害债权人利益的证据不足。因此，何清华要求张科、玉函阁公司连带清偿精武门公司所欠何清华货款 227485. 84 元及其利息以及诉讼受理费 4700 元缺乏事实及法律依据，原审法院不予支持。另外，案件的案由为股东损害公司债权人利益责任纠纷，而大药房公司并不是精武门公司的股东，何清华要求其对涉案债务承担连带清偿责任缺乏法律依据，原审法院不予支持。

四、一审法院的判决

依照《中华人民共和国公司法》第三条、第二十条，《中华人民共和国民事诉讼法》第六十四条第一款，《最高人民法院关于民事诉讼证据的若干规定》第二条的规定，原审法院作出判决：驳回何清华的全部诉讼请求。原审案件受理费5200元、财产保全费1020元，均由何清华负担。

五、上诉人的上诉理由与被上诉人的答辩

上诉人何清华不服原审判决，向本院提起上诉称：原审法院关于争议焦点相关案件事实的分析和认定存在认定事实和适用法律的错误。（一）关于大药房公司责任问题。案件的案由虽是股东损害公司债权人利益责任纠纷，大药房公司不是精武门的股东，但大药房公司作为精武门的关联公司并与精武门股东利用关联交易、虚构债权债务共同抽逃出资、转移财产，严重损害何清华利益。对此，何清华结合最高人民法院在《最高人民法院关于发布第四批指导性案例的通知》【指导案例15号】“徐工集团工程机械股份有限公司诉成都川交工贸有限责任公司等买卖合同纠纷案”就“1. 关联公司人员、业务、财务等方面交叉或混同，导致各自财产无法区分，丧失独立人格的，构成人格混同。2. 关联公司人格混同，严重损害债权人利益的，关联公司相互之间对外部债务承担连带责任”的指导意见，对张科、玉函阁公司和大药房公司作为精武门的股东及关联公司存在的上述人员、业务、财产混同，逃避债务的情况一并进行举证及阐述。（二）对于张科、玉函阁公司和大药房公司作为精武门公司股东、关联公司，是否存在滥用公司法人独立地位和股东有限责任问题，原审法院存在以下认定事实和适用法律的错误：1. 关于人员混同，何清华举证证明张科、玉函阁公司和大药房公司与精武门公司存在控股股东（实际控制人）相同、高管人员（法定代表人、监事、财务负责人）相互兼任、员工及办理工商事务人员重合等人员混同的情况，但原审法院仅对员工及办理工商事务人员相同这一情况作出张科、玉函阁公司、大药房公司与精武门公司不存在人事混同的认定。原审法院的这一认定明显存在避重就

轻、以偏概全，遗漏案件重要事实，存在认定事实错误。(1)根据何清华提交的工商登记基本资料及档案资料的证据，精武门公司的股东为张科、玉函阁公司，股权比例为90%、10%；大药房公司的股东也是张科、玉函阁公司，股权比例为70%、30%；即精武门公司与大药房公司为同一股东，属关联公司；玉函阁公司的股东为张科、张某，股权比例为90%、10%；即上述三家公司的控股股东、实际控制人均为张科，并且均是张科、张某两人通过直接持股或通过玉函阁公司间接持股的方式进行控制，均为关联公司。(2)长久以来精武门公司与玉函阁公司、大药房公司在法定代表人、董事、监事、经理、财务负责人等高管人员存在普遍相互兼任的情况(如下图)：

	精武门	玉涵阁	大药房
法定代表人(执行董事担任)	陈少军	陈少军(2013年7月前) 张宝清(2013年7月变更)	张亮(2012年11月前) 张宝清(2012年11月变更)
监事	张科	张秋镇	张秋镇
经理	陈少军	张科	张科
财务负责人	陈少军	陈少军	张科 张宝清(2012年11月)

(3) 在员工及办理工商事务人员的重合上，2009年9月茅某同时以玉函阁公司、大药房公司员工的身份办理工商变更手续，这种同一名员工对外既代表玉函阁公司又代表大药房公司，说明玉函阁公司与大药房公司员工相互重合、人事上不分彼此，存在人事混同。此外，精武门公司、玉函阁公司、大药房公司还经常性的委托陈某、杨某、蔡某等人员代办工商事务，虽然不排除这些公司委托相同人员代办工商事务，但这种经常性、大量的办理工商事务人员的重合，不可能是一时巧合，而是由于这三家关联公司是由相同管理人员在统一管理、安排公司事务，存在人事混同。(4)从举证角度讲，证明精武门公司、玉函阁公司、大药房公司是否存在大量员工混同的证据如劳动合同等是由玉函阁公司和大药房公司持有的，本应由玉函阁公司和大药房公司举证，在何清华已经举证玉函阁公司和大药房公司与精武门公司存在部分员工及办理工商事务人员重合这一事实的情况下，玉函阁公司和大药房公司对此进行反驳的也应由他们举证，而玉函阁公司和大药房公司明知其有举证义务却只举证精武门部分员工的劳动合同，放弃举证

玉函阁公司和大药房公司等的人事关系，玉函阁公司和大药房公司应对其举证风险、举证不能承担不利的法律后果。但原审法院不仅没有正确适用举证规则，反而以“精武门公司亦提供了部分劳动合同”认定“证明其有独立的人事制度”，存在适用举证责任分配的法律规定的错误，也导致了认定事实的错误。（5）综合而言，公司之间的人事混同认定的依据包括股东、实际控制人、法定代表人、董事、监事、经理、财务负责人等高管人员是否相互兼任，是否存在大量员工或办理公司事务人员的重合（如上海市高级人民法院关于《审理公司法人人格否认案件的若干意见》第八条的规定）等，其中最主要的依据就是股东、实际控制人及法定代表人、董事、经理等其他高管人员的相互兼任、混同，这些人员上的混同将导致各个公司意志的高度统一、缺乏独立决策，导致了张科、玉函阁公司和大药房公司作为精武门公司的股东、关联公司，合谋对精武门公司利用关联交易进行抽逃出资、转移或隐匿财产、将债务转移由精武门公司承担等。对此，原审法院却对何清华的举证及阐述视而不见，避重就轻、以偏概全，遗漏了对案件重要证据、重要事实的认定，存在认定事实错误。2. 关于财产混同，何清华举证了月收入表、中国银行交易记录、招商银行对账单、审计报告、执行裁定书，并结合原审法院调取的中国农业银行账号流水清单及张科、玉函阁公司和大药房公司举证的购销合同、装修合同等证据，从精武门公司与其股东、其他高管人员在资金混同、财务不作清晰区分两方面证明精武门公司与作为股东的张科、玉函阁公司之间的财产混同，从精武门公司与其关联公司在货款债务承担和结算、交联交易上证明精武门公司与作为关联公司的大药房公司之间的财产混同。但原审法院仅凭“月收入表、中国银行交易记录、招商银行对账单”的部分证据、仅从精武门公司曾通过张宝清及陈少军的个人账号向何清华支付货款（该事实是为证明精武门公司与其股东、高管人员之间资金混同、财务不作清晰区分），片面地认定精武门公司与其股东不存在财产混同。原审法院的这一认定，避重就轻，未全面结合证据和事实来认定精武门公司与其股东及关联公司的张科、玉函阁公司和大药房公司之间的财产混同，存在认定事实和适用法律的错误。（1）精武门公司与其股东、其他高管人员发生的财产混同。第一，资金混同。根据张科、玉函阁公司自认及原审法院查明的事实，张科、玉函阁公司开有十多家餐饮门店。何清华举证的月收入表、中国银行交易记录、银行对账单证据，证据来源于张科、玉函阁公司在(2013)穗天法民二初字第 2112、2113 号案的举证，张科、玉函阁公司在上述案件中举证并自认其中的新港西门店 2013 年 3 月份营业收入 353202 元，5 月份营业收入 244017 元，上述营业收入均存入中国银行活期一本通 6912XXXX6530

的账户。而根据何清华向中国银行了解并在原审中出示给法庭的《中国银行个人账户及综合服务申请表》,活期一本通账户属个人账户,开户人只能是自然人不可能是公司,公司开立的只能是基本账户(分别对应银行柜台分开办理的个人业务和对公业务)。并且,结合执行裁定书及天河区法院对精武门公司的执行情况,精武门公司除农业银行广州烟草大厦支行的银行账户外并无其他银行账户,故此天河区法院才以"法院依法向银行等部门调查被执行人的财产情况,暂未发现被执行人有可供执行的财产"而裁定终结2112、2113号案的执行案件的本次执行。就此,虽然何清华无法证明该中国银行活期一本通6912XXXX6530的账户的具体开户人,但足以证明该账户为精武门公司的控股股东张科或其高管人员(如法定代表人、财务负责人张科)等的个人账户。从举证责任而言,该银行账户证据的来源、持有人均是张科,而原审法院也明确要求张科说明并举证该账户证据的开户人情况,但张科拒不说明和举证,应由张科承担举证不能不利后果,故应采信何清华的这一主张。综上所述,证明了本属精武门公司财产的营业收入没有依法存入精武门公司账户,而是被存入其他股东或其他高管人员的个人账户,存在资金混同这一重大案件事实。而根据原审法院调取的银行流水清单证据也显示,精武门公司账户除股东出资款项(很快又被转走)和其他三笔(合3500元)款项存入外,没有其他任何款项存入,也证明精武门公司自成立以来,公司营业收入一直没有存入公司账户,佐证了上述的重大案件事实。但原审法院却对这一重大案件视若无睹,不管是遗漏还是有意为之,都存在查明和认定事实的重大错误。第二,财务管理上不作清晰区分。长久以来,不仅精武门公司的营业收入没有存入精武门公司账户而是被存入其股东或其他高管人员的个人账户,而且精武门公司应付何清华的货款也没有通过精武门公司账户支付而是通过张宝清、陈少军个人账户支付。可见,精武门公司的股东或其他高管人员,对于精武门公司的公司财产与作为股东的收益之间没有清晰区分,随意将公司收入、财产转化为股东等个人的收入、财产,随意将本该使用精武门公司账户通过使用股东或张科、张宝清等其他高管人员的个人账户进行资金往来。其次,精武门公司自认开有十多家餐饮门店,而仅就新港西一家门店2013年3月、5月两个月营业收入合计约59.7万,但一直以来精武门公司的审计报告的财务报表上却显示精武门公司年均营业收入约两三万元,证明了精武门公司大量偷税漏税外,也证明精武门公司财务账簿不真实,缺乏独立、合法的财务管理制度。(2)精武门公司与其关联公司大药房公司的财产混同。涉案货款债务的承担和结算,证明精武门公司与关联公司之间存在财产混同。涉案货款债务227485元,包括

2012年12月12日前欠的货款(即欠条)及之后欠的货款。结合欠条、供货合同、付款申请表、招商银行转账单、张科、玉函阁公司和大药房公司举证的劳动合同等证据,证明2012年12月12日欠条货款的原债务人是大药房公司,精武门公司基于债务加入共同承担该债务。而且涉案货款债务一直是由何清华与大药房公司进行财务核对、申请付款,而不是与精武门公司进行财务核对,而且其中部分货款还是通过大药房公司的财务负责人张宝清的个人账户向何清华偿还,证明精武门公司与大药房公司存在财产上混同。而且涉案货款不由精武门公司审核结算,而是由大药房公司审核结算,也证明精武门公司没有独立的财务管理,与其关联公司大药房公司存在财产、财务上的混同。综合而言,原审法院关于张科、玉函阁公司和大药房公司作为精武门公司股东、关联公司是否存在滥用公司法人独立地位和股东有限责任,是从人员混同、业务混同、财产混同进行分析认定,而这其中最重要的认定依据就是财产混同和人员混同的情况。正是因为人员混同,导致精武门公司完全受张科、玉函阁公司和大药房公司等股东或关联公司的支配、控制,丧失独立意志,便于张科、玉函阁公司和大药房公司又对精武门公司进行不当控制,导致精武门公司缺乏独立、完善的财务制度,财务管理不作清晰区分,将公司财产与股东等个人财产随意转化、共用同一账户进行资金往来等,造成财产混同。(三)关于抽逃出资,原审法院没有根据审计报告、银行流水清单证明的精武门公司股东的张科、玉函阁公司与作为精武门公司的关联公司大药房公司,完成验资后立即转出出资、利用关联交易转出出资、虚构债权债务转出出资的事实,没有依法认定张科和玉函阁公司构成抽逃出资。在抽逃出资这一关系到案件审理的重大问题上,原审法院存在认定事实的错误。1.《最高人民法院关于适用〈中华人民共和国公司法〉若干问题的规定(三)》第十二条的规定,“公司成立后,公司、股东或者公司债权人以相关股东的行为符合下列情形之一且损害公司权益为由,请求认定该股东抽逃出资的,人民法院应予支持:(一)将出资款项转入公司账户验资后又转出;(二)通过虚构债权债务关系将其出资转出;(三)制作虚假财务会计报表虚增利润进行分配;(四)利用关联交易将出资转出;(五)其他未经法定程序将出资抽回的行为。”2.精武门公司的注册资本500万元分两次出资,第一次出资的100万元于2009年2月20日存入精武门公司账户完成验资后,立即就于2009年8月17日、8月24日转出出资的50万和45万,合计转出95万元;第二次出资的400万元于2010年6月22日转入精武门公司账户,立即就于6月24日、25日分别转出出资的150万、250万,将该次出资全部转出。可见,精武门公司的股东在缴纳出资、完成验资后极短时间内就将出资又转出，已构成抽逃出资。3. 结合精武门公司审计报告的证据，精武门公司 2009 年成立后就与大药房公司发生关联交易，大药房公司欠精武门公司应收款 95 万元，2010 年度又发生关联交易，大药房公司欠精武门公司应收款 3980851 元。上述两次交易与银行流水清单反映的上述两次转出出资 95 万、400 万，在金额、时间上相吻合，证明精武门公司的股东及关联公司利用关联交易将上述出资转出。而关于上述关联交易，大药房公司及精武门公司辩称是精武门公司向大药房公司采购经营餐饮所需汤底药材，如依此辩解也应产生精武门公司欠大药房公司货款才是，该债权债务关系与应收款债权债务关系相矛盾、不符，证明大药房公司及精武门公司所称不实。而且，从业务经营上讲，精武门与大药房公司在主营业务上一个是餐饮服务、管理，一个是药品零售，并不存在主营业务上的合作关系、供需关系；从经营规模、实际经营状况上讲，精武门公司也不足以一成立就立即与大药房公司发生如此巨额的真实交易；从金额上讲，2009 年、2010 年转出金额和关联交易的金额，也均与当时缴纳的出资相近；从债权追索上讲，精武门公司长期以来也怠于向关联公司追索。可见，审计报告反映的精武门公司与大药房公司的应收款关联交易，都是不真实，该转出出资没有正常、合法的交易基础。因此，根据上述法律规定，足以认定精武门公司账户转出的上述款项，属于精武门公司的股东与大药房公司利用关联交易、虚构债权债务转出出资，构成抽逃出资。4. 对于上述转出出资，原审法院只是简单认定为“只能证明精武门公司存在享有金额的资金流向”，却对精武门公司与大药房公司利用关联交易、虚构债务转出出资的事实视若无睹、不予认定；对于抽逃出资，原审法院以“精武门公司拥有多家门店，经营成本应不低，亦不排除上述两笔款项用于支付经营成本的可能性”，不予认定构成抽逃出资。原审法院没有依据案件的基本证据、张科、玉函阁公司和大药房公司与精武门公司陈述，综合认定案件事实，反而是以主观的臆测，在张科、玉函阁公司和大药房公司没有任何证据佐证的情况下主观断案。（四）关于逃避债务，原审法院只是简单的以“款项支出时间在 2010 年，而涉案货款的产生时间在 2012 年”，对精武门公司转出上述款项为逃避债务的事实不予认定，原审法院这一认定也存在认定事实错误。1. 对于精武门公司转出、抽逃出资，是否为逃避与何清华的债务，不能简单地从转出、抽逃出资的时间与欠何清华的债务发生的时间对比得出结论。因为，张科、玉函阁公司和大药房公司作为精武门公司的股东和关联公司，利用关联交易、虚构债务转出、抽逃出资，之后又不向大药房公司追索应收款，导致精武门公司资本的不足。因此，即使精武门公司与何清华的债务发生时间在张科、玉函阁公司抽逃出资之后的，由于精武门公司的资本不足、偿债能力不足，必然导致何清华的债权得不到清偿，精武门公司可以逃避该债务的实际承担。而且货款债务发生在2012年10月至2013年5月期间，此时精武门公司早已被抽逃出资、毫无偿债能力可言，大药房公司于2012年12月12日找来精武门公司承担涉案欠条债务并在之后以精武门公司名义继续采购共欠下涉案货款，其利用合同相对性、滥用公司法人独立地位，以逃避债务的意图更加明显。2. 张科、玉函阁公司除对精武门公司抽逃出资、将精武门公司经营收入转为股东或高管人员的个人财产外，还通过虚报公司债务，逃避涉案货款债务。何清华于2013年5月向精武门公司起诉追讨涉案货款，而精武门公司2013年度审计报告就出现严重异常，大量虚构债权债务。银行流水清单证据显示，精武门公司的公司账户2013年度现金收入除三笔共3500元外没有其他大额资金存入，但审计报告"现金流量表"却显示2013年度精武门公司现金流入合计4963341.65元，而这些所谓"流入"的现金又以巨额的工资、福利费、租金、装修费等管理费用予以"支出"。上述所谓的资金流入、支出，不仅与银行流水清单证据证明的精武门公司的公司账户的资金往来情况完全不符，也与精武门公司往年的正常经营状况存在重大差异。其次，大药房公司欠精武门公司约485万应收款也凭空消失。显然，张科、玉函阁公司和大药房公司虚构上述债权债务，企图造成精武门公司既无公司现金、又无应收款债权，毫无财产可供执行，以逃避涉案货款债务。故，上诉人何清华上诉请求：1. 撤销原审判决，并改判张科、玉函阁公司对精武门公司所欠何清华的货款227485.84元及利息、诉讼受理费4700元的债务承担连带清偿责任；2. 张科、玉函阁公司和大药房公司共同承担本案一审、二审的诉讼费用。

被上诉人张科、玉函阁公司、大药房公司均答辩称：原审判决认定事实清楚，适用法律正确，请求维持原判。

原审第三人精武门公司答辩称：原审判决认定事实清楚，适用法律正确，请求维持原判。

六、二审法院的审理

本院经审理查明事实与原审判决查明事实一致，本院予以确认。

本院认为：根据已生效的裁判文书，精武门公司对何清华负有债务的事实已得到确认，精武门公司理当积极清偿。本案中，何清华以精武门公司债权人的身份，提出该公司股东张科、玉函阁公司存在滥用公司法人独立地位和股东有限责任，逃避债务、抽逃出资、严重损害其利益等情形，并据此主张张科、玉函阁公司对精武门公司所负债务承担连带责任，所提起的是股东损害公司债权人利益之诉，而大药房公司并非精武门公司的股东，故何清华要求大药房公司在本案中承责缺乏法律依据，本院不予支持。

二审中，本院根据各方当事人的诉辩主张，归纳本案的争议焦点为：张科、玉函阁公司作为精武门公司的股东，是否存在滥用公司法人独立地位和股东有限责任、抽逃出资、逃避债务的行为。对此，本院分析如下：一、确定张科、玉函阁公司是否滥用公司法人独立地位和股东有限责任，应从各方之间是否存在人事混同、财务混同、业务混同等方面进行审查，且各要素缺一不可。首先，本案中，何清华提交的工商登记档案资料显示，精武门公司与玉函阁公司存在部分股东相同，公司监事、高管人员互有兼任，办理工商事务的人员部分相同等情况，反映出各方之间确实存在着一定程度上的人事混同，但精武门公司提交的劳动合同亦反映了其人事制度有其独立性，因此，仅凭部分人事方面的交叉兼任情况，并不足以认定精武门公司已丧失独立意志，完全受其股东的支配和控制。其次，从玉函阁公司及精武门公司的企业注册基本资料可知，精武门公司的经营范围为餐饮管理、主营项目类别为商务服务业，玉函阁公司的主营项目则为医药制造业，故并不存在业务混同的情形。第三，从何清华提交的月收入表、中国银行交易记录、招商银行对账单来看，精武门公司曾通过张宝清、陈少军的个人账号向何清华支付过货款，但该两人并非精武门公司的股东，其付款行为的性质仅凭现有证据难以界定，不足以据此认定精武门公司的财产与其股东之间在财务管理上未作清晰区分；何清华所称精武门公司的营业收入未存入公司账户而是进入其股东或高管人员的账户，亦未能充分举证。因此，何清华主张精武门公司与其股东之间存在财产混同的情形，理据不足，本院不予采信。二、张科、玉函阁公司及精武门公司是否存在抽逃出资、逃避债务的行为。从张科、玉函阁公司提交的精武门公司验资报告、账户开户相关资料、年度审计报告，及原审法院调取的银行流水清单可见，张科、玉函阁公司已实际缴纳了出资款并通过了法定验资程序。本院认为，精武门公司为了保证公司正常运营的需要，支出款项用以支付相应的经营成本，有其合理性及必要性。何清华所称精武门公司于 2009 年 8 月 17 日、8 月 24 日合计转出 95 万元，于 2010 年 6 月 24 日、25 日合计转出 400 万元，系通过与大药房公司进行关联交易的方式以达到抽逃出资、逃避债务的目的，但未能就两者之间存在必然关联提供充分证据证实。而且,上述款项的支出发生在2009年—2010年期间,而涉案货款产生在2012年,何清华所称上述款项的支出系为了逃避涉案债务,亦理据不足,本院不予采信。

综上,本院认为,经国家行政主管部门核准登记的具有法人资格的企业,对外独立承担民事责任系基本的法律原则。何清华主张适用《中华人民共和国公司法》第二十条第三款"公司股东滥用公司法人独立地位和股东责任,逃避债务,严重损害公司债务人利益的,应当对公司债务承担连带责任"的规定,追究精武门股东张科、玉函阁公司的责任,其应对该两股东存在上述规定所涉情形承担相应的举证责任。如前所述,因何清华对此未能充分举证,本院认为,其主张张科,玉函阁公司对涉案货款承担连带清偿责任,尚缺乏事实及法律依据,本院不予支持。

综上所述,原审判决认定事实清楚,适用法律正确,应予维持。上诉人何清华的上诉理由均不能成立,本院予以驳回。依照《中华人民共和国民事诉讼法》第一百七十条第一款第(一)项的规定,判决如下:

驳回上诉,维持原判。

二审案件受理费5200元,由上诉人何清华负担。

本判决为终审判决。二〇一六年八月八日审结。

第二节　本案的法律关系与证明逻辑图

一、本案的法律关系图

精武门公司拖欠原告何清华货款及利息共计255606.84元,因精武门公司无可供执行的财产,遂裁定终结执行,原告认为精武门公司股东张科、玉函阁公司滥用公司股东有限责任和公司法人独立人格,利用和大药房公司的关联交易逃避债务,要求张科、玉函阁公司和大药房公司对债务承担连带责任。

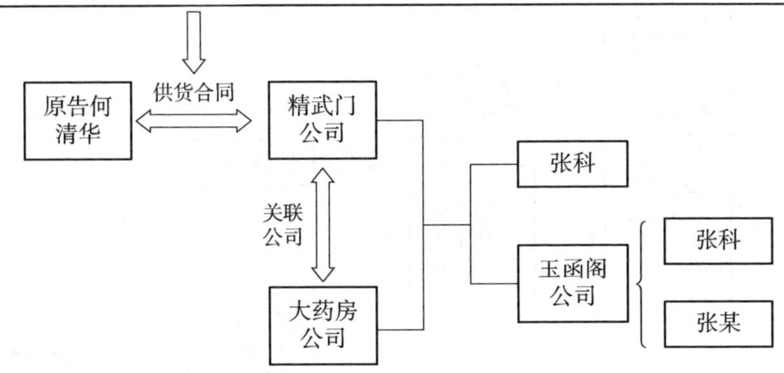

二、本案上诉人的试图证明精武门公司人格否定的逻辑图

（一）财产混同与人格混同的证明逻辑图

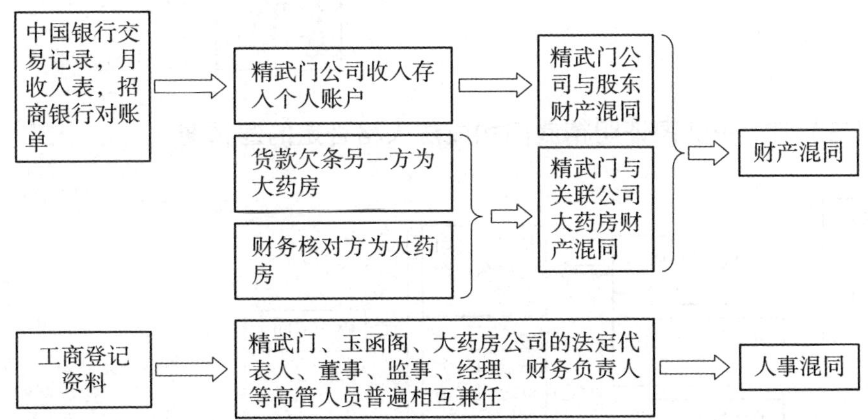

该逻辑图是原告何清华必须举证证明精武门与股东存在财产混同，精武门与关联公司大药房存在财产混同的逻辑，以及玉函阁、精武门、大药房三家公司主要高级管理人员存在任职混同的逻辑。但实际上精武门公司的经营范围为餐饮管理、主营项目类别为商务服务业，玉函阁公司的主营项目则为医药制造业，大药房公司的主营项目类别为零售业，三家公司的业务类别不同，并不存在业务混同的情形，而公司职工相互兼职不是精武门核心高管或多数高管兼职，因而无法证明精武门构成人事混同，何清华未举证证明精武门缺乏独立经营能力。

（二）何清华试图证明精武门公司构成抽逃出资、逃避债务的逻辑图

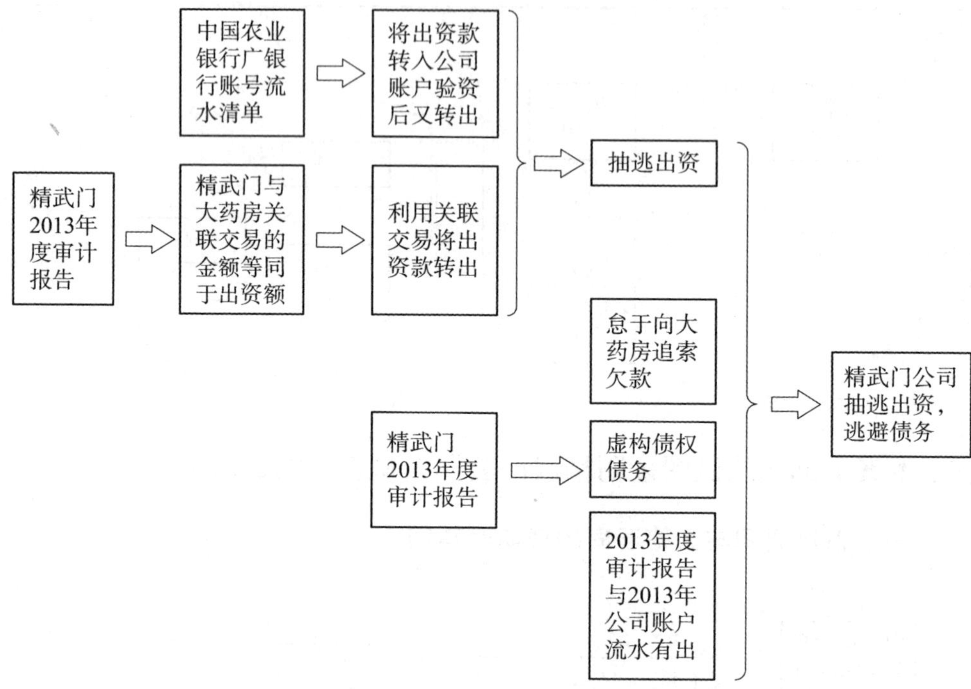

（三）何清华试图证明精武门构成法人格否定的逻辑图

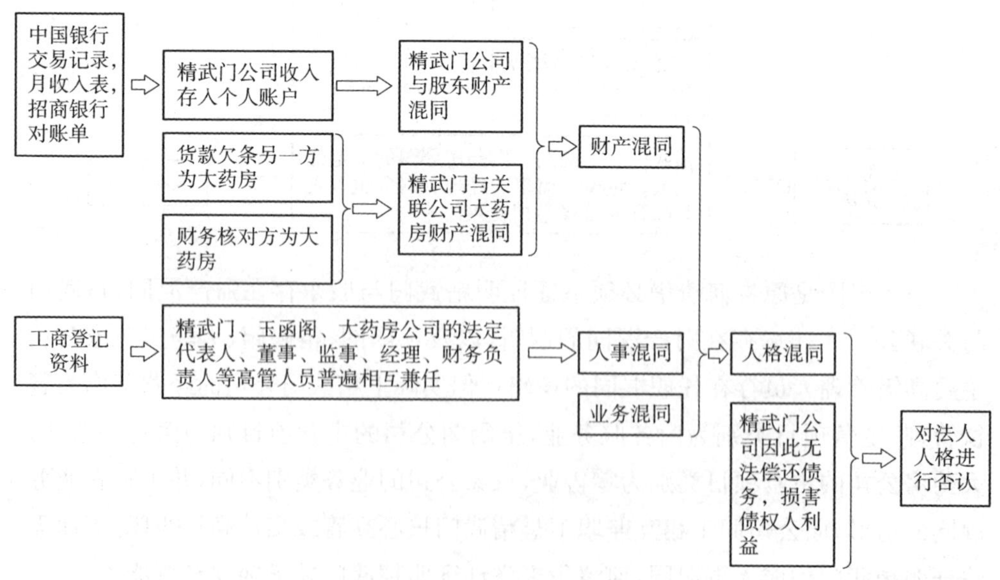

三、上诉审法院判决精武门不构成法人格否定的逻辑图

精武门公司与玉函阁公司存在部分股东相同，公司监事、高管人员互有兼任、办理工商事务的人员部分相同等情况，反映出各方之间确实存在着一定程度上的人事混同，但精武门公司提交的劳动合同亦反映了其人事制度有其独立性

⇨ 仅凭部分人事方面的交叉兼任情况，并不足以认定精武门公司已丧失独立意志，完全受其股东的支配和控制

精武门公司的经营范围为餐饮管理、主营项目类别为商务服务业，玉函阁公司的主营项目则为医药制造业

⇨ 股东与公司之间并不存在业务混同的情形

精武门公司曾通过张宝清、陈少军的个人账号向何清华支付过货款，但该两人并非精武门公司的股东，其付款行为的性质仅凭现有证据难以界定

何清华所称精武门公司的营业收入未存入公司账户而是进入其股东或高管人员的账户，亦未能充分举证

⇨ 不足以据此认定精武门公司的财产与其股东之间在财务管理上未作清晰区分

⇨ 精武门公司股东与公司之间不存在人事混同、业务混同与财务混同。何清华主张精武门公司与其股东之间存在财产混同的情形，理由与证据不足

玉函阁公司提交的精武门公司验资报告、账户开户相关资料、年度审计报告，及原审法院调取的银行流水清单

⇨ 张科、玉函阁公司已实际缴纳了出资款并通过了法定验资程序

精武门公司于2009年8月17日、8月24日合计转出95万元，于2010年6月24日、25日合计转出400万元，系通过与大药房公司进行关联交易的方式以达到抽逃出资、逃避债务的目的，但未能就两者之间存在必然关联提供充分证据证实

何清华称精武门公司转出95万元与400万元款项的支出系为了逃避涉案债务，理由于证据不足

⇨ 不能认定精武门公司股东抽逃出资，逃避债务

⇨ 何清华主张张科、玉函阁公司对涉案货款承担连带清偿责任，缺乏充分的证据来证明存在《公司法》第二十条第三款“公司股东滥用公司法人独立地位和股东责任，逃避债务，严重损害公司债务人利益的，应当对公司债务承担连带责任”的事实

⇩ 原审判决认定事实清楚，适用法律正确，应予维持。上诉人何清华的上诉理由均不能成立，本院予以驳回

第三节 对案件的评析

我国《公司法》第二十条规定了我国的法人人格否认制度，其中的第三款是对该制度的直接表述，规定了公司股东滥用公司的独立法人地位和有限责任时，造成债权人利益受损的，要对公司的债务共同承担责任。此外，第六十四条还对一人公司的情形作了特殊规定，一人公司股东承担公司财产独立的证明责任。由此可见，我国公司法人人格否认制度的适用对象仅限于公司股东，并未明确规定非持股关系的关联公司之间的公司法人人格否认制度。在本案中，无论是一审法院还是二审法院均认定滥用公司法人独立地位和股东有限责任的主体只能是公司股东。但是随着我国关联公司数量的不断增长，经常可见股东利用关联交易损害公司债权人利益的情形。学理上，因股东滥用公司独立人格逃避债务，进而由股东为公司的债务承担连带责任的模式，称之为法人人格的“顺向否认”，公司债权人诉请该公司的关联公司对该公司的债务承担连带责任的情形被称为法人人格的“横向否认”。严格来说，只有法人人格的顺向否认才符合《公司法》第二十条第三款法人人格否认制度的条件。

2013年最高人民法院发布第四批指导案例，徐工集团工程机械股份有限公司(与四川瑞路建设工程有限公司、成都川交工程机械有限责任公司、成都川交工贸有限责任公司等买卖纠纷一案被列为15号指导案例。该案涉及到对关联公司人格混同的认定以及责任承担问题，突破了《公司法》第20条的限制，是我国法人人格否认制度从“纵向适用”扩展为“横向适用”的一次大胆尝试。

一审法院和二审法院将案件争议焦点归纳为：张科、玉函阁公司作为精武门公司的股东，是否存在滥用公司法人独立地位和股东有限责任、抽逃出资、逃避债务的行为。因大药房公司不是精武门公司的股东，不符合《公司法》第20条规定的主体要件，在此不予考虑。要适用现行《公司法》规定的法人人格否认制度，首先明确滥用公司法人人格独立地位和股东有限责任这一行为要件。

滥用公司独立人格和股东有限责任的行为，最为常见的行为包括：人格混同、资本显著不足、欺诈、不当行为以及过度控制。近几年法人人格否认的案例的法院判决否认法人人格的理由均为“人格混同”，甚至部分不能进行人格否认的案件也是因为起诉方无法证明达到人格混同的程度而未予以否认。根据当前司法实践的普遍做法，主要从财产、经营业务和人员三个方面来认定关联公司的人格混同。

（一）财产混同。财产混同，是指公司的财产和公司成员或其他公司的财产不能做出明显的区分。只有财产独立的情况下，公司才能对外独立承担责任，没有独立财产的法人不能具备独立的法人地位。而财产混同严重违背了公司财产与股东财产相分离的基本原则，容易引发公司财产被隐匿、被私吞或被挪用等一系列的重大危机。因此，财产混同是进行法人人格否认首先必须要考虑的一个因素，也是最为主要的标准。

（二）业务混同。独立财产和独立意思是公司独立人格的两大基本人格要素，独立财产是独立人格的前提，而独立意思是独立人格的最大体现。这种独立意思在公司经营中就是表现为公司的业务行为。因此，公司是否业务独立，决定着公司是否具有独立的意思。如果公司与股东之间出现业务上的混淆，那么公司的独立性就会受到损害。司法实践中，当公司的经营管理由股东个人或者另一家公司控制和实施，也可能是各个公司缺乏独立意志，共同受同一控股股东控制支配。在这两种情形下，公司往往在具体的交易活动中没有独立地进行交易，不能独立表达自己的意志。

（三）人员混同。人员混同也可以称为组织机构的混同，最直白的描述就是“一套班子，几块牌子”，是指公司的董事、高级管理人员与其他公司之间的同一性。公司独立意志主要是依靠意思机关来表达，股东、董事的决定及行为正是对公司意志的传达。如果公司的这些人员与其他公司的出现任职交叉现象，那么这些人员极有可能会相互传达、难以确保公司具有独立意志，那么公司独立承担责任的基础也就不复存在。具体而言，常见的人员混同的情形包括：企业的员工一致；集团中公司之间董事相互兼任；总经理与高级管理人员的统一任命和委派；法定代表人相同等。与财产混同和业务混同的复杂情况相比，人员混同影响的是公司的意思机关，是对公司形成独立意思的干扰，而公司的法人机关正好是形成公司独立意志的机构，公司的雇员又是执行公司行为的代理人。因此，人员混同的认定较为简单直白。

在司法实践中要证明存在财产混同、业务混同、人员混同其实是非常复杂的，本案中因为原告何清华无法能有效证明精武门公司存在以上情形而败诉，而且法院认为要达到人格混同必须同时满足以上三个条件，结合持续时间长短和情形严重程度综合考虑，并非只要满足财产混同、业务混同、人员混同就一定否定公司法人人格。并且，需要达到一定的结果要件，即债权人的利益因为债务人公司的人格混同而遭受了严重损失，这里的损失特别强调需要达到严重的程度。

法人人格否认制度是公司法人人格独立的例外情形，在司法审判中，除了要有充分的证据证明人格混同以外，法院还需要综合考量法人制度的本意和股东有限责任原则，平衡公司股东与公司债权人之间的利益，严格适用法人人格否认制度。

根据《最高人民法院关于适用〈中华人民共和国公司法〉若干问题的规定(三)》第十二条的规定，“公司成立后，公司、股东或者公司债权人以相关股东的行为符合下列情形之一且损害公司权益为由，请求认定该股东抽逃出资的，人民法院应予支持：(一)将出资款项转入公司账户验资后又转出；(二)通过虚构债权债务关系将其出资转出；(三)制作虚假财务会计报表虚增利润进行分配；(四)利用关联交易将出资转出；(五)其他未经法定程序将出资抽回的行为。”本案公司股东张科、玉函阁公司提交的精武门公司验资报告、账户开户相关资料、年度审计报告，及原审法院调取的银行流水清单可见，张科、玉函阁公司已实际缴纳了出资款并通过了法定验资程序。中国农业银行的银行流水清单只是反映了精武门公司在运营中(向大药房购买餐饮用的中药原材料)的“正常支出成本”，若要证明精武门公司股东存在将出资款项转入公司账户验资后又转出，需要由原告何清华提供真实充分的证据证明两者之间的必然联系，如要证明股东运用关联交易将出资转出就得证明大药房通过精武门转来的数百万资金实际上没有交付“餐饮用的中药材”，精武门与大药房之间通过虚构交易或利用不公平的关联交易转移财产，而作为原告的何清华很难获得被大药房控制的交易详情记录。本案正是因为何清华没有足够的证据证明精武门公司与大药房公司之间通过虚构关联交易抽逃出资，逃避债务。

由于精武门公司与大药房公司的关联交易发生在2009年与2010年，而何清华要求精武门公司清偿货款的诉讼发生在2013年，即使以《合同法》上的债权人代位权之诉追讨精武门对大药房的债权进行救济也已经因为已过当时有效法律《民法通则》规定的诉讼时效。本案律师事务所设计为公司人格否定之诉无疑是恰当的，只是在举证证明关联公司大药房与精武门之间存在利用关联交易转移公司财产减损精武门可供债权人清偿的资产时，没有及时保全证据，致使大药房及时更改了财务会计账簿对关联交易的记载(精武门公司2009年成立后就与大药房公司发生关联交易，大药房公司欠精武门公司应收款95万元，2010年度又发生关联交易，大药房公司欠精武门公司应收款3980851元。关于上述关联交易，大药房公司及精武门公司辩称是精武门公司向大药房公司采购经营餐饮所需汤底药材，如依此辩解也应产生精武门公司欠大药房公司货款才是，该债权债务关系与应收款债权债务关系相矛盾，证明大药房公司及精武门公司所称不实。精武门公司2013年度审计报告就出现严重异常，大量虚构债权债务。大药房公司欠精武门公司约485万应收款也凭空消失)。最终因为难以充分举证以证明存在符合公司法人人格否定的事实而落败。

本案表明法人人格否定在我国应用，在立法方面还是不够成熟，需要完善会计法、证据法以及法人人格否定的具体适用条件，方能够成功适用法人人格否认制度来保护债权人的利益，在公司法方面还需要完善债权人对公司账簿的查询权，在符合条件时让债权人可以申请注册会计师对公司的账簿查询，或者申请审计部门对公司进行审计，以查明本案精武门购买大药房使用中药材的关联交易是否存在，是否存在非公允的关联交易，如果查明结果表明他们之间存在虚构关联交易，就可以认定关联股东大药房借关联交易转移精武门的财产，进一步认定有共同股东的大药房运用关联交易抽逃精武门的出资。在法院认定案件事实方面的立法也需要进一步完善，本案上诉人在上诉状中明确指出法院在认定案件事实中存在“以偏概全，未全面结合证据和事实来认定案情”。

所以，《公司法》司法解释(三)第十二条的规定需要进一步完善，一是从公司转出资产或虚构关联交易行为变相转出公司财产的主体不应该局限在公司股东，还应该包括公司股东有关联关系的关联人，二是将抽逃公司出资的行为扩展到：虚构成本或多记成本，少记收入，再从交易对方获取回扣的方式变相转移公司资产。对公司财务会计混乱，利用多个关联公司进行关联交易，混淆关联公司之间的成本与收益核算的行为应该同时否定经常关联交易的全部公司人格，将这些存在复杂关联交易的众多关联公司视为一个整体，对所有关联公司员工的工资收入全部纳入一个整体公司集团的员工，对所有关联公司的成本与收益统一进行成本与收益核算。《公司法》二十条第三款“公司股东滥用公司法人独立地位和股东有限责任，逃避债务，严重损害公司债权人利益的，应当对公司债务承担连带责任”也应该修改，将“逃避债务”删除，变成“公司股东滥用公司法人独立地位和股东有限责任，严重损害公司债权人利益的，应当对公司债务承担连带责任。”这样就可以避免本案上诉人无法举证证明大药房与精武门关联交易转移精武门资金与逃避上诉人债权之间的必然关系。

思考题

1．公司法人人格否定的构成条件是什么?

2．我国现行立法需要如何修改，才能更好地适用公司法人人格否定?

3．在认定公司法人人格与股东人格混同时如何举证?举证责任应该如何分配比较合理?

第十三章　存亮公司案析股东对终止营业后不清算的公司债务的连带责任

第一节　案情事实与法院的审理

一、案情事实

最高法指导性案例9号：公司被吊销后不清算股东应当对公司债务承担连带清偿责任(最高人民法院审判委员会讨论通过2012年9月18日发布)[①]

原告上海存亮贸易有限公司(简称存亮公司)诉称：其向被告常州拓恒机械设备有限公司(简称拓恒公司)供应钢材，拓恒公司尚欠货款1395228.6元，被告房恒福、蒋志东和王卫明为拓恒公司的股东，拓恒公司未年检，被工商部门吊销营业执照，至今未组织清算因其怠于履行清算义务，导致公司财产流失灭失，存亮公司的债权得不到清偿，根据公司法及相关司法解释规定，房恒福、蒋志东和王卫明应对拓恒公司的债务承担连带责任，故请求判令拓恒公司偿还存亮公司货款1395228.6元及违约金，房恒福、蒋志东和王卫明对拓恒公司的债务承担连带清偿责任。

被告蒋志东、王卫明辩称：1.两人从未参与过拓恒公司的经营管理；2.拓恒公司实际由大股东房恒福控制，两人无法对其进行清算；3.拓恒公司由于经营不善，在被吊销营业执照前已背负了大量债务，资不抵债，并非由于蒋志东、王卫明怠于履行清算义务而导致拓恒公司财产灭失；4.蒋志东王卫明也曾委托律师对拓恒公司进行清算，但由于拓恒公司财物多次被债权人哄抢，导致无法清算，因

① 中华人民共和国最高人民法院网。

此蒋志东王卫明不存在怠于履行清算义务的情况，故请求驳回存亮公司对蒋志东王卫明的诉讼请求。被告拓恒公司、房恒福未到庭参加诉讼，亦未作答辩。

二、法院的审理

法院经审理查明：2007 年 6 月 28 日，存亮公司与拓恒公司建立钢材买卖合同关系，存亮公司履行了 7095006.6 元的供货义务，拓恒公司已付货款 5699778 元，尚欠货款 1395228.6 元另，房恒福、蒋志东和王卫明为拓恒公司的股东，所占股份分别为 40%、30%、30%。拓恒公司因未进行年检，2008 年 12 月 25 日被工商部门吊销营业执照，至今股东未组织清算。现拓恒公司无办公经营地，账册及财产均下落不明。拓恒公司在其他案件中因无财产可供执行，被中止执行。

三、裁判结果

上海市松江区人民法院于 2009 年 12 月 8 日作出(2009)松民二(商)初字第 1052 号民事判决：一拓恒公司偿付存亮公司货款 1395228.6 元及相应的违约金；二房恒福、蒋志东和王卫明对拓恒公司的上述债务承担连带清偿责任。宣判后，蒋志东、王卫明提出上诉。上海市第一中级人民法院于 2010 年 9 月 1 日作出(2010)沪一中民四(商)终字第 1302 号民事判决：驳回上诉，维持原判。

四、裁判理由

法院生效裁判认为：存亮公司按约供货后，拓恒公司未能按约付清货款，应当承担相应的付款责任及违约责任，房恒福、蒋志东和王卫明作为拓恒公司的股东，应在拓恒公司被吊销营业执照后及时组织清算，因房恒福、蒋志东和王卫明怠于履行清算义务，导致拓恒公司的主要财产账册等均已灭失，无法进行清算，房恒福、蒋志东和王卫明怠于履行清算义务的行为，违反了公司法及其司法解释的相关规定，应当对拓恒公司的债务承担连带清偿责任。拓恒公司作为有限责任公司，其全体股东在法律上应一体成为公司的清算义务人，公司法及其相关司法解释并未规定蒋志东、王卫明所辩称的例外条款，因此无论蒋志东、王卫明在拓恒公司中所占的股份为多少，是否实际参与了公司的经营管理，两人在拓恒公司被吊销营业执照后，都有义务在法定期限内依法对拓恒公司进行清算。

关于蒋志东、王卫明辩称拓恒公司在被吊销营业执照前已背负大量债务，即使其怠于履行清算义务，也与拓恒公司财产灭失之间没有关联性，根据查明的事实，拓恒公司在其他案件中因无财产可供执行被中止执行的情况，只能证明人民法院在执行中未查找到拓恒公司的财产，不能证明拓恒公司的财产在被吊销营业执照前已全部灭失。拓恒公司的三名股东怠于履行清算义务与拓恒公司的财产账册灭失之间具有因果联系，蒋志东、王卫明的该项抗辩理由不成立，蒋志东、王卫明委托律师进行清算的委托代理合同及律师的证明，仅能证明蒋志东、王卫明欲对拓恒公司进行清算，但事实上对拓恒公司的清算并未进行，据此，不能认定蒋志东、王卫明依法履行了清算义务，故对蒋志东、王卫明的该项抗辩理由不予采纳。

五、法律依据

（一）《公司法》上的依据

1.《公司法》第二十条：公司股东应当遵守法律、行政法规和公司章程，依法行使股东权利，不得滥用股东权利损害公司或者其他股东的利益；不得滥用公司法人独立地位和股东有限责任损害公司债权人的利益。公司股东滥用股东权利给公司或者其他股东造成损失的，应当依法承担赔偿责任。公司股东滥用公司法人独立地位和股东有限责任，逃避债务，严重损害公司债权人利益的，应当对公司债务承担连带责任。

2.《公司法》第一百八十三条：公司因本法第一百八十条第（一）项、第（二）项、第（四）项、第（五）项规定而解散的，应当在解散事由出现之日起十五日内成立清算组，开始清算。有限责任公司的清算组由股东组成，股份有限公司的清算组由董事或者股东大会确定的人员组成。逾期不成立清算组进行清算的，债权人可以申请人民法院指定有关人员组成清算组进行清算。人民法院应当受理该申请，并及时组织清算组进行清算。（本法条序号在案件发生与审判时为第一百八十四条，条文中所列的第一百八十条当时序号为第一百八十一条）

（二）司法解释依据

《最高人民法院关于适用〈中华人民共和国公司法〉若干问题的规定（二）》第十八条规定：

有限责任公司的股东、股份有限公司的董事和控股股东未在法定期限内成立清算组开始清算，导致公司财产贬值流失毁损或者灭失，债权人主张其在造成损失范围内对公司债务承担赔偿责任的，人民法院应依法予以支持。

有限责任公司的股东、股份有限公司的董事和控股股东因怠于履行义务，导致公司主要财产账册重要文件等灭失，无法进行清算，债权人主张其对公司债务承担连带清偿责任的，人民法院应依法予以支持。

上述情形系实际控制人原因造成，债权人主张实际控制人对公司债务承担相应民事责任的，人民法院应依法予以支持。

第二节　当事人起诉、答辩与法院裁判的逻辑图

一、原告存亮公司起诉的逻辑图

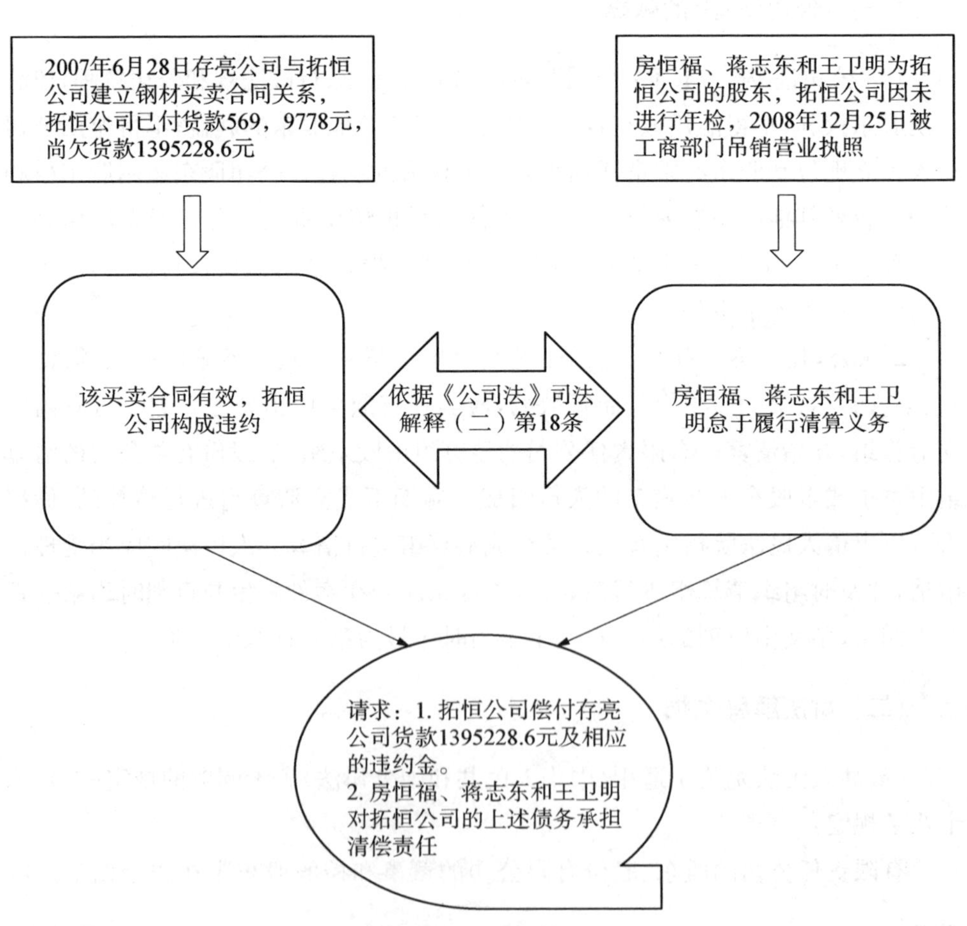

二、被告蒋志东、王卫明的答辩逻辑图

1. 两人从未参与过拓恒公司的经营管理；
2. 拓恒公司实际由大股东房恒福控制，两人无法对其进行清算；
3. 拓恒公司由于经营不善，在被吊销营业执照前已背负了大量债务，资不抵债，并非由于蒋志东、王卫明怠于履行清算义务而导致拓恒公司财产灭失；
4. 蒋志东、王卫明也曾委托律师对拓恒公司进行清算，但由于拓恒公司财物多次被债权人哄抢，导致无法清算，因此蒋志东、王卫明不存在怠于履行清算义务的情况

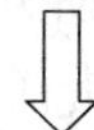

请求法院驳回存亮公司对蒋志东、王卫明的诉讼请求

三、法院的判决图

1. 存亮公司按约供货后，拓恒公司未能按约付清货款，应当承担相应的付款责任以及违约责任；
2. 房恒福、蒋志东和王卫明怠于履行清算义务的行为，违反了公司法及其司法解释的相关规定，应当对拓恒公司的债务承担清偿责任；
3. 根据查明的事实，拓恒公司在其他案件中因无财产可供执行而被中止执行的情况，只能证明人民法院在执行中未查到拓恒公司的财产，不能证明拓恒公司的财产在被吊销营业执照前已全部灭失。拓恒公司的三名股东怠于履行清算义务，与拓恒公司的财产账册灭失之间具有因果关系，蒋志东，王卫明的该项抗辩理由不成立；
4. 蒋志东、王卫明委托律师进行清算的委托代理合同及律师证明仅能证明蒋志东、王卫明欲对拓恒公司进行清算，但事实上对拓恒公司的清算并未进行。据此，不能认定蒋志东和王卫明依法履行了清算义务，故对蒋志东和王卫明的该项抗辩理由不予采纳；
5. 法律依据：最高人民法院关于适用《中华人民共和国公司法》若干问题的规定（二）第十八条的规定

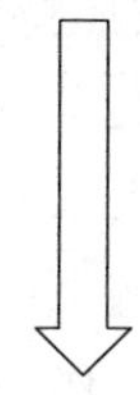

判决如下：
1. 拓恒公司偿付存亮公司货款1395228.6元及相应的违约金；
2. 房恒福、蒋志东和王卫明对拓恒公司的上述债务承担连带清偿责任

第三节　对法院判决的评析

1. 我国《公司法》第二十条规定：公司股东应当遵守法律、行政法规和公司章程，依法行使股东权利，不得滥用股东权利损害公司或者其他股东的利益；不得滥用公司法人独立地位和股东有限责任损害公司债权人的利益。公司股东滥用股东权利给公司或者其他股东造成损失的，应当依法承担赔偿责任。公司股东滥用公司法人独立地位和股东有限责任，逃避债务，严重损害公司债权人利益的，应当对公司债务承担连带责任。因此有限责任公司的股东未在法定期限内成立清算组开始清算，导致公司财产贬值流失毁损或者灭失，应该对公司债务承担赔偿责任。

2. 根据《公司法司法解释二》第二十一条规定："有限责任公司的股东、股份有限公司的董事和控股股东，以及公司的实际控制人为二人以上的，其中一人或者数人按照本规定第十八条和第二十条第一款的规定承担民事责任后，主张其他人员按照过错大小分担责任的，人民法院应依法予以支持。"根据该条规定，实际控制人与董事作为共同清算义务人之一对公司债务对外承担连带清偿责任后，法律允许其就承担清算义务超过其应当承担的份额向其他清算义务人进行追偿；而各清算义务人内部则应根据各清算义务人过错程度来划分清算义务人之间的责任承担。由于各清算义务人承担连带清偿责任的基础系怠于履行清算义务，即确定各个清算义务人的过错应当考虑其是否已怠于履行清算义务以及相应的过错大小。若在公司被吊销营业执照后，股东均未按照我国公司法之规定提出清算申请，是谁的原因导致清算不能，各方均未提供有效的证据予以证明，过错大小无法明确区分，但股东按照持股比例享有股东权益，也应当按持股比例承担相应的义务，持股比例高的股东对于可能损害债权人利益的情形应当负有更高的注意义务。因此，在当事人未能提供充分的证据证明各个股东过错大小的情形下，应以各股东的持股比例来认定股东怠于履行清算义务的过错大小及责任划分。在债务人没有年检时，作为债权人的存亮公司应该督促债务人尽快完成年检。在商事合同中基于双方或多方地位平等的法律关系，就意味着权利和义务是相对的，债权人享有某项权利，一般也要承担相应的义务，至少也会有一些附随义务。比如，债权人收款、收货的协助义务，债权转让的通知义务等法定义务。

在举证责任上，应由作为清算义务人的股东就未及时清算所造成的实际损失范围承担举证责任，债权人仅需提供证据证明清算义务人存在怠于履行清算的行为以及其因此而遭受损失的事实。若清算义务人能够提供相应证据证明因其怠于履行清算义务而给公司财产及债权人造成损失的实际范围，则在此范围内承担相应的赔偿责任，反之则应承担举证不能的后果，要对公司最后有一次官方文件载明的实际财产至公司实际清算时所剩余财产之间的差额作为财产损失范围。法院以最后一次工商年检报告登记的资产为据推定公司的“损失范围”比较妥当，因为年检报告登记行为是一种公示行为，能产生公信力。

综合上述，法院的判决事实认定清楚，使用法律准确，裁判结果公允。

思考题

1. 公司终止营业后应该怎样善后?
2. 公司终止营业时没有清算，股东应该承担哪些责任?

第十四章　欣泰电气股票发行案析上市公司欺诈发行股票的行政责任

第一节　案情事实与法院的审理

一、案情事实

丹东欣泰电气股份有限公司、中国证券监督管理委员会金融行政管理(金融)再审审查与审判监督行政裁定书①

中华人民共和国最高人民法院行政裁定书(2018)最高法行申4640号

再审申请人(一审原告、二审上诉人):丹东欣泰电气股份有限公司。住所地:辽宁省丹东市振安区东平大街＊＊号。

法定代表人:刘桂文,丹东欣泰电气股份有限公司总经理。

委托诉讼代理人:谢杰,上海汉盛律师事务所律师。

委托诉讼代理人:刘安东,上海汉盛律师事务所律师。

被申请人(一审被告、二审被上诉人):中国证券监督管理委员会。住所地:北京市西城区金融大街＊＊号楼富凯大厦＊＊座

法定代表人:易会满,中国证券监督管理委员会主席。

委托诉讼代理人:张丽莎,中国证券监督管理委员会工作人员。

委托诉讼代理人:赵江平,中国证券监督管理委员会工作人员。

再审申请人丹东欣泰电气股份有限公司(以下简称欣泰电气)因与被申请人中国证券监督管理委员会(以下简称中国证监会)行政处罚决定和行政复议决定

① 中国裁判文书网。

一案，不服北京市高级人民法院(2017)京行终3243号行政判决，向本院申请再审。本院依法组成由审判员梁凤云、审判员罗霞、审判员王海峰参加的合议庭对本案进行了审查，并于2018年9月7日在本院询问了双方当事人，再审申请人欣泰电气的委托诉讼代理人谢杰，被申请人中国证监会委托诉讼代理人张丽莎、赵江平到庭参加。本案现已审查终结。

本案被诉处罚决定是中国证监会于2016年7月5日作出的[2016]84号《行政处罚决定书》(以下简称被诉处罚决定)，被诉处罚决定认定欣泰电气存在以下违法事实：

1. 首次公开发行股票并在创业板上市(以下简称IPO)申请文件中相关财务数据存在虚假记载。

2011年11月，欣泰电气向中国证监会提交IPO申请，2012年7月3日通过创业板发行审核委员会审核。2014年1月3日，欣泰电气取得中国证监会《关于核准丹东欣泰电气股份有限公司首次公开发行股票并在创业板上市的批复》。为实现发行上市目的，解决欣泰电气应收账款余额过大问题，欣泰电气总会计师刘明胜向公司董事长、实际控制人温德乙建议在会计期末以外部借款减少应收账款，并于下期初再还款冲回。二人商议后，温德乙同意并与刘明胜确定主要以银行汇票背书转让形式进行冲减。2011年12月至2013年6月，欣泰电气通过外部借款、使用自有资金或伪造银行单据的方式虚构应收账款的收回，在年末、半年末等会计期末冲减应收款项(大部分在下一会计期期初冲回)，致使其在向中国证监会报送的IPO申请文件中相关财务数据存在虚假记载。其中，截至2011年12月31日，虚减应收账款10156万元人民币(下同)，少计提坏账准备659万元；虚增经营活动产生的现金流净额10156万元。截至2012年12月31日，虚减应收账款12062万元，虚减其他应收款3384万元，少计提坏账准备726万元；虚增经营活动产生的现金流净额5290万元。截至2013年6月30日，虚减应收账款15840万元，虚减其他应收款5324万元，少计提坏账准备313万元；虚增应付账款2421万元；虚减预付账款500万元；虚增货币资金21232万元，虚增经营活动产生的现金流净额8638万元。以上事实，有招股说明书、客户提供的情况说明、汇票申请人提供的说明材料、欣泰电气提供的转款汇总表和明细表、欣泰电气财务凭证、银行资金流水、银行汇票等单据、当事人提供说明材料和当事人询问笔录等证据证明，足以认定。

2. 上市后披露的定期报告中存在虚假记载和重大遗漏。

(1)《2013年年度报告》《2014年半年度报告》和《2014年年度报告》存在虚假记载

2013年12月至2014年12月，欣泰电气在上市后继续在年末、半年末等会计期末冲减应收款项(大部分在下一会计期期初冲回),导致其披露的相关年度和半年度报告财务数据存在虚假记载。其中,《2013 年年度报告》虚减应收账款 19940 万元,虚减其他应收款 6224 万元,少计提坏账准备 1240 万元;虚增应付账款 1521 万元;虚增货币资金 20632 万元;虚增经营活动产生的现金流净额 12238 万元。《2014 年半年度报告》虚减应收账款 9974 万元,虚减其他应收款 6994 万元,少计提坏账准备 272 万元;虚增应付账款 1521 万元;虚减其他应付款 770 万元;虚增货币资金 14767 万元;虚减经营活动产生的现金流净额 9965 万元。《2014 年年度报告》虚减应收账款 7262 万元,虚减其他应收款 7478 万元,少计提坏账准备 363 万元,虚减经营活动产生的现金流净额 12944 万元。

(2)《2014 年年度报告》存在重大遗漏

欣泰电气实际控制人温德乙以员工名义从公司借款供其个人使用,截至 2014 年 12 月 31 日,占用欣泰电气 6388 万元。欣泰电气在《2014 年年度报告》中未披露该关联交易事项,导致《2014 年年度报告》存在重大遗漏。以上事实,有客户提供的情况说明、欣泰电气提供的转款汇总表和明细表、欣泰电气财务凭证、银行资金流水、银行汇票等单据、定期报告、董事会决议、监事会决议、定期报告书面确认意见、当事人提供说明材料和当事人询问笔录等证据证明,足以认定。

被诉处罚决定认为:欣泰电气将包含虚假财务数据的 IPO 申请文件报送中国证监会并获得中国证监会核准的行为,违反了《中华人民共和国证券法》(以下简称《证券法》)第十三条公开发行新股应当符合的条件中"最近三年财务会计文件无虚假记载,无其他重大违法行为"和第二十条第一款"发行人向国务院证券监督管理机构或者国务院授权的部门报送的证券发行申请文件,必须真实、准确、完整"的规定,构成《证券法》第一百八十九条所述"发行人不符合发行条件,以欺骗手段骗取发行核准"的行为。对欣泰电气该项违法行为,直接负责的主管人员为温德乙、刘明胜,其他直接责任人员为于晓洋、王永珩、孙文东、陈柏超、胡晓勇、王建华、蔡虹、宋丽萍、赵春年、蒋光福、范永喜、孙洪贵、韩冬、陈玉狮。同时,温德乙作为欣泰电气实际控制人,商议并同意以外部借款等方式虚构收回应收款项,安排、筹措资金且承担相关资金成本,其行为已构成《证券法》第一百八十九条第二款所述"发行人的控股股东、实际控制人指使从事前款违法行为"的行为。欣泰电气披露的《2013 年年度报告》《2014 年半年度报告》《2014 年年度报告》存在虚假记载及《2014 年年度报告》存在重大遗漏的行为,违反了《证券法》第六十三条有关"发行人、上市公司依法披露的信息,必须真实、准确、完整,不得有虚假记载、误导性陈述或者重大遗漏"的规定,构成《证券法》第一百九十三条所述“发行人、上市公司或者其他信息披露义务人未按照规定披露信息，或者披露的信息有虚假记载、误导性陈述或者重大遗漏”的行为。对欣泰电气该项违法行为，直接负责的主管人员为温德乙、刘明胜，其他直接责任人员为于晓洋、王永珩、蔡虹、陈柏超、宋丽萍、孙文东、赵春年、蒋光福、范永喜、孙洪贵、韩冬、陈玉翀、杜晓宁。同时，温德乙作为欣泰电气实际控制人，其行为已构成《证券法》第一百九十三条第三款所述“发行人、上市公司或者其他信息披露义务人的控股股东、实际控制人指使从事前两款违法行为”的行为。

根据欣泰电气违法行为的事实、性质、情节与社会危害程度，中国证监会依据《证券法》第一百八十九条的规定，决定对欣泰电气处以非法所募资金的3%即772万元罚款；依据《证券法》第一百九十三条第一款、第三款的规定，决定对欣泰电气责令改正，给予警告，并处以60万元罚款。综合上述两项行政处罚意见，中国证监会决定对欣泰电气责令改正，给予警告，并处以832万元罚款。另外，被诉处罚决定还对温德乙等17人作出相应行政处罚。

欣泰电气不服被诉处罚决定中针对公司的部分，向中国证监会申请行政复议。2016年11月30日，中国证监会依据《中华人民共和国行政复议法》第二十八条第一款第(一)项之规定，作出〔2016〕126号《行政复议决定书》(以下简称被诉复议决定)，维持被诉处罚决定中针对欣泰电气的部分。

欣泰电气不服，向北京市第一中级人民法院提起行政诉讼。

一审法院经审理查明，2015年5月，中国证监会在对欣泰电气现场检查时发现其涉嫌财务数据不真实、虚增经营活动现金流等违法线索。2015年6月17日，中国证监会对欣泰电气立案调查。2015年7月14日，中国证监会向欣泰电气送达调查通知书，告知其决定立案调查。2016年5月31日，中国证监会向欣泰电气送达《行政处罚和市场禁入事先告知书》及《听证通知书》。2016年6月17日，中国证监会举行听证会。欣泰电气陈述申辩认为：1.欣泰电气在对历年公告的财务报表进行追溯调整后的财务数据显示，其相关年度的净利润等实质发行条件的财务指标，符合原《首次公开发行股票并在创业板上市管理暂行办法》所规定的财务指标要求，欣泰电气不构成《证券法》第一百八十九条所述“发行人不符合发行条件，以欺骗手段骗取发行核准”的行为。2.欣泰电气虚构收回应收账款的行为发生在2011年12月至2013年6月，已超出《中华人民共和国行政处罚法》(以下简称行政处罚法)规定的两年追责期限。3.欣泰电气积极配合调查，尽力消除违法行为影响，具有从轻、减轻情节。中国证监会认为：1.公开发行新股不仅要符合原《首次公开发行股票并在创业板上市管理暂行办法》规定的财务指标，更要符合《证券法》第十三条规定的发行条件。《证券法》第十三条规定，公司公开发行新股，应当符合“最近三年财务会计文件无虚假记载，无其他重大违法行为”的条件。欣泰电气在报送的IPO申请文件中，相关年度财务数据存在虚假记载，不符合《证券法》第十三条规定的发行条件，应当按照《证券法》第一百八十九条予以处罚。2.欣泰电气于2014年1月取得核准批复。中国证监会于2015年5月对欣泰电气进行现场检查时发现其违法行为，距2014年1月尚未超过两年，不存在超出法定追责期限的问题。3.中国证监会在事先告知时，已在拟作出的行政处罚中充分考虑当事人配合调查的相关情节。

一审法院经审理认为，欣泰电气的诉讼主张均不能成立，主要理由如下：

（一）欣泰电气的第一项违法行为符合《证券法》第一百八十九条第一款规定的欺诈发行违法行为的构成要件

1.财务会计文件存在虚假记载即已经不符合《证券法》第十三条第一款第三项所规定的公开发行新股的法定条件，《证券法》第一百八十九条第一款规定中的“不符合发行条件”当然包含该法第十三条第一款第三项所指情形。《证券法》已经明确规定财务会计文件无虚假记载为公开发行新股的法定条件之一。该条第一款第二项规定的公开发行条件是公司“具有持续盈利能力，财务状况良好”，与第三项规定是平行的两个条款。该规定与该条第一款第二项比较，更可明确上述结论。

2.认定欣泰电气不符合发行条件，并不涉及对同一个违法行为重复评价的问题。发行人为了公开发行新股而在财务会计文件中虚假记载，进而向中国证监会报送存在虚假记载的IPO申请文件，无论上述行为能否认定为一个完整的行为，均不影响其可以分别满足欺诈发行这一违法行为所包含的不同构成要件，即“发行人不符合发行条件”以及“以欺骗手段骗取发行核准”。欣泰电气就财务会计文件中的虚假记载作为“不符合发行条件”要件予以评价，可能会导致与“以欺骗手段骗取发行核准”要件重复评价之主张，不能成立。况且，从立法目的角度分析，无论发行人的实际财务状况是否符合财务指标要求，发行人的财务会计文件存在虚假记载就足已对市场投资者的判断产生误导，从而对证券发行秩序和投资者权益造成损害，其当然属于《证券法》第一百八十九条第一款予以处罚的情形之一。将财务会计文件存在虚假记载仅作为“以欺骗手段骗取发行核准”要件的组成部分予以评价，不能体现《证券法》第十三条第一款第三项的立法目的，反而会导致对违法行为的危害性评价不足。另外，被诉处罚决定对欣泰电气财务会计文件有虚假记载的认定，并非仅仅基于招股说明书，中国证监会提交的证据亦可佐证。财务会计文件的虚假记载是基础，而招股说明书等IPO申请文件中的虚假记载是进一步体现。欣泰电气认为中国证监会将招股说明书存在虚假记载认定为财务会计文件存在虚假记载属认定事实错误，不足为据。

3. 基于上述分析，本案欣泰电气的实际财务状况是否符合公开发行新股的财务指标要求，已非本案所需审查之事项。至于欣泰电气主张中国证监会的其他处罚案例与本案执法标准不统一的问题。首先，欺诈发行确实涉及信息披露违法问题，但由于《证券法》第一百八十九条对于欺诈发行已有特别规定，本案欣泰电气的违法行为完全符合欺诈发行的构成要件，因此中国证监会依据《证券法》第一百八十九条对欣泰电气在IPO申请过程中的欺诈发行违法行为作出行政处罚，并无不当。其次，欣泰电气所举其他案件中违法行为的具体情况与本案均有明显且实质的不同，与本案不具有关联性和可比性，不影响对本案欣泰电气违法行为的定性以及对处罚幅度合法性的审查。至于中国证监会在其他处罚案件中的处理是否合法，超出本案审查范围，不予评述。

（二）被诉处罚决定并无事实不清之情形

《证券法》第七条第一款明确规定，国务院证券监督管理机构依法对全国证券市场实行集中统一监督管理，故其对查处证券违法行为所涉及的相关事实及法律适用有权予以审查认定。欣泰电气的财务数据是否存在虚假记载系欺诈发行以及信息披露违法行为的基础性事实，中国证监会作为证券监管机关当然有权对属于违法行为要件的相关事实进行调查、确认，并独立对外承担法律责任。虽然中国证监会也可以通过专业机构帮助其查明事实，但专业机构的意见并非中国证监会查明案件事实的必要依据。欣泰电气认为中国证监会没有就专门性问题进行认定的职权，系对行政职权的误解。本案中，欣泰电气并未就被诉处罚决定认定的相关违法事实提出相反证据或者实质性的反驳意见，其仅以被诉处罚决定欠缺司法鉴定部门或者专业审计部门的意见而主张被诉处罚决定认定事实不清，不足为据。另外，生效行政处罚决定所认定的事实固然具有证明力，但基于“程序主导及责任原则”，人民法院或者其他有权机关仍得在其主导的法律程序中，根据其审查的全部证据对相关事实予以认定。

（三）现有证据不足以证明欣泰电气存在依法应当从轻或者减轻处罚的情节

《行政处罚法》第二十七条第一款对应当从轻或者减轻处罚的情形已予明确

规定，欣泰电气称其在调查过程中积极配合，但《行政处罚法》第二十七条第一款第三项明确规定的要件为，“配合行政机关查处违法行为有立功表现的”。作为行政处罚的当事人，配合行政机关的调查应是欣泰电气的基本义务，本案中并无证据证明欣泰电气有立功表现，亦无证据能够证明欣泰电气确有主动消除或者减轻违法行为危害后果之情节。至于欣泰电气所持虚构收回应收账款情节显著轻微之主张，虚构收回应收账款只是财务造假的一种手段，没有理由认为其对证券市场的危害性显著轻于其他手段的财务造假。至于欣泰电气主张其符合“其他依法从轻或者减轻行政处罚的”情形，亦无事实依据。

另外，欣泰电气为公开发行新股而连续对其财务数据进行造假，该违法行为至欣泰电气 2014 年 1 月取得核准批复时终了，中国证监会于 2015 年 5 月在对欣泰电气现场检查时发现违法线索，并经立案调查最终作出行政处罚，并未违反《行政处罚法》第二十九条关于处罚时效的规定。

综上，一审法院审理认为，被诉处罚决定认定事实清楚，证据充分，针对欣泰电气的处罚幅度适当，对被诉处罚决定及被诉复议决定的作出程序，欣泰电气未持异议，经审理亦均无违法之处。欣泰电气请求撤销被诉处罚决定及被诉复议决定的诉讼请求不能成立，不予支持。依照《中华人民共和国行政诉讼法》（以下简称《行政诉讼法》）第六十九条、第七十九条之规定，一审法院作出（2017）京 01 行初 6 号行政判决，驳回欣泰电气的诉讼请求。

欣泰电气不服一审判决，向北京市高级人民法院提起上诉，请求撤销一审判决、被诉处罚决定和复议决定。

二审法院审理认为，对于中国证监会证券监管职责、被诉处罚决定关于信息披露行为违法认定与处罚部分以及被诉处罚程序、行政复议程序的合法性问题，欣泰电气并无异议，对其合法性予以确认。

（一）关于欺诈发行的构成要件以及欣泰电气是否符合该构成要件

根据《证券法》第一百八十九条第一款规定，在发行人已经发行证券的情况下，构成证券欺诈发行的构成要件主要有两个，即“发行人不符合发行条件”和“骗取发行核准”。而对于“发行人不符合发行条件”的认定标准，《证券法》第十三条第一款明确规定了公司公开发行新股应当满足法人治理结构、财务状况、盈利能力、诚信守法记录等方面的一系列法定条件。从法律文义和规范体系统一性的视角分析，《证券法》第十三条规定的发行新股的条件应当与第一百八十九条规定的“不符合发行条件”具有内在关联和前后衔接性，前者规定的发行条件自然且理当作为后者认定是否符合发行条件的标准。对于“骗取发行核准”的理解，发行人可能实质上不符合发行条件而骗取发行核准，也可能是本来符合发行条件而为了“骗取”一个更好的发行价格以筹集更多资本，不论属于两种情形中的哪一种，只要在特定发行文件中存在重大虚假记载或陈述，都属于“骗取发行核准”的范畴，与发行人剔除虚假记载内容后是否仍然符合发行条件并无必然关系。

本案中，欣泰电气对 IPO 申请文件中相关财务数据存在重大虚假记载的事实并无异议，而根据《证券法》第十三条第一款第三项的规定，公司公开发行新股应当符合“最近三年财务会计文件无虚假记载，无其他重大违法行为”的条件。这就意味着，在核准制法律框架下，公司申请公开发行新股，如果在申请核准时点的最近三年内财务会计文件存在虚假记载，则应当认定公司不符合发行条件。结合前述对证券欺诈发行构成要件的分析，欣泰电气 IPO 申请文件中的财务数据存在重大虚假记载，足以认定其“不符合发行条件”，其将包含虚假财务数据的 IPO 申请文件报送中国证监会申请证券发行核准的做法，属于“骗取发行核准”的行为。在此情况下，中国证监会认定欣泰电气符合《证券法》第一百八十九条第一款规定证券欺诈发行的构成要件并无不当。

欣泰电气坚持认为，欣泰电气的财务数据如果进行回溯调整，实质条件均符合公开发行证券的要求。二审法院认为，只要 IPO 申请文件中的财务数据存在重大虚假记载，就可以认定不符合《证券法》第十三条规定的发行条件，即使发行人剔除虚假记载内容后的财务指标符合法律对发行新股的财务指标要求，也不能认为发行人实质上就符合发行条件。这是因为，根据《证券法》第十三条的规定，公开发行证券的发行人需要满足法人治理结构、财务状况、盈利能力、诚信守法记录等一系列法定条件，而绝不仅仅只有公司财务指标的条件。公司在申请公开发行证券时对财务数据虚假记载，既是财务会计文件编制的问题，也是公司是否诚实守信、合法经营的问题，还是公司治理结构合规性和有效性的反映。而且，根据《证券法》第三条、第五条的规定，证券的发行必须遵循公开、公平、公正的原则，禁止欺诈行为。发行人 IPO 申请文件财务数据存在重大虚假记载，既违反证券发行的公开、公平、公正原则，极易给市场投资者的判断造成误导，又属损害投资者利益的市场欺诈行为，是侵蚀证券市场的诚实信用基石，因而不论在发行核准环节，还是在后续监管环节都应当受到法律的否定性评价。由此可见，不论从证券发行的具体条件，还是从证券立法的目的出发，欣泰电气的该项主张都不能成立。

二审法院认为，招股说明书与财务会计文件的确在名称、形式以及内容涵盖面上有所不同，但也存在交织，其中公司财务会计文件是招股说明书的重要内容之一，二者实质上是整体和部分、形式和内容的关系，招股说明书等 IPO 申请文件中对财务数据的虚假记载是财务会计文件虚假记载的一种表现形式。因此，欣泰电气认为中国证监会将招股说明书中的虚假记载认定为财务会计文件虚假记载构成认定错误的主张，不能成立。

（二）关于被诉处罚决定事实认定是否需要专业机构审计或鉴定

《证券法》第七条规定，国务院证券监督管理机构依法对全国证券市场实行集中统一监督管理。《证券法》“第十章”又专门对国务院证券监督管理机构依法对证券市场实行监督管理履行的职责和有权采取的措施作了具体的列举。这些规定虽然没有细化到就证券监管中财务会计文件真实性等专业性事项的认定权限问题，但现行法律没有特别规定行政机关必须对执法中的专业性问题委托专业机构进行认定和处理的情况下，中国证监会作为国家设置的专司证券市场监管的专业性机构，对涉嫌证券违法行为的事实（包括对涉及财务会计文件是否存在虚假记载等涉及专业性方面的事实）进行调查、认定，并在调查基础上作出相应的处理，理当是上述法律规定的中国证监会职责权限范围的题中应有之义。当然，在法律没有明确规定的情况下，对于行政执法中专业性较强的事实认定问题，并不排除中国证监会通过外聘专业机构进行鉴定或审计并将鉴定或审计意见作为认定事实的基础，但这无疑属于中国证监会执法裁量的范畴。也就是说，在涉及专业性事实认定中，外聘专业机构就专业问题出具意见，并不属于中国证监会在开展执法活动中必须履行的法定义务。

本案中，欣泰电气对其在 IPO 申请文件中，相关财务数据存在虚假记载的事实并无异议，中国证监会结合欣泰电气的陈述以及自身在职责权限范围内的调查情况，对本案事实作出认定，并无不当。欣泰电气认为中国证监会未对财务会计文件等专业性问题委托专业鉴定或审计机构出具意见，从而导致认定事实错误的主张，缺乏法律依据，不予支持。欣泰电气在二审庭审中还以《最高人民法院关于审理证券行政处罚案件证据若干问题的座谈会纪要》第三部分关于“对被诉行政处罚决定涉及的专门性问题，当事人可以向人民法院提供其聘请的专业机构、特定行业专家出具的统计分析意见和规则解释意见”的规定，来证明中国证监会未委托专业鉴定或审计机构对财务会计文件虚假记载问题出具意见导致认定事实不清。二审法院认为，一方面，上述会议纪要记载的该部分内容，适用于行政诉讼程序中对相关专业性事实进行认定的情形，而非直接对行政机关在行政执法程序中对专业性问题认定作出的拘束性规定；另一方面，该部分内容也仅规定当事人可以向人民法院提供其聘请的专业机构、鉴定行业专家出具的意见，而非要求当事人必须就专业性问题向人民法院提供专业机构的专业意见，更不能推导出如果当事人没有就专业性问题提供其聘请专业机构出具的意见，就导致被诉处罚决定事实不清的结果。因此，欣泰电气的该项主张，缺乏法律依据，不予支持。

（三）关于被诉处罚决定是否存在明显不当

根据《行政诉讼法》第七十条第六项的规定，行政行为明显不当的，人民法院判决撤销或者部分撤销。具体到行政处罚领域，《行政诉讼法》第七十七条规定，行政处罚明显不当的，人民法院可以判决变更，但不得加重原告的义务或者减损原告的权益。由此可见，人民法院审理行政案件，不仅要对被诉行政行为是否合法进行审查，还要对行政行为裁量是否明显不当进行审查。对行政处罚来说，如果经审查存在明显不当的还可以直接判决变更。但需要注意的是，立法在规定人民法院可以对被诉行政行为进行合理性审查的同时，还强调必须行政行为“明显不当”的才可以予以撤销或变更。由此也可以看出法律对行政裁量进行司法审查的定位，即人民法院既要履行对行政裁量的审查职责，不能怠于履行，也要秉持谦抑态度行使自己的审查权力，给予行政裁量必要的尊重。证券金融领域相较之其他行政领域更具有一定的特殊性，金融监管部门对市场的监管奉行依法审慎监管原则，这也要求法院对金融监管执法行为进行司法监督必须在恪守适度原则基础上开展合法性审查，不能逾越金融监管执法规律或者超越司法权边界施以监督。根据《行政处罚法》第四条第二款的规定，行政机关实施行政处罚，必须以事实为依据，与违法行为的事实、性质、情节以及社会危害程度相当。本案中，欣泰电气认为被诉处罚决定在定性和处理结果两个方面均存在明显不当的地方。在定性方面，前面已经述及，欣泰电气符合证券欺诈发行的构成要件。对于欣泰电气在一、二审程序中以中国证监会查处的其他案件为例说明本案定性不当的主张，由于欣泰电气所举案件中违法行为的性质和情节与本案并不具有可比性，且中国证监会在那些案件中处理合法适当与否也非本案审查范围，因而欣泰电气认为中国证监会定性不当的主张不能成立。在处理结果方面，欣泰电气主张其积极配合中国证监会的执法调查，其应当从轻或减轻处罚。根据《行政处罚法》第二十七条第一款第三项的规定，当事人配合行政机关查处违法行为有立功表现的，应当依法从轻或者减轻行政处罚。由此可见，即使欣泰电气在本案行政调查过程中有配合调查的情节，但并无证据证明其有“立功表现”，因而其仍然不符合法定的应当从轻或减轻处罚的条件。而且，根据《证券法》第一百八十九条第一款的规定，发行人不符合发行条件，以欺骗手段骗取发行核准，已经发行证券的，处以非法所募资金金额百分之一以上百分之五以下的罚款。本案中，中国证监会按照非法募集金额百分之三的标准对欣泰电气处以罚款，在上述法律规定的幅度范围内，且与欣泰电气违法行为的性质、情节以及危害程度基本相当，不构成裁量上的明显不当。因此，欣泰电气认为被诉处罚决定明显不当的主张，缺乏事实和法律依据，亦不予支持。

综上，二审法院认为被诉处罚决定和被诉复议决定合法有据，一审判决驳回欣泰电气诉讼请求正确，应予支持。欣泰电气的上诉主张不能成立，不予支持。依照《行政诉讼法》第八十九条第一款第(一)项的规定，判决驳回上诉，维持一审判决。

欣泰电气向本院申请再审请求撤销一、二审判决，撤销被诉处罚决定以及被诉复议决定。主要事实和理由为：(一)被诉复议决定维持被诉处罚决定，存在事实不清、证据不足，违反《行政处罚法》第三十条的规定。一、二审判决未对上述问题予以认定，属于确有错误。1. 上市申请文件的财务信息虚假记载等所涉及的专业性问题，应当由具有法定资质的专业机构以审计或者基于司法会计鉴定报告的形式予以认定。现有证据不足以证明其 IPO 申请文件财务虚假记载的准确金额。中国证监会对于财务造假行为的行政处罚权或行政监管权，并不代表其可以在行政程序中直接排斥必要的专业意见。财务审计的专业意见不仅是证据完整性的必要内容，也是行政程序公正的必要体现。2. 中国证监会在确认欣泰电气涉案行为的金额依据的重要证据在准确性层面具有严重疑问，导致在事实不清的情况下作出行政处罚。华普天健会计师事务所出具的《2015 年度会计差错更正的专项说明》指出：不对欣泰电气公司上述会计差错更正是否恰当以及会计处理是否符合企业会计准则的相关规定发表意见。这就表明本案财务造假数据结论的准确性难以确认。3. 证明财务虚假记载数据的证据来源单一且未经全面核查确认，导致涉案违法事实并未达到《行政处罚法》第三十条规定的予以行政处罚的标准。(二)被诉处罚决定对于“发行人不符合发行条件”与“欺骗手段”的解释错误，导致错误适用《证券法》第一百八十九条。原审判决对《证券法》等法律法规有关欺诈发行的解释确有错误。1. 欣泰电气申报的 IPO 申请文件中确实存在虚构应收账款等调整财务数据的事实，但其作为发行人，并不存在其他不符合 IPO 条件的实质行为特征。欣泰电气的行为不能构成《证券法》规定的欺诈发行。《证券法》第一百八十九条规定了与发行条件有关的内容，“发行人不符合发行条件”中的发行条件具有独立的实质内涵，并不直接且完全等同于《证券法》第十三条中的相关发行条件。“不符合发行条件”这一构成要件的配置，实际上就是《证券法》欺诈发行等虚假陈述违法行为认定体系中的重大性判断标准。要构成欺诈发行行为，其必须具备重大性的实质判断与量化判断，不能基于不符合原则性的发行条件就直接将涉案行为认定为欺诈发行，而是应当在这种行为严重或者重大到实质上不符合《证券法》及其规章所规定的发行实质量化标准，才应当认定为符合欺诈发行构成要件意义上的“不符合发行条件”。（三）中国证监会在被诉行政处罚决定中的法律适用标准存在明显的不一致性，行政处罚明显不当。欣泰电气具备从轻或者减轻处罚条件，中国证监会并未对欣泰电气予以从宽处理，作出的行政处罚决定违反《行政处罚法》第二十七条应当依法从宽予以行政处罚的规定。

中国证监会答辩称，被诉行政处罚决定事实清楚，证据确实充分，原审判决认定事实和适用法律正确。中国证监会适用《证券法》第一百八十九条作出的行政处罚适用法律标准一以贯之，不存在明显不当，原审判决适用法律正确。欣泰电气不存在依法应当从轻或者减轻处罚的情形，其所提再审理由缺乏事实和法律依据，不能成立。

二、再审法院对案件的审理

本院对一、二审法院审理查明的基本事实予以确认。

本院认为，本案争议焦点在于，被诉处罚决定关于欣泰电气构成欺诈发行的事实认定和法律适用是否错误，作出的处罚是否存在明显不当。

（一）被诉处罚决定关于欣泰电气构成欺诈发行的事实认定和法律适用是否错误

本案所涉违法行为是，欣泰电气为实现发行上市目的，实际控制人温德乙建议在会计期末以外部借款减少应收账款，并于下期初再还款冲回，解决欣泰电气应收账款余额过大问题。根据原审法院审理查明的事实，2011 年 12 月至 2013 年 6 月，欣泰电气通过外部借款、使用自有资金或伪造银行单据的方式虚构应收账款的收回，在年末、半年末等会计期末冲减应收款项（大部分在下一会计期期初冲回），致使其在向中国证监会报送的首次公开发行股票并在创业板上市的 IPO 申请文件中相关财务数据存在虚假记载。欣泰电气将包含虚假财务数据的 IPO 申请文件报送中国证监会并获得核准。2013 年 12 月至 2014 年 12 月，欣泰电气在上市后继续通过外部借款或者伪造银行单据的方式虚构应收账款的收回，在年末、半年末等会计期末冲减应收款项（大部分在下一会计期期初冲回），导致其披露的相关年度和半年度报告财务数据存在虚假记载。欣泰电气实际控制人温德乙以员工名义从公司借款供其个人使用，截至2014年12月31日，占用欣泰电气6388万元。欣泰电气在《2014年年度报告》中未披露该关联交易事项，导致《2014年年度报告》存在重大遗漏。欣泰电气披露的《2013年年度报告》《2014年半年度报告》和《2014年年度报告》存在虚假记载。被诉处罚决定认定虚构收回应收账款等事实所依据的证据有，欣泰电气提供的说明材料、银行汇票、资金流水、客户提供的情况说明以及欣泰电气的财务凭证等，被诉处罚决定对上述证据收集的应收账款的收回金额进行汇总计算后得出涉案金额。在上述证据中，《2015年度会计差错更正的专项说明》，属于欣泰电气的自认证据。欣泰电气在申请再审中以欣泰电气的上述专项说明主张，被诉处罚决定未经第三方审计机构的意见认定具体金额，所认定的金额不具有真实性。本院在询问当事人时查明，上述专项说明所述"对欣泰电气2015年度财务报表审计报告无法发表意见"，是因华普天健会计师事务所无审计职权，无法对欣泰电气作出的更正事项以及具体的涉及金额发表意见。该事实并不能证明欣泰电气主张被诉处罚决定涉及的证据来源单一进而存在错误的事实。

欣泰电气对存在虚构应收账款，在IPO申请文件及上市后定期报告中存在虚假记载、重大遗漏的事实不存在争议，但主张中国证监会对相关财务数据造假的认定，应当以司法鉴定部门或者专业审计部门的意见作为依据，主张对于欺诈发行认定中重要的财务数据问题，因没有委托专业机构审计或鉴定，缺少中立客观的第三方意见为依据，因此存在违法或者事实不清。本案中，欣泰电气的上述主张仅是怀疑没有外部第三方审计，可能存在对财务数据的计算错误，其并未提交有效证据证明被诉处罚决定在财务数据的事实认定上存在错误。本院认为，中国证监会作为证券发行上市交易行为的监管机构，服务实体经济、防范金融风险，其在行政许可及日常监管、调查处罚等环节涉及大量信息披露、会计核算规范、公司治理与内控等专业问题的判断，是否通过外部聘请专业财务人员就专门问题进行查明，是其行使自由裁量权的行为。以未聘请外部专业人员进行财务审核，径行认定中国证监会对专业性问题判断错误，既没有法律依据，也不符合行政机关行使监管的法律职能定位，不利于及时有效防范资本市场风险，有碍于促进资本市场健康有序发展。对涉嫌证券违法行为的事实进行调查认定，并在此基础上作出相应的处理，是中国证监会行政职权的应有之义。欣泰电气关于行政处罚决定无第三方审计机构出具的意见，因而事实认定存在错误的主张，无法律和事实依据，本院不予支持。

欣泰电气认为，对其 IPO 申请材料中存在的财务数据虚假记载，应认定为“以欺骗手段骗取发行核准”，而不应认定为“不符合发行条件”，并认为所指的“不符合发行条件”应是不符合公开发行新股的财务指标等条件。同时坚持认为，欣泰电气的财务数据的实质条件均符合公开发行证券的要求，被诉处罚决定认定事实和适用法律存在错误。本院认为，证券的发行必须遵循公开、公平、公正的原则，禁止欺诈行为。公司治理、规范运作、信息披露等都是公开发行股票不可缺少的法定条件。证券市场是对信息高度依赖的市场，保证 IPO 申请文件的真实性，是发行人最基本也是最重要的要求。IPO 是资本市场的入口环节，是发挥市场融资功能、服务实体经济的关键。IPO 审核工作对证券市场健康运行具有重要的影响，全面强化对 IPO 企业的监管是依法、从严、全面行使监管职责的必然。无论发行人的实际财务状况是否符合财务指标要求，发行人的财务会计文件存在虚假记载就足已对市场投资者的判断产生误导，损害投资者的知情权，直接损害证券发行秩序，该行为当然属于《证券法》第一百八十九条第一款予以处罚的情形之一。发行人公开发行新股的条件，不仅包括财务条件，也包括非财务条件。根据《证券法》第十三条的规定，公开发行证券的发行人需要满足法人治理结构、财务状况、盈利能力、诚信守法记录等一系列法定条件，而绝不仅指公司财务指标的条件。如上所述，存在财务虚假记载，一方面违反了证券发行公开、公平、公正原则，另一方面也损害了投资者的利益。公司在申请公开发行证券时对财务数据不得有虚假记载，既是财务会计文件编制的要求，也是公司诚实守信、合法经营的基本，更是公司治理结构合规性和有效性的体现。IPO 申请文件中的财务数据存在重大虚假记载，不符合《证券法》第十三条规定的发行条件，即使发行人剔除虚假记载内容后的财务指标符合法律对发行新股的财务指标要求，也不能认为发行人实质上就符合发行条件。退一步而言，本案中，欣泰电气为了实现发行上市目的，以弄虚作假的手段虚构收回应收账款，即使存在剔除造假数据或者回溯调整财务数据，符合公开发行新股的基本财务条件，其故意虚假记载财务数据的行为，也已经严重影响了投资者的合法利益，影响了职能部门在行政审核中对公司价值的判断，构成《证券法》第一百八十九条规定的发行人不符合发行条件，以欺骗手段骗取发行核准的行为，理应适用《证券法》第一百八十九条进行认定处罚。原审法院对于被诉处罚决定适用的法律分析正确，本院予以支持。综上，欣泰电气将包含虚假财务数据的 IPO 申请文件报送中国证监会并获得核准的行为，违反了《证券法》第十三条和第二十条第一款的规定，构成

《证券法》第一百八十九条所述“发行人不符合发行条件,以欺骗手段骗取发行核准”的行为。被诉处罚决定适用《证券法》第一百八十九条进行处罚,原审判决对此认定给予支持,适用法律以及认定事实正确。

(二)被诉处罚决定作出的处罚是否存在明显不当

欣泰电气申请再审主张被诉处罚决定存在处罚过重以及标准不一致。《行政诉讼法》第七十七条第一款规定,行政处罚明显不当,或者其他行政行为涉及对款额的确定、认定确有错误的,人民法院可以判决变更。本院认为,新股发行上市将给拟上市公司的股东带来巨大利益,为获取巨额不正当利益,通过报送虚假信息的发行申请材料获取核准发行的行为,严重扰乱证券发行秩序,破坏市场投资秩序,严重损害了投资者投资信心和利益,该危害的影响恶劣。虚构收回应收账款是财务造假的一种手段,不同案件中造假手段不同,但都对投资者构成欺诈。根据《行政处罚法》第四条第二款规定,设定和实施行政处罚必须以事实为依据,与违法行为的事实、性质、情节以及社会危害程度相当。上市公司在发行阶段就弄虚作假,骗取发行核准,这种行为会直接导致投资者失去对资本市场的信任,资本市场的流动性将会受到巨大冲击,资本市场会因此失去生机和活力。对于该违法行为予以坚决打击是监管部门的职责所在。欣泰电气虚构收回应收账款的造假手法多样,虚减应收账款的数额特别巨大,致使其报送和披露的文件严重背离其真实的经营状况,极大误导投资者。被诉处罚决定并不存在明显不当的情形。

欣泰电气主张是其主动提供的财务信息、账册材料以及公司董事长、财务总监等在询问笔录中的言词证据。本院认为,发行申请文件的真实性是公司取得上市资格,保障未来投资者利益的前提,诚信是资本市场得以存在的基石。欣泰电气虽然有配合中国证监会进行调查的行为,但并无证据证明其有立功表现的事实,不能适用《行政处罚法》第二十七条第一款三项规定的配合行政机关查处违法行为有立功表现,予以从轻或减轻行政处罚的情形。欣泰电气主张的其他案件中中国证监会作出的处理结果与本案的事实并不具有可比性,在其他案件中的处理是否合法适当也并非本案的审查范围。欣泰电气关于被诉处罚决定处罚明显不当的主张,本院不予支持。

综上,欣泰电气的再审申请不符合《中华人民共和国行政诉讼法》第九十一条规定的情形。依照《最高人民法院关于适用〈中华人民共和国行政诉讼法〉的解释》第一百一十六条第二款之规定,裁定如下:

驳回丹东欣泰电气股份有限公司的再审申请。二〇一九年五月六日审结。

第二节　当事人申请再审与答辩及再审法院审判的逻辑图

一、原告欣泰电气申请再审的逻辑图

上市申请文件的财务信息虚假记载等所涉及的专业性问题，应当由具有法定资质的专业机构以审计或者基于司法会计鉴定报告的形式予以认定。现有证据不足以证明本公司IPO申请文件财务虚假记载的准确金额。中国证监会对于财务造假行为的行政处罚权或行政监管权，并不代表其可以在行政程序中直接排斥必要的专业意见

华普天健会计师事务所出具的《2015年度会计差错更正的专项说明》指出：不对欣泰电气公司上述会计差错更正是否恰当以及会计处理是否符合企业会计准则的相关规定发表意见。这就表明本案财务造假数据结论的准确性难以确认

证明财务虚假记载数据的证据来源单一且未经全面核查确认，导致涉案违法事实并未达到《行政处罚法》第三十条规定的予以行政处罚的标准

被诉复议决定维持被诉处罚决定，存在事实不清、证据不足，违反《行政处罚法》第三十条的规定，一、二审判决未对上述问题予以认定，属于确有错误

中国证监会在被诉行政处罚决定中的法律适用标准存在明显的不一致性，行政处罚明显不当

被诉处罚决定对于“发行人不符合发行条件”与“欺骗手段”的解释错误，导致错误适用《证券法》第一百八十九条，原审判决对《证券法》等法律法规有关欺诈发行的解释确有错误

中国证监会在被诉行政处罚决定中的法律适用标准存在明显的不一致性，欣泰电气具备从轻或者减轻处罚条件，中国证监会并未对欣泰电气予以从宽处理

行政处罚明显不当，同时行政处罚决定违反《行政处罚法》第二十七条应当依法从宽予以行政处罚的规定

请求撤销一、二审判决，撤销被诉处罚决定以及被诉复议决定

二、被告中国证监会再审时的答辩逻辑图

欣泰电气将包含虚假财务数据的IPO申请文件报送中国证监会并获得中国证监会核准的行为，违反了《中华人民共和国证券法》第十三条公开发行新股应当符合的条件中“最近三年财务会计文件无虚假记载，无其他重大违法行为”和第二十条第一款“发行人向国务院证券监督管理机构或者国务院授权的部门报送的证券发行申请文件，必须真实、准确、完整”的规定，构成《证券法》第一百八十九条所述“发行人不符合发行条件，以欺骗手段骗取发行核准”的行为

欣泰电气披露的《2013年年度报告》《2014年半年度报告》《2014年年度报告》存在虚假记载及《2014年年度报告》存在重大遗漏的行为，违反了《证券法》第六十三条有关“发行人、上市公司依法披露的信息，必须真实、准确、完整、不得有虚假记载、误导性陈述或者重大遗漏”的规定，构成《证券法》第一百九十三条所述“发行人、上市公司或者其他信息披露义务人未按照规定披露信息，或者披露的信息有虚假记载、误导性陈述或者重大遗漏”的行为

→ 依据《证券法》第一百八十九条的规定，决定对欣泰电气处以非法所募资金的3%即772万元罚款；依据《证券法》第一百九十三条第一款、第三款的规定，决定对欣泰电气责令改正，给予警告，并处以60万罚款。综合上述两项行政处罚意见，中国证监会决定对欣泰电气责令改正，给予警告，并处以832万元罚款

中国证监会适用《证券法》第一百八十九条作出的行政处罚适用法律标准一以贯之，且欣泰电气所举其他案件中违法行为的具体情况与本案均有明显且实质的不同，与本案不具有关联性和可比性

→ 被诉处罚决定作出的处罚不存在明显不当

中国证监会在事先告知时，已在拟作出的行政处罚中充分考虑当事人配合调查的相关情节

→ 欣泰电气不存在依法应当从轻或者减轻处罚的情形

→ 被诉行政处罚决定事实清楚，证据确实充分，原审判决认定事实和适用法律正确。其所提再审理由缺乏事实和法律依据，不能成立

三、再审法院的判决逻辑图

焦点一：被诉处罚决定关于欣泰电气构成欺诈发行的事实认定和法律适用是否错误

欣泰电气对中国证监会在确认其涉案行为的金额依据的重要证据在准确性层面具有严重疑问，财务虚假记载数据的证据来源单一且未经过全面核查确认，导致涉案违法事实并未达到《行政处罚法》第三十条规定的予以行政处罚的标准

1. 本案所涉违法行为是，欣泰电气为实现发行上市目的，实际控制人温德乙建议在会计期末以外部借款减少应收账款，并于下期初再还款冲回，解决欣泰电气应收账款余额过大问题；
2. 在涉案证据中，《2015年度会计差错更正的专项说明》，属于欣泰电气的自认证据；
3. 该事实并不能证明欣泰电气主张被诉处罚决定涉及的证据来源单一进而存在错误的事实

欣泰电气主张，中国证监会对相关财务数据造假的认定，应当以司法鉴定部门或者专业审计部门的意见作为依据，主张对于欺诈发行认定中重要的财务数据问题，因没有委托专业机构审计或鉴定，缺少中立客观的第三方意见为依据，因此存在违法或者事实不清

本院认为，中国证监会作为证券发行上市交易行为的监管机构，服务实体经济、防范金融风险，其在行政许可及日常监管、调查处罚等环节涉及大量信息披露、会计核算规范、公司治理与内控等专业问题的判断，是否通过外部聘请专业财务人员就专门问题进行查明，是其行使自由裁量权的行为。欣泰电气关于行政处罚决定无第三方审计机构出具的意见，因而事实认定存在错误的主张，无法律和事实依据，本院不予支持

欣泰电气认为，对其IPO申请材料中存在的财务数据虚假记载，应认定为“以欺骗手段骗取发行核准”，而不应认定为“不符合发行条件”，并认为所指的“不符合发行条件”应是不符合公开发行新股的财务指标等条件。同时坚持认为，欣泰电气的财务数据的实质条件均符合公开发行证券的要求，被诉处罚决定认定事实和适用法律存在错误

本院认为，IPO申请文件中的财务数据存在重大虚假记载，不符合《证券法》第十三条规定的发行条件，即使发行人删除虚假记载内容后的财务指标符合法律对发行新股的财务指标要求，其故意虚假记载财务数据的行为，也已经严重影响了投资者的合法利益，影响了职能部门在行政审核中对公司价值的判断，构成《证券法》第一百八十九条进行认定处罚。原审法院对于被诉处罚决定适用的法律分析正确，本院予以支持

被诉处罚决定适用《证券法》第一百八十九条进行处罚，原审判决对此认定给予支持，适用法律以及认定事实正确

焦点二：被诉处罚决定作出的处罚是否存在明显不当

欣泰电气申请再审主张被诉处罚决定存在处罚过重以及标准不一致

本院认为，新股发行上市将给拟上市公司的股东带来巨大利益，为获取巨额不正当利益，通过报送虚假信息的发行申请材料获取核准发行的行为，严重扰乱证券发行秩序，破坏市场投资秩序，严重损害了投资者投资信心和利益，该危害的影响恶劣。虚构收回应收账款是财务造假的一种手段，不同案件中造假手段不同，但都对投资者构成欺诈。根据《行政处罚法》第四条第二款规定，设定和实施行政处罚必须以事实为依据，与违法行为的事实、性质、情节以及社会危害程序相当。上市公司在发行阶段就弄虚作假，骗取发行核准，这种行为会直接导致投资者失去对资本市场的信任、资本市场的流动性将会受到巨大冲击，资本市场会因此失去生机和活力。对于该违法行为予以坚决打击是监管部门的职责所在。欣泰电气虚构收回应收账款的造假手法多样，虚减应收账款的数额特别巨大，致使其报送和披露的文件严重背离其真实的经营状况，极大误导投资者。被诉处罚决定并不存在明显不当的情形

欣泰电气主张其主动提供的财务信息，账册材料以及公司董事长、财务总监等在询问笔录中的言词证据，其具备从轻或减轻的处罚决定

本院认为，欣泰电气虽然有配合中国证监会进行调查的行为，但并无证据证明其有立功表现的事实，不能适用《行政处罚法》第二十七条第一款三项规定的配合行政机关查处违法行为有立功表现，予以从轻或减轻行政处罚的情形

欣泰电气关于被诉处罚决定处罚明显不当的主张，本院不予支持

综上，欣泰电气的再审申请不符合《中华人民共和国行政诉讼法》第九十一条规定的情形。裁定驳回丹东欣泰电气股份有限公司的再审申请

第三节　对法院判决的评析

此案系首例欺诈发行退市引发的行政诉讼案件，亦系首例中央国家机关负责人出庭应诉案件，引发社会广泛关注。法院认为，被诉处罚决定和被诉复议决定合法有据，一审判决驳回欣泰电气诉讼请求正确，应予支持；欣泰电气上诉主张不能成立，不予支持。法院判决，驳回上诉，维持一审判决。2019 年 5 月 6 日，最高人民法院就欣泰电气再审申请进行审查并作出裁定书，裁定驳回欣泰电气股份有限公司的再审申请，该案件尘埃落定。

再审在对一审、二审法院审理查明的基本事实予以确认的前提下，主要围绕两个争议焦点展开：(一)被诉处罚决定关于欣泰电气构成欺诈发行的事实认定和法律适用是否错误；(二)被诉处罚决定作出的处罚是否存在明显不当。最高院支持了证监会对欺诈发行的认定原则和执法逻辑，认为根据当时生效的《证券法》第十三条的规定(2019 年颁行的新《证券法》为第十二条)，公开发行证券的发行人需要满足法人治理结构、财务状况、盈利能力、诚信守法记录等一系列法定条件，而绝不仅仅只有公司财务指标的条件。公司在申请公开发行证券时对财务数据虚假记载，既是财务会计文件编制的问题，也是公司是否诚实守信、合法经营的问题，还是公司治理结构合规性和有效性的反映。发行人 IPO 申请文件财务数据存在重大虚假记载，既违反证券发行的公开、公平、公正原则，极易给市场投资者的判断造成误导，又是损害投资者利益的市场欺诈行为，侵蚀证券市场的诚实信用基石，因而不论在发行核准环节还是在后续监管环节都应当受到法律的否定性评价。同时，最高院认为在现行法律没有特别规定行政机关必须对执法中的专业性问题委托专业机构进行认定和处理的情况下，证监会作为国家设置的专司证券市场监管的专业性机构，对涉嫌证券违法行为的事实(包括对涉及财务会计文件是否存在虚假记载等专业性方面的事实)进行调查、认定并在调查基础上作出相应的处理，理当是法律规定的证监会职责权限范围的题中应有之义。证监会结合欣泰电气的陈述以及自身在职责权限范围内的调查情况，对本案事实作出认定，并无不妥。此外，判决认为证券金融领域相较之其他行政领域更具有一定的特殊性，金融监管部门对市场的监管奉行依法审慎监管原则，这也要求法院对金融监管执法行为进行司法监督必须在恪守适度原则基础上开展合法性审查，不能逾越金融监管执法规律或者超越司法权边界施以监督。本案中，证监会严格根据《行政处罚法》第四条第二款的规定，按照非法募集金额百分之三的标准对欣泰电气处以罚款，在法律规定的幅度范围内，且与欣泰电气违法行为的性质、情节以及危害程度基本相当，不构成裁量上的明显不当。对于欣泰电气提出配合中国证监会进行调查可从轻或减轻处罚的主张，最高院认为并无证据证明其有立功表现的事实，不能适用《行政处罚法》第二十七条第一款三项的规定，故对欣泰电气关于被诉处罚决定处罚明显不当的主张，法院不予支持。

可以看出，最高院在案件事实清楚，证据确实充分的基础上，针对欣泰电气的再审申请理由进行说理论证，严格遵守我国《行政诉讼法》的相关规定，依法对该案作出判决裁定。刘士余主席在调研指导行政处罚工作时强调，证监会的行政执法工作是党领导下依法治国、依法行政、依法治市的具体体现，是“纸面之法”转化为“现实之法”的生动实践，要坚决维护宪法和法律的权威，要做到有法必依，执法必严，忠实于法律，用足用好法律赋予的权限，依法从严打击各类违法行为，要以积极的姿态接受司法监督和司法审查，要拥抱司法审查，共同推动资本市场法治进步。当然处罚并不是最终目的，让违法违规者付出代价是为了让依法依规者看到公平与正义。尤其是欺诈上市类案件，违法行为持续时间长、造假手段复杂隐蔽，突破诚信底线，严重侵害了投资者合法权益，极大地破坏资本市场的正常秩序。此次法院判决证监会最终胜诉将对证券市场欺诈发行等违法违规行为形成有力震慑，充分彰显了法律的威严。

本案认定事实清楚、适用法律准确，审理案件时论证逻辑清晰，堪称经典性的证券欺诈发行被行政处罚所引发的行政诉讼案例。

思考题

1. 新旧《证券法》对上市公司 IPO 的条件有何异同？
2. 证券行政处罚行政诉讼案件有什么特点？

第十五章　证券承销案析合作承销商之间承销费用分配协议的效力

第一节　案情事实与法院的审理

一、案情事实

天风证券股份有限公司、中航证券有限公司证券承销合同纠纷二审民事判决书①

湖北省高级人民法院民事判决书(2017)鄂民终188号

上诉人(原审被告):天风证券股份有限公司。住所地:湖北省武汉市武昌区中南路＊＊号保利广场＊＊座＊＊楼。

法定代表人:余磊,该公司董事长。

委托诉讼代理人:汪定云,北京仁人德赛(武汉)律师事务所律师。

委托诉讼代理人:钱诚,北京仁人德赛(武汉)律师事务所律师。

被上诉人(原审原告):中航证券有限公司。住所地:江西省南昌市红谷滩新区红谷中大道＊＊号南昌国际金融大厦＊＊栋＊＊层。

法定代表人:王宜四,该公司总经理。

委托诉讼代理人:严朝清,江西司达律师事务所律师。

原审第三人:人福医药集团股份公司。住所地:湖北省武汉东湖高新区高新大道＊＊号。

法定代表人:王学海,该公司董事长。

---

① 中国裁判文书网。

委托诉讼代理人：李前伦，该公司副总经理。

委托诉讼代理人：程勉，该公司职员。

上诉人天风证券股份有限公司（以下简称天风证券公司）因与被上诉人中航证券有限公司（以下简称中航证券公司）、原审第三人人福医药集团股份公司（以下简称人福医药公司）证券承销合同纠纷一案，不服湖北省武汉市中级人民法院(2016)鄂01民初335号民事判决，向本院提起上诉。本院受理后，依法组成合议庭公开开庭进行了审理。上诉人天风证券公司委托诉讼代理人汪定云、钱诚，被上诉人中航证券公司委托诉讼代理人严朝清，原审第三人人福医药公司委托代理人李前伦、程勉到庭参加诉讼。本案现已审理终结。

天风证券公司上诉请求：一、撤销原判，依法改判驳回中航证券公司的全部诉讼请求；二、由中航证券公司承担本案一、二审案件受理费。事实和理由：一、一审法院在"认证意见"部分认为"中航证券公司提交的《中航证券公司有限公司与天风证券公司股份有限公司关于武汉人福医药集团股份有限公司非公开发行项目之承销相关事宜之协议》（以下简称《承销相关事宜协议》）真实、合法，应作为认定事实的依据"，这一认定与事实明显不相符，存在严重错误。1.从证券承销法律关系的性质来看，证券承销协议是证券发行人与证券公司之间签署的，旨在规范和调整证券承销关系以及承销行为的合同文件。人福医药公司作为证券发行人，已经依照三方《武汉人福医药集团股份有限公司非公开发行人民币普通股（A股）之承销协议》（以下简称《承销协议》）向中航证券公司支付了全额承销费用。天风证券公司并非证券发行人，而仅仅是证券承销商，天风证券公司依法不负有承销费用的支付义务，中航证券公司无权要求并非证券发行主体的天风证券公司向其支付任何承销费用。2.该《承销相关事宜协议》并非天风证券公司真实意思表示，更不具备合法性要件。一审法院已经认定该《承销相关事宜协议》系天风证券公司为了维护发行人人福医药公司的利益，避免人福医药公司股票延误发行而遭致重大损失，而受中航证券公司胁迫不得已而签订的，该协议并非天风证券公司的真实意思表示，且该协议内容显失公平。在此情况下，一审法院却又认为该协议"真实、合法"，明显自相矛盾。二、一审法院明显避重就轻，避而不谈该《承销相关事宜协议》作为补充协议的有效性问题，一审法院明确将《承销相关事宜协议》签订是否须获得人福医药公司的认可作为争议焦点问题，但判决书对此只字未提，直接认定该协议合法有效并支持中航证券公司的诉讼请求，导致一审判决错误。1.一审法院已经查明，三方共同签署的《承销协议》对于合同的变更明确要求经三方协商一致并共同签署方为有效。人福医药公司与天风证券公司、中航证券公司三方签署的《承销协议》第十八条“解释与修改”明确约定“对本协议的解释与修改必须由三方协商后以书面形式做出，并由三方签署后方为有效。”各方如需对该三方《承销协议》的约定进行变更，必须经三方协商一致并签署书面补充协议方为有效。2. 从协议的内容及性质上看，《承销相关事宜协议》是对三方《承销协议》的重大变更，是三方《承销协议》的补充协议，依法应当遵循法律规定及合同约定的程序和方式方为有效。从中航证券公司胁迫天风证券公司签署的《承销相关事宜协议》内容来看，该协议一方面对中航证券公司的承销义务范围进行了限定，另一方面又大幅度提升承销费用数额，对三方《承销协议》进行重大变更，亦属于三方《承销协议》的补充协议。而中航证券公司也明确确认《承销相关事宜协议》系三方《承销协议》的补充协议。作为补充协议，应当受三方《承销协议》的约束。3. 一审法院查明，《承销相关事宜协议》未经人福医药公司认可和签署同意，也未送交证券监督管理部门备案，不具备三方《承销协议》所要求的生效要件，依法未生效。因此，中航证券公司无权以该未生效的协议要求天风证券公司支付任何额外费用。一审法院未认定《承销相关事宜协议》作为补充协议的有效性问题，并假定该协议有效而支持中航证券公司的诉讼请求，导致一审判决错误。三、一审法院认为“中航证券公司提交的申银万国证券股份有限公司（以下简称申银万国公司）和泰达宏利基金管理有限公司（以下简称泰达宏利公司）的《证明》系原件，认购报价单经一审法院向人福医药公司留存的底稿核实，可作为认定本案事实的依据”并据此认为中航证券公司“已完成邀请询价对象并达到付款条件”，与本案客观事实不符，事实认定错误。1. 经天风证券公司在一审庭审中核查，中航证券公司提交申银万国公司的《证明》是复印件，并非原件，一审法院认为两份《证明》均系原件明显错误。2. 申银万国公司的《证明》上加盖的并非申银万国公司的公章，而仅仅是“投资交易事业部”的章，该《证明》出具主体与申银万国公司的《申购报价单》上的盖章主体不一致而且还是复印件，依法不具有证明效力。3. 一审法院一方面接受中航证券公司在一审庭审中当庭提交超出举证期限且并未说明逾期理由的证据，却对于天风证券公司在庭审中多次要求的“封存证据原件，对该证据的实际形成时间进行鉴定”的要求不予理睬，程序违法，并导致事实认定错误。只要一审法院接受天风证券公司的鉴定请求，对该证据进行形成时间鉴定即可知晓，该证明就是中航证券公司为本次诉讼而在开庭前临时找人开具，不能代表两家机构的真实意思表示。4. 中航证券公司提交的《申购报价单》与人福医药公司留存的底稿并不一致，一审法院却仍认为“认购报价单经本院向人福医药公司留存的底稿核实，可作为认定本案事实的依据”，事实认定错误。5.在中航证券公司未能提供充分证据证明“泰达红利公司和申银万国公司系中航证券公司邀请的询价对象”的情况下，中航证券公司本应承担举证不能的后果，一审法院错误地将“泰达宏利公司和申银万国公司系有效申购”等同于“泰达宏利公司和申银万国公司两家系中航证券公司邀请的询价对象”，以错误的事实来推导错误的结论，导致得出“中航证券公司已达付款条件”的错误结论。6.《承销相关事宜协议》系中航证券公司胁迫天风证券公司签署，并非天风证券公司的真实意思表示，且该协议未经人福医药公司认可和签署同意，该协议因不具备生效要件而不具有法律约束力，中航证券公司无权以该协议的约定要求付款，也就不存在中航证券公司付款条件是否成就之说。一审判决认证证据、认定事实和推导结论均明显错误，依法应当予以纠正。综上所述，一审法院一方面认定《承销相关事宜协议》系中航证券公司以胁迫方式签订，且该协议内容明显显失公平，另一方面却又违反三方《承销协议》的约定和法律规定，认定并非证券发行主体的天风证券公司必须接受该协议的约束并向中航证券公司支付额外的巨额承销费用，其判决明显自相矛盾，导致一审判决认定事实和适用法律错误。一审判决不仅损害了天风证券公司的合法权益，更违背了“任何人都不应当从其违法行为中获利”的民事法律基本原则，变相的支持和鼓励那些不诚信的商事行为，造成“诚实守信吃亏不诚信获利”的不良社会影响，更将对司法公信力造成极大的损害。

中航证券公司答辩称，一、中航证券公司与天风证券公司签订的《承销相关事宜协议》合法、有效。首先，该协议是双方在平等自愿、协商一致后共同签订的；只是在本案诉讼过程中，天风证券公司和人福医药公司同属关联公司，其双方之间存在利益关系，因此在中航证券公司没有其他相关人员参与并佐证的情况下，单方陈述中航证券公司胁迫其签订《承销相关事宜协议》；但在案件审理过程中，天风证券公司和人福医药公司均没有提供任何书面证据证实中航证券公司在签订《承销相关事宜协议》过程中使用了胁迫手段。根据《最高人民法院关于民事诉讼证据的若干规定》第二条：“当事人对自己提出的诉讼请求所依据的事实或者反驳对方诉讼请求所依据的事实有责任提供证据加以证明。没有证据或者证据不足以证明当事人的事实主张的，由负有举证责任的当事人承担不利后果”。其次，如果中航证券公司在签订上述《承销相关事宜协议》过程中使用了胁迫手段，天风证券公司和人福医药公司都是大型企业且是上市公司，都有非常专业的法律人士，如果受到胁迫，应当依据合同法规定的撤销权维护自己的合法权益，而非听之任之；天风证券公司和人福医药公司所谓受胁迫只为达到拒付中航证券公司承销费用目的。所以,一审法院认定《承销相关事宜协议》合法有效,属依法认定。二、中航证券公司和天风证券公司依法签订的补充协议无需征得人福医药公司的同意和认可,也不需到证券监督管理部门备案。天风证券公司一再强调双方签订《承销相关事宜协议》没有征得人福医药公司的参与并同意,不具有法律效力。根据合同相对性原则,中航证券公司和天风证券公司签订的《承销相关事宜协议》,属于承销商双方之间对承销事务的内部分工,且在该份协议中中航证券公司的分工负责事宜均在中航证券公司的法定经营范围内,无任何违法违规情形;因此,双方在人福医药公司授权和委托权限内,以及在股票发行承销法律法规规定的工作和权限范围内,中航证券公司和天风证券公司双方作为股票承销商内部之间的分工细化,既没有侵害作为发行人人福医药公司的合法利益以及加大其义务,也没有违反相关法律法规,因此,该份《承销相关事宜协议》无需得到人福医药公司的另行同意和认可。至于天风证券公司所说的《承销相关事宜协议》没有送交证券监督管理部门备案更属无稽之谈;我国现行证券法律法规,未对此类分工合同必须要报送证券监督管理部门备案审核具有强制性规定。如果按照天风证券公司的说法,《承销相关事宜协议》没有送交证券监督管理部门备案,就属无效,那在人福医药公司非公开发行人民币普通股(A股)方案事项审批上,证券监督管理部门任由中航证券公司和天风证券公司违规签订并履行《承销相关事宜协议》致使人福医药公司非公开发行人民币普通股(A股)方案通过审批公开上市岂非严重监管失察。三、中航证券公司提供的二份申银万国公司和泰达宏利公司的有效申购单和天风证券公司留存的有效申购单底稿一致。天风证券公司一再重复中航证券公司交付一审法院的申银万国公司和泰达宏利公司的有效申购单与人福医药公司留存的工作底稿不一致,但在庭审过程中,一审法院已经仔细核对了中航证券公司和人福医药公司提交的上述二份有效申购单与人福医药公司留存的工作底稿,以及中航证券公司的工作日记,证实由中航证券公司邀请询价的申银万国公司和泰达宏利公司的有效申购单均在规定的2013年8月23日上午12时整截止前递交成功。天风证券公司所谓的不一致只是纠结在申银万国公司和泰达宏利公司的二份有效申购单发送给中航证券公司和天风证券公司的时间有差异,涉案的申银万国公司和泰达宏利公司的有效申购单其只要符合法定的形式要件,并在规定的时间内送达给人福医药公司即具有相应的法律效力。即使上述申银万国公司和泰达宏利公司的有效申购单不送达给中航证券公司也不影响其申购单的有效成立。该二份有效申购单送达也仅作为中航证券公司和天风证券公司之间的结算依据;即使申银万国公司和泰达宏利公司的二份有效申购单在依法依规送达给人福医药公司后，再通知或送达给中航证券公司也不影响该二份有效申购单的合法性和承销工作的合规性。综上，一审法院认定基本事实清楚，适用法律正确。请求二审法院维持一审判决，依法驳回天风证券公司的上诉请求。

中航证券公司向一审法院起诉请求：1. 天风证券公司依约支付承销费共计人民币599.245,715万元（按照募集资金总额1,024,673,994元乘以3%等于30,740,219.82元；再以上数乘以26%等于799.245,715万元；再减去已支付的200万元）；2. 天风证券公司赔偿延迟履行支付承销费义务给中航证券公司造成的利息损失41.146万元（以599.245,715万元为基数，按中国人民银行同期贷款利率，自2013年9月12日起暂计至2014年10月25日，并计算至清偿之日止）；3、天风证券公司承担本案诉讼费用。

一审法院经审理查明：2012年12月26日，人福医药公司与天风证券公司签订《武汉人福医药集团股份有限公司非公开发行人民币普通股（A股）之保荐协议》，约定人福医药公司系甲方、发行人，天风证券公司系乙方、保荐机构。并对甲乙双方权利义务作了约定。依据约定，甲方应向乙方支付保荐费用人民币220万元。2012年，人福医药公司（即甲方）与中航证券公司（即乙方）签订了《武汉人福医药集团股份有限公司与中航证券有限公司之保荐协议》，该协议就人福医药公司申请非公开发行股票约定了双方的责任和权利。甲方应向乙方支付保荐费用人民币200万元。

2012年12月26日，人福医药公司（甲方）作为发行人与中航证券公司作为主承销商及第一保荐机构（乙方）、天风证券公司作为主承销商及联合保荐机构（丙方）签订《承销协议》，约定：甲方是依法设立并有效存续的股份有限公司。甲方拟非公开发行人民币普通股股票不超过6000万股；甲方就其上述股票发行事宜，委托乙方作为本次发行的第一保荐机构和主承销商，委托丙方作为本次发行的联合保荐机构和主承销商，乙方、丙方均同意接受甲方的委托。甲方向乙方支付承销费用金额为200万元。甲方向丙方支付承销费用，金额为本次募集资金总额的3%减去200万元后的余额。本次非公开发行A股的数量不超过5373万股，最终发行数量将根据申购情况由发行人董事会和保荐人（主承销商）协商确定。申报价格不低于19.07元/股，募集资金总额不超过102,500万元等。

2013年1月21日，中航证券公司与天风证券公司就共同承销人福医药公司非公开发行项目签订《承销相关事宜协议》约定：1. 甲方（指天风证券公司）承担人福医药公司非公开发行项目发行及承销主要工作，乙方（指中航证券公司）

利用其良好的市场关系及投资者关系协助甲方承销人福医药公司非公开发行的股票;2.人福医药公司本次非公开发行启动后,若询价结束后有效申购金额大于或等于拟募集资金总额(截至本协议签署之日,发行人拟募集资金总额为102,500万元,若遇市场情况不佳而导致发行人主动调整募集资金总额,以调整后的金额为准),只要乙方邀请的询价对象的有效申购金额达到或超过拟募集资金总额的26%,则无论乙方邀请的询价对象最终是否获配股份,甲方均应按照承销费用总额的26%(按目前拟募集资金总额计算为800万元)和200万元两者中较高者向乙方支付承销费用;3.人福医药公司本次非公开发行启动之后,若询价结束后有效申购金额小于拟募集资金总额,甲方应按乙方实际承销金额的3%和200万元两者中的较高者向乙方支付承销费用;4.前述2、3款中甲方应向乙方支付的承销费用已包括《承销协议》中规定的发行人应向乙方支付的200万元;5.在人福医药公司非公开发行股票并上市之日起五个工作日内,由甲方将上述承销费用一次性划至乙方指定银行账户。甲、乙双方均应严格履行本协议,一方违约的,另一方有权按照法律的有关规定追究另一方的违约责任。一方违反本协议约定给对方造成损失的,应赔偿对方损失。

2013年1月22日、2013年7月5日,中航证券公司、天风证券公司向中国证券监督管理委员会出具《关于武汉人福医药集团股份有限公司非公开发行股票之发行保荐书》和《关于武汉人福医药集团股份有限公司非公开发行股票之发行保荐工作报告》。

2013年1月22日,中国证券监督管理委员会接收人福医药公司提交的《上市公司非公开发行》申请材料一式四份。2013年2月4日,中国证券监督管理委员会向人福医药公司发出《行政许可申请受理通知书》,中国证券监督管理委员会对人福医药公司提交的《上市公司非公开发行》行政许可材料进行审查,认定该申请材料齐全,符合法定形式,决定对该行政许可申请予以受理。2013年5月22日,人福医药公司向中国证券监督管理委员会说明了其保荐机构中航证券公司的保荐代表人叶海钢、魏奕变更为苗巧刚、魏奕事宜。同日,中航证券公司亦向中国证券监督管理委员会出具《关于更换人福医药集团股份公司非公开发行A股股票保荐代表人的报告》。2013年5月31日,中航证券公司、苗巧刚分别向中国证券监督管理委员会出具《关于继续履行保荐及持续督导的承诺函》等。

2013年8月15日,中国证券监督管理委员会核准人福医药公司发行不超过6000万股新股的申请。2013年8月29日,中航证券公司、天风证券公司向中国证券监督管理委员会出具《关于人福医药集团股份公司非公开发行A股股票之发行合规性报告》。人福医药公司发布《非公开发行A股股票发行情况报告书》。经审验，截至2013年8月27日，保荐机构(主承销商)收到非公开发行股票获配的投资者缴纳的非公开发行股票申购资金人民币1,024,673,994.00元。截至2013年8月28日，保荐机构(主承销商)已将上述认购款项扣除保荐与承销费后的余额划转至发行人指定的本次募集资金专户内。人福医药公司实际募集资金净额为985,332,721.08元(扣除与发行有关的费用39,341,272.92元，包括承销费、保荐费和其他发行费用)。经竞价程序确定的实际发行价格为29元/股。该发行价格与发行底价19.07元/股的比率为152.07%，与本次非公开发行的发行申购日(2013年8月23日)前20个交易日公司股票交易均价30.41元/股的比率为95.36%。2013年8月23日9:00—12:00，在《认购邀请书》规定时限内，保荐机构(主承销商)共收到27单申购报价单，其中有效申购27单。投资者序号18为泰达宏利公司，共申购4,000万股，申购金额99,176万元；序号22为申银万国公司，申购1000万股，申购金额23,900万元。发行对象最终确定为4家，分别为武汉当代科技产业集团股份有限公司、华夏基金管理有限公司、财通基金管理有限公司、嘉实基金管理有限公司。总计35,333,586股，配售金额1,024,673,994.00元。

2013年3月4日，人福医药公司依约支付中航证券公司100万元保荐费。2013年8月29日，天风证券公司支付中航证券公司保荐费、承销费300万元。

2013年9月6日，中航证券公司向天风证券公司发出《关于全额支付人福医药公司非公开发行项目承销费用的函》，认为"根据双方签订的《承销协议》以及《承销相关事宜协议》，中航证券公司已依约为本次发行的顺利完成做了大量细致有效的工作，根据约定及本次发行实际情况，本次发行承销费用总额为30,740,219.82元，承销费用总额的26%为7,992,457.15元。扣除天风证券公司于2013年2月支付的承销费用200万元，尚欠中航证券公司承销费用5,992,457.15元。请天风证券公司依约于收到本函后三个工作日内向我公司一次性划转余下承销费用5,992,457.15元。如逾期未全额支付，我司将保留向人民法院提起诉讼的权利"。

2013年9月11日，天风证券公司向中航证券公司复函，主要内容为"本次人福医药公司非公开发行项目的承销，虽历经中航证券公司董事长总经理变更、签字保代离职、项目组成人员变动、要挟增加承销费用、不按时提交签字页等种种不利，但人福医药公司非公开发行项目仍得以顺利完成，中航证券公司亦根据约定获得了 400 万元的保荐承销收入。关于《承销相关事宜协议》达成的背景，2013 年 1 月 17 日晚，人福医药公司非公开发行项目计划向中国证券监督管理委员会申报的前夜，中航证券公司迟迟不将签字页送达申报材料制作现场。我公司为大局着想，被迫于 2013 年 1 月 19 日凌晨 6 点同意中航证券公司的不合理要求，在项目申报过程中签署了显失公平的《承销相关事宜协议》。但即使是这样，中航证券公司仍未履行相应义务，人员流失严重，资本市场部力量薄弱，未履行利用良好的市场关系和投资者关系协助发行的义务。事实上，发行人已明确要求中航证券公司无需邀请询价对象，中航证券公司在发行前亦未就邀请询价对象事宜与我司及发行人确认，发行后中航证券公司亦未提供充分证据证明中航证券公司邀请询价对象的工作过程，已构成违约。天风证券公司保留请求人民法院撤销《承销相关事宜协议》的权利”。审理中，人福医药公司李前伦提交工作日志，证明中航证券公司在项目申报的关键时刻拒绝提供签字页，申报项目不得不暂停。在天风证券公司妥协签订《承销相关事宜协议》后，中航证券公司才继续配合项目申报事宜。

一审法院另查明：2013 年 8 月 23 日，泰达宏利公司向人福医药公司非公开发行股票簿记中心发出《申购报价单》(载明传真收到时间为 2013 年 8 月 23 日 11:26)，其已收到并详细阅读人福医药公司于 2013 年 8 月 20 日发出的《人福医药集团股份公司非公开发行 A 股股票认购邀请书》和发行人相关公告，泰达宏利公司同意按规定条件参加此次认购。申购价格 25.48 元/股申购 1,200 万股，申购金额 30,576 万元；25 元/股申购 1,400 万股，申购价格 35,000 万元；24 元/股申购 1,400 万股，申购金额 33,600 万元。同意《申购报价单》一经传真至贵方，即视为我方发出不可撤销的正式申购要约，具有法律效力，不可撤回。同意按贵方最终确认的获配金额和时间足额缴纳认购款。并附有人福医药公司非公开发行 A 股股票认购对象泰达宏利公司基本信息表。

2013 年 9 月 10 日，泰达宏利公司出具《证明》，证明其已于 2013 年 8 月 23 日上午将上述申购价格和金额的《申购报价单》传真至人福医药公司发行簿记中心。其参与人福医药公司本次非公开发行为主承销商中航证券公司独家推介。中航证券公司在推荐过程中，仅向我公司介绍了人福医药公司非公开发行项目的公开信息。

同日，申银万国公司亦向人福医药公司发出《申购报价单》(载明传真收到时间为 2013 年 8 月 23 日 13:07，且该报价单右上角有手写“中航证券公司推荐”字样)，以 23.90 元/股申购 1,000 万股，申购金额 23,900 万元。并附有人福医药公司非公开发行A股股票认购对象申银万国公司基本信息表。申银万国公司依约向天风证券公司支付认购保证金47,800,000元。

2013年9月6日，申银万国公司出具《证明》，证明其已于2013年8月23日上午将包含上述申购价格和金额的《申购报价单》传真至人福医药公司发行簿记中心。其参与人福医药公司本次非公开发行为中航证券公司独家推介和邀请。我部传真至人福医药公司发行簿记中心的《申购报价单》上已标明“中航证券公司推荐”字样。

根据各方当事人的诉辩意见及查明的事实，一审法院归纳本案当事人争议的焦点问题为：天风证券公司是否受胁迫签署《承销相关事宜协议》；该协议内容是否显失公平；中航证券公司在履行该协议邀请询价对象申购时是否达到了该协议所约定的付款条件。

一审法院认为：证券承销是指具有经营资格的证券公司接受证券发行人的委托，代理销售发行人向社会发行的证券，并依约定取得一定比例手续费或报酬的行为。人福医药公司为其非公开发行A股股票项目与天风证券公司签订了《武汉人福医药集团股份有限公司非公开发行人民币普通股(A股)之保荐协议》、与中航证券公司签订了《武汉人福医药集团股份有限公司与中航证券有限公司之保荐协议》、人福医药公司作为发行人还与中航证券公司、天风证券公司签订《承销协议》，双方形成证券保荐、承销法律关系。上述协议的签订双方主体资格合法，合同形式完备，符合我国《合同法》《证券法》以及行政法规的相关规定，系当事人真实意思表示，合法有效。人福医药公司在本次非公开发行项目募集结束后向中航证券公司支付了《承销协议》约定的保荐费和承销费用400万元，各方当事人对履行上述协议无异议。

中航证券公司与天风证券公司对《承销相关事宜协议》的签订发生争议并形成本案诉讼，该协议系2013年1月21日中国证券监督管理委员会接收人福医药公司提交的《上市公司非公开发行》申请材料的前夕签订，约定主要内容为天风证券公司应于人福医药公司非公开发行股票并上市之日起五个工作日内再向中航证券公司支付承销费用800万元(含已支付的承销费用200万元)。达成该协议后中航证券公司于同日向中国证券监督管理委员会出具了其签名盖章的《关于武汉人福医药集团股份有限公司非公开发行股票之发行保荐书》和《关于武汉人福医药集团股份有限公司非公开发行股票之发行保荐工作报告》。天风证券公司及人福医药公司对《承销相关事宜协议》提出异议，认为该协议系受胁迫签订。一审法院认为，判断中航证券公司在签订《承销相关事宜协议》中是否对天风证券公司构成胁迫，应结合本案事实即人福医药公司发行非公开股票项目的背景、股票保荐、承销认购的工作难易度以及协议签订的时间节点等因素综合来考虑。首先，我国《证券发行上市保荐业务管理办法》第四十三条规定："保荐机构及其控股股东、实际控制人、重要关联方持有发行人的股份合计超过7%，或者发行人持有、控制保荐机构的股份超过7%的，保荐机构在推荐发行人证券发行上市时，应联合一家无关联保荐机构共同履行保荐职责，且该无关联保荐机构为第一保荐机构"。由于人福医药公司持有天风证券公司16.52%股权，为满足前述规定，人福医药公司必须再聘请一家无关联关系的保荐机构作为第一保荐机构，与天风证券公司一起联合保荐该项目。故中航证券公司接受人福医药公司的委托主要是为了满足监管要求而与天风证券公司负责该项目重要节点的配合工作，并约定了支付中航证券公司合理的保荐费用和承销费用400万元。《承销协议》系人福医药公司、天风证券公司与中航证券公司三方共同签订，该协议是各方当事人的真实意思表示，内容公平合理，与人福医药公司发行非公开发行股票项目的签约背景相符。其次，人福医药公司本次非公开发行股票项目认购投资者众多且认购踊跃，在《认购邀请书》确定的申购时间内人福医药公司收到认购者的有效申购报价远超过拟募集资金总额。所以人福医药公司的本次非公开股票项目的工作重点不在承销，也不存在承销困难的情形而需要承销商付出更多的工作努力才能完成该项目的发行。中航证券公司未说明在三方签署《承销协议》后很短时间内要求天风证券公司增加承销费用的理由，亦未举证证明是因为承销工作量或有其他合理的理由需要由天风证券公司另行增加承销费用。再次，依照约定，中航证券公司的保荐和承销费用400万元由人福医药公司支付，是协议三方根据当时发行的实际情况经过充分协商作出并报证券监管部门备案。但在承销过程中中航证券公司因公司内部人员变动等原因直至2013年1月14日才召开内核会，审议同意人福医药公司此次非公开发行股票。在人福医药公司准备向中国证券监督管理委员会上报申报文件前夕的关键时间节点，因必须由中航证券公司作为保荐人签字，中航证券公司又要求与天风证券公司就增加承销费另行签署《承销相关事宜协议》，天风证券公司为避免人福医药公司股票延误发行的损失，客观上不得不签署该协议，且该协议不是由人福医药公司、天风证券公司、中航证券公司三方共同签署，内容上约定的是"只要中航证券公司邀请的询价对象的有效申购金额达到或超过拟募集资金总额的26%，则无论中航证券公司邀请的询价对象最终是否获配股份，天风证券公司均应按照承销费用总额的26%(按目前拟募集资金总额计算为800万元)和200万元两者中较高者向中航证券公司支付承销费用”,不是按《承销协议》约定由人福医药公司向中航公司支付额外的承销费用。从协议约定的金额来看,该金额基本与2013年8月份本次发行成功后募集资金总额的承销费用总额30,740,219.82元的26%即7,992,457.15元数字相吻合。天风证券公司为避免项目继续延误给人福医药公司造成更大的损失,与中航证券公司签订了《承销相关事宜协议》,本次非公开发行股票项目才得以最终完成申报材料递交工作。故从《承销相关事宜协议》签订的背景、约定的内容、协议签订的时间节点以及结合本案其他事实,一审法院认定该协议的签订系中航证券公司胁迫的结果。

关于《承销相关事宜协议》的签订内容是否显失公平的问题。天风证券公司与人福医药公司认为,《承销相关事宜协议》约定增加承销费用的内容和标准显失公平,理由是从本案非公开发行股票项目的发行实际情况来看,人福医药公司支付的400万元费用已“物超所值”,中航证券公司获得整个承销费用的26%的行为人的行为与结果明显不匹配,显然不公平。一审法院认为,认定案涉争议条款是否构成显失公平,仍应以天风证券公司与中航证券公司签订合同的背景及合同约定的内容为依据。《中华人民共和国合同法》第五条规定:“当事人应当遵循公平原则确定各方的权利和义务”。判断合同是否构成显失公平,应以“订立合同时”为判断时点,以“双方约定的权利义务”为判断对象。天风证券公司与中航证券公司均系有证券保荐和承销资质的专业证券机构,非常熟悉人福医药公司的本次非公开发行股票项目的保荐和承销业务。正因如此,发行人人福医药公司才在《承销协议》中对中航证券公司作为保荐人和承销商在本案中所负责的工作约定了合理的报酬,中航证券公司在签订《承销协议》时亦未对承销费用问题提出过异议,但却在其作为保荐人应在向中国证券监督管理委员会上报的发行材料上签字时要求与天风证券公司签订《承销相关事宜协议》,在未增加工作量的情况下要求再向其支付承销费用600万元,结合人福医药公司非公开发行股票项目的实际情况,在有效申购金额是拟募集资金总额的15倍多的情况下,中航证券公司却要求只要其所邀请的询价对象有效申购金额达到拟募集资金总额的26%,即可获得整个承销费用的26%,并不论中航证券公司邀请的询价对象最终是否获配股份,内容的确有违公平。

《中华人民共和国合同法》第五十四条规定:“下列合同,当事人一方有权请求人民法院或者仲裁机构变更或者撤销:(一)因重大误解订立的;(二)在订立合同时显失公平的。一方以欺诈、胁迫的手段或者乘人之危,使对方在违背真实意思的情况下订立的合同,受损害方有权请求人民法院或者仲裁机构变更或者撤销。当事人请求变更的,人民法院或者仲裁机构不得撤销”。第五十五条规定:“有下列情形之一的,撤销权消灭:(一)具有撤销权的当事人自知道或者应当知道撤销事由之日起一年内没有行使撤销权;(二)具有撤销权的当事人知道撤销事由后明确表示或者以自己的行为放弃撤销权”。《最高人民法院关于贯彻执行〈中华人民共和国民法通则〉若干问题的意见(试行)》第七十三条规定:“对于重大误解或者显失公平的民事行为,当事人请求变更的,人民法院应当予以变更;当事人请求撤销的,人民法院可以酌情予以变更或者撤销。可变更或者可撤销的民事行为,自行为成立时起超过一年当事人才请求变更或者撤销的,人民法院不予保护”。根据上述法律及司法解释的规定,天风证券公司在中航证券公司存在胁迫行为和双方所签合同内容显失公平的情况下,有权行使撤销权。但天风证券公司在知道撤销事由后一年内未行使撤销权,丧失了相应的权利,其结果导致天风证券公司必须接受《承销相关事宜协议》的约束。

关于中航证券公司是否完成邀请询价对象申购并达到付款条件的问题。一审法院认为,天风证券公司与中航证券公司在《承销相关事宜协议》中约定“只要中航证券公司邀请的询价对象的有效申购金额达到或超过拟募集资金总额的26%,则无论中航证券公司邀请的询价对象最终是否获配股份,天风证券公司均应按照承销费用总额的26%(按目前拟募集资金总额计算为800万元)和200万元两者中较高者向中航证券公司支付承销费用”。泰达宏利公司与申银万国公司系人福医药公司本次非公开发行股票的认购者之一,人福医药公司亦接受其申购。其中泰达宏利公司共申购4,000万股,申购金额99,176万元;申银万国公司申购1000万股,申购金额23,900万元。泰达宏利公司与申银万国公司的有效申购资金符合《承销相关事宜协议》的约定。泰达宏利公司与申银万国公司事后出具《证明》,明确其系中航证券公司推介下参与本案股票申购报价义务。故中航证券公司理应获得其根据《承销相关事宜协议》约定的承销费用。人福医药公司本次非公开发行股票项目实际募集资金总额为1,024,673,994.00元,本次发行承销费用总额为实际募集资金总额的3%即30,740,219.82元,承销费用总额的26%经计算为7,992,457.15元。扣除天风证券公司已支付的承销费用200万元,尚欠中航证券公司承销费用5,992,457.15元。

综上,一审法院依照《中华人民共和国合同法》第六十条、第一百零七条,《中华人民共和国民事诉讼法》第一百四十二条之规定,判决:一、天风证券股份有限公司于本判决生效之日起十日内支付中航证券有限公司承销费用5,992,457.15元;二、天风证券股份有限公司于本判决生效之日起十日内支付中航证券有限公司占用资金的利息,以承销费用5,992,457.15元为基数,自2013年9月12日起至本金清偿之日止,参照中国人民银行同期一年期贷款利率标准计算。如未按本判决指定的期间履行上述给付金钱义务,应当依照《中华人民共和国民事诉讼法》第二百五十三条之规定,加倍支付迟延履行期间的债务利息。一审案件受理费56,628元,由天风证券股份有限公司负担。

二、上诉审法院对案件的审理与裁判

二审期间,天风证券公司提交如下证据:

证据一,《证券发行与承销管理办法》,证据来源于中国证券监督管理委员会,拟证明:依据该办法第三十一条第二款的规定,中航证券公司认定申银万国公司、泰达宏利公司系其邀请的询价对象,需要提供推介、定价、配售等承销过程中的相关资料,包括推介宣传材料、路演现场录音等,如实、全面反映询价、定价和配售过程。

证据二,《国家工商总局办公厅关于申银万国证券股份有限公司和宏源证券股份有限公司吸收合并后所属分公司变更登记工作的通知》。

证据三,《申万宏源公司简介》。

证据二、三拟证明:申银万国证券股份有限公司和宏源证券股份有限公司于2015年1月16日合并为申万宏源证券股份有限公司。

中航证券公司质证认为:证据一合法性、真实性无异议,对其证明目的有异议。中航证券公司已经履行了人福医药公司的相关承销推介工作。对证据二、三,系网络打印,对其真实性、关联性均不予认可。

人福医药公司认可天风证券公司的意见。

天风证券公司提出鉴定申请,请求对申银万国公司投资交易事业部出具的《证明》及泰达宏利公司出具的"证据"进行鉴定。天风证券公司提出的鉴定申请不符合民诉法规定的鉴定条件,本院对其鉴定申请不予支持。

本院认为,对天风证券公司提交上述证据,证据一系行政规章,证据二、三系网络公示证据,对其真实性、合法性、关联性均予以认定。

本院经审理查明:2012年12月26日,人福医药公司与天风证券公司、中航证券公司三方签署的《承销协议》第六条约定:中航证券公司权利义务。1.协助人福医药公司制定本次股票发行的总体工作计划，并根据情况的变化适时调整。协助人福医药公司设计本次股票的发行、上市方案；2. 编写发行保荐书等文件，协助人福医药公司办理有关非公开发行及上市的申请；3. 负责编写发行方案等文件；4. 协助人福医药公司作出发行和上市时机、发行价格等有关事项的决策；5. 协助天风证券公司以本协议约定的方式代销人福医药公司本次非公开发行的股票。6. 协助人福医药公司及时、完整、准确地在证监会指定的报刊或网站上披露本次发行相关文件及公告。7. 对在进行受委托业务时接触到的有关人福医药公司经营、财务等方面的商业秘密承担保密义务。第十八条"解释与修改"明确约定"对本协议的解释与修改必须由三方协商后以书面形式做出，并由三方签署后方为有效。"2013 年 1 月 21 日，中航证券公司与天风证券公司签订《承销相关事宜协议》约定："中航证券公司利用其良好的市场关系和投资者关系协助天风证券公司承销人福医药公司本次非公开发行的股票。"2013 年 9 月 10 日，泰达宏利公司出具证明，内容："我公司参与人福医药公司本次非公开发行为主承销商中航证券公司公司独家推介。中航证券公司在推介过程中，仅向我公司介绍了人福医药公司非公开发行项目的公开信息。"

2012 年 12 月 26 日，人福医药公司与天风证券公司、中航证券公司三方签署的《承销协议》，以及 2013 年 1 月 21 日，中航证券公司与天风证券公司签订《承销相关事宜协议》，均系天风证券公司、中航证券公司为人福医药公司非公开发行股票事宜所作出的约定。人福医药公司与天风证券公司、中航证券公司三方签署的《承销协议》明确约定天风证券公司、中航证券公司负有承销甚至代销人福医药公司非公开发行股票的义务，中航证券公司与天风证券公司签订《承销相关事宜协议》所约定的承销义务与上述三方《承销协议》约定的义务一致。中航证券公司在承销过程中因公司内部人员变动等原因直至 2013 年 1 月 14 日才召开内核会，审议同意人福医药公司此次非公开发行股票。在人福医药公司准备向中国证券监督管理委员会上报申报文件前夕的关键时间节点，因必须由中航证券公司作为保荐人签字，中航证券公司又要求与天风证券公司就增加承销费另行签署《承销相关事宜协议》，天风证券公司为避免项目继续延误给人福医药公司造成更大的损失，于 1 月 21 日与中航证券公司签订了《承销相关事宜协议》，1 月 22 日报送本次非公开发行股票项目申报材料。故从《承销相关事宜协议》签订的背景、约定的内容、协议签订的时间节点以及结合本案其他事实，该协议的签订系中航证券公司胁迫的结果。

2013 年 9 月 10 日，泰达宏利公司出具《证明》，中航证券公司在推荐过程中，仅向其介绍了人福医药公司非公开发行项目的公开信息，不足以证明中航证券公司履行三方《承销协议》所约定人福医药公司非公开发行股票承销责任之外的义务。

一审法院查明其他事实属实，本院予以确认。

本院认为，本案系天风证券公司、中航证券公司共同推荐、承销人福医药公司非公开发行股票所引发的纠纷。中航证券公司与天风证券公司签订《承销相关事宜协议》是否生效问题。该协议第 6.1 条约定：本协议构成甲方（天风证券公司）和乙方（中航证券公司）之间达成的正式协议。并取代双方先前有关本协议主体所进行的一切口头或书面的洽谈、陈述、承诺和约定。该双方协议内容修改了人福医药公司、中航证券公司、天风证券公司《承销协议》的主要条款，违反了《承销协议》第 18.1 条约定，即对本协议的解释与修改必须由三方协商后以书面形式作出，并由三方签署后方为有效，中航证券公司、天风证券公司签订的《承销相关事宜协议》变更了三方《承销协议》主要条款，该协议上人福医药公司并未签字同意，《承销相关事宜协议》因未满足三方《承销协议》约定的生效要件而未生效。三方《承销协议》和《承销相关事宜协议》均为承销协议，天风证券公司、中航证券公司承销的对象是人福医药公司非公开发行股票，且三方《承销协议》第 6.5 条约定，乙方（中航证券公司）协助天风证券公司以本协议约定的方式代销人福医药公司本次非公开发行的股票，故中航证券公司对人福医药公司的承销义务已在三方《承销协议》中约定并已完成，被承销的主体人福医药公司已依约支付了中航证券公司承销费用，故天风证券公司与中航证券公司之间再签订《承销相关事宜协议》，双方并不互为承销主体，亦无人福医药公司承销的合同义务。三方协议签订后（2012 年 12 月 21 日），仅仅一个月时间（2013 年 1 月），中航证券公司即要求与天风证券公司签订《承销相关事宜协议》，协议内容所约定的邀请询价对象本属三方《承销协议》所约定的承销义务，故在该协议中中航证券公司并无合同义务。《中华人民共和国合同法》第四十五条规定：当事人对合同的效力可以约定附条件。附生效条件的合同，自条件成就时生效。《承销相关事宜协议》因违背三方《承销协议》所约定的生效条件而未生效。

《承销协议》第六条约定了中航证券公司对人福医药公司的股票发行行为所依法应尽的义务，其中 6.5 条规定了中航证券公司以本协议约定的方式代销人福医药公司本次非公开发行的股票；而《承销相关事宜协议》中再次约定中航证券公司的义务系中航证券公司对人福医药公司非公开发行股票的承销行为，该承销行为已经在三方《承销协议》中予以涵盖，且人福医药公司依据三方

《承销协议》支付中航证券公司的承销费用,故《承销相关事宜协议》并未约定中航证券公司对人福医药公司负有新的承销义务。三方《承销协议》签订后一个月,中航证券公司即要求与天风证券公司再次签订《承销相关事宜协议》,中航证券公司并不能举证证明其增加新的承销合同义务。中航证券公司所举证的二份证据证明其仅有的两家询价对象,一个是申银万国公司,一个是泰达宏利公司,因申银万国公司的申请超过申报有限截止时间,故申银万国公司的该份申报是无效的;泰达宏利公司的申请虽然在有效时间内,但泰达宏利公司所出具的证明中陈述中航证券公司的推荐仅向泰达宏利公司介绍了人福医药公司非公开发行的项目的公开信息,而公开信息无需中航证券公司推荐,中航证券公司认为其履行推荐义务,主张增加承销费用构成欺诈性虚假陈述,不符合三方《承销协议》的约定。

民事主体从事民事活动,应当遵循公平原则、诚实信用原则,合理确定各方的权利义务。公平原则为社会正义体系的基石,合同正义体现合同法应当保障缔约当事人在平等自愿的基础上缔结合同和履行合同,并保障合同的内容符合公平、诚实信用的要求。本案中,中航证券公司、天风证券公司与人福医药公司签订三方《承销协议》,约定共同完成人福医药公司非公开发行股票的推荐和承销义务。在合同的履行过程中,在人福医药公司准备向中国证券监督管理委员会上报申报文件前夕的关键时间节点上,中航证券公司实施不正当影响,与天风证券公司另行签署《承销相关事宜协议》,既违背三方《承销协议》的约定,又违反了诚实信用原则,也不符合民事活动中当事人应当遵循公平原则的要求。一审法院虽从《承销相关事宜协议》签订的背景、约定的内容、协议签订的时间节点以及本案其他事实,认定该协议的签订系中航证券公司胁迫所致,且显失公平,但判决支持中航证券公司的诉讼请求,属适用法律错误,实体处理不当,本院予以纠正。

综上所述,天风证券公司的上诉请求成立,应予支持。依照《中华人民共和国民事诉讼法》第一百七十条第一款第二项规定,判决如下:

一、撤销湖北省武汉市中级人民法院(2016)鄂01民初335号民事判决;

二、驳回中航证券有限公司的诉讼请求。

一审案件受理费56628元,二审案件受理费56628元,由中航证券有限公司负担。

本判决为终审判决。二〇一七年十二月十五日审结。

第二节　上诉、答辩与法院审理的逻辑图

一、天风证券上诉的逻辑图

- ①上诉人：天风证券公司
  - 原判认定事实错误
    - 一审法院认为《承销相关事宜协议》真实、合法，应作为认定事实得依据的“认证意见与事实严重不符，存在严重错误。”
      - 从证券承销法律关系的性质来看，天风证券作为承销商并非发行人不具有向中航支付承销费用的义务。并且人福医药作为证券发行人已经按照三方证券承销协议向中航支付全额承销费用
      - 《承销相关事宜协议》不具备合法性要件。该协议受中航证券胁迫签订，非天风证券真实意思表示，且协议内容显失公平。一审法院对该事实已给予认定但又认为其“真实合法”，矛盾
    - 《承销相关事宜协议》不具备有效性，一审法院作为争议焦点但避而不谈且认定合法有效，判决错误
      - 三方签署的《承销协议》约定对于合同的变更经三方协商一致且签署才生效
      - 从内容和性质看，《承销相关协议》是对《承销协议》的重大变更是补充协议，依据其合同约定的方式程序才生效
      - 《承销相关事宜协议》未经人福医药认可、签署且未经证券监管部门备案不具备《承销协议》生效要件
    - 中航证券提供的《证明》非原件且内容不实，一审法院认定其是原件且可作为认定事实依据认定中航已到达付款条件，与客观事实不符
      - 申银万国的《证明》是复印件，非原件。一审法院认定为原件
      - 《证明》出具主体与申国万银《申购报价单》盖章主体不一致非其公章，不具证明效力。并且报价单内容与人福医药存底不一致
      - 中航证券公司没有充分证据证明“泰达红利公司和申银万国公司系中航证券公司邀请的询价对象”
  - 违反法定程序影响案件正确判决
    - 一审法院接受中航证券逾期提交且未说明的证据；一审法院未理睬天风证券“封存证据原件，进行鉴定”的要求

二、中航证券的答辩逻辑图

② 被上诉人：中航证券

一审认定基本事实清楚适用法律正确

- 中航证券与天风证券签订的《承销相关事宜协议》合法、有效
  - 该协议是基于双方平等自愿、协商一致共同签订的，天风证券没有证据证明其是受胁迫而被迫签订
  - 天风证券是单方面陈述受到胁迫，没有证据证明是受到中航证券胁迫而签订的
  - 天风证券和人福医药作为上市公司，背后有专业法律人事若受到胁迫不会听之任之
- 《承销相关事宜协议》具备有效性，不需要人福医药同意签署，不需要备案生效
  - 根据合同相对性原则，《承销相关事宜协议》是天风和中航对承销事物的内部分工，无需取得人福医药的同意和认可
  - 我国现行证券法律法规，对此类分工合同没有要到证券监管部门备案的强制性规定，不需要备案生效
- 中航证券提交的《证明》有法律效力
  - 中航证券提交的《证明》与人福医药存底一致。只是申购单发给两证券公司时间存在差异，不影响其法律效力

三、法院的判决逻辑图

③法院终审法院：一审法院适用法律错误，实体处理不当

- 争议焦点：《承销相关事宜协议》是否生效问题 ⇨ 《承销相关事宜协议》缺乏真实性、有性效
  - 《承销协议》约定，对协议解释与修改必须由三方协商后以书面形式作出，并由三方签署后方为有效。《承销相关事宜协议》人福医药公司并未签字同意，未满足约定得生效要件
    - 附生效条件的合同条件成就时生效
      - 《承销相关事宜协议》所约定的承销义务与上述三方《承销协议》约定的义务一致
      - 《承销相关事宜协议》没有新增新的承销合同义务
    - 中航证券公司与天风证券公司签订《承销相关事宜协议》该双方协议内容修改了人福医药公司、中航证券公司、天风证券公司《承销协议》的主要条款
  - 该协议受胁迫签订，不是合同相对人真实意思表示，且显失公平 ⇨ 从《承销相关事宜协议》签订的背景、约定的内容、协议签订的时间节点以及结合本案其它事实，该协议的签订系中航证券公司胁迫的结果
- 一审法院支持中航证券的全部诉讼请求

第三节　对法院的判决进行评析

本案系天风证券公司、中航证券公司共同推荐、承销人福医药公司非公开发行股票所引发的纠纷。中航证券公司与天风证券公司签订的《承销相关事宜协议》是否生效问题是本案争议的焦点，也是法院判决本案的关键。

对于《承销相关事宜协议》是否生效，在本案中主要涉及两个问题。第一个问题就是天风证券在签订《承销相关事宜协议》时是否受到了中航证券的胁迫，是否影响其真实的意思表示，该协议内容在签订时是否显失公平。第二个问题是《承销相关事宜协议》是否更改了之前中航证券、天风证券与人福医药公司三方协议(《承销协议》)的主要条款，是否构成《承销协议》的补充协议的问题。在解决第二个问题时还涉及到相关事宜协议是否有增添新的承销合同义务，使得天风证券负担支付承销费用的义务。

一审对于第一问题持肯定态度，认为天风证券违背真实意思，受胁迫签订协议，以天风证券公司在知道撤销事由后一年内未行使撤销权，丧失了相应权利为由，认为天风证券公司必须遵守《承销相关事宜协议》，给中航证券分配约定的股票承销收入，支持了中航证券的诉讼请求。

二审法院在肯定一审法院认定事实的基础之上，结合新提交的证据，认为《承销相关事宜协议》的承销义务应该与三方协议具有一致性，认为《承销相关事宜协议》是对《承销协议》主要条款的修改，是附生效条件合同，应当遵守之前三方协议的生效要件，由于《承销相关事宜协议》未征得人福医药公司的同意，因而该相关协议的生效条件没有成就，《承销相关事宜协议》未生效。在受胁迫问题上，从《承销相关事宜协议》签订的背景、约定的内容、协议签订的时间节点以及本案其他事实，认定该协议的签订系中航证券公司胁迫所致，且显失公平，认为天风证券享有该协议的撤销权。二审法院根据《合同法》及其司法解释的相关规定，认定一审法律适用错误、实体处理不当。

然而本案二审法院认定《承销相关事宜协议》是《承销协议》的补充是对合同性质与案情事实的认定错误。《承销协议》反映的是证券承销关系与股票发行保荐关系，正如上诉人所称“证券承销协议是证券发行人与证券公司之间签署的，旨在规范和调整证券承销关系以及承销行为的合同文件。”上诉人认为《承销相关事宜协议》是对三方《承销协议》的重大变更，但是“合同变更是指当事人不变，合同的内容加以改变的现象，合同主体的变更实际上是合同权利义务的转让。”[①]《承销协议》的一方当事人是股票发行者人福医药公司，另一方是证券承销商天风证券与中航证券，《承销相关事宜协议》的协议主体是天风证券与中行证券，很显然不能构成对《承销协议》的变更，因而也不可能是《承销协议》的补充，证监会没有要求《承销相关事宜协议》送交证券监督管理部门备案从侧面表明其不是《承销协议》的组成部分，而是一个天风证券与中航证券约定分配承销人福医药公司股票发行收益与中航证券公司的承销义务范围的独立协议。该协议的生效不应该受到《承销协议》第十八条关于“对本协议的解释与修改必须由三方协商后以书面形式做出，并由三方签署后方为有效”的约束。《承销相关事宜协议》是否生效应该按照其自身的形式要件与实质要件进行评价，尽管中航证券在人福医药公司正值证监会审核股票发行事宜之时要挟天风证券签订协议，乘人之危有失公平，但是正如一审法院所认定，“天风证券公司在中航证券公司存在胁迫行为和双方所签合同内容显失公平的情况下，有权行使撤销权。但天风证券公司在知道撤销事由后一年内未行使撤销权，丧失了相应的权利，其结果导致天风证券公司必须接受《承销相关事宜协议》的约束。”

根据当时生效的《证券法》第三十一条“证券公司承销证券，应当对公开发行募集文件的真实性、准确性、完整性进行核查；发现有虚假记载、误导性陈述或者重大遗漏的，不得进行销售活动；已经销售的，必须立即停止销售活动，并采取纠正措施。”与第三十五条“股票发行采用代销方式，代销期限届满，向投资者出售的股票数量未达到拟公开发行股票数量百分之七十的，为发行失败。发行人应当按照发行价并加算银行同期存款利息返还股票认购人。”第六十九条“发行人、上市公司公告的招股说明书、公司债券募集办法、财务会计报告、上市报告文件、年度报告、中期报告、临时报告以及其他信息披露资料，有虚假记载、误导性陈述或者重大遗漏，致使投资者在证券交易中遭受损失的，发行人、上市公司应当承担赔偿责任；发行人、上市公司的董事、监事、高级管理人员和其他直接责任人员以及保荐人、承销的证券公司，应当与发行人、上市公司承担连带赔偿责任，但是能够证明自己没有过错的除外；发行人、上市公司的控股股东、实际控制人有过错的，应当与发行人、上市公司承担连带赔偿责任。”第一百九十三条“发行人、上市公司或者其他信息披露义务人未按照规定披露信息，或者所披露的信息有虚假记载、误导性陈述或者重大遗漏的，由证券监督管理机构责令改正，给予警告，

---

① 崔建远主编：《合同法》，法律出版社，2010 年 2 月版。

处以三十万元以上六十万元以下的罚款。对直接负责的主管人员和其他直接责任人员给予警告,并处以三万元以上三十万元以下的罚款。发行人、上市公司或者其他信息披露义务人未按照规定报送有关报告,或者报送的报告有虚假记载、误导性陈述或者重大遗漏的,由证券监督管理机构责令改正,处以三十万元以上六十万元以下的罚款。对直接负责的主管人员和其他直接责任人员给予警告,并处以三万元以上三十万元以下的罚款。作为联合承销商的中航证券需要对证券瑕疵发行对证券认购人承担连带赔偿责任”,第二百二十三条“证券服务机构未勤勉尽责,所制作、出具的文件有虚假记载、误导性陈述或者重大遗漏的,责令改正,没收业务收入,暂停或者撤销证券服务业务许可,并处以业务收入一倍以上五倍以下的罚款。对直接负责的主管人员和其他直接责任人员给予警告,撤销证券从业资格,并处以三万元以上十万元以下的罚款。”如果人福医药公司的股票非公开发行出现虚假陈述等违法行为,给认购该次发行股票的投资者造成损失的,中航证券必须与天风证券一起承担连带的赔偿责任,也必然会遭到证监会的处罚。中航证券既然因为是《承销协议》中的共同承销商与证券发行第一保荐人,其承担的承销风险与天风证券一致,理应得到与风险相匹配的证券承销收益,况且中航证券与天风证券签订有《承销相关事宜协议》,该协议约定了中航证券可以分得的证券承销收入。中航证券所面临的风险绝不是天风证券在答辩状诉称的“人福医药公司支付的400万元费用已物超所值”所能匹配。

综上所述,本案的一审法院的判决结果应该比二审法院的判决结果更公正合理。

思考题

1. 证券承销合同的性质是什么?

2. 证券承销商之间签订的证券承销分工与承销报酬的分配合同是不是《证券承销协议》的构成部分。

第十六章　佛山照明案析证券虚假陈述民事责任的构成

第一节　案情事实与法院的审理

一、案情事实

谭鸿杰等与佛山电器照明股份有限公司虚假陈述纠纷上诉案——上市公司虚假陈述之民事责任[①]

原告：谭鸿杰、王勇、张文娣、王彬、裴玉波等955人。

被告：佛山电器照明股份有限公司(以下简称佛山照明)。

原告谭鸿杰等人诉称，其基于对佛山照明信息披露的信赖，购买了该公司股票。然而，佛山照明从2010年7月15日开始实施虚假陈述，于2012年7月6日被中国证券监督管理委员会广东监管局(以下简称广东证监局)处罚，导致股价下跌，造成其损失。为了其合法权益，请求法院判令佛山照明向其赔偿投资差额损失、佣金、印花税、利息等，其中有部分投资者请求佛山照明赔礼道歉，支付律师费、交通费、误工费、公证费等。

佛山照明辩称，一、佛山照明不构成证券市场虚假陈述，无须对投资者的投资损失承担赔偿责任。根据法律规定，只有针对重大事件作出虚假陈述，才构成证券市场虚假陈述。佛山照明因未完全按关联交易的规定进行信息披露而被处罚，并非对重大事件虚假陈述而受罚，未达到法律规定重大事项的金额标准，不属于证券法(2005年修订版)第六十七条规定的重大事件范围，不构成证券市场

---

① 载北大法宝，【法宝引证码】CLI. C. 8272887，http://210. 35. 251. 121:8080/ermsras/。

虚假陈述，佛山照明无须对投资者的投资损失承担赔偿责任。二、即使佛山照明构成证券市场虚假陈述，投资者因股价下跌所造成的投资损失，属系统风险、行业风险、公司经营风险等因素所致，与佛山照明虚假陈述无关，投资者的损失与涉案的虚假陈述没有因果关系。三、佛山照明未披露的关联交易属于中性信息，既不影响公司利润等主要财务指标，也未对股票交易产生实质性影响，投资者购买股票是投资者自己对股市的分析把握，投资者应当对自己的决策负责，佛山照明的虚假陈述行为与投资者的投资损失之间没有交易上的因果关系。四、法律法规和司法实践表明，诱多型的虚假陈述对股票价格的不利影响是从虚假陈述揭露日才开始的，故即便投资者的投资损失与虚假陈述有关，揭露日前股价下跌所造成的投资损失也与虚假陈述没有任何因果关系。五、关于虚假陈述日的确定。佛山照明未在 2010 年 11 月 8 日之前发布的临时公告中披露青海佛照锂电正极材料有限公司（以下简称锂电正极）为关联公司青海盐湖佛照蓝科锂业股份有限公司（以下简称蓝科锂业）提供担保的事项，被广东证监局处罚，应据此认定虚假陈述的实施日是 2010 年 11 月 8 日。

二、一审法院的审理与判决

（一）一审法院的审理

法院经审理查明，佛山照明成立于 1992 年 10 月 20 日，经批准在深圳证券交易所上市，证券简称为佛山照明（A 股），证券代码为 000541（A 股）。

2012 年 7 月 6 日，佛山照明发布《关于收到广东证监局行政监管措施决定书的公告》（2012—024），内容如下：近日，公司收到广东监管局发的行政监管措施决定书（2012）9 号《关于对佛山电器照明股份有限公司采取责令公开说明措施的决定》。决定内容如下："经查，我局发现你公司 2009 年年报、2010 年中报及年报、2011 年中报及年报未披露与佛山施诺奇加州电器有限公司（以下简称施诺奇）、佛山市斯郎柏企业有限公司（以下简称斯郎柏）的关联关系、关联交易；未在上述定期报告中披露与（香港）青海天际稀有元素科技开发有限公司（以下简称香港天际）的关联关系；未如实披露与香港天际共同成立佛照锂的关联交易。上述行为违反了《公开发行证券的公司信息披露编报规则第 15 号-财务报告的一般规定（2010 年修订）》第三十七条、第三十八条，《企业会计准则第 36 号-关联方披露（2006）》第二条、第十条，《上市公司信息披露管理办法》第四十八条，证券法第六十三条、第六十五条、第六十六条等规定。按照证券法第一百九十二条[①]和《上市公司信息披露管理办法》第六十三条的规定，我局决定对你公司采取责令改正的行政监管措施。现责令你公司予以整改，于收到本决定书后10日内在中国证监会指定信息披露媒体上，补充披露与施诺奇、斯郎柏、香港天际的关联关系及近三年的关联交易情况，以及更正后的2011年年度报告。”

同日，佛山照明发布《关于收到广东证监局行政监管措施决定书的公告》(2012—025)，内容如下：近日，公司收到广东证监局发的《行政监管措施决定书》(2012)10号《关于对钟信才采取责令公开说明措施的决定》。决定内容如下：“经查，我局发现你没有及时向佛山照明董事会报告施诺奇、斯郎柏、青海威力新能源材料有限公司(以下简称青海威力)、香港天际等四家公司与佛山照明之间的关联关系，违反了《上市公司信息披露管理办法》第四十八条的规定。按照《上市公司信息披露管理办法》第五十九条等规定，现责令你在接到本决定书后10日内在中国证监会指定信息披露媒体上，公开说明前述四家公司与你本人及佛山照明的关系，以及你未及时向佛山照明董事会报送关联关系说明的原因。”

佛山照明董事会于2012年11月5日发布重大事项公告，内容如下：本公司于2012年11月2日收到《中国证券监督管理委员会调查通知书》，通知称“因涉嫌信息披露违法违规，根据证券法的有关规定，我会决定对你公司立案调查，请予以配合”。公司将积极配合监管部门的调查工作，并按照有关规定及时履行信息披露义务，敬请广大投资者注意投资风险。

2013年3月6日，佛山照明发布《关于收到中国证监会广东监管局行政处罚决定书的公告》，内容如下：本公司于2013年3月6日收到广东证监局下发的行政处罚决定书(2013)1号，该处罚决定书对本公司信息违法违规行为的相关当事人佛山照明、钟信才、邹建平、刘醒明、赵勇、解庆、魏彬作出行政处罚。

另查，自2012年7月6日起，佛山照明A股累计成交量至2013年1月16日达到可流通部分的100%。自2012年7月6日起至2013年1月16日之间的交易日，佛山照明A股收盘价平均价为6.7087元。

佛山照明确认其股票价格在2012年7月6日之后有下跌。

以上事实有广东证监局的行政处罚决定书、谭鸿杰等人的证券交易清单、当事人陈述等证据证实。

在案件审理过程中，法院要求谭鸿杰等人明确选择其诉讼请求具体针对佛

---

① 《证券法》(2014)为一百九十三条。

山照明被行政处罚的七个虚假陈述行为中的哪一个行为，谭鸿杰等人均选择了2010 年 7 月 15 日佛山照明公告增资佛照锂的行为，同时确定所有行为对原告损失均产生影响。

（二）一审法院的判决

广东省广州市中级人民法院于 2014 年 11 月 15 日作出（2013）穗中法金民初字第 5 号民事判决：一、佛山照明在本判决发生法律效力之日起 15 日内向原告赔偿共计 59310191.16 元（具体每个案件原告的获赔金额详见判决书附表 1 的判决金额）；二、驳回原告的其他诉讼请求。如果佛山照明未按本判决指定的期间履行给付金钱义务，应当依照民事诉讼法第二百五十三条之规定，加倍支付迟延履行期间的债务利息。一审案件受理费 2157108 元，由佛山照明负担 1004361 元，原告负担情况详见判决书附表 1 的原告负担。

宣判后，王勇等 14 人、佛山照明不服上述一审判决，向广东省高级人民法院提起上诉。

三、二审法院的审理与判决

（一）二审法院的审理

广东省高级人民法院二审认为：根据佛山照明、王勇等 13 人、梁建中提出的上诉理由及谭鸿杰等 941 人的答辩意见，本案二审争议焦点为：1. 佛山照明被广东证监局行政处罚的事项是否属于重大事件；2. 佛山照明的虚假陈述行为与股价下跌造成的损失之间是否存在因果关系；3. 实施日的认定；4. 是否存在第二个揭露日；5. 投资差额损失、佣金和资金利息的认定。

关于佛山照明被广东证监局行政处罚的事项是否属于重大事件的问题。《上市公司信息披露管理办法》（中国证券监督管理委员会令第 40 号，2007 年 1 月 30 日发布）第七十一条规定，上市公司的关联交易是指上市公司或者其控股子公司与上市公司关联人之间发生的转移资源或者义务的事项。由于关联交易方可以运用行政力量撮合交易的进行，从而有可能使交易的价格、方式等在非竞争的条件下出现不公正情况，侵犯股东或部分股东权益，因此，上市公司的关联交易会对投资者购买上市公司证券的意愿产生影响，进而影响上市公司证券的交易价格。本案中，佛山照明在长达近两年的时间里存在 7 个关联交易，却故意隐瞒交易的关联性不予披露，且关联交易累计涉及金额达数亿元，严重违反上市公司信息公开的义务，严重违反法律规定的信息披露必须真实、准确、完备的原则，亦严重违反诚实信用原则，故涉案关联交易事项应认定属于重大事件。广东证监局以佛山照明违反证券法（2005 年修订版）第六十三条、第六十五条、第六十六条、第六十七条、第一百九十三条等规定作出行政处罚，亦认定佛山照明的行为构成对重大事件虚假陈述。证监会及其派出机构的职能是监督、管理证券市场。最高人民法院《关于审理证券市场因虚假陈述引发的民事赔偿案件的若干规定》（以下简称《规定》）第 6 条规定了行政处罚作为人民法院受理证券虚假陈述案件的前置程序。[①] 证券行政管理部门的处罚决定，不仅是人民法院受理证券虚假陈述案件的前提条件，也是人民法院在实体审理中认定证券虚假陈述行为的重要依据。综上，一审法院认定佛山照明被广东证监局行政处罚的事项属于重大事件，佛山照明的行为构成证券虚假陈述，并无不当。

佛山照明的虚假陈述行为与股价下跌造成的损失之间是否存在因果关系的问题。《规定》第 18 条、第 19 条对于虚假陈述与损害结果之间是否存在因果关系作出了明确规定。本案一审原告已就其佛山照明股票交易及损失情况提交了证据，可以证明具有《规定》第 18 条规定的应当认定虚假陈述与损害结果之间存在因果关系的情形，而佛山照明亦提交了佛山照明 A 股 K 线图、深成指数 K 线图等证据，在一定程度上证明佛山照明股价下跌与大盘系统性风险存在关联性，具有《规定》第 19 条规定的部分损失是由证券市场系统风险等其他因素所导致的，应当认定虚假陈述与部分损害结果之间不存在因果关系。佛山照明上诉提出一审法院未从两个期间排除系统风险等因素的影响，二审法院认为，《规定》未对系统风险的计算提供具体标准，佛山照明未能提供充分有效证据证明系统风险等因素分别在两个期间对佛山照明股价下跌产生的影响，一审法院对系统风险的计算方法并无不当，佛山照明的此项上诉理由不能成立。一审法院根据本案实际情况，确定以深成指数作为参数，以买入平均价 x 损失计算数 x(1 − 卖出

① 2015 年 12 月 30 日最高人民法院也适时发布了《关于当前商事审判工作中的若干具体问题》的意见，其中指出“二、关于证券投资类金融纠纷案件的审理问题……第二、依法受理和审理虚假陈述、内幕交易和市场操纵行为引发的民事赔偿案件，维护证券交易市场上投资者的合法权益。根据立案登记司法解释规定，因虚假陈述、内幕交易和市场操纵行为引发的民事赔偿案件，立案受理时不再以监管部门的行政处罚和生效的刑事判决认定为前置条件。”变更了《关于审理证券市场因虚假陈述引发的民事赔偿案件的若干规定》第 6 条的规定“投资人以自己受到虚假陈述侵害为由，依据有关机关的行政处罚决定或者人民法院的刑事裁判文书，对虚假陈述行为人提起的民事赔偿诉讼，符合民事诉讼法第一百零八条规定的，人民法院应当受理。”但是这仅是最高人民法院的倾向性意见，暂时还不能直接指导审判工作，也不意味着已经废除了行政处罚这一前置程序。

时的深成指数/买入时的平均深成指数)计算系统风险致损金额,认定原告的投资差额损失在扣除系统风险致损金额后的部分由佛山照明承担,并无不当。佛山照明主张股价下跌所造成的投资损失,纯属系统风险、行业风险、公司经营风险等因素所致,与佛山照明的虚假陈述行为没有任何因果关系,王勇等 14 人主张佛山照明股价大幅下跌并非系统风险造成,而是佛山照明虚假陈述行为所致,一审认定系统风险系造成其投资损失的部分原因错误,均没有事实和法律依据,二审法院不予支持。

实施日的认定问题。根据《规定》第 20 条的规定,虚假陈述实施日是指作出虚假陈述或发生虚假陈述之日,佛山照明于 2010 年 7 月 13 日召开董事会,全票表决通过与香港天际等共同对佛照锂增资的议案。会议未将该议案作为关联交易表决,而佛山照明于 2010 年 7 月 15 日发布公告,披露其出资 876. 93 万元与香港天际等共同增资佛照锂,但公告未将该次增资事项披露为关联交易。广东证监局的行政处罚认定,佛山照明虽然在临时公告中披露了增资事项,但未将该事项披露为关联交易,存在重大遗漏,违反了证券法第六十三条、第六十六条的规定,据此对佛山照明进行处罚。一审法院认定 2010 年 7 月 15 日是佛山照明最早作出虚假陈述之日,确定该日为虚假陈述实施日,并无不当。佛山照明主张虚假陈述的实施日是 2010 年 11 月 8 日,而非 2010 年 7 月 15 日,没有事实和法律依据,二审法院不予支持。

是否存在第二个揭露日的问题。《规定》第 20 条规定,虚假陈述揭露日是指陈述在全国范围发行或播放的报刊、电台、电视台等媒体上,首次被公开揭露日。2012 年 7 月 6 日,佛山照明发布《关于收到广东证监局监管措施决定书的公告》,首次向投资者公布其因虚假陈述被行政处罚。而佛山照明于 2012 年 11 月 5 日发布重大事项公告,公告其收到《中国证券监督管理委员会调查通知书》,因涉嫌信息披露违法违规,中国证监会根据证券法的有关规定,决定对佛山照明立案调查。该公告是对佛山照明虚假陈述公开披露的延续,并非首次被公开揭露。梁建中主张 2012 年 11 月 5 日为第二个揭露日,没有事实和法律依据,二审法院不予支持。

投资差额损失、佣金和资金利息的认定问题。对于投资差额损失,《规定》第 31 条、第 32 条分别对投资人在基准日及以前卖出证券和在基准日之后卖出或者仍持有证券的投资差额损失的计算方法进行了规定。一审法院基于《规定》所规定的计算方法认定投资人在基准日及以前卖出证券的,投资差额损失以买入证券平均价格与实际卖出证券平均价格之差乘以投资人所持证券数量,投资人在基准日之后卖出或者仍持有证券的，投资差额损失以买入证券平均价格与虚假陈述揭露日或者更正日起至基准日期间每个交易日收盘价的平均价格之差，乘以投资人所持证券数额，以佛山照明 A 股自 2012 年 7 月 6 日起至 2013 年 1 月 16 日之间交易股票收盘价的平均价作为基准价，按照先进先出原则的移动加权平均法计算并无不当。王勇等 14 人主张一审法院对投资差额损失计算方法错误，计算买入平均价时未扣除投资者在实施日至揭露日期间卖出股票收回的成本，没有事实和法律依据，二审法院不予支持。对于佣金，一审法院综合考虑证券市场近年来的实际情况和本案具体情况，统一按千分之一的标准计算，是恰当的。对于资金利息，一审法院按照原告买入至卖出或者基准日，按人民银行同类币种同期活期存款利率计算，亦无不当。王勇等 14 人主张一审按统一标准计算佣金和资金利息与事实不符，理由不充分，二审法院不予支持。佛山照明主张本案部分原告在一审庭审中已经明确表示放弃利息和佣金请求，没有事实依据，二审法院不予支持。

（二）二审法院的判决

广东省高级人民法院于 2015 年 5 月 14 日作出（2015）粤高法民二终字第 13 - 967 号民事判决：驳回上诉，维持原判。

第二节　本案当事人上诉、答辩与法院裁判的逻辑图

一、当事人的上诉逻辑图（本案上诉人较多，在此仅列出代表性的上诉逻辑图）

①

王勇、张文娣、王彬、裴玉波

- 一审认定系统风险系造成其投资损失的部分原因无事实与法律依据
  - 本案中佛山照明股价大幅下跌并非系统风险造成，而是佛山照明虚假陈述行为所致
  - 一审随意确定系统风险致损金额的计算方式无任何法律依据
- 上诉人主张的佣金与利息损失应按实际发生额计算，一审为了计算方便而统一标准与事实不符，也不符合司法解释的相关规定

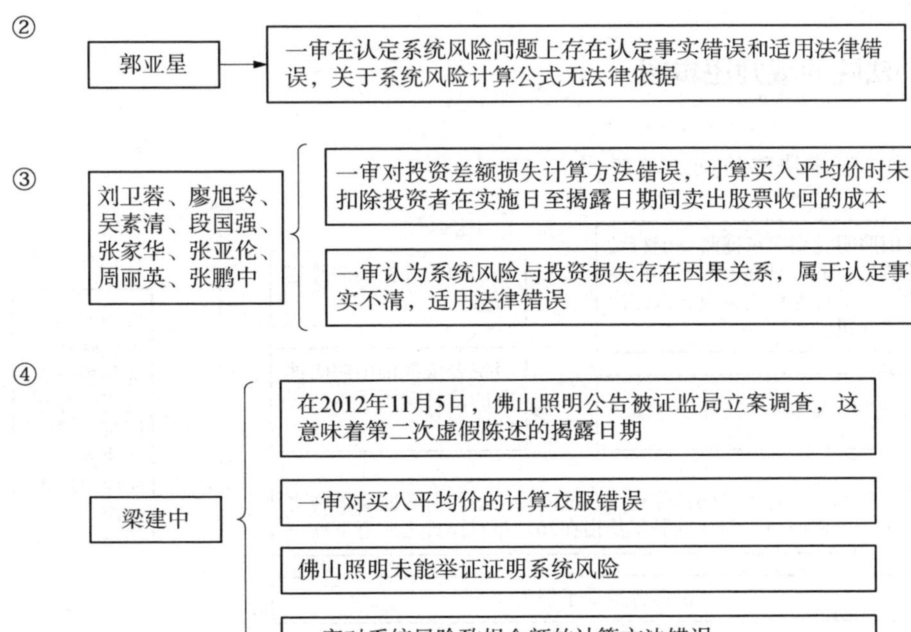

二、佛山照明的答辩逻辑图

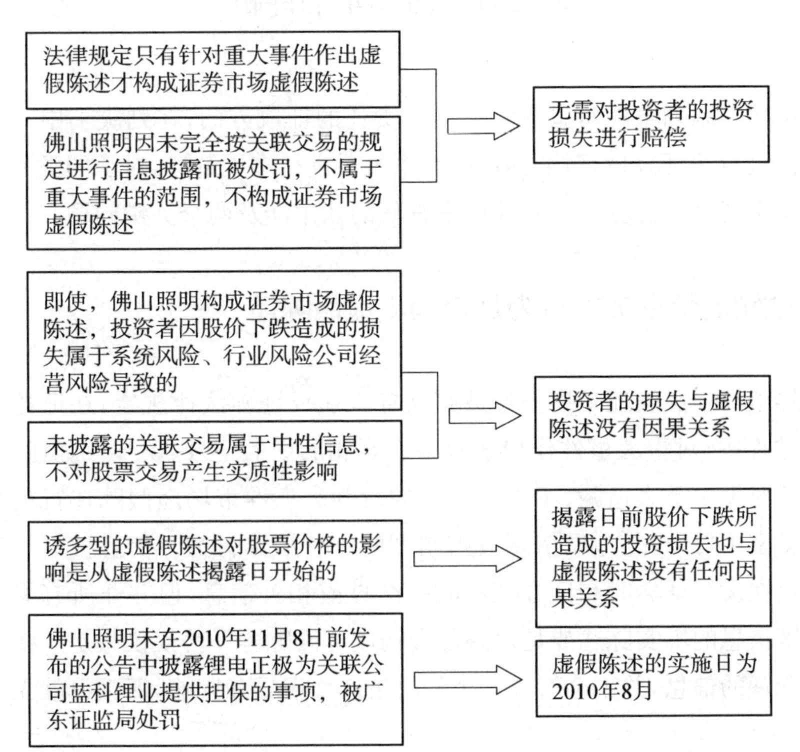

三、法院的裁判逻辑图

1. 一审法院的判决逻辑图

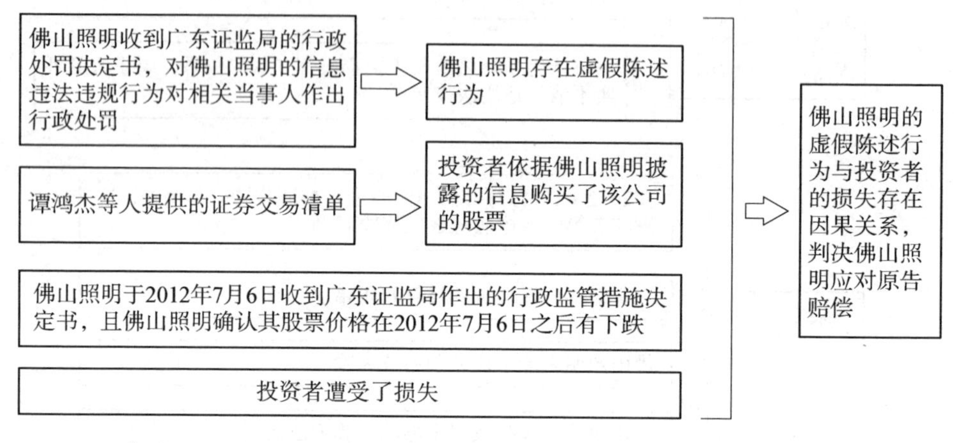

2. 二审法院的判决逻辑图（见第231页）

第三节　对本案的评析

佛山照明系列案在对虚假陈述民事责任的证成方面，在判决书中对关联交易重大性进行法理分析，对证券侵权因果关系进行多维解读，对于同类型案件审判具有参考意义。证券虚假陈述民事责任的认定涉及两个关键问题。

一、被处罚的信息披露行为是否构成虚假陈述

证券市场虚假陈述是指信息披露义务人违反证券法律规定，在证券发行或者交易过程中，对重大事件作出违背事实真相的虚假记录、误导性陈述，或者在披露信息时发生重大遗漏、不正当披露的行为。证券市场虚假陈述行为与信息披露制度密不可分，是违反信息披露制度的一种欺诈行为。信息披露制度要求上市公司在发行证券时和证券交易时持续披露相关信息，但并非所有关于公司经营决策信息的不实陈述或是遗漏都会构成虚假陈述。若仅仅只是一些影响公司日常管理的信息，并不会对投资者的决策产生误导和影响，那么也就无需认定

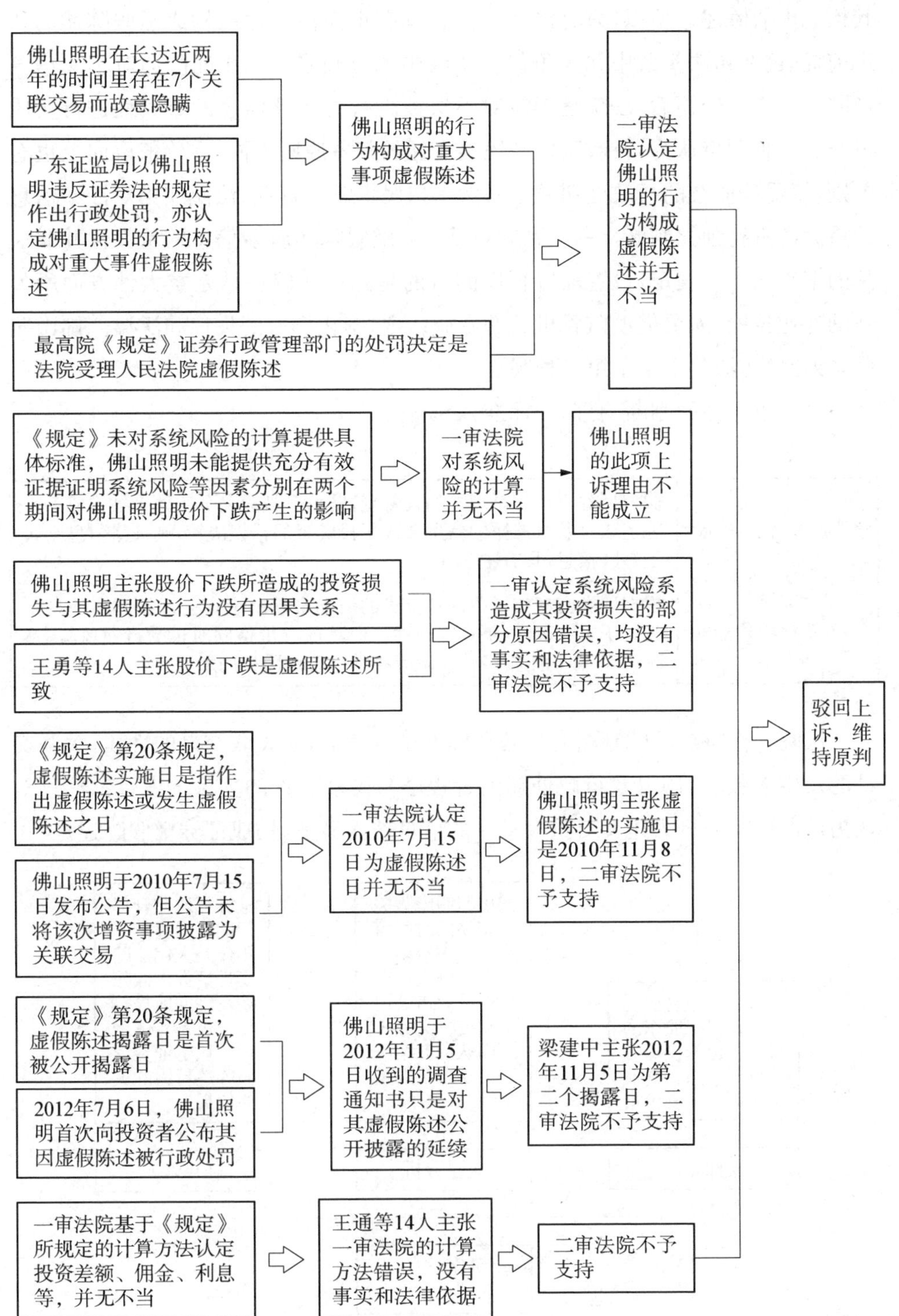
佛山照明在长达近两年的时间里存在7个关联交易而故意隐瞒
广东证监局以佛山照明违反证券法的规定作出行政处罚，亦认定佛山照明的行为构成对重大事件虚假陈述
佛山照明的行为构成对重大事项虚假陈述
最高院《规定》证券行政管理部门的处罚决定是法院受理人民法院虚假陈述
一审法院认定佛山照明的行为构成虚假陈述并无不当
《规定》未对系统风险的计算提供具体标准，佛山照明未能提供充分有效证据证明系统风险等因素分别在两个期间对佛山照明股价下跌产生的影响
一审法院对系统风险的计算并无不当
佛山照明的此项上诉理由不能成立
佛山照明主张股价下跌所造成的投资损失与其虚假陈述行为没有因果关系
王勇等14人主张股价下跌是虚假陈述所致
一审认定系统风险系造成其投资损失的部分原因错误，均没有事实和法律依据，二审法院不予支持
驳回上诉，维持原判
《规定》第20条规定，虚假陈述实施日是指作出虚假陈述或发生虚假陈述之日
佛山照明于2010年7月15日发布公告，但公告未将该次增资事项披露为关联交易
一审法院认定2010年7月15日为虚假陈述日并无不当
佛山照明主张虚假陈述的实施日是2010年11月8日，二审法院不予支持
《规定》第20条规定，虚假陈述揭露日是首次被公开揭露日
2012年7月6日，佛山照明首次向投资者公布其因虚假陈述被行政处罚
佛山照明于2012年11月5日收到的调查通知书只是对其虚假陈述公开披露的延续
梁建中主张2012年11月5日为第二个揭露日，二审法院不予支持
一审法院基于《规定》所规定的计算方法认定投资差额、佣金、利息等，并无不当
王通等14人主张一审法院的计算方法错误，没有事实和法律依据
二审法院不予支持

其构成虚假陈述。所以，只有涉及的信息具有重大性时才能构成虚假陈述的认定前提，这在司法实践中并无争议。实践中的分歧在于：在证监会对不法信息披露行为作出处罚后，法院是否应对不法披露行为所涉信息的重大性进行实质审查。一种观点认为，行政责任与民事责任的归责原则不同，在价值取向上也有差别，接受证监会的行政处罚并不必然承担民事赔偿责任，法院应当对涉案信息的重大性进行独立判断。另一种观点认为：虚假陈述所涉信息的重大性并非法院的审查义务，《规定》设置前置程序的目的是弥补法院在认定重大性方面所欠缺的专业技能，需要借助监管机关的专业认定，制止诉讼的失控和泛滥。佛山照明系列案中，法院采纳了第二种观点。

关于重大性的判断，有两个标准：

理性投资者决策标准	假定证券市场都是理性的投资者，若信息披露义务主体未披露或不实陈述或未及时披露的信息造成了投资者的错误决策，则披露信息则属于重大信息，具有主观性。
证券价格影响标准	根据证券交易市场中证券价格的波动来反映上市公司披露的信息是否属于重大事件，更具客观性。但是证券价格同时也受行业风险、系统风险、公司正常经营风险等各种不确定因素的影响。

法院在作“重大性”判断时将两种标准结合考虑，从关联交易的性质，关联交易的发生次数、金额以及行政处罚前置程序与民事诉讼的关系出发，综合考虑，认为佛山照明的行为违反对重大事件的信息披露义务，构成证券虚假陈述。

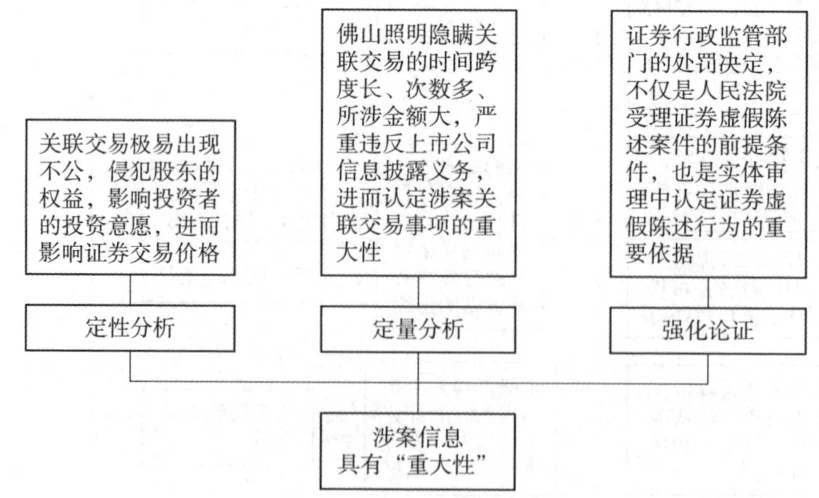

二、投资者损失与上市公司行为之间是否存在因果关系

虚假陈述与损失结果之间是否存在排他性影响，是判断因果关系的关键。从理论上看，证券侵权责任的因果关系包含两层含义：

交易因果关系	被用来认定虚假陈述行为是否引起了投资者的交易行为。即没有虚假陈述行为，投资人就不会进行交易。
损失因果关系	被用来判断交易行为否导致了投资的全部或部分损失。但是考虑到行业风险、系统风险对证券价格下降的影响，在判断时应予以剔除。

交易因果关系其判断的关键点在于虚假陈述行为所涉及的消息性质。

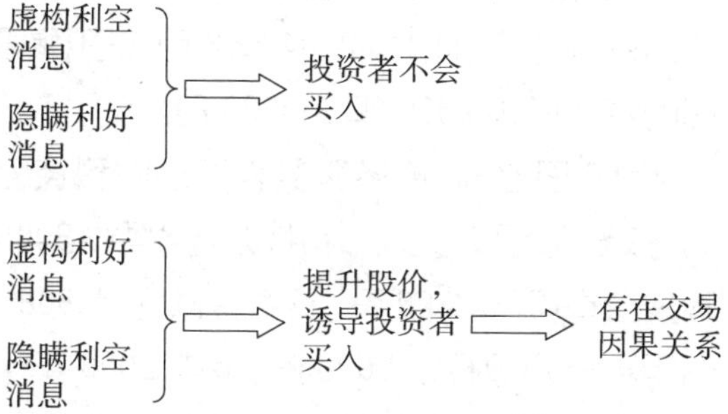

本案中，佛山照明对外增资本属利好消息，但隐瞒了关联交易因素，诱导投资者买入，交易因果关系可予认定。对于损失因果关系的认定，佛山照明提供的证据不能证明原告等人的损失时完全由系统风险、行业风险、公司经营风险带来的，据此，法院认定损失因果关系成立，在计算原告等人的损失时将系统风险等带来的损失予以剔除。

根据《规定》第 18 条、第 19 条，证券市场系统风险认定也采取举证责任倒置规则，由被告举证证明原告的损失系由系统风险造成。实践中，上市公司往往列举宏观经济数据、股价走势去证明系统风险存在，但很少能够充分证明系统风险与其股价波动的逻辑关系以及影响程度。以往的判例中，法院往往比较上司公司股价与大盘指数的走势，对系统风险的致损比例进行酌定。本案中，佛山照明就系统风险问题，提交了佛山照明 A 股 K 线图、深成指数 K 线图等证据。合议庭认为其所举证据在一定程度上能够证明，佛山照明股票的下跌与大盘系统性风险存在一定关联性。经对佛山照明所在板块、公司业绩以及股价走势的分析，

合议庭选择深成指数作为系统风险的计算参数，以买入平均价 x 损失计算数 x（1 - 卖出时的深成指数/买入时的平均深成指数）计算投资者每笔交易的系统风险，投资差额余下损失仍由佛山照明承担，在证券侵权案件纠纷审判中，实现了系统风险的精细化计算。

思考题

2006 年 4 月 6 日，中国证券监督管理委员会对甲科技公司及相关个人予以行政处罚，决定书认定：甲科技公司在其公开披露的 2005 年年报中，针对 2004 年年报中的重大遗漏，补充披露了部分银行短期借款及应收关联方债权，但仍旧有其他银行借款及应付票据未在 2005 年年报中作为期初数予以披露。胡某遂提起诉讼，请求判令甲科技公司赔偿投资差额损失 100885.70 元。审理中，双方均确认：甲科技公司虚假陈述实施日为 2004 年 3 月 2 日，揭露日为 2006 年 4 月 25 日，投资损失计算的基准日为 2006 年 5 月 29 日。

胡某于 2004 年 3 月 2 日之前，曾多次买入卖出甲科技公司股票；2004 年 3 月 2 日至 2006 年 4 月 25 日，胡某买入甲科技公司股票 13000 股，发生金额合计 147480 元；卖出甲科技公司股票 7500 股，发生金额合计 80810 元；截止 2006 年 4 月 25 日，胡某持有甲科技公司股票 5500 股，其中 2006 年 4 月 25 日买入甲科技公司股票 3100 股；在基准日之前，胡某于 2006 年 5 月 15 日，卖出甲科技公司股票 1000 股，成交价为 3.54 元/股；2006 年 5 月 19 日，胡某又卖出 1000 股，成交价为 3.60 元/股。2006 年 4 月 25 日至 2006 年 5 月 29 日，甲科技公司股票的交易日收盘平均价为 3.45 元。

胡某向甲科技公司主张投资差额损失的股票，包括了虚假陈述实施日之前买入的股票，在计算平均买进价格时，胡某以合计买入发生金额（包括虚假陈述实施日之前买入的股票）除以买入总股数，计算后为 11.38 元/股。甲科技公司则以 2004 年 3 月 2 日至 2006 年 4 月 25 日期间胡某买入甲科技公司股票的合计发生金额，扣除此期间卖出甲科技公司股票的总金额，再除以剩余持股数进行计算，为 12.06 元/股。

问：1. 胡某于基准日之前（2006 年 5 月 15 日和 2006 年 5 月 19 日）卖出的 2000 股甲科技公司股票是算揭露日之前买入的还是揭露日之后买入的？

2. 揭露日之前卖出的股票所收回的资金是否能计算到胡某买入甲科

技公司股票的总成本中?

3. 试计算胡某买入证券的平均价格。

4. 试计算胡某的投资差额损失。

第十七章　吕美庆行政处罚案析操纵证券市场的构成要件

第一节　案情事实与法院的审理

一、案情事实

吕美庆、中国证券监督管理委员会金融行政管理(金融)再审审查与审判监督行政裁定书[①]

中华人民共和国最高人民法院行政裁定书(2017)最高法行申8941号

再审申请人(一审原告、二审上诉人):吕美庆,男,1957年9月30日出生,汉族,住江西省上饶市信州区。

委托诉讼代理人:徐志新,北京市地平线律师事务所律师。

委托诉讼代理人:黎家骏,北京市地平线律师事务所律师。

再审被申请人(一审被告、二审被上诉人):中国证券监督管理委员会,住所地:北京市西城区金融大街**号。

法定代表人:刘士余,中国证券监督管理委员会主席。

再审申请人吕美庆因诉再审被申请人中国证券监督管理委员会(以下简称证监会)行政处罚决定一案,不服北京市高级人民法院(2017)京行终176号行政判决,向本院申请再审。本院依法组成由审判员梁凤云、审判员罗霞、审判员王海峰参加的合议庭,对本案进行了审查。现已审查终结。

2013年,证监会针对吕美庆涉嫌操纵"西安饮食""龙星化工""大通燃气"一

① 中国裁判文书网。

案进行调查，对有关人员进行了询问，调查、搜集了相关数据资料。2014 年 12 月 11 日，证监会向吕美庆送达行政处罚事先告知书，告知其对“西安饮食”等三支股票操纵案调查完毕，拟对吕美庆作出没收违法所得 12748951.23 元，处以 12748951.23 元罚款的行政处罚，并告知其享有陈述、申辩及要求听证等权利。2015 年 5 月 19 日，证监会应吕美庆申请，举行了听证会。吕美庆、证监会围绕案件争议问题发表了意见。在此期间，吕美庆向证监会提交了书面申辩意见及证据材料。2015 年 10 月 30 日，证监会针对吕美庆作出〔2015〕56 号《行政处罚决定书》(以下简称被诉决定)，主要内容如下。

2013 年 1 月至 3 月，吕美庆以自有资金及向他人融入资金，操控“邛某华”等 16 个自然人账户(以下简称涉案账户组)，采取连续集中交易及在涉案账户组内账户间交易等方式买卖“西安饮食”“龙星化工”“大通燃气”等 3 支股票，累计获利 12748951.23 元。

(一) 涉案账户组交易“西安饮食”情况

2013 年 2 月 6 日至 3 月 1 日，涉案账户组买入“西安饮食”45480029 股，卖出 45480029 股。2013 年 2 月 6 日至 3 月 1 日共 13 个交易日，涉案账户组均曾交易“西安饮食”。涉案账户组交易“西安饮食”的比重超过 19%的有 9 天，平均比重为 21.67%，2013 年 2 月 20 日涉案账户组交易比重达到 46.57%。2013 年 2 月 18 日至 2 月 28 日的 9 个交易日中，有 7 个交易日涉案账户组内账户间交易“西安饮食”，总量达到 9864826 股。涉案账户组内账户间交易“西安饮食”的比重平均为 8.44%，2013 年 2 月 20 日达到 17.72%。自 2013 年 2 月 6 日，涉案账户组开始持有“西安饮食”，2013 年 2 月 20 日涉案账户组持有“西安饮食”流通股的比例上升至 8.55%；2013 年 2 月 6 日到 3 月 1 日间有 4 个交易日，涉案账户组持有“西安饮食”流通股的比例超过 5%。

2013 年 2 月 6 日至 3 月 1 日，涉案账户组连续交易“西安饮食”，涉案账户组内账户间交易“西安饮食”，致使“西安饮食”股价从 2013 年 2 月 6 日的 6.20 元(收盘价)上升至 2013 年 2 月 25 日的 6.92 元(收盘价)。从 2013 年 2 月 6 日至 2 月 25 日，该股累计涨幅 11.61%，同期深成指累计下跌 5.85%，偏离 17.46 个百分点，同期行业(旅游酒店)板块累计下跌 0.41%，偏离 12.02 个百分点。2013 年 2 月 26 日至 3 月 1 日，账户组以卖出为主并伴有自买自卖交易；在该阶段，该股股价从 2 月 26 日的 6.86 元(收盘价)跌至 3 月 4 日 6.22 元(收盘价)，跌幅为 9.33%。

（二）涉案账户组交易“龙星化工”情况

2013年1月30日至3月7日，涉案账户组买入“龙星化工”73246126股，卖出73246126股。2013年1月30日至3月7日共22个交易日，涉案账户组交易“龙星化工”的有19个交易日。涉案账户组交易比重超过15%的有14天，交易比重超过20%的10天，交易比重平均为19.76%，2013年2月26日涉案账户组交易比重达到33.62%。2013年2月18日至3月6日的13个交易日中，有10个交易日涉案账户组内账户间交易“龙星化工”，总量达到9444289股。涉案账户组内账户间交易“龙星化工”的比重平均为4.11%，2013年2月26日达到10.67%。自2013年1月30日，涉案账户组开始持有“龙星化工”，2013年2月25日涉案账户组持有“龙星化工”流通股的比例上升至11.76%；2013年1月30日至3月7日间有8个交易日，涉案账户组持有“龙星化工”流通股的比例超过5%。

2013年1月30日至3月7日，涉案账户组连续交易“龙星化工”、涉案账户组内账户间交易“龙星化工”，致使“龙星化工”股价从2013年1月30日的5.03元（收盘价）上升至2013年2月27日的6.29元（收盘价）。从2013年1月30日至2月27日，该股累计涨幅25.05%，同期深成指累计下跌4.61%，偏离29.66个百分点，同期行业（化工化纤）板块累计上涨1.75%，偏离23.3个百分点。2013年2月28日至3月7日，涉案账户组以卖出为主并伴有自买自卖交易，在该阶段，该股股价从6.15元（收盘价）跌至5.73元（收盘价），跌幅为6.83%。

（三）涉案账户组交易“大通燃气”情况

2013年1月29日至2月8日，涉案账户组买入“大通燃气”44546131股，卖出44546131股。2013年1月29日至2月8日共9个交易日，涉案账户组均有交易“大通燃气”。涉案账户组交易比重超过20%的有7天，交易比重平均为26.72%，2013年1月31日涉案账户组交易比重达到45.85%。2013年1月29日至2月8日的9个交易日中，有7个交易日涉案账户组内账户间交易“大通燃气”，总量达到11942080股。涉案账户组内账户间交易“大通燃气”的比重平均为8.16%，2013年1月31日达到21.86%。自2013年1月29日，涉案账户组开始持有“大通燃气”，2013年1月31日涉案账户组持有“大通燃气”流通股的比例上升至6.52%；2013年1月29日至2月8日间有2个交易日，涉案账户组持有“大通燃气”流通股的比例超过5%。

2013年1月29日至2月8日连续交易“大通燃气”、涉案账户组内账户间交易"大通燃气",致使"大通燃气"股价从2013年1月29日的6.40元(收盘价)上升至2月5日的7.12元(收盘价),涨幅11.25%,同期深成指累计上涨2.49%,偏离8.76个百分点,同期行业(供水供气)板块累计上涨2.29%,偏离8.96个百分点。2013年2月6日至2月7日,账户组以卖出为主并伴有自买自卖交易,在该阶段,该股股价从6.97元(收盘价)跌至6.80元(收盘价),跌幅为2.44%。2013年2月8日,账户组卖出剩余的991770股。

证监会认为吕美庆的上述行为违反了《中华人民共和国证券法》(以下简称证券法)第七十七条第一款第一项、第三项的规定,构成证券法第二百零三条所述违法行为。根据上述违法行为的事实、性质、情节与社会危害程度,依据证券法第二百零三条的规定,决定没收吕美庆违法所得12748951.23元,并处以12748951.23元罚款。

二、一审法院对案件的审理

吕美庆以被诉决定认定事实不清、证据不足、程序违法为由,向北京市第一中级人民法院提起诉讼,请求人民法院撤销被诉决定。

北京市第一中级人民法院经审理认为,本案的焦点问题为,吕美庆是否为＊＊年＊＊月＊＊月涉案账户组的实际控制人;吕美庆是否于上述涉案期间实施了操纵"西安饮食""龙星化工""大通燃气"股票价格的行为;处罚程序是否合法。

关于焦点问题一。认定行为人实际控制某一账户,需要判断行为人是否对该账户具有管理、使用或处分的权益。行为人虽非账户的名义持有人,但通过投资关系、协议或者其他安排能够实际管理、使用或处分他人账户的,可视为行为人实际控制该账户。根据证监会提交的第一组证据中的有效证据,涉案账户组在2013年1月至3月期间同时段频繁共用电脑下单,所用MAC地址与IP地址高度重合,足以证明上述涉案账户具有同一控制关系。此外,证监会在一审提交的第一组证据中的有效证据可形成证据链,佐证吕美庆控制涉案账户组的事实:首先,吕美庆在接受证监会询问时自认其实际控制邱奇华、金丽萍、张惠琴、郑晗春、张群英、邱元惠等6个账户,且上述账户与吕美庆的银行账户之间有直接、大量资金往来;在案有效证据亦证明邱奇华等人系吕美庆公司员工或员工亲属。虽然吕美庆主张张惠琴在证监会询问时表示其自己操作涉案账户,以及证监会亦未取得邱奇华等他人的证言自认,但上述证据链已足以证明吕美庆系上述账户的控制人。其次,李绍华、周莺、戴国乾等3个账户出借人与吕美庆有相关配资协议，肖明霞、郑英账户的出借人在接受询问时亦陈述与吕美庆有相关配资协议。再次，上述账户在内的其他账户与吕美庆银行账户之间存在直接的或者间接的资金往来。最后，上述账户的名义所有人、出借人、中间介绍人或证券营业部工作人员在接受询问时亦将账户实际控制人指向吕美庆。吕美庆虽主张部分人员在接受询问时系推断，与其他人员所述不一致，或与吕美庆调查时表述不一致，但综合前述证据，足以认定吕美庆控制上述涉案账户的事实。吕美庆相关主张不足以推翻相关事实认定。

关于焦点问题二。证券法第七十七条第一款第一、三项规定，单独或者通过合谋，集中资金优势、持股优势联合或者连续买卖，在自己实际控制的账户之间进行证券交易，操纵或影响证券交易价格或者证券交易量的，均构成证券市场操纵行为。本案中，涉案账户组于涉案账户交易期间为吕美庆所实际控制，根据上述账户于该期间交易“西安饮食”“龙星化工”“大通燃气”的记录分析，上述账户交易量占比、持股比等数值均较高（例如：2013 年 2 月 20 日，涉案账户组交易“西安饮食”的比重约达 47%，涉案账户组内交易量占比约达 18%，涉案账户组持股比约达 9%；2013 年 2 月 26 日，涉案账户组交易“龙星化工”的比重约达 34%，涉案账户组内交易量占比约达 11%，同月 25 日，涉案账户组持股比约达 12%；2013 年 1 月 31 日，涉案账户组交易“大通燃气”的比重约达 46%，涉案账户组内交易量占比约达 22%，涉案账户组持股比约达 7%）。故，上述账户在上述期间交易涉案股票时具有明显资金及持股优势。涉案交易期间，涉案账户连续申报买卖、账户间互相买卖涉案股票，紧密配合，拉抬涉案股票价格明显。涉案交易期间，“西安饮食”股价从 2013 年 2 月 6 日的 6.20 元（收盘价）上升至 2013 年 2 月 25 日的 6.92 元（收盘价），该股累计涨幅约 12%，与同期深成指相比，偏离约 17 个百分点。“龙星化工”股价从 2013 年 1 月 30 日的 5.03 元（收盘价）上升至 2013 年 2 月 27 日的 6.29 元（收盘价），累计涨幅约 25%，与同期深成指相比，偏离约 30 个百分点。“大通燃气”股价从 2013 年 1 月 29 日的 6.40 元（收盘价）上升至 2 月 5 日的 7.12 元（收盘价），涨幅约 11%，与同期深成指相比，偏离约 9 个百分点。另一方面，涉案交易后期，账户组以卖出为主的行为，亦导致涉案股票价格跌幅明显。

综上，涉案期间涉案账户组交易“西安饮食”等三支涉案股票的行为特征显示，账户组行为符合连续交易操纵与在自己实际控制的账户间交易操纵的特征。被诉决定认定吕美庆于上述期间实施了操纵股价行为，具备事实及法律依据。吕美庆关于“西安饮食”往年春节期间的价格走势及涉案期间的“利好”系导致该股价格变动，并非吕美庆行为影响股价等相关主张，不能否定涉案账户组在涉案股票交易中的资金、占比优势，亦不能排除涉案账户组的操纵行为对涉案股票价格及交易量的重要影响。

关于焦点问题三。证监会作出被诉决定履行了告知、听证、送达等程序，并无违法之处。《中华人民共和国行政处罚法》第三十二条第一款规定，当事人有权进行陈述和申辩。行政机关必须充分听取当事人的意见，对当事人提出的事实、理由和证据，应当进行复核；当事人提出的事实、理由或者证据成立的，行政机关应当采纳。该法第四十二条第四项规定，举行听证时，调查人员提出当事人违法的事实、证据和行政处罚建议；当事人进行申辩和质证。本案听证笔录显示，听证主持人在听证开始时告知了吕美庆举证、质证的权利，吕美庆听证期间亦就证据、事实问题发表了充分的意见，并无证据显示证监会拒绝吕美庆举证。而且证监会接收了吕美庆的书面申辩意见及证据材料，对其主张亦在被诉决定中予以回应，并无证据证明证监会未对当事人意见进行复核。故吕美庆的相关主张缺乏事实依据，不能成立。吕美庆关于警力协助等其他程序违法之主张。因警力协助并无违法之处，证监会亦无违法限制吕美庆自由等行为，吕美庆该主张不能成立。同时，吕美庆关于其他程序违法之主张亦不能成立。

综上，被诉决定认定事实清楚，适用法律正确，程序合法，处罚幅度并无不当。吕美庆要求撤销被诉决定的诉讼请求缺乏事实及法律依据，法院不予支持。故依照《中华人民共和国行政诉讼法》第六十九条的规定，判决驳回吕美庆的诉讼请求。

吕美庆不服，向北京市高级人民法院提出上诉。

三、二审法院对案件的审理

二审法院查明事实与一审法院认定事实一致。

二审法院经审理认为：本案中，证监会提供的相应证据能够认定吕美庆控制涉案账户组的事实，其符合上述操纵证券市场行为主体的特征，一审判决对此进行认定的理由成立。吕美庆予以否认的相关主张没有有效证据支持，不予采纳。

关于在案证据能否证明涉案账户组存在连续交易操纵及在自己实际控制的账户间交易操纵的行为问题。证监会提交的第一组证据中反映的涉案账户组于涉案账户被吕美庆实际控制交易期间交易“西安饮食”“龙星化工”“大通燃气”的情况，符合连续交易操纵和在自己实际控制的账户间交易操纵的特征。虽然上述第一组证据中来函指定涉案账户组连续交易涉案股票的情况的相关材料因未在证监会作出处罚前的听证程序中出示而未被一审法院采纳，但该材料是建立在涉案账户组交易等情况的基础上汇总、分析得来，而涉案账户组交易等情况材料已在行政程序中出示。涉案账户组交易“西安饮食”等三只股票的比重、占比等情况，是相关交易数据的客观体现。且在听证前送达给吕美庆的行政处罚事先告知书中，证监会也注明了股价变化、交易占比等情况，吕美庆在听证程序及本案一、二审庭审程序中均未提供相反证据证明上述交易数据不应予以采信。故对于吕美庆就相关交易数据提出的质疑，不予支持。

关于本案违法所得数额的认定问题。一审法院要求证监会补充提交的“股票盈利情况”载明的违法所得金额，少于证监会第一组证据中证据 1－1 至 1－3 中的“股票盈利情况”载明的数额，两者存在差异的原因系证监会调查人员发现证券交易所计算违法所得少计交易手续费后，就其盈利计算结果作出了相应调整。证监会在本案调查终结时已就调减后的违法所得金额予以确认并记录在案，行政处罚事先告知书即按调减后的违法所得金额予以认定。且核减后所认定的违法所得数额，并未进一步对吕美庆产生影响。据此，一审法院将证监会补充提交的“股票盈利情况”同相关说明一并转送吕美庆，吕美庆对上述移转材料亦发表了书面意见，在此情况下，一审法院以补充的“股票盈利情况”作为认定违法所得数额的根据并无不当。吕美庆对于违法所得数额的异议，不予支持。

关于本案是否存在程序违法的问题。根据在案的询问笔录等证据显示，证监会工作人员在对相关人员进行询问调查时，出示了工作证件、告知被询问人相关法律规定，并未侵犯被询问人的合法权益，也无相应证据证明存在诱导或者限制人身自由取证等情形。吕美庆提出的其他程序违法的主张也没有相应的事实根据和法律依据，本院不予支持。

综上，被诉决定认定事实主要证据充分，适用法律正确，处罚程序并无不当，处罚幅度亦无不当。一审法院判决驳回吕美庆的诉讼请求并无不妥，应予维持。依照《中华人民共和国行政诉讼法》第八十九条第一款第一项的规定，判决驳回上诉，维持一审判决。

四、再审法院对事件的审理

吕美庆不服，向本院申请再审称：（一）一、二审法院认定其对 16 个涉案证券账户及其证券交易和盈利具有控制权的认定证据不足。关于其对涉案账户存在连续交易和自买自卖等操纵股价的事实认定没有证据。被诉决定在处罚数额上缺少证据证明。(二)涉案账户组交易等情况材料虽然已在行政程序中出示,但被申请人从未进行过汇总、分析。涉案账户组交易“西安饮食”等三只股票的比重、占比等情况,并不是相关交易数据的客观体现。二审法院认为吕美庆在听证程序及本案庭审程序中均未提供相反证据证明上述交易数据不应予以采信,是对行政诉讼程序举证责任的错误分配。综上,请求本院撤销二审判决,撤销证监会作出的被诉决定。

本院认为,吕美庆申请再审是对涉案证券账户及其证券交易和盈利具有控制权、操纵股价的事实的认定,以及违法数额的认定存在异议。根据原审法院审理查明的事实,证监会在原审中提交的证据可以证明,涉案账户组下单 MAC 地址、IP 地址存在相互交叉使用情况,在涉案交易期间频繁下单,网络地址大量重合。涉案账户组与吕美庆及其实际控制银行账户存在大量直接或间接的资金往来。此外,还有吕美庆自认其实际控制邱奇华等 6 个账户等,上述证据可以形成有效的证据链证明被诉决定以及一、二审认定吕美庆具有控制权的事实。

关于吕美庆申请再审主张没有对涉案账户组交易构成操纵股价行为的问题。证券法第七十七条第一款第一项、第三项规定,禁止任何人以“单独或者通过合谋,集中资金优势、持股优势或者利用信息优势联合或者连续买卖,操纵证券交易价格或者证券交易量”,“在自己实际控制的账户之间进行证券交易,影响证券交易价格或者证券交易量”的手段操纵证券市场。从审理查明的事实分析,涉案账户组连续买卖、对倒交易涉案股票,相对于市场其他投资者在交易占比、持仓占比、对倒比例方面处于明显优势,符合证券法关于操纵股价行为的特征。证监会对交易比重、持股比例、价格跌幅进行了综合判断,认定持股人利用持股优势连续买卖,尤其是在交易后期采取了以卖出的方式导致股价跌幅明显。认定吕美庆构成操纵证券市场的行为,具有事实基础和法律依据。证券法第二百零三条的规定,违反本法规定,操纵证券市场的,责令依法处理非法持有的证券,没收违法所得,并处以违法所得一倍以上五倍以下的罚款;没有违法所得或者违法所得不足三十万元的,处以三十万元以上三百万元以下的罚款。根据上述法律规定,证监会作出本案处罚决定,并无不当。

综上,吕美庆的再审申请不符合《中华人民共和国行政诉讼法》第九十一条规定的情形。依照《最高人民法院关于适用〈中华人民共和国行政诉讼法〉的解释》第一百一十六条第二款之规定,裁定如下:

驳回再审申请人吕美庆的再审申请。二〇一八年三月二十六日审结。

第二节　当事人起诉、上诉、答辩与法院的裁判的逻辑图

一、吕美庆起诉逻辑图

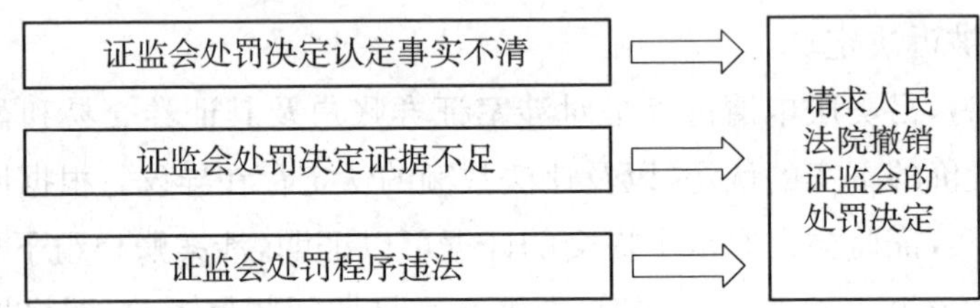

二、吕美庆上诉逻辑图

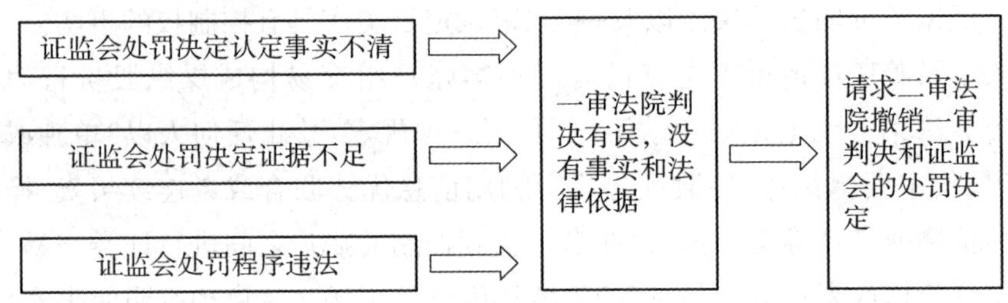

三、吕美庆申请再审逻辑图

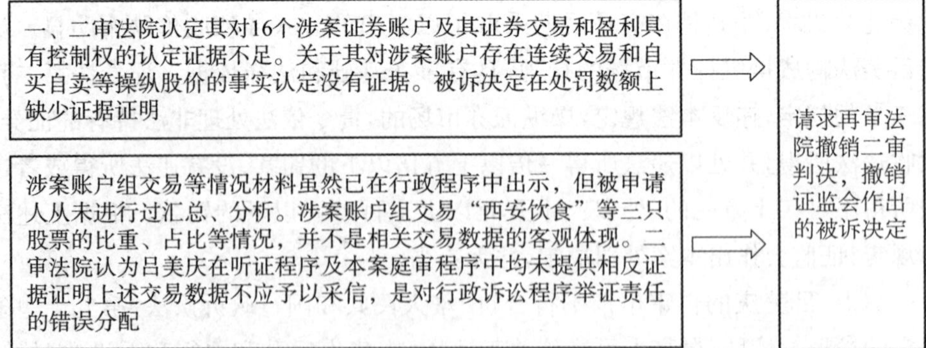

四、吕美庆的答辩逻辑图

一审答辩逻辑图：

张惠琴在证监会询问时表示其操作涉案账户，而自己并不是涉案账户组的实际控制人 ⇨

“西安饮食”往年春节期间的价格走势及涉案期间的“利好”系导致该股价格变动，并非自己行为影响股价 ⇨

警力协助等其他程序违法 ⇨

自己并不是涉案账户组的实际控制人，也没有操纵“西安饮食”“龙星化工”“大通燃气”的股票价格，并且证监会的处罚程序存在违法 ⇨

被诉决定认定事实不清、证据不足、程序违法为由，请求人民法院撤销被诉决定

二审答辩逻辑图：

对相关交易数据提出了质疑 ⇨

对违法所得数额存在异议 ⇨

提出处罚程序违法 ⇨

证监会处罚没有事实和法律依据；一审法院认定事实有误 ⇨

请求二审法院撤销一审判决并对证监会所做处罚予以撤销

五、法院的判决逻辑图

一审法院判决图：

证据链足以证明吕美庆是涉案账户组的实际控制人 ⇨ 吕美庆的相关主张不足以推翻相关事实认定 ⇨

吕美庆于上述期间实施了操纵股价行为，具备事实及法律依据。吕美庆关于“西安饮食”往年春节期间的价格走势及涉案期间的“利好”系导致该股价格变动，并非吕美庆行为影响股价等相关主张 ⇨ 不能否定涉案账户组在涉案股票交易中的资金、占比优势，亦不能排除涉案账户组的操纵行为对涉案股票价格及交易量的重要影响 ⇨

本案听证笔录显示，听证主持人在听证开始时告知了吕美庆举证、质证的权利，吕美庆听证期间亦就证据、事实问题发表了充分的意见，并无证据显示证监会拒绝吕美庆举证。而且证监会接收了吕美庆的书面申辩意见及证据材料，对其主张亦在被诉决定中予以回应，并无证据证明证监会未对当事人意见进行复核 ⇨ 故吕美庆的相关主张缺乏事实依据，不能成立。吕美庆关于警力协助等其他程序违法之主张。因警力协助并无违法之处，证监会亦无违法限制吕美庆自由等行为，吕美庆该主张不能成立。同时，吕美庆关于其他程序违法之主张亦不能成立 ⇨

被诉决定认定事实清楚，适用法律正确，程序合法，处罚幅度并无不当。吕美庆要求撤销被诉决定的诉讼请求缺乏事实及法律依据，法院不予支持。故依照《中华人民共和国行政诉讼法》第六十九条的规定，判决驳回吕美庆的诉讼请求

二审法院判决图：

证监会提供的相应证据能够认定吕美庆控制涉案账户组的事实，其符合上述操纵证券市场行为主体的特征，一审判决对此进行认定的理由成立	⇨	吕美庆予以否认的相关主张没有有效证据支持，不予采纳	⇨	被诉决定认定事实主要证据充分，适用法律正确，处罚程序并无不当，处罚幅度亦无不当。一审法院判决驳回吕美庆的诉讼请求并无不妥，应予维持。依照《中华人民共和国行政诉讼法》第八十九条第一款第一项的规定，判决驳回上诉，维持一审判决
证监会提交的第一组证据中反映的涉案账户组于涉案账户被吕美庆实际控制交易期间交易“西安饮食”“龙星化工”“大通燃气”的情况，符合连续交易操纵和在自己实际控制的账户间交易操纵的特征	⇨	吕美庆在听证程序及本案一、二审庭审程序中均未提供相反证据证明上述交易数据不应予以采信。故对于吕美庆就相关交易数据提出的质疑，不予支持	⇨	
证监会在本案调查终结时已就调减后的违法所得金额予以确认并记录在案，行政处罚事先告知书即按调减后的违法所得金额予以认定。且核减后所认定的违法所得数额，并未进一步对吕美庆产生影响。据此，一审法院将证监会补充提交的“股票盈利情况”同相关说明一并转送吕美庆，吕美庆对上述移转材料亦发表了书面意见	⇨	一审法院以补充的“股票盈利情况”作为认定违法所得数额的根据并无不当。吕美庆对于违法所得数额的异议，不予支持	⇨	
根据在案的询问笔录等证据显示，证监会工作人员在对相关人员进行询问调查时，出示了工作证件、告知被询问人相关法律规定，并未侵犯被询问人的合法权益，也无相应证据证明存在诱导或者限制人身自由取证等情形	⇨	吕美庆提出的其他程序违法的主张也没有相应的事实根据和法律依据，本院不予支持	⇨	

再审裁定图：

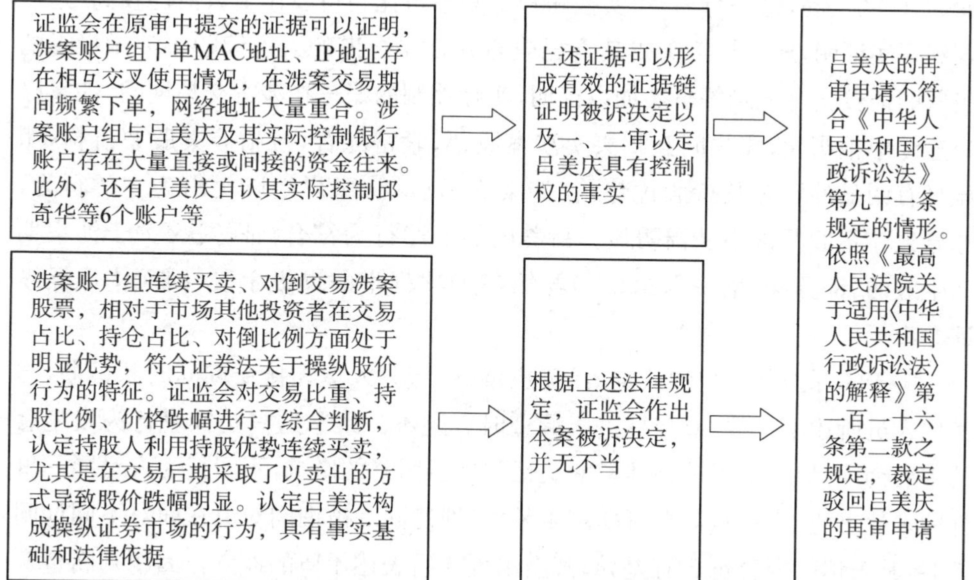

第三节　对本案所涉行政处罚决定与法院判决的评析

本案是股票价格操纵者利用多个实际控制的账户操纵个股股票价格而被行政处罚而引发行政诉讼的典型案例。本案在证券账户被实际控制、操纵证券价格行为的认定、行政处罚的依据、证据的审核与认定方面均堪称经典范例。

一、对证监会行政处罚决定的述评

吕美庆操纵股票价格的行为发生在2013年1月至3月期间，当时正值2005年修订的《证券法》生效期间，该法第七十七条规定“禁止任何人以下列手段操纵证券市场：(一)单独或者通过合谋，集中资金优势、持股优势或者利用信息优势联合或者连续买卖，操纵证券交易价格或者证券交易量；(二)与他人串通，以事先约定的时间、价格和方式相互进行证券交易，影响证券交易价格或者证券交易量；(三)在自己实际控制的账户之间进行证券交易，影响证券交易价格或者证券交易量；(四)以其他手段操纵证券市场。”这是关于操纵行为方式的列举，结合到本案，吕美庆在自己实际控制的账户之间进行股票“西安饮食”“龙星化工”、“大通燃气”的交易，这一行为有“实控账户交易量占比与持股比等数值均较高”这一客观事实证明，还有吕美庆或其委托或与其合作合谋的人连续购买涉嫌操纵的股票的证券交易记录等事实加以证明，实际控制的账户在涉案交易期间，涉案账户连续申报买卖、账户间互相买卖涉案股票，紧密配合，拉抬涉案股票价格，明显具有明显的资金及持股优势，在涉案交易后期，账户组以卖出为主的行为，亦导致涉案股票价格跌幅明显。吕美庆的上述行为符合《证券法》关于涉案期间生效的《证券法》第一款第（一）与第（三）项列举的操纵手段，因而构成操纵证券市场。

关于实际控制账户的认定，吕美庆辩称“部分人员在接受询问时系推断，与其他人员所述不一致，或与吕美庆调查时表述不一致”，这只是操纵行为发生后的事后询问笔录，由于被询问者的记忆或情感因素的影响，不同行为人对同一事件的表述难免不一致，甚至可能产生矛盾，即使同一被询问对象在面对不同询问人时，其表达的内容也会有差异，甚至出现前后表述矛盾的地方。因而判断事实的真实性，仅仅依靠当事人供述与被调查人陈述并不能完全还原事情的真相，这时客观的交易痕迹与账户之间的资金流向就成为还原事实真相的核心证据。首先，邱奇华、金丽萍、张惠琴、郑晗春、张群英、邱元惠 6 个账户与吕美庆的银行账户之间有直接、大量资金往来；在案有效证据亦证明邱奇华等人系吕美庆公司员工或员工亲属。虽然吕美庆主张张惠琴在证监会询问时表示其自己操作涉案账户，以及证监会亦未取得邱奇华等他人的证言自认，但上述证据链已足以证明吕美庆系上述账户的控制人。其次，李绍华、周莺、戴国乾等 3 个账户出借人与吕美庆有相关配资协议，肖明霞、郑英账户的出借人在接受询问时亦陈述与吕美庆有相关配资协议。再次，上述账户在内的其他账户与吕美庆银行账户之间存在直接的或者间接的资金往来。最后，上述账户的名义所有人、出借人、中间介绍人或证券营业部工作人员在接受询问时亦将账户实际控制人指向吕美庆。上述有效证据可形成证据链，佐证吕美庆控制涉案账户组的事实。操纵行为人虽非账户的名义持有人，但通过投资关系、协议或者其他安排能够实际管理、使用或处分他人账户的，可视为行为人实际控制该账户。所以，认定证券市场操纵人是否实际控制某一账户，需要判断行为人是否对该账户具有管理、使用或处分的权益。

证监会针对吕美庆操纵证券市场的处罚有事实根据与法律依据，程序合法，处罚幅度合理。而且在认定吕美庆构成操纵证券市场时有充分的证据证明，其在认定操纵证券市场的构成方面堪称经典的范例。

前述《证券法》第二百零三条规定“违反本法规定，操纵证券市场的，责令依法处理其非法持有的证券，没收违法所得，并处以违法所得一倍以上五倍以下的罚款；没有违法所得或者违法所得不足三十万元的，处以三十万元以上三百万元以下的罚款。单位操纵证券市场的，还应当对直接负责的主管人员和其他直接责任人员给予警告，并处以十万元以上六十万元以下的罚款。”2013 年，证监会针对吕美庆涉嫌操纵“西安饮食”、“龙星化工”、“大通燃气”累计获利 12748951.23 元的行为拟对吕美庆作出没收违法所得，处以违法所得等额罚款的行政处罚，并告知了其享有陈述、申辩及要求听证等权利。2015 年 5 月 19 日，证监会举行了听证会。2015 年 10 月 30 日，证监会针对吕美庆作出〔2015〕56 号《行政处罚决定书》。《证券法》分别于 2013 年 6 月 29 日、2014 年 8 月 31 日进行了二次修正，关于操纵证券市场行为的操纵方式依然规定在第七十七条，第二百零三条规定了操纵证券市场的行政责任范围。2019 年修订的《证券法》第五十五条规定操纵方式，拓展了操纵行为方式；第一百九十二条规定了操纵证券市场的行政责任，并扩大了行政处罚的幅度 。

二、对本案法院判决的评述

法院对本案的审理也遵循了司法公正原则，审判程序上的公正，也保护了实体公正。

一审法院经过审理认为：被诉决定认定事实清楚，适用法律正确，程序合法，处罚幅度并无不当。吕美庆要求撤销被诉决定的诉讼请求缺乏事实及法律依据，法院不予支持。依法驳回吕美庆的诉讼请求。二审法院经审理认为：被诉决定认定事实主要证据充分，适用法律正确，处罚程序并无不当，处罚幅度亦无不当。一审法院判决驳回吕美庆的诉讼请求并无不妥，应予维持。依法驳回上诉，维持一审判决。再审法院认为吕美庆构成操纵证券市场的行为，具有事实基础和法律依据。证监会作出本案处罚决定，并无不当。吕美庆的再审申请不符合《中华人民共和国行政诉讼法》第九十一条规定的情形。依照《最高人民法院关于适用〈中华人民共和国行政诉讼法〉的解释》第一百一十六条第二款之规定，裁定驳回吕美庆的再审申请。

审理本案的三级法院均对证监会处罚吕美庆操纵证券市场的行政处罚行为进行了合法性与妥当性方面的审查，听取了操纵行为人的申辩，核查了行政处罚所依据的证据、程序与法律依据，最终认定证监会处罚吕美庆的决定并无不当。本案在审判活动中不仅遵循了程序公正，而且贯彻了实体公正，实体公正包括依法认定事实和正确适用法律，确保当事人的实体权利和义务公正地得以实现。依法认定事实，追求真实，认定有证据证明的事实，作为裁判的依据，最大限度地发现和接近客观现实。

思考题

1. 结合本案阐述操纵证券市场的构成要件是什么?

2. 操纵证券市场给证券投资者造成损失而承担民事责任时，如何计算赔偿范围?

第十八章 九龙山旅游公司短线交易案析归入权的行使

第一节 案情事实与法院的审理

一、案情事实

浙江九龙山国际旅游开发有限公司与海航资产管理集团有限公司、李勤夫等损害公司利益责任纠纷二审民事判决书[①]

中华人民共和国上海市高级人民法院民事判决书(2015)沪高民五(商)终字第S9号

上诉人(原审被告):浙江九龙山国际旅游开发有限公司,住所地浙江省平湖市。

法定代表人:李勤夫,执行董事。

委托诉讼代理人:林建华、* *庚,上海市锦天城律师事务所律师。

上诉人(原审被告):Resort Property International Ltd.,住所地英属维尔京群岛托尔托拉岛罗德城布莱克本公路海草甸房。(Sea Meadow House,Blackburne Highway,Road Town,Tortola,BritishVirgin Islands)

法定代表人:李勤夫,董事长。

委托诉讼代理人:林建华、* *庚,上海市锦天城律师事务所律师。

上诉人(原审被告):Ocean Garden Holdings Ltd.,住所地英属维尔京群岛托尔托拉岛罗德城De Castro街XXX号Wickham's Cay1(AkaraBuilding,24 De

① 中国裁判文书网。

Castro Street,Wickham's Cay 1,Road Town,Tortola,BritishVirgin Islands)。

法定代表人：李勤夫，董事长。

委托诉讼代理人：林建华、**庚，上海市锦天城律师事务所律师。

被上诉人(原审原告)：海航资产管理集团有限公司，住所地海南省海口市。

法定代表人：李令通，董事长兼总裁。

委托诉讼代理人：徐笑蕾，上海润言律师事务所律师。

原审被告：李勤夫，男，汉族，1962年3月8日生，住上海市。

原审被告：杨志凌，男，汉族，1963年5月27日生，住北京市。

原审被告：顾北亭，男，汉族，1959年3月4日生，住浙江省平湖市。

原审被告：沈焜，男，汉族，1973年8月17日生，住上海市。

原审被告：李梦强，男，汉族，1987年2月7日生，住上海市。

原审被告：王世渝，男，汉族，1957年10月8日生，住重庆市。

原审被告：郭辉，男，汉族，1952年4月30日生，住上海市浦东新区。

原审第三人：海航创新股份有限公司，住所地上海市静安区。

法定代表人：李忠，董事长兼总经理。

上诉人浙江九龙山国际旅游开发有限公司(以下简称九龙山旅游公司)、Resort Property International Ltd.(以下简称Resort Property公司)、Ocean Garden Holdings Ltd.(以下简称Ocean Garden公司)因与被上诉人海航资产管理集团有限公司、原审被告李勤夫、杨志凌、顾北亭、沈焜、李梦强、王世渝、郭辉、原审第三人海航创新股份有限公司损害公司利益责任纠纷一案，不服上海市第一中级人民法院(2013)沪一中民六(商)重字第S1号民事判决，向本院提出上诉。本院立案受理后，依法组成合议庭进行了审理。本案审理过程中，被上诉人由海航置业控股(集团)有限公司变更为现名称海航资产管理集团有限公司，原审第三人由上海九龙山股份有限公司变更为现名称海航创新股份有限公司。本院于2019年2月27日公开开庭审理了本案，上诉人浙江九龙山国际旅游开发有限公司、Resort Property International Ltd.、Ocean Garden Holdings Ltd.的委托诉讼代理人，被上诉人海航资产管理集团有限公司的委托诉讼代理人，原审被告沈焜到庭参加诉讼，原审被告李勤夫、杨志凌、顾北亭、李梦强、王世渝、郭辉及原审第三人海航创新股份有限公司经本院合法传唤，未到庭参加诉讼，本院依法缺席审理。本案现已审理终结。

三上诉人上诉请求：撤销原审判决，发回重审或驳回起诉。事实与理由：一审法院直接依据生效行政判决认定的短线收益归入权及金额，认定相关事实错误。相关行政判决认定的事实不能作为民事案件的预决事实。短线交易归入权应当通过民事途径行使,相关行政判决直接对此作出裁决错误。对于归入权所得收益的计算,应当以相关股权登记日的收盘价和抛出价格的差价计算。原审判决计算的短线收益金额错误。被上诉人辩称:原审法院依据生效判决认定本案短线交易和收益金额,具有事实和法律依据。上诉人提出的收益金额计算标准没有事实和法律依据。原审被告沈焜述称:其在担任董事期间,没有召开过追讨短线交易收益事宜的董事会,且其个人曾经发函上诉人追讨短线交易收益,其作为董事对此没有责任。

原告起诉称:第三人系经核准公开发行股票并上市交易的股份有限公司,中国证券监督管理委员会于2011年12月13日作出《行政处罚决定书》,认定被告九龙山旅游公司、Resort Property公司、Ocean Garden公司在完成受让案外人日本松冈株式会社所持第三人股票后,6个月内共减持A股31,892,500股,B股41,716,867股,分别盈利人民币84,436,801.34元,21,875,496.15美元,责成第三人董事会向被告九龙山旅游公司等追讨短线交易收益。但第三人董事会未予追讨。故请求判令被告九龙山旅游公司向第三人支付短线交易收益人民币84,436,801.34元;被告Resort Property公司向第三人支付短线交易收益19,157,936.40美元;被告Ocean Garden公司向第三人支付短线交易收益2,717,559.75美元;其余被告对上述债务承担连带责任。

原审法院查明事实如下:2011年12月13日,中国证券监督管理委员会作出[2011]54号行政处罚决定书,认定第三人于2006年2月实施股权分置改革,原控股股东日本松冈株式会社(以下简称日本松冈公司)同意将其持有的第三人66,254,198股境外法人股(占股本总额的15.25%)全部转让给平湖茉织华实业发展有限公司(现已更名为平湖九龙山海湾度假城休闲服务有限公司,以下简称平湖休闲公司)或李勤夫指定的境内外公司。2007年9月21日,日本松冈公司、案外人日本野村证券有限公司与被告Resort Property公司、Ocean Garden公司分别签订股权转让协议,日本松冈公司将第三人48,380,000股B股转让给被告Resort Property公司,将40,000,000股B股转让给Ocean Garden公司,转让价格为每股0.29美元。2007年11月16日,日本松冈公司与被告九龙山旅游公司签订《转让上海九龙山股份有限公司66,254,198股A股之股份转让协议》,日本松冈公司将第三人66,254,198股境外法人股转让给被告九龙山旅游公司,转让价格为每股3.29元。2008年2月28日,商务部批准上述第三人A股股权转让,2008年9月2日,中国证监会核准豁免上述三被告及平湖休闲公司的要约收购义务,2009年1月13日,完成过户手续。

2009年3月2日,被告九龙山旅游公司持有的132,508,396股第三人A股上市流通,同日被告九龙山旅游公司开始通过集中竞价交易和大宗交易减持该股,2009年1月13日至6月5日,被告九龙山旅游公司合计减持第三人A股31,892,500股,净盈利84,436,801.34元,被告九龙山旅游公司减持前持股比例为15.25%,减持后持股比例为11.58%。自2009年2月起,被告Resort Property公司、Ocean Garden公司开始减持第三人B股股票,被告Resort Property公司于2009年1月13日至7月10日期间,合计减持第三人B股34,523,217股,盈利19,157,936.40美元,被告Resort Property公司减持前持股比例为11.13%,减持后持股比例为7.16%。被告Ocean Garden公司于2009年1月13日至6月22日期间,合计减持第三人B股7,193,650股,盈利2,717,559.75美元,被告Ocean Garden公司减持前持股比例为9.21%,减持后持股比例为8.38%。

该行政处罚决定书最终认定上述三被告的行为违反《证券法》第四十七条的规定,构成《证券法》第一百九十五条所述的短线交易行为,故决定责成第三人董事会向被告九龙山旅游公司追讨短线交易收益人民币84,436,801.34元,向被告Resort Property公司追讨短线交易收益19,157,936.40美元,向被告Ocean Garden公司追讨短线交易收益2,717,559.75美元;对上述三被告给予警告,并分别处以10万元罚款。

原告系持有第三人13.77%股权的股东。原告于2012年6月20日向第三人董事会及被告李勤夫、杨志凌、顾北亭、沈焜、李梦强、王世渝、郭辉发出公函,要求第三人董事会向上述三被告追讨短线交易收益。之后,因第三人董事会未提起相关诉讼,原告遂起诉。

原审法院另查明,2011年3月14日,上海市工商行政管理局出具准予变更(备案)登记通知书,确认第三人董事长为被告李勤夫,董事为汪为民、姚爱娣、沈焜、李梦强、王世渝、郭辉、杨志凌、顾北亭。原审法院再查明,被告九龙山旅游公司曾因不服前述行政处罚决定,向北京市第一中级人民法院提起诉讼,该院于2012年10月31日作出(2012)一中行初字第2828号行政判决书,认定中国证券监督管理委员会作出上述行政处罚决定并无不当,但责成第三人董事会向前述三被告追讨短线交易所获收益,并不具备行政处罚的法律特征,将该内容列于行政处罚决定主文应属不当,予以指正,判决驳回被告九龙山旅游公司的诉讼请求。该行政判决现已生效。

原审法院认为,《中华人民共和国证券法》(2013 年修正)第一百七十九条第一款第(七)项规定:国务院证券监督管理机构在对证券市场实施监督管理中履行下列职责:……(七)依法对违反证券市场监督管理法律、行政法规的行为进行查处;……依照上述法律规定,中国证券监督管理委员会作为国务院证券监督管理机构,对违反证券市场监督管理法律法规的行为进行查处,系行使其法定职权的行为,其进行查处后作出的行政处罚决定,具有相应行政法律效力。

当然,国务院证券监督管理机构在具体行政处罚决定中认定的违法事实对民事案件的审理并不必然产生预决效力,但如果此种行政行为已经人民法院在行政诉讼中判决维持,这一事实即具备司法认定的属性,对相关民事诉讼产生预决效力。最高人民法院《关于民事诉讼证据的若干规定》第九条第一款第(四)项即已规定:下列事实,当事人无需举证证明……(四)已为人民法院发生法律效力的裁判所确认的事实;……本案系争行政处罚决定书,已经人民法院生效判决予以维持,依照上述规定,系争行政处罚决定书认定的有关短线交易事实属于无需举证证明的事实,且对本案已产生预决效力。虽然相关生效判决书认定系争行政处罚决定书责成第三人董事会向前述三被告追讨短线交易所获收益,并不具备行政处罚的法律特征,将该内容列于行政处罚决定主文应属不当,并对此予以指正,但此种瑕疵并不影响该行政处罚决定书认定事实的正确与否,该行政处罚决定书认定的相关事实对于本案依然具有预决效力。故对被告九龙山旅游公司、Resort Property 公司、Ocean Garden 公司在受让第三人系争股份后又予以减持的行为,是否构成短线交易行为及其相关盈利金额,法院无需再予以实体审查。

前述三被告既存在短线交易的不当行为,依照《中华人民共和国证券法》第四十七条第一款之规定,其所得收益应归第三人所有,第三人董事会应当收回其所得收益。鉴于第三人董事会未向前述三被告主张相关权利,在原告书面要求后亦未在法定期限内执行,现原告作为第三人的股东依照《中华人民共和国证券法》第四十七条第二款之规定提起本案诉讼并无不当,其诉讼请求具有法律依据。

原告另主张第三人的相关董事对前述三被告的归入义务承担连带责任,对此原审法院认为,《中华人民共和国证券法》第四十七条第三款之规定:公司董事会不按照第一款的规定执行的,负有责任的董事依法承担连带责任。本案中第三人董事会未主动向被告九龙山旅游公司、Resort Property 公司、Ocean

Garden 公司主张归入权，在原告要求后亦未能在法定期限内执行；据此可认定其余七被告作为第三人的董事，未及时召开董事会做出相关决议，在原告提出相应要求后亦未能及时履行其董事职责，违反其作为董事应承担的勤勉义务，对于第三人未能及时行使其归入权负有相应责任。依照上述法律规定，该七名被告作为负有责任的董事应承担相应连带责任，鉴于该七名被告并未举证证明其未能履行上述职责存在合理理由，故原告的上述主张，具有事实与法律依据。

综上，原审法院依照《中华人民共和国证券法》(2013 年修正)第四十七条、第一百七十九条、《中华人民共和国公司法》第一百四十八条、《中华人民共和国民事诉讼法》第一百四十四条及最高人民法院《关于民事诉讼证据的若干规定》第九条第一款第(四)项之规定，判决如下：一、被告浙江九龙山国际旅游开发有限公司应于本判决生效之日起十日内归还第三人上海九龙山股份有限公司短线交易收益人民币 84,436,801.34 元；二、被告 Resort Property International Ltd. 应于本判决生效之日起十日内归还第三人上海九龙山股份有限公司短线交易收益 19,157,936.40 美元；三、被告 OceanGardenHoldingsLtd. 应于本判决生效之日起十日内归还第三人上海九龙山股份有限公司短线交易收益 2,717,559.75 美元；四、被告李勤夫、杨志凌、顾北亭、沈焜、李梦强、王世渝、郭辉对被告浙江九龙山国际旅游开发有限公司、Resort Property International Ltd.、Ocean Garden Holdings Ltd. 上述归还义务承担连带责任。本案一审案件受理费人民币 1,156,989 元，由被告浙江九龙山国际旅游开发有限公司、Resort Property International Ltd.、Ocean Garden Holdings Ltd.、李勤夫、杨志凌、顾北亭、沈焜、李梦强、王世渝、郭辉共同负担。

二、二审法院对案件的审理

二审期间，上诉人提供了(2015)行监字第 24 号行政判决书，证明对本案短线交易进行了认定，短线交易收益追讨属于民事权利，不属于行政处罚范畴，相关法院应对短线交易收益进行实体审理。被上诉人质证认为，对该证据真实性没有异议。本案被上诉人也是通过民事诉讼途径追讨短线收益的。原审被告对该证据没有意见。本院对该行政判决认定的相关事实予以采纳。原审被告沈焜提供如下证据：1. 股东大会决议公告；2. 关于《关于追讨短线交易收益的函》的回函。证明其在担任董事期间没有召开关于追讨短线收益的董事会，其作为个人发函进行了追讨。上诉人对该证据认可。被上诉人认为，该证据不是新证据，原审被告沈焜未提出上诉，二审法院不应对其主张进行审理。本院认为，原审被告在收到原审判决后未在法定期间内提出上诉，其提出的主张不属于本案二审审理范围，被上诉人对其提供的证据予以了否认，该证据也不属于新的证据，故对该证据不予采纳。

本院经审理查明，原审认定的事实属实，本院予以认定。

本院认为，本案的争议焦点在于是否构成短线交易以及短线交易收益的认定。原审法院依据行政处罚决定书及生效终审行政判决认定了上诉人进行短线交易的事实和短线交易收益的金额。上诉人主张该行政处罚决定书及行政判决认定的短线交易及收益计算错误，并提出应按照股权登记日的收盘价确定其买入成本。本院认为，行政处罚决定书及生效行政判决认定了上诉人进行短线交易的事实，上诉人未提供充分有力的证据推翻生效判决认定的该节事实，原审判决依据行政处罚决定书及生效行政判决认定短线交易并无不当，故对上诉人的此节主张不予认可。经查，行政处罚决定书及生效行政判决认定的短线交易收益系根据上诉人与案外人的协议价格确定买入成本，该计算方式符合实际情况，系上诉人进行短线交易实际获得的收益。虽然，上诉人与案外人签订股权转让协议的时间与完成股权登记的时间并不一致，但不影响上诉人取得系争股票成本的确定。原审判决据此确定短线交易收益金额并无不当之处。上诉人并未提供证据证明该计算结果存在错误之处，且上诉人主张按照股权登记日的收盘价计算其买入成本并无事实和法律依据，故本院对此也不予采纳。生效行政判决虽认为行政处罚决定书主文第一项存在瑕疵，不具有行政处罚的法律特征，不具有拘束力和强制力。但该瑕疵不影响短线交易及其收益相关事实的认定，也不影响被上诉人依据行政处罚决定书及生效行政判决认定的事实主张民事权利。被上诉人在本案中通过民事诉讼途径主张权利并无不当。综上，上诉人的上诉理由均不能成立，本院不予支持。原审判决认定事实清楚，适用法律正确，本院予以维持。据此，依照《中华人民共和国民事诉讼法》第一百七十条第一款第一项、第一百四十四条的规定，判决如下：

驳回上诉，维持原判。

本案一审案件受理费人民币 1,156,989 元，按原判决执行。二审案件受理费人民币 1,182,477 元，由上诉人浙江九龙山国际旅游开发有限公司、Resort Property International Ltd.、Ocean Garden Holdings Ltd. 共同负担。

负有金钱给付义务的当事人如未按判决指定的期间履行给付义务，应当依照《中华人民共和国民事诉讼法》第二百五十三条之规定，加倍支付迟延履行期间的债务利息。

二〇一九年三月十三日审结。

第二节　当事人上诉、答辩与二审法院的裁判逻辑图

一、上诉人上诉请求的逻辑图

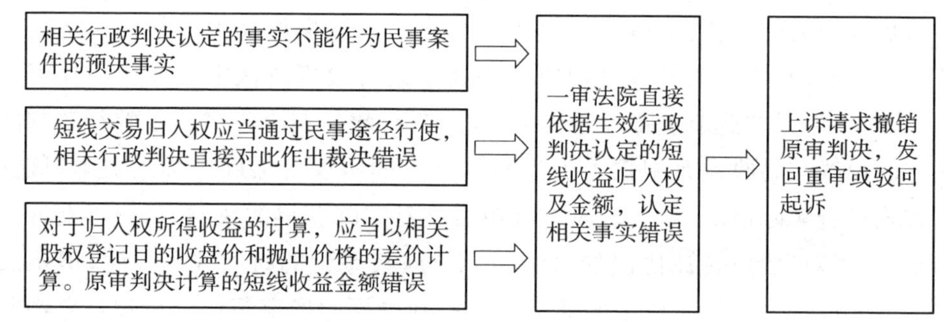

二、被上诉人海航资产管理集团有限公司的答辩逻辑图

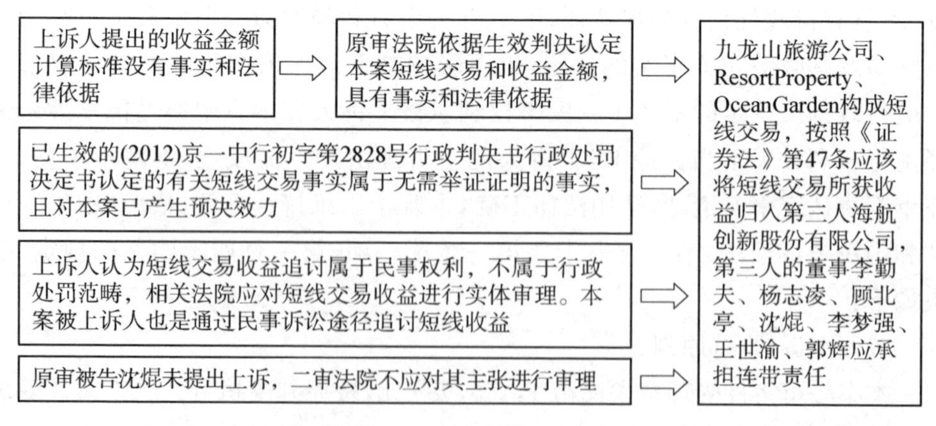

三、二审法院的判决逻辑图

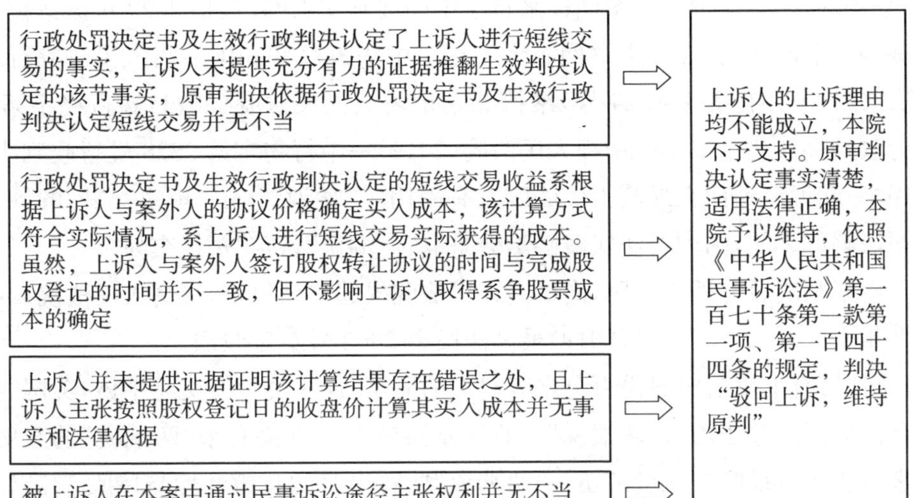

第三节 对二审法院判决的评析

本案是上市公司限制流通的法人股协议受让，在股权登记日至限制流通股获得流通权后6个月内卖出股票获利的经典性“短线交易收益归入权”案。中国证监会的行政处罚书与北京市第一中级法院的行政判决书均认定本案上诉人九龙山旅游公司、Resort Property、Ocean Garden三主体构成股票“短线交易”，应该将其获得的纯收入归入本案第三人上市公司上海九龙山股份有限公司（二审期间更名为海航创新股份有限公司）所有。

本案的焦点有二点。一是“短线交易”交易主体的身份认定，目前理论界存在“一端说”与“二端说”之争。“一端说”认为只要交易的主体在一对完整的买或卖的交易的起点或终点具有在依法批准设立的证券交易市场挂牌上市公司持股5%以上的股东、上市公司董事、监事或高级管理人员的身份，只要买与卖期间的间隔在六个月内均构成“短线交易”，本案法院认同证监会与北京第一中级法院所采用的“一端说”。“二端说”认为买入及卖出时当事人均需具有持股5%以上的上市公司股东、董事、监事、高级管理人员等身份方受规制。美国证券法律实务中采“一端说”，我国台湾地区原采“一端说”，近来改采“两端说”。比较两种学说，显然“一端说”更为严格。[①] 2009 年 10 月 20 日，上海市卢湾区法院对华夏建通诉严琳证券短线交易收益归入权案所作出的(〔2009〕卢民二〔商〕初字第 984 号)采用的是“二端说”，该案同样来自于中国裁判文书网，只是 2020 年该案被中国裁判文书网撤销，在该文书网查询不到。中华人民共和国最高人民法院行政判决书(〔2015〕行提字第 24 号)维持北京市高级人民法院(2013)高行终字第 3 号行政判决和北京市第一中级人民法院(2012)一中行初字第 2828 号行政判决，采用“一端说”，因而在最高人民法院没有采用“二端说”认定“短线交易”的判决或司法解释之前，国内司法实践必然会采取“一端说”认定“短线交易”。

本案判决后上诉人不服，向最高人民法院提起申请再审，最高人民法院二〇一九年十二月二十五日以(2019)最高法民申 2862 号裁定驳回。

对“持有上市公司股份百分之五以上的股东”这一类短线交易主体，美国、我国台湾地区证券法均采“两端说”。我国基层法院的判决有采“两端说”的案例，看来司法实践采取“一端说”还是“两端说”要看当时的政策环境与持股 5%以上股东的“短线交易”对其所在上市公司的影响。

二、本案的另外一个焦点是“短线交易”所获收益范围的计算问题

本案对“短线交易”的收益范围采用的是实际获利扣除成本的计算方法，本案上诉人协议受让股权，签订合同的日期早于股权过户日期，这两个日期的股票市场价格不一致，由于被上诉人实际受让股票的价格是合同约定的协议价，计算股票买卖差价时采用的是卖出股票日期的实际成交价与协议受让价之间的差价，这样认定有约定受让股权的合同与卖出股票时的股票交易交割单做证据加以证明，符合客观事实，符合法院审理案件以“事实为根据，以法律为准绳”的原则。

在学术上，“短线交易”收益的计算按照以下方式计算：

1. 积极收益，指买入证券后六个月内因为证券上涨而卖出证券所获得的收益，或融券卖出股票六个月内因股票下跌后买入股票偿还所融的股票所获得的收益。

2. 消极收益，指卖出证券后因证券下跌后六个月内又买进证券而避免所持

---

① 刘连煜:《现行内部人短线交易规范之检讨与新趋势之研究》，载《公司法理论与判例研究》(二)1998 年自版，第 200 页。

有证券的损失。

3. 我国证券法对此未作规定,亦无相关配套规则,实践中有采用实际收益归入的计算方法。

4. 实践中有采用实际收益归入的计算方法,如“宝安收购延中案”中涉及的短线交易归入收益是以“利润”归入延中公司的,也有以“违法所得”归入公司的做法,理论上较多认同采用“最高卖价减最低买价法”以体现对短线交易者的惩罚。

5. 已经除权的证券,计算买卖差额损失时,证券价格和证券数量应当复权计算。

6. 包含短线交易收益进入交易行为人账户至将收益上交给公司期间的利息。

实践中也是包括“短线交易”所得净收入的利息。如,上市公司德豪润达2009年12月30日公告称,已收到广东健隆达上述短线交易收益款570万元(其中:567.62万元为短线交易公司股票的收益,2.38万元为该笔收益2009年9月至12月的资金占用费即利息)①。

综上,本案二审法院认定事实清楚,使用法律准确。为将来同类“短线交易”案件的审理提供有益的示范作用。

关于“短线交易”归入权的立法问题,2019年新的《证券法》第四十四条规定:“上市公司、股票在国务院批准的其他全国性证券交易场所交易的公司持有百分之五以上股份的股东、董事、监事、高级管理人员,将其持有的该公司的股票或者其他具有股权性质的证券在买入后六个月内卖出,或者在卖出后六个月内又买入,由此所得收益归该公司所有,公司董事会应当收回其所得收益。但是,证券公司因购入包销售后剩余股票而持有百分之五以上股份,以及有国务院证券监督管理机构规定的其他情形的除外。前款所称董事、监事、高级管理人员、自然人股东持有的股票或者其他具有股权性质的证券,包括其配偶、父母、子女持有的及利用他人账户持有的股票或者其他具有股权性质的证券。公司董事会不按照第一款规定执行的,股东有权要求董事会在三十日内执行。公司董事会未在上述期限内执行的,股东有权为了公司的利益以自己的名义直接向人民法院提起诉讼。公司董事会不按照第一款的规定执行的,负有责任的董事依法承担连带责任。”第一百八十九条规定:“上市公司、股票在国务院批准的其他全国

① 邱永红:《我国规制证券短线交易的最新司法和监管案例实证研究》,载《证券法律评论》第158页。

性证券交易场所交易的公司的董事、监事、高级管理人员、持有该公司百分之五以上股份的股东，违反本法第四十四条的规定，买卖该公司股票或者其他具有股权性质的证券的，给予警告，并处以十万元以上一百万元以下的罚款。”新法扩大了“短线交易”收益归入权的客体范围，扩大了短线交易的特定主体范围，也扩大了违法行为主体行政处罚的金额，从旧《证券法》第一百九十五条规定的“三万元以上十万元以下的罚款”扩大到新《证券法》(2019 年修改)第一百八十九条规定的“十万元以上一百万元以下的罚款”。可见我国《证券法》的整体立法政策是从严整治“短线交易”，因而我国司法实践对“短线交易”主体身份的认定从原来的“二端说”转向“一端说”符合立法者的立法目的，将来我国的司法实践将普遍采用“一端说”。

思考题

1. “短线交易”收益归入权行使的要件是什么?
2. 我国对“短线交易”的法律规制为什么趋向严格?

第十九章 董胜诉光大证券案析内幕交易的民事赔偿责任

第一节 案情事实与法院的审理

一、案情事实

董胜与光大证券股份有限公司321证券内幕交易责任纠纷一案民事判决书[①]

上海市高级人民法院民事判决书(2016)沪民终336号

上诉人(原审原告):董胜,男。

委托诉讼代理人:王建徽,福建方圆统一律师事务所律师。

委托诉讼代理人:林辉,福建方圆统一律师事务所律师。

被上诉人(原审被告):光大证券股份有限公司。

法定代表人:薛峰,该公司总裁。

委托诉讼代理人:刘凌云,北京市金杜律师事务所上海分所律师。

委托诉讼代理人:李阿敏,北京市金杜律师事务所上海分所律师。

上诉人董胜因与被上诉人光大证券股份有限公司(以下简称"光大证券公司")证券内幕交易责任纠纷一案,不服上海市第二中级人民法院(2014)沪二中民六(商)初字第136号民事判决,向本院提出上诉。本院于2016年8月11日立案后,依法组成合议庭,开庭进行了审理。双方当事人的委托诉讼代理人到庭参加诉讼。本案现已审理终结。

董胜上诉请求:撤销一审判决,改判被上诉人赔偿上诉人经济损失人民币

---

① 中国裁判文书网。

43,508.94元(以下币种均为人民币)。诉讼费用全部由被上诉人承担。事实和理由:上诉人交易“宏源证券”所受损失与被上诉人的内幕交易行为之间具有因果关系。当日被上诉人的错单交易导致各大指数快速上涨,市场参与人员普遍判断可能有重大利好消息,上诉人也基于同样理由参与交易。因被上诉人于当日下午的内幕交易行为,又导致各大指数迅速下跌,而上诉人无法在当日卖出证券,从而遭受损失。此外,证券市场侵权具有明显的主观恶性,应当适用惩罚性赔偿。

光大证券公司辩称,不同意上诉人的全部上诉请求。根据中国证监会的行政处罚决定书,光大证券公司只有下午的时间段构成内幕交易。上诉人交易的证券亦不属于与内幕交易直接相关的证券品种。因此,被上诉人无需对上诉人承担赔偿责任。

一审法院认定事实:中国证监会在[2013]59号行政处罚决定书中认定:2013年8月16日11时05分,光大证券公司在进行交易型开放式指数基金申赎套利交易时,因程序错误,其所使用的策略交易系统以234亿元的巨量资金申购180ETF成份股,实际成交72.7亿元。经测算,180ETF与沪深300指数在2013年1月4日至8月21日期间的相关系数达99.82%,即巨量申购和成交180ETF成份股对沪深300指数、180ETF、50ETF和股指期货合约价格均产生重大影响。同时,巨量申购和成交可能对投资者判断产生重大影响,从而对沪深300指数、180ETF、50ETF和股指期货合约价格产生重大影响。根据《中华人民共和国证券法》(以下简称《证券法》)第七十五条第二款第(八)项和《期货交易管理条例》第八十二条第(十一)项的规定,“光大证券公司在进行ETF套利交易时,因程序错误,其所使用的策略交易系统以234亿元的巨量资金申购180ETF成份股,实际成交72.7亿元”为内幕信息。光大证券公司是《证券法》第二百零二条和《期货交易管理条例》第七十条所规定的内幕信息知情人。上述内幕信息自当日11时05分交易时产生,至当日14时22分光大证券公司发布公告时公开。

同日不晚于11时40分,徐浩明召集杨赤忠、沈诗光和杨剑波开会,达成通过做空股指期货、卖出ETF对冲风险的意见,并让杨剑波负责实施。因此,光大证券公司知悉内幕信息的时间不晚于当日11时40分。

当日13时,光大证券公司称因重大事项停牌。当日14时22分,光大证券公司发布公告,称“公司策略投资部自营业务在使用其独立套利系统时出现问题。”但在当日13时开市后,光大证券公司即通过卖空股指期货、卖出ETF对冲风险，至14时22分，卖出股指期货空头合约IF1309、IF1312共计6,240张，合约价值43.8亿元，获利74,143,471.45元；卖出180ETF共计2.63亿份，价值1.35亿元，卖出50ETF共计6.89亿份，价值12.8亿元，合计规避损失13,070,806.63元。

光大证券公司在内幕信息公开前将所持股票转换为ETF卖出和卖出股指期货空头合约的交易，构成《证券法》第二百零二条和《期货交易管理条例》第七十条所述内幕交易行为。徐浩明为直接负责的主管人员，杨赤忠、沈诗光、杨剑波为其他直接责任人员。

对于上述事实，中国证监会认为：光大证券公司因程序错误以234亿元的巨量资金申购180ETF成份股，实际成交72.7亿元，可能影响投资者判断，对沪深300指数、180ETF、50ETF和股指期货合约价格均可能产生重大影响，同时这一信息在一段时间内处于未公布状态，符合内幕信息特征。中国证监会据此依法认定其为内幕信息。光大证券公司自身就是信息产生的主体，对内幕信息知情。按照光大证券公司《策略投资部业务管理制度》的规定和策略投资的原理，光大证券公司可以进行正常的对冲交易，但是光大证券公司决策层了解相关事件的重大性之后，在没有向社会公开之前进行的交易，并非针对可能遇到的风险进行一般对冲交易的既定安排，而是利用内幕信息进行的交易。此时公司具有进行内幕交易的主观故意，符合《证券法》中"利用"要件，应当认定为内幕交易。光大证券公司内幕交易行为性质恶劣，影响重大，对市场造成了严重影响，应当依法予以处罚。据此，中国证监会决定没收光大证券公司ETF内幕交易违法所得13,070,806.63元，并处以违法所得5倍的罚款；没收光大证券公司股指期货内幕交易违法所得74,143,471.45元，并处以违法所得5倍的罚款。上述两项罚没款共计523,285,668.48元。此外，中国证监会对于徐浩明、杨剑波等相关责任人员还给予警告并处以罚款。

作为被行政处罚对象，杨剑波不服上述行政处罚决定，向北京市第一中级人民法院起诉中国证监会，请求该院撤销上述处罚决定中对其作出的处罚。经过审理，北京市第一中级人民法院于2014年12月作出(2014)一中行初字第2438号行政判决，驳回杨剑波的诉讼请求。杨剑波不服上诉至北京市高级人民法院，北京市高级人民法院于2015年5月判决驳回上诉，维持原判。

中国证监会在[2013]59号行政处罚决定书中认定：2013年8月16日

11时05分，光大证券公司在进行交易型开放式指数基金申赎套利交易时，因程序错误，其所使用的策略交易系统以234亿元的巨量资金申购180ETF成份股，实际成交72.7亿元。11时59分左右光大证券公司董事会秘书梅键在与大智慧记者高欣通话时否认了市场上“光大证券自营盘70亿元乌龙指”的传闻，而此时梅键对相关情况并不知悉。随后，高欣发布《光大证券就自营盘70亿乌龙传闻回应：子虚乌有》一文。12时13分，梅键向高欣表示需进一步核查情况，要求删除文章。但此时该文已无法撤回，于12时47分发布并被其他各大互联网门户网站转载。梅键的相关行为违反了《证券法》第七十八条第二款关于禁止信息误导的规定。中国证监会认为，梅键作为光大证全公司董事会秘书，在对具体事实不知情的情况下，明知对方为新闻记者，轻率地对未经核实的信息予以否认，构成信息误导。大智慧当日13时04分发布的报道与光大证券公司13时公告的“重要事项未公开，8月16日下午停牌”内容基本一致，未披露当天上午交易的真实原因，不能视为对大智慧于当日12时47分发布信息的更正。据此，中国证监会决定责令梅键改正，并处以20万元罚款。

光大证券公司2013年7月修订的《策略投资部业务管理制度》第3章第3.1条第15项关于市场中性策略型交易管理制度指引规定：“如果因市场出现流动性急剧下降、市场压力、系统故障以及其他原因而导致交易异常，应考虑采用合适的对冲工具(包括但不限于股指期货、ETF等)及时控制风险，进行对冲交易，以保证部门整体风险敞口处于可控范围，保持市场中性”。

当日11时32分，21世纪网刊发了标题为《A股暴涨：光大证券自营盘70亿乌龙指》的报道称：“据21世纪网独家获悉，今天上午的A股暴涨，源于光大证券公司自营盘70亿的乌龙指。对上述消息，光大证券公司董秘梅键对大智慧通讯社表示自营盘70亿乌龙纯属子虚乌有。光大证券公司权威人士对大智慧通讯社表示，有上述相关传闻说明他们不了解光大证券公司严格的风控，不可能存在70亿元乌龙情况，称传闻纯属子虚乌有。21世纪网已从多个渠道获悉，上午巨额买盘的资金的确是走的光大证券公司自营席位的通道”。该报道随后由多家网站转载。

当日13时，光大证券公司因重要事项未公告，向上海证券交易所申请临时停牌，该消息随后由多家网站转载。

当日内幕交易时间段内，光大证券公司交易的IF1309合约6,077张，与该时间段市场总成交量437,499张相比所占比例为1.39%，交易的IF1312合约

163张，与该时间段市场总成交量9,065张相比所占比例为1.80%。

上诉人在国信证券某营业部开立账户进行交易。本案中，上诉人诉请所涉及的具体交易情况如下，其交易品种“宏源证券”当时系沪深300指数成份股。

序号	买卖方向	股数	成交价	成交时间	交易品种
A	买入	59000	9.759	2013年8月16日13:11	宏源证券
B	卖出	59000	9.04	2013年8月19日10:13	宏源证券

一审法院就以下争议问题做出认定：

（一）光大证券公司是否存在内幕交易行为

对此，被上诉人认为中国证监会已经作出行政处罚决定，确认光大证券公司的行为构成内幕交易，该行政处罚决定未被推翻。上诉人光大证券公司认为，其行为不构成内幕交易。光大证券公司错单交易影响的是整个证券市场，不应属于证券市场的内幕信息。由于光大证券公司异常交易发生在证券市场，因此也不构成期货市场的内幕信息。错单交易信息在当日11时32分即在各媒体披露，不具有“未公开性”。光大证券公司于当日13时申请临时停牌并发布提示性公告，对投资者和整个市场已经产生了提示性作用。另外，被处罚对象之一杨剑波也已经提出行政诉讼，诉讼结果有可能影响本案定性。

一审法院认为，首先，中国证监会在[2013]59号行政处罚决定书中已经认定，光大证券公司在内幕信息公开前将所持股票转换为ETF卖出和卖出股指期货空头合约的交易，构成《证券法》第二百零二条和《期货交易管理条例》第七十条所述内幕交易行为。而且光大证券公司作为被行政处罚的对象，并未针对该处罚决定提起相应的行政诉讼，应视为认同该处罚决定。其次，杨剑波提出的行政诉讼，相关法院审理之后，认为被诉行政处罚认定事实清楚，作出处罚决定的程序合法，一、二审判决驳回了杨剑波的诉请。上述行政及司法认定，具有约束力，据此确认光大证券公司存在内幕交易行为。

本案中，光大证券公司还提出，媒体已经披露了错单交易信息，信息已经公开，主要依据是当日11时32分21世纪网刊所发表的《A股暴涨：光大证券自营盘70亿乌龙指》报道以及相关网站转载。一审法院认为这一问题既涉及到内幕交易是否构成的认定,也涉及到投资者损失因果关系的认定,应当加以审查。鉴于中国证监会行政处罚中并未涉及该情节,一审法院认定如下:首先,从报道的主体来看,该报道并非由光大证券公司主动披露,而是由财经媒体自主报道,不能视为光大证券公司履行了法律法规以及证券监管部门、证券交易所要求的公开披露义务。其次,从报道的消息来源来看,该报道提及“独家获悉”,该用语往往体现了财经媒体报道的消息来源为私下、非公开渠道,未经官方确认,不具有权威性,受众未必对此产生信赖。再次,从报道的内容来看,该报道既提到了A股暴涨原因为“乌龙指”,同时也提到了光大证券公司董秘梅键称“乌龙纯属子虚乌有”,对同一件事件的两种截然不同观点均予以报道,只能为受众提供参考,受众无法从中得到准确答案。基于以上原因,不能视为内幕信息已经具有公开性。

(二) 光大证券公司作为内幕交易行为人是否具有主观过错

被上诉人认为,光大证券公司在错单交易发生后,不及时披露相关情况造成信息误导,还违法进行内幕交易行为,具有主观过错。光大证券公司认为,首先,错单交易发生时,光大证券公司根本无法判断错单信息属于整个证券和期货市场的内幕信息,并非故意隐瞒。光大证券公司于14时22分对错单交易事件进行了公告。从事件发生到公告间隔只有三个多小时,完全符合我国《上市公司信息披露管理办法》第七十一条对信息披露及时性的标准。其次,错单交易发生后,光大证券公司进行对冲交易,该交易行为是根据既定的、公开的交易策略和《策略投资部业务管理制度》进行的,具有合规性和正当性。

一审法院认为,首先,光大证券公司的错单交易行为引起市场暴涨,可能影响投资者判断,对市场上众多的交易品种价格可能产生影响。暂且抛开对市场的影响,光大证券公司应认识到该信息至少对于光大证券公司本身股票价格的重要影响,因为错单成交量巨大,作为自营业务,足以对光大证券公司的经营业绩产生重大影响,并且因当天的交割结算会引发巨额债务。此类事件已经成为《证券法》第六十七条所规定的可能对上市公司股票交易价格产生较大影响的重大事件,在这种情况下,无论是否能够判断该信息为内幕信息,无论是否进行对冲交易,均应“立即”披露。一审法院认为,“立即”,根据《现代汉语词典》的解释,为立刻、马上,紧接着某个时候,应当是一个较短的时间段。本案中,应考虑两方面的因素。第一,从技术层面而言,考虑到目前传播沟通技术的便捷性,光大证券公司有足够的时间在下午 13 时开市前在监管部门指定媒体以及其他媒体平台广而告之，比如光大证券公司因重要事项未公开向上海证券交易所申请临时停牌，上海证券交易所也在当日 13:00 发布了盘中停牌提示性信息。这说明“立即披露”在技术上无任何障碍。第二，从主观层面而言，根据查明的事实，当日 11 时 40 分，光大证券公司已经开会准备进行对冲，这说明光大证券公司此时完全知晓其上午的交易属于错单交易，因此才有对冲交易的需要。在此时真相已经明了的情况下，光大证券公司完全可以立即披露，但光大证券公司并未遵守监管部门的信息披露要求，而是实施对冲交易以规避自己的损失，主观上具有过错。

至于光大证券公司提出，光大证券公司进行的对冲交易是根据既定的、公开的交易策略和《策略投资部业务管理制度》进行的，具有合规性和正当性。一审法院认为，任何公司的内部规定均不能违反国家的法律规定，如果违反，应承担相应的法律责任。对冲交易策略本身并不违法，即便因系统故障引起的微量错单交易，可以通过对冲交易规避损失，但在特定情况下，尤其是本案中因巨量错单交易进而产生内幕信息的情况下，因为国家法律法规、监管部门的要求，此时公司就具有更高的义务来确保自己的行为合法，而不仅仅是考虑公司内部的规定。因此，光大证券公司以存在公司内部规定为由主张其无过错，法院不予支持。

（三）上诉人经济损失与光大证券公司内幕交易是否存在因果关系

上诉人认为，其所交易的品种因光大证券公司的对冲行为造成价格下跌，因此其经济损失与光大证券公司内幕交易自然存在因果关系。光大证券公司认为，从光大证券公司对冲的总成交量、交易手法、市场价格变化来看，均不会影响市场价格，不会造成被上诉人损失，故不存在因果关系。被上诉人的交易品种、交易模式也表明被上诉人所受损失与内幕交易之间没有因果关系。

一审法院认为，证券市场中因果关系不同于传统的民事因果关系。首先，证券市场主体人数众多、交易迅速、成交量大。作为一个以计算机网络技术为基础的市场，大多数证券交易是通过集合竞价和连续竞价，采取交易所主机撮合方式而完成的，内幕交易行为人与受害人并不直接对应或接触。因此，投资者交易的股票无法与内幕交易行为人交易的股票完全一一对应。其次，在证券市场中，投资者的损害主要表现为证券价格的下降或上升，但是影响证券价格的因素非常多，往往是多种原因相互交织引起证券价格波动。在这种情况下，由投资者通过证据去证明内幕交易的因果关系几乎不可能，相当于架空了内幕交易惩罚制度，不符合立法的本意。

我国目前法律法规或者司法解释并未对内幕交易与投资者损失的因果关系方面作出具体明确规定，但与此最相类似、同样涉及证券市场投资者民事赔偿的《最高人民法院关于审理证券市场因虚假陈述引发的民事赔偿案件的若干规定》第十八条对因果关系作出如下规定："投资人具有以下情形的，人民法院应当认定虚假陈述与损害结果之间存在因果关系：(1)投资人所投资的是与虚假陈述直接关联的证券；(2)投资人在虚假陈述实施日及以后，至揭露日或者更正日之前买入该证券；(3)投资人在虚假陈述揭露日或者更正日及以后，因卖出该证券发生亏损，或者因持续持有该证券而产生亏损"。根据该规定，具备一定条件的情况下，推定因果关系的成立。

考虑到上述因素，一审法院认为，在认定内幕交易与投资者损失的因果关系方面，亦应采用推定因果关系的做法。基于有效市场理论，假定证券及期货市场的价格受所有投资公众可获知的公开信息的影响，交易时不披露内幕信息，会在极大程度上影响市场价格的真实性。因此，存在内幕交易行为应当推定为会影响到投资者所投资的交易品种价格，进而造成投资者的损失。具体而言，在内幕信息具有价格敏感性的情况下，在内幕交易行为人实施内幕交易行为的期间，如果投资者从事了与内幕交易行为主要交易方向相反的证券交易行为，而且投资者买卖的是与内幕信息直接关联的证券、证券衍生产品或期货合约，最终遭受损失，则应认定内幕交易与投资者损失具有因果关系。

光大证券公司还提出，当日内幕交易时间段，光大证券公司交易 IF1309 和 IF1312 的数量远远低于市场成交总量，每分钟交易 IF1309 和 IF1312 的数量又较为平均，因此并不会导致大盘价格下降，与被上诉人损失之间没有因果关系。另外，光大证券公司于 14 时 22 分发布公告前后，相关市场价格走势呈平稳下跌趋势，没有明显地突变，说明无论光大证券公司是否公开内幕信息，对市场价格走势不会产生较大影响，故投资者交易受损并非光大证券公司内幕交易行为所致。一审法院认为，内幕交易中，交易总量的大小、交易数量是否平均，对因果关系的认定并无影响，因为立法禁止从事内幕交易行为，并未区分上述具体实施因素，而是考虑到内幕交易破坏证券市场交易制度的公平性，影响到一般投资人对证券市场公开、公正、公平的信赖。在采用推定因果关系的情况下，上述具体交易数量与具体交易模式，对于与内幕信息直接关联的交易品种，并不影响因果关系的认定，最多在赔偿责任限额方面对内幕交易行为人有影响。另外，在本案较短的内幕交易期间内，光大证券公司也没有举证证明存在其他市场风险因素的明显介入，故其以自身交易模式为由否认因果关系存在的观点，一审法院不予支持。

与因果关系密切相关的一个问题是交易品种直接关联性问题。本案中，上诉人所交易的宏源证券系沪深 300 指数成份股，与光大证券公司所交易的股指期货空头合约 IF1309、IF1312 以及 50ETF 以及 180ETF 并不相同。一审法院认为，在交易品种不同的情况下，需要进一步区分认定交易品种之间的关联关系。如果一种交易品种以内幕交易信息相关品种的价格为基础的，或者两者之间存在明显的价格互动关系的，可以认定两个投资品种之间存在直接关联性。如果缺乏上述条件，则应认定为不存在直接关联性。

针对沪深 300 指数成份股，一审法院认为，本案中光大证券公司所交易的 IF1309、IF1312 股指期货合约是由中国金融期货交易所设计的，其标的为沪深 300 指数。该指数样本股票选自沪深两个证券市场，市值覆盖率高，代表性强，反映了沪深两个市场整体走势。在股指期货与沪深 300 指数及其成份股价格互动关系方面，应考虑以下多方面因素：1. 基于期货的原理，期货价格与现货价格存在一个互相影响机制。股指期货的功能之一是价格发现，即通过在公开、高效的股指期货市场中众多投资者的竞价，有利于形成更能反映股票真实价值的股票价格。许多时候期货合约的价格可以作为现货价格的晴雨表，与现货价格存在一个双向价格发现的关系。2. 股指期货市场与股票市场是相对独立的市场，两者在开户要求、交易规则方面相差较大，股指期货交易对投资者有更高的专业要求。股指期货与沪深 300 指数成份股之间不存在直接转换关系，即无法像 ETF 一样，可以日内在同一个市场通过一揽子成份股互换的方式进行 ETF 的申购赎回。在 ETF 申赎过程中，股票的所有权是发生实际变化大的，而在股指期货合约的交易过程中，现货股票没有发生所有权变动。3. 成份股被选入沪深 300 指数时，采用分级靠档的方法，即根据自由流通股本所占 A 股总股本的比例（即自由流通比例）赋予 A 股总股本一定的加权比例，以使用以计算指数的股本保持相对稳定。由于加权比例不同，每个成份股的价格变动会受到各方面因素尤其是该股票自身基本面影响，不会与沪深 300 指数同步涨跌。

考虑上述因素,基于本案的实际情况,一审法院认为,光大证券公司交易的 IF1309、IF1312 股指期货合约,与沪深 300 指数的成份股价格关联性极为微弱,无法认定存在法律上认可的因果关系,理由如下:1. 光大证券公司在内幕交易时间段所交易的 IF1309、IF1312 交易量极小。在考虑跨品种尤其是成份股赔偿时,首先应考虑成交量因素。根据查明的事实,当日内幕交易时间段内,光大证券交易的 IF1309 合约 6077 张,与该时间段市场总成交量 437499 张相比所占比例为 1.39%,交易的 IF1312 合约 163 张,与该时间段市场总成交量 9065 张相比所占比例为 1.80%。相对于 ETF 占比较大的交易量,股指期货占比较小的交易量对于沪深 300 指数的影响是极为有限的,对某个指数成份股价格的影响更是微不足道。2. 就套利机制而言,现货指数偏离较大的情况下,股指期货也可以进行期现套利,这会引起相应的成份股买卖,发生股票所有权变动。但是,套利操作存在买卖手续费,冲击成本、资金利息等成本,实际操作时要考虑是否存在套利区间。经观察光大证券公司内幕交易时间段的每一时点,股指期货合约价格与沪深 300 指数的基差小于或约等于 20 点,这种情况下难以涵盖期现套利的交易成本,即其他市场参与者难以通过沪深 300 指数成份股的一揽子买卖进行套利,因此不会直接引起成份股价格的变动。3. 在本案庭审中,经一审法院多次释明后,上诉人均未能提供任何证据包括学术论文、数据模型、专家意见等,证明相关股指期货合约与沪深 300 成份股之间在价格上的直接关联性。

综上,一审法院认为上诉人所交易的沪深 300 的成份股,与光大证券公司内幕交易所涉及的 IF1309、IF1312 不具有直接关联性,上诉人交易此类股票受到损失与光大证券公司的内幕交易行为之间不具备法律上可以认定的因果关系,故上诉人无法获得赔偿。一审法院判决:对董胜的全部诉讼请求不予支持。

二、二审法院对案件的审理

二审中,当事人没有提交新的证据。

本院经审理查明,2013 年 8 月 16 日上午 11 时 32 分,21 世纪网刊发表的标题为《A 股暴涨:光大证券自营盘 70 亿乌龙指》的报道中并不包含光大证券公司董事会秘书梅键否认“乌龙指”的言论。梅键的言论系当日 11 时 59 分左右其在与大智慧记者通话时作出。一审查明的其他事实属实,本院予以确认。

本院认为,本案二审中存在如下争议焦点:1. 从 2013 年 8 月 16 日 11 时 05 分至当日上午交易结束,上诉人从事的投资交易是否属于能够获得内幕交易赔偿的范围;2. 上诉人在系争内幕交易时间段内所交易的证券品种是否属于本案系争内幕交易的赔偿范围。

关于上诉人在 2013 年 8 月 16 日 11 时 05 分至当日上午交易结束从事的投资交易能否获得赔偿的问题,本院认为,本案中,相关监管部门对于光大证券公司 2013 年 8 月 16 日全天的交易行为进行了全面的调查,在此基础上认定光大证券公司当日 13 时开市后,至 14 时 22 分的交易行为构成内幕交易行为。没有证据表明光大证券公司上午时段的交易行为也属于违法违规行为。只要该交易行为没有违法违规之处,即使引起了市场的波动,或者产生了巨额盈利,也不具有可责难性。因此,光大证券公司对于投资者于当日上午从事的交易行为造成的损失,无需承担内幕交易赔偿责任。上诉人的此节上诉理由不能成立,本院不予支持。

关于上诉人在系争内幕交易时间段内交易的“宏源证券”股票是否属于本案系争内幕交易的赔偿范围问题,本院认为,内幕交易民事责任中,只有当投资者交易的投资品种与内幕交易的品种之间具有直接关联时,投资者才可能获得赔偿。本案中,上诉人交易的“宏源证券”股票与光大证券公司内幕交易的股指期货合约 IF1309、IF1312 并不相同。股票交易与股指期货交易分属不同的市场,两者在价格形成机制上存在重大区别。上诉人亦未能举证证明股指期货与股指期货成份股之间在价格变化上存在直接关联性。一审法院据此认定上诉人交易的“宏源证券”股票不属于可以获赔的范围,并无不当。上诉人的此节上诉理由不能成立,本院不予支持。

另,上诉人称光大证券公司应当承担惩罚性赔偿责任,但该主张缺乏相应的法律依据,本院亦不予支持。

综上所述,上诉人董胜的上诉请求不能成立,应予驳回;一审判决认定事实基本清楚,适用法律正确,应予维持。依照《中华人民共和国民事诉讼法》第一百七十条第一款第一项规定,判决如下:

驳回上诉,维持原判。

二审案件受理费人民币 887.72 元,由上诉人董胜负担。

本判决为终审判决。二〇一七年三月十二日审结。

第二节 当事人上诉、答辩与法院的判决逻辑图

一、当事人上诉逻辑图

因被上诉人于当日下午的内幕交易行为，又导致各大指数迅速下跌，而上诉人无法在当日卖出证券，从而遭受损失

当日被上诉人的错单交易导致各大指数快速上涨，市场参与人员普遍判断可能有重大利好消息，上诉人也基于同样理由参与交易

⇨ 上诉人交易“宏源证券”所受损失与被上诉人的内幕交易行为之间具有因果关系

《最高人民法院关于审理证券市场因虚假陈述引发的民事赔偿案件的若干规定》第十八条

证券市场侵权具有明显的主观恶性

⇨ 应当适用惩罚性赔偿

⇨ 被上诉人赔偿上诉人经济损失人民币43,508,94元

二、被上诉人的答辩逻辑图

根据中国证监会的行政处罚决定书，光大证券公司只有下午的时间段构成内幕交易。上诉人交易的证券亦不属于与内幕交易直接相关的证券品种

光大证券公司错单交易影响的是整个证券市场，不应属于证券市场的内幕信息。光大证券公司异常交易发生在证券市场，因此也不构成期货市场的内幕信息

错单交易信息在当日11时32分即在各媒体披露，不具有“未公开性”。光大证券公司于当日13时申请临时停牌并发布提示性公告，对投资者和整个市场已经产生了提示性作用

⇨ 上诉人所受损失与内幕交易之间没有因果关系，光大证券不应承担上诉人所受损失

三、法院的判决逻辑图

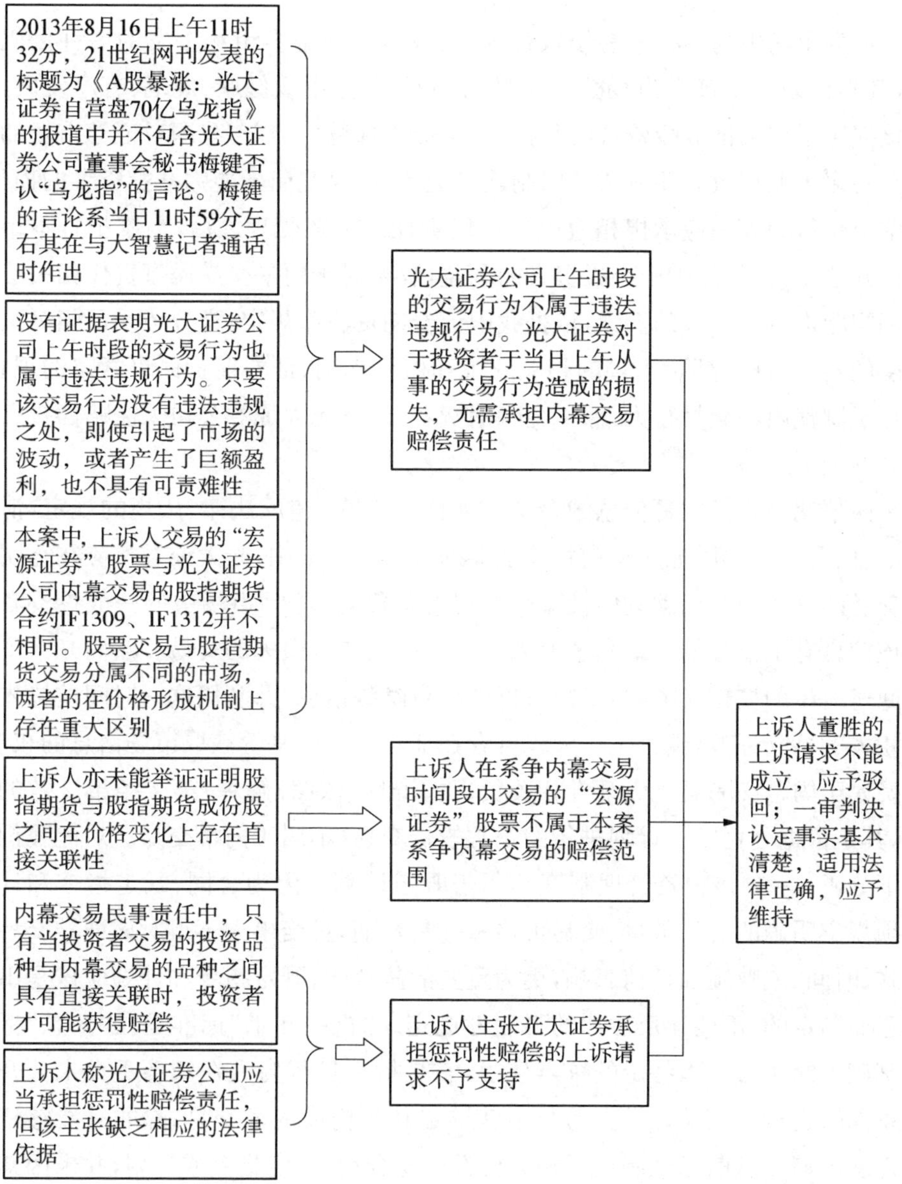

2013年8月16日上午11时32分，21世纪网刊发表的标题为《A股暴涨：光大证券自营盘70亿乌龙指》的报道中并不包含光大证券公司董事会秘书梅键否认“乌龙指”的言论。梅键的言论系当日11时59分左右其在与大智慧记者通话时作出

没有证据表明光大证券公司上午时段的交易行为也属于违法违规行为。只要该交易行为没有违法违规之处，即使引起了市场的波动，或者产生了巨额盈利，也不具有可责难性

本案中，上诉人交易的“宏源证券”股票与光大证券公司内幕交易的股指期货合约IF1309、IF1312并不相同。股票交易与股指期货交易分属不同的市场，两者的在价格形成机制上存在重大区别

⇒ 光大证券公司上午时段的交易行为不属于违法违规行为。光大证券对于投资者于当日上午从事的交易行为造成的损失，无需承担内幕交易赔偿责任

上诉人亦未能举证证明股指期货与股指期货成份股之间在价格变化上存在直接关联性

⇒ 上诉人在系争内幕交易时间段内交易的“宏源证券”股票不属于本案系争内幕交易的赔偿范围

内幕交易民事责任中，只有当投资者交易的投资品种与内幕交易的品种之间具有直接关联时，投资者才可能获得赔偿

上诉人称光大证券公司应当承担惩罚性赔偿责任，但该主张缺乏相应的法律依据

⇒ 上诉人主张光大证券承担惩罚性赔偿的上诉请求不予支持

→ 上诉人董胜的上诉请求不能成立，应予驳回；一审判决认定事实基本清楚，适用法律正确，应予维持

第三节　对案件的评析

证券市场中的内幕交易侵权行为，是我国当前证券市场多发的一种侵权行为，其不仅破坏了证券市场公平交易，影响了证券市场健康、规范、有序发展，更直接损害了广大证券投资者的利益，应予依法规范。当前，我国对证券市场的内幕交易多采取行政处罚方式予以制裁和规范，但仅此尚不能弥补投资者的损失，内幕交易行为人理应承担相应民事赔偿责任。本案受理之后，为维护资本市场的公开公平公正，保护中小投资者的利益，法院对于内幕交易民事责任相关法律适用问题进行了积极的探索，依据我国证券期货法律规定，充分考量了相关法律制度的精神、证券期货市场的相关政策和监管规则、证券期货民事索赔的现状，立足于制裁内幕交易行为，保护金融消费者，最终光大证券公司无需赔偿投资者董胜的损失。

内幕交易是指内幕信息的合法或非法持有人，违反法律、法规的规定，泄露该信息、买卖或协助他人买卖相关证券的行为。本案中，光大证券本应在查明错单交易的真实原因后即刻向社会公众进行披露，并等到市场中的一般投资者都对该信息有了充分的了解和掌握后再进行挽救自身损失的交易。然而光大证券却回避应尽的披露义务，为了减少损失故意隐瞒信息，并利用这一时间差抢先卖出相关的持仓证券，侵害了广大投资者在证券交易中平等获取市场信息的权利，无疑属于内幕交易。光大证券相关负责人辩称，依照《解释》第 4 条第 2 款的规定，其是依据公司既定计划进行的正常投资交易，不属于内幕交易。对此我们做以下分析：一是该投资管理制度不属于既定计划。因为合同、既定指令和计划必须规定明确的交易数量、交易价格和交易日期，且当事人不得对该证券交易的方式、时间、成败施加任何影响，更为重要的是合同、既定指令和计划应该是出于善意而制定的，不能违反法律的强制性规定。“折中知悉”标准是在“知悉”标准的基础上赋予行为人特定的抗辩事由，它是指一旦行为人在知悉重大未公开的信息同时进行了相关证券交易行为就推定其已构成内幕交易，除非其能够证明在知悉内幕信息前已经制定了相关证券交易合约、既定指令或计划，并未因知悉内幕信息而改变其原有合约、指令或计划。

一、内幕交易主观要件的认定

新《证券法》第五十三条、规定行为人在获得内幕信息后不得在内幕信息公开前买卖公司证券，或者泄露该信息，或者建议他人买卖证券。这表明内幕交易在主观要件以上必须同时具备“知悉”与“利用”二个行为，在这里“泄露”与“建议”也是广义的利用。人的行为是受大脑控制的，因而是“故意”除非是无行为能力或限制行为能力人的行为才不是故意。所以内幕交易的主观要件只能是主观上“故意”。

二、光大证券具有主观过错

光大证券的错单交易信息是因其自营系统故障引发的巨量申购 180ETF 成份股交易行为而形成的，因此光大证券毫无疑问是知悉错单交易信息的。光大证券在知悉错单交易信息后应迅速完整准确地发布正式公告，并配合证券交易所和监管机构的调查处理，在最大范围和最短时间内消除造成的负面影响。然而，其为了避损却即刻进行了对冲交易，加剧了市场的动荡，损害了投资者的利益，无疑存在主观过错，理应为其造成的恶劣后果承担责任。

光大证券方辩称，错单交易事发突然，公司来不及从容处理从而耽搁了及时披露信息，然而其并没有故意隐瞒信息，而是为了避免损失不得已卖出错误申购的证券和期货，应属紧急避险。但是，法律中规定紧急避险的本质目的是为了保护较大的合法权益，要求所造成的损失小于所保全的利益。光大证券的行为显然不满足这一要求，因此不能构成紧急避险，仍需承担主观过错责任。

三、光大证券内幕交易行为是否给投资者造成了经济损失

（一）域外关于民事赔偿权利人及损害后果的认定

《内幕交易和证券欺诈执行法》是美国国会于 1988 年制定的，该法案确立了“同时交易”原则用以界定原告资格。内幕交易民事赔偿权利人不单包括直接购买被告卖出的股票的投资者，也包括在公开市场上购买同一时期的股票，却不知悉为被告所掌握的内幕信息的所有投资者。也就是说所有与内幕交易者同时进

行反向交易的投资者都拥有获得民事赔偿的权利。遗憾的是，该法案对“同时交易”未确定统一的标准，这就使得法官在审判案件中拥有极大的自由裁量权，容易引起权利的不当使用和误判的发生。美国《证券交易法》第20条b款规定以内幕交易者的非法获利或避损数额而不是受害者的损失为基准来确定内幕交易损害赔偿数额。

在权利人范围界定上，我国台湾地区“证券交易法”采用了同美国类似的做法。近年来我国台湾地区为了加大民事责任对内幕交易行为的约束力度，在民事损害赔偿数额的确定标准上做了相应改变，从以往以行为者的违法获益为标准转变为以受害权利人的损失为依据。在具体金额的计算上，采取直接损失法中的第三种方式，以受害投资者买卖证券时支付的价格与该证券当时的实际价值一内幕信息公开后10个交易日的平均收盘价格间的差额来计算赔偿额。

（二）我国关于民事赔偿权利人及损害后果的认定

在内幕交易民事赔偿权利人方面，我国法律无明文规定。借鉴国外立法和司法的先进经验，我国可采用“善意反向交易者”规则，在保障受损投资者利益的同时防止诉讼范围的无限度扩大。

《证券法》第五十三条第三款规定了行为人理当赔偿投资者因其内幕交易行为而遭受的损失，但对于具体赔偿数额的确定缺乏详细和可操作性的规定。我国侵权责任法规定了民事损害赔偿中，以被侵权人的损失为依据确定赔偿数额；虚假陈述的相关司法解释在关于赔偿数额的计算标准上，也同样确立了以原告的实际损失为限作为参考依据。司法实践中，在关于内幕交易民事赔偿数额如何确定的问题上，我们可以参照国外先进立法经验，结合我国的立法规定和司法实践，兼顾内幕交易的特殊性，制定相对科学并照顾到各方利益的民事赔偿数额确定方法。

本案中，适格原告为“善意的同时反向交易者”，即在光大证券内幕交易时间段内买入ETF50、ETF180、IF1309和IF1312的善意投资者。对于那些因为股指暴涨而跟风买进想要寻求获利的投资者以及事件当天没有进行交易却因为股市动荡后最终下跌而受损的投资者不能认定为该案的适格原告，不能依此提起索赔。因为这些投资者的损失主要来源于对市场走势的误判，而不属于“善意的同时反向交易者”。

本案中投资者的损失系光大证券违规操作引起，损失范围可以参照相关法律法规以及信息交易系统的记录予以确定，故而理应通过法律救济得到赔偿。

在赔偿金额的确定上，可以借鉴国际立法的先进经验，参考我国侵权责任法以及关于虚假陈述的相关司法解释的规定，并结合内幕交易民事赔偿的特点，确立以投资者的实际损失为基础，以内幕交易行为人获利或避损的数额为限额，以惩罚性赔偿为补充的金额计算原则。该案可以此原则为指导并结合科学的方法去核算民事赔偿金额的范围。

四、投资者的经济损失与内幕交易之间是否存在因果关系

（一）国外关于内幕交易因果关系的认定

美国 1934 年《证券交易法》第 10 条 b 款和美国证券管理委员会依此条款制定的 10b－5 规则在推定信赖的基础上将内幕交易的因果关系分为“交易因果关系”和“损失因果关系”两类。“交易因果关系”指的是事实上的原因，在认定案件时需要考察损失与违法行为间是否有事实上的联系，即举证说明如果被告没有从事该内幕交易行为，那么原告就不可能针对这一市场情况做出相应的投资决策。“损失因果关系”指的是法律上的原因，在认定案件是否存在这一因果关系时，需要考察投资者的经济损失是否是因为被告在特定时期进行了内幕交易行为。

在美国，投资者如认为其在证券交易中因他人的内幕交易行为而遭受经济损失，则能依默示或明示诉权提起诉讼。法院在审理案件过程中，对这两种诉权举证责任的分配有所区别。在默示诉权下，原告必须举证其受到的损失是由于被告进行内幕交易而导致的。在较长一段时间内，该因果关系的证明标准并不统一，反复变化，民事赔偿请求权人的举证责任难度很大。直到 1988 年美国《内幕交易和证券欺诈执行法》通过之后，联邦最高法院确定了著名的“市场欺诈理论”，将内幕交易因果关系的认定转向了内幕信息对证券市场价格的影响这一方面，才在一定程度上解决了原告在使用默示诉权提起民事赔偿诉讼时所面临的需要证明案件存在因果关系的困境。1988 年修订后的美国《证券交易法》第 20 条 a 款规定了“同时交易规则”，该规则意在使掌握内幕信息并买卖特定证券者对同时与其反向交易该证券的人的损失承担责任。这一规则的出台为投资者使用明示诉权维护自身利益提供了法律支持。在原告采用明示诉权的方式进行诉讼时，案件是否存在因果关系则转由被告证明，原告只要提供了证据证实其是“善意的反向交易人”，就能要求被告基于所承担的信赖义务予以赔偿，此时法律即据此推定因果关系的成立。美国后续的立法及司法实践中，无论是对于默示

诉权还是明示诉权下因果关系的认定，都致力于减轻受损投资者的举证责任，以便能更有力地捍卫投资者权益。

（二）我国关于内幕交易因果关系的认定

《证券法》在该方面缺乏具体规定，只在其他相关法律及司法解释中有不同的体现。

《最高人民法院关于民事诉讼证据的若干规定》第二条明确了原告在起诉时有举证责任。《最高人民法院关于审理证券市场因虚假陈述引发的民事赔偿案件的若干规定》（以下简称《若干规定》）第十八条规定了因果关系成立的要件：一是两者存在直接关联性；二是在特定时间买卖该证券。如果案件满足以上要求，法院就据此推定因果关系成立，被起诉人若想免责就必须提供相反证据。被告可以免责的事由在该规定的第十九条予以了列举说明。这说明该规定关于因果关系的认定采用了推定的标准。

司法实践中在对内幕交易因果关系认定时，可以参照以上阐述的相关司法解释进行确定，以便更好地维护证券市场的正常秩序和投资者的合法权益。

在本案中，借鉴国际立法经验，并结合我国相关法律和司法解释的规定，来确定本案中的因果关系。本案中如果投资者是在光大证券公司内幕交易期间，进行了与光大证券内幕交易方向相反的 50ETF、180ETF 及其成份股 IF1309、IF1312 的交易，便可以依照相关法律和司法解释的规定确认两者之间因果关系成立。此时，光大证券必须予以赔偿。

如果投资者是在非内幕交易时间段进行的交易，则根据因果关系原理，判断其属于跟风买入受损，而并非由于光大证券的错单交易和对冲交易直接引起，不具备因果关系的构成要件。此时，投资者必须自己承担其跟风买入受损的责任，而不能要求光大证券予以赔偿。本案中董胜属于跟风买入受损，因此自己承担责任，不能要求光大证券予以赔偿。

思考题

1. 结合本案阐述内幕交易的构成要件是什么？

2. 在跨期现交易中，因为内幕交易者交易现货时，与现货有何种关联关系，方可以认定现货的内幕交易能直接影响与现货交易品种相关的期货品种？期货交易的投资损失方可向现货内幕交易者主张损害赔偿？

第二十章　中小企业担保公司再审案析破产撤销权的行使

第一节　案情事实与法院的审理

一、案情事实

吉林市中小企业信用担保集团有限公司、吉林市人民政府侵权责任纠纷再审审查与审判监督民事裁定书[①]

中华人民共和国最高人民法院民事裁定书(2018)最高法民申1952号

再审申请人(一审被告、二审上诉人):吉林市中小企业信用担保集团有限公司。

法定代表人:姜永恒,该公司董事长。

委托诉讼代理人:陈思,吉林雪柳律师事务所律师。

委托诉讼代理人:史壮,吉林保民律师事务所律师。

再审申请人:吉林市人民政府。

法定代表人:刘非,该市市长。

委托诉讼代理人:谢义,该市副市长。

委托诉讼代理人:修保,吉林保民律师事务所律师。

再审申请人:吉林华星电子集团公司破产管理人。

负责人:林大伟。

委托诉讼代理人:修志玉,北京市君永律师事务所律师。

---

① 中国裁判文书网。

被申请人(一审原告、二审被上诉人):中国长城资产管理股份有限公司吉林省分公司(原中国长城资产管理公司长春办事处)。

法定代表人:汪国良,该公司总经理。

委托诉讼代理人:穆振辉,北京市中闻律师事务所律师。

委托诉讼代理人:王书宁,北京市中闻律师事务所律师。

原审被告:吉林市人民政府国有资产监督管理委员会。

负责人:王立宽,该委员会主任。

委托诉讼代理人:赵宏伟,市国有资产政策法规处处长。

委托诉讼代理人:孟宪贵,吉林保民律师事务所律师。

再审申请人吉林市中小企业信用担保集团有限公司(以下简称中小企业担保公司)、吉林市人民政府(以下简称吉林市政府)、吉林华星电子集团公司破产管理人(以下简称华星公司破产管理人)因与被申请人中国长城资产管理股份有限公司吉林省分公司(以下简称长城资产公司吉林分公司)、原审被告吉林市人民政府国有资产监督管理委员会(以下简称吉林市国资委)侵权责任纠纷、股东损害公司债权人利益责任纠纷一案,不服本院(2017)最高法民终181号民事判决申请再审。本院依法组成合议庭进行了审查,现已审查终结。

再审申请人中小企业担保公司依照《中华人民共和国民事诉讼法》第二百条第一项、第二项、第六项和第九项的规定申请再审称:

(一)原审判决认定"申请人侵害被申请人债权"没有事实依据和证据支持。1. 最高人民法院生效判决确认长城资产公司吉林分公司系吉林华星电子集团公司(以下简称华星公司)的破产债权人,应当依据《中华人民共和国企业破产法》的规定行使权利。2. 华星公司与中小企业担保公司间的国有股股权划转行为,系经国务院国有资产监督管理委员会批复批准,足以证实其合法合规性。原审判决认定中小企业担保公司具有侵犯他人财产权的主观过错,缺乏证据支持,原判决认定中小企业担保公司不具有与华星公司意思联络共同侵权的主观故意,在申请人是否具有主观过错要件上认定前后矛盾、互相冲突。

(二)本案适用法律错误。1. 依据《中华人民共和国民法通则》第一百零六条之规定和《中华人民共和国侵权责任法》第二条之规定,侵权的客体均不包括债权,本案适用法律明显与案件性质不符,违背了立法本意。2. 假设本案的"侵害债权"成立,那么再审申请人"侵害"的应当是华星公司全体债权人特别是在破产程序中申报和确认债权在先(被申请人亦申报了债权)的债权,再审申请人应当向华星公司的全体债权人清偿。

（三）原审判决违反法律规定，剥夺了当事人辩论权利。长城资产公司吉林分公司的主张是再审申请人因与华星公司"恶意串通"而应承担"连带责任"，原审判决中一方面认定被申请人的该项诉请不能成立，另一方面却在未向再审申请人释明的情况下直接判决承担"赔偿责任"，剥夺了再审申请人的答辩权，导致中小企业担保公司未能提出诉讼时效抗辩。

（四）中小企业担保公司有新证据证明本案股权系以"有偿取得，无偿划转"的方式经国务院国有资产监督管理委员会批准划转至中小企业担保公司，中小企业担保公司接受股权之行为并不具有过错，"股权划转"与"侵害被申请人债权"之间不具有侵权成立必须之因果关系要件。

再审申请人吉林市政府依照《中华人民共和国民事诉讼法》第二百条第一项、第二项、第六项和第九项的规定申请再审称：按照《最高人民法院关于审理金融不良债权转让案件工作座谈会纪要》的规定，吉林市政府对案涉金融不良债权享有优先购买权，长城资产公司吉林分公司与吉林省国有资产经营管理有限公司的转让行为无效，原判侵犯了其优先购买权。吉林市政府通过政府垫款的方式解决破产企业职工的安置问题，垫资应当优先受偿。原审仅判决长城资产公司吉林分公司单独受偿，侵犯了其优先受偿权，应予撤销。

华星公司破产管理人依照《中华人民共和国民事诉讼法》第二百条第一项、第二项、第六项和第九项的规定申请再审称：华星公司的全体债权人（包括破产债权人）享有与长城资产公司吉林分公司同等的债权权益和侵权赔偿请求权，长城资产公司吉林分公司对担保公司应当承担的赔偿责任不享有排他性和优先权，长城公司单独受偿的行为侵害了华星公司全体破产债权人的债权，应当依法撤销。

被申请人长城资产公司吉林分公司提交书面意见称，本次再审申请距离破产管理人终止执行职务长达三年多时间，华星公司破产管理人无权代为提起再审申请；长城资产公司吉林分公司因不能归责于其自身的原因，未被确认为破产债权人身份，本案不应适用企业破产法；本案与撤销权纠纷无关且无偿转让行为已被生效判决认定为可诉行为；中小企业担保公司无偿接受案涉股权，配合华星公司逃废债务，主观上具有过错，二审判决中小企业担保公司侵权的认定正确；吉林市政府早在 2009 年就知道债权转让，其应在破产程序中清偿垫款，无权主张优先受偿；长城资产公司吉林分公司非因自身原因规避破产程序，不存在个别受偿侵害其他债权人财产权益的情形。

二、再审法院对案件的审理

本院经审查认为，根据原审查明的案件基本事实及相关法律规定，中小企业担保公司、吉林市政府、华星公司破产管理人的申请再审事由不能成立，理由如下：

（一）关于原判决认定的基本事实是否缺乏证据证明

原审已查明，吉林高新技术产业开发区人民法院作出的（2011）吉高新民破字第1－4号民事裁定书中载明，因破产人无财产可供分配，华星公司破产清算程序于2011年8月24日终结，普通破产债权人中不包括长城资产公司吉林分公司。本院于2014年12月27日作出的（2014）民二终字第99号民事判决只确认长城资产公司吉林分公司对华星公司享有担保债权，并未确认为破产债权。长城资产公司吉林分公司的担保债权被确认时，因破产程序已终结超过两年，而依照《中华人民共和国企业破产法》第一百二十三条的规定，长城资产公司吉林分公司无法请求追加分配财产，华星公司破产管理人亦认可破产申请时因长城资产公司吉林分公司对华星公司的担保债权未经生效判决确认未列入破产债权，故原判决关于长城资产公司吉林分公司因不能归责于其自身的事由未能参与破产财产分配，且破产清算程序已经终结，其担保债权不能通过破产程序救济的基本事实的认定，并不缺乏证据证明。

本案一审时，中小企业担保公司、吉林市国资委曾提出管辖权异议，请求将本案移送至破产法院即吉林高新技术产业开发区人民法院审理，吉林省高级人民法院裁定驳回其管辖权异议，本院于2015年8月27日作出（2015）民二终字第188号民事裁定，维持了原裁定。原判决在中小企业担保公司、吉林市国资委的管辖权异议被生效裁定驳回，且长城资产公司吉林分公司的担保债权不能通过破产程序救济非因其自身原因的情况下，作出实体裁判，依法有据。中小企业担保公司关于长城资产公司吉林分公司系华星公司的破产债权人，应当依据《中华人民共和国企业破产法》的规定行使权利的再审理由不成立。

本院于2013年8月5日作出的（2012）民二终字第58号民事裁定认定，案涉划转行为虽经吉林市人民政府及相关部门批准，但就其实质来讲，仍然是吉林市国资委作为出资人处分华星公司财产的民事行为，由此引发纠纷应作为民事案件受理。中小企业担保公司系无偿受让案涉国有股权，《企业国有产权无偿划转管理暂行办法》规定，划转方无偿划转应当通知债权人，划出方应当依规制定债务处置、划转方案，接收方应当研究审议并形成书面决议。故原判决据此认定的基本事实不缺乏证据证明。无意思联络的侵权行为与共同侵权行为均以存在过错为主观要件。原判决在长城资产公司吉林分公司未提交充分证据证明华星公司与中小企业担保公司属于共同侵权的情形下，认定中小企业担保公司和华星公司不具有共同侵权的意思联络，并未否认中小企业担保公司具有过错，原判决关于过错的认定亦不矛盾。

（二）关于原判决适用法律是否确有错误

《中华人民共和国民法通则》第五条规定："公民、法人的合法的民事权益受法律保护，任何组织和个人不得侵犯"。《中华人民共和国侵权责任法》第二条列举的民事权益中虽未列有债权，但是也未将债权排除在保护范围之外。原判决在中小企业担保公司存在主观过错，无偿划转案涉股权行为直接损害了华星公司债权人权益，长城资产公司吉林分公司向中小企业担保公司主张权利也不违反债权公平受偿原则的情形下，认定中小企业担保公司侵权，适用法律并无不当。《中华人民共和国企业破产法》第一百二十三条规定："自破产程序依照本法第四十三条第四款或者第一百二十条的规定终结之日起二年内，有下列情形之一的，债权人可以请求人民法院按照破产财产分配方案进行追加分配：（一）发现有依照本法第三十一条、第三十二条、第三十三条、第三十六条规定应当追回的财产的；（二）发现破产人有应当供分配的其他财产的"。本案中，案涉国有股权无偿划转事宜的过户登记手续于 2009 年 1 月 15 日办理完毕，华星公司破产管理人于 2011 年 4 月 15 日申请破产时，已经超过管理人行使撤销权的一年期间。2011 年 8 月 24 日华星公司破产清算程序终结，破产程序终结时，案涉的 2000 万股国有股权也已经超过了两年追回期，也无法列入破产债权，故案涉的国有股权不属于破产财产范围，长城资产公司吉林分公司在普通程序中单独受偿，并不侵害其他破产债权人的债权。

（三）关于原判决是否剥夺了当事人辩论权利

连带责任与赔偿责任均为承担侵权责任的方式，而且侵权纠纷和合同纠纷均涉及诉讼时效的问题，故中小企业担保公司关于"原审法院未在庭审中释明承担赔偿责任的法律关系和法律依据，剥夺了其答辩权，导致其未提出诉讼时效抗辩"的再审理由，不符合《最高人民法院关于适用〈中华人民共和国民事诉讼法〉的解释》第三百九十一条的规定。

(四) 关于新证据是否足以推翻原判决

审查期间，再审申请人吉林市政府提交了《吉林市工业和信息化局关于支付吉林华微电子股份有限公司职工安置费的情况说明》《吉林市财政局关于拨付吉林华星电子集团有限公司财政补贴、国债转贷、职工安置等相关费用的证明》及相关凭证的复印件和相关凭证取证过程的公证书，拟证明2005年以来吉林市政府向代为托管华星公司职工的吉林华微电子股份有限公司支付职工安置费等各项费用共计11175.75万元，案涉2000万股国有权股权并非无偿划拨。被申请人长城资产公司吉林分公司质证认为，上述证据中有的是情况说明，不符合证据的形式要件，而公证书只能证明取证的过程，不能证明是原始档案，且支付安置费属于政府的义务，不能认定是有偿划转，最高人民法院生效裁定已经明确国有资产划转行为不能免责。

本院经审查认为，公证书是公证机构按照法定程序制作的具有特殊法律效力的司法证明书，经公证的事实和文书应当作为认定事实的根据。吉林省吉林市江城公证处出具的四份公证书中载明，再审申请人提交的相关凭证的复印件均取自于原始财务档案，对该证据的真实性应予认定，吉林市政府申请再审时提交的证据能够证明吉林市政府支付了华星公司职工安置费等费用，但该笔费用是吉林市政府为解决破产企业职工的安置问题支出的政府垫款，中小企业担保公司未提交证据证明其是有偿受让案涉2000万国有股权，故吉林市政府提交的证据不能推翻原判决关于中小企业担保公司无偿接收案涉股权的认定。《最高人民法院关于正确审理企业破产案件为维护市场经济秩序提供司法保障若干问题的意见》第二条规定：“有条件的地方，可通过政府设立的维稳基金或鼓励第三方垫款等方式，优先解决破产企业职工的安置问题，政府或第三方就劳动债权的垫款，可以在破产程序中按照职工债权的受偿顺序优先获得清偿”。根据该条规定，政府的垫款应当在破产资产中优先受偿。如前所述，案涉股权因已超过两年追回期，不属于破产资产，吉林市政府关于原判决判令长城资产公司吉林分公司单独受偿，侵犯了其优先受偿权，应予撤销的再审理由不成立。关于吉林市政府的优先购买权问题。《最高人民法院关于审理金融不良债权转让案件工作座谈会纪要》第四条规定：“金融资产管理公司在《纪要》发布之前已经完成不良债权转让，上述优先购买权人主张行使优先购买权的，人民法院不予支持。”该会议纪要形成于2009年3月30日，而案涉的金融不良债权早在2005年7月31日就由中国工商银行股份有限公司吉林省分行转让给中国东方资产管理公司长春办事处，长城资产公司吉林分公司于2011年3月15日受让该笔债权时，该笔债权已经多次转让，故吉林市政府关于原判决侵犯其优先购买权的再审理由亦不能成立。

综上，中小企业担保公司、吉林市政府和华星公司破产管理人的再审申请均不符合《中华人民共和国民事诉讼法》第二百条规定应当再审的情形。本院依照《中华人民共和国民事诉讼法》第二百零四条第一款、《最高人民法院关于适用〈中华人民共和国民事诉讼法〉的解释》第三百九十五条第二款之规定，裁定如下：

驳回吉林市中小企业信用担保集团有限公司、吉林市人民政府和吉林华星电子集团公司破产管理人的再审申请。

二〇一八年十一月八日审结。

第二节　案件再审的申请、答辩与法院裁判的逻辑图

一、再审申请人申请再审的逻辑图

（一）吉林市中小企业信用担保集团有限公司申请再审的逻辑图

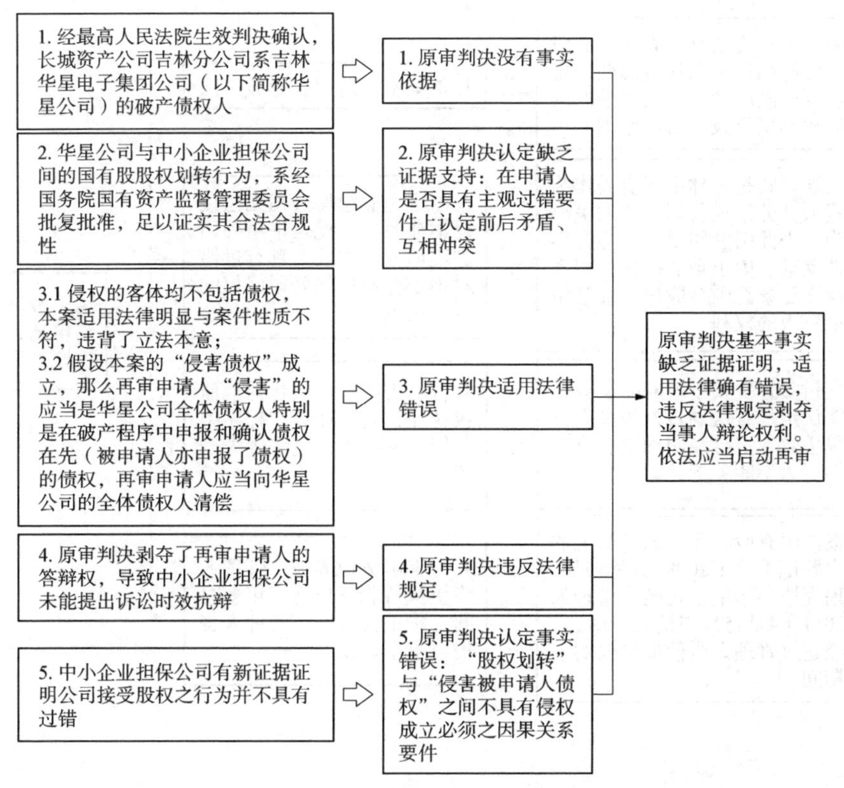

（二）吉林市政府申请再审的逻辑图

1. 吉林市政府对案涉金融不良债权享有优先购买权，长城资产公司吉林分公司与吉林省国有资产经营管理有限公司的转让行为无效，原判侵犯了其优先购买权 ⇨ 1. 一审判决长城资产公司吉林分公司单独受偿，侵犯了其优先受偿权 ⇨ 依法撤销一审判决，改判驳回全部诉讼请求

（三）华星公司破产管理人申请再审的逻辑图

1. 华星公司的全体债权人（包括破产债权人）享有与长城资产公司吉林分公司同等的债权权益和侵权赔偿请求权，长城资产公司吉林分公司对担保公司应当承担的赔偿责任不享有排他性和优先权 ⇨ 1. 长城公司单独受偿的行为侵害了华星公司全体破产债权人的债权 ⇨ 依法撤销一审判决，改判驳回全部诉讼请求

二、被申请人中国长城资产管理公司吉林省分公司的答辩逻辑图

1. 破产程序终结时，案涉国有股权也已经超过了两年追回期，也无法列入破产债权，故案涉的国有股权不属于破产财产范围 ⇨ 1. 本案不应适用企业破产法

2. 案涉划转是吉林市国资委作为出资人处分华星公司财产的民事行为，由此引发纠纷应作为民事案件受理。中小企业担保公司系无偿受让案涉国有股权，并侵犯了第三人的权利 ⇨ 2. 中小企业担保公司无偿接受案涉股权，配合华星公司逃废债务，主观上具有过错，对中小企业担保公司侵权的认定正确

3. 支付安置费属于政府的义务，不能认定是有偿划转，最高人民法院生效裁定已经明确国有资产划转行为不能免责 ⇨ 3. 吉林市政府早年就知道债权转让，其应在破产程序中清偿垫款，无权主张优先受偿

4. 案涉国有股权无偿划转事宜的过户登记手续于2009年1月15日办理完毕，华星公司破产管理人于2011年4月15日申请破产时，已经超过管理人行使撤销权的一年期间 ⇨ 4. 再审申请距离破产管理人终止执行职务长达三年多时间，华星公司破产管理人丧失再审申请权

→ 请求驳回再审申请，维持原判

三、法院的判决逻辑图

最高院认为中小企业担保公司、吉林市政府、华星公司破产管理人的申请再审事由不能成立，理由如下：

争议焦点	理由	结论
关于原判决认定的基本事实是否缺乏证据证明	⇨ 原判决关于长城资产公司吉林分公司因不能归责于其自身的事由未能参与破产财产分配，且破产清算程序已经终结，其担保债权不能通过破产程序救济的基本事实的认定，并不缺乏证据证明 ⇨	驳回吉林市中小企业信用担保集团有限公司、吉林市人民政府和吉林华星电子集团公司破产管理人的再审申请
	⇨ 原判决在中小企业担保公司、吉林市国资委的管辖权异议被生效裁定驳回，且长城资产公司吉林分公司的担保债权不能通过破产程序救济非因其自身原因的情况下，作出实体裁判，依法有据 ⇨	
关于原判决适用法律是否确有错误	⇨ 原判决在中小企业担保公司存在主观过错，无偿划转案涉股权行为直接损害了华星公司债权人权益，长城资产公司吉林分公司向中小企业担保公司主张权利也不违反债权公平受偿原则的情形下，认定中小企业担保公司侵权，适用法律并无不当 ⇨	
	⇨ 2011年8月24日华星公司破产清算程序终结，破产程序终结时，案涉的2000万股国有股权也已经超过了两年追回期，也无法列入破产债权，故案涉的国有股权不属于破产财产范围，长城资产公司吉林分公司在普通程序中单独受偿，并不侵害其他破产债权人的债权 ⇨	
关于原判决是否剥夺了当事人辩论权利	⇨ 连带责任与赔偿责任均为承担侵权责任的方式，而且侵权纠纷和合同纠纷均涉及诉讼时效的问题，不符合法律规定 ⇨	驳回吉林市中小企业信用担保集团有限公司、吉林市人民政府和吉林华星电子集团公司破产管理人的再审申请
关于新证据是否足以推翻原判决	⇨ 不符合证据的形式要件，而公主书只能证明取证的过程，不能证明是原始档案，且支付安置费属于政府的义务，不能认定是有偿划转，最高人民法院主效裁定已经明确国有资产划转行为不能免责 ⇨	
原判决侵犯吉林市政府的优先购买权	⇨ 《最高人民法院关于审理金融不良债权转让案件工作座谈会纪要》第四条规定：“金融资产管理公司在《纪要》发布之前已经完成不良债权转让，上述优先购买权人主张行使优先购买权的，人民法院不予支持。” ⇨	

第三节　对法院判决的评析

法院判决驳回吉林市中小企业信用担保集团有限公司、吉林市人民政府和吉林华星电子集团公司破产管理人的再审申请。理由如下：

一、对于法院判决认定的基本事实是否缺乏证据证明

案涉股权不属于债权人长城资产公司吉林分公司在华星公司破产程序终结后可以请求追加分配的财产。据《企业破产法》第一百二十三条规定[①]，案涉股权已不能按照破产财产分配方案向债权人追加分配。

首先，案涉股权于2009年1月15日划转至中小企业担保公司，华星公司破产申请时以及破产申请受理后至破产程序终结前，案涉股权未纳入华星公司债务人财产范围，不适用《企业破产法》第三十三条的规定。其次，案涉股权划转两年后华星公司进入破产程序，破产管理人没有依据《企业破产法》第三十一条的规定请求撤销追回涉案股权，亦不符合《企业破产法》第三十二条、第三十六条规定的情形。第三，关于追回两年期限的问题。中小企业担保公司并未提供证据证明，在华星公司无偿划转案涉股权时通知了债权人，债权人依据《合同法》有权自知道或者应当知道撤销事由之日起一年内行使撤销权。2011年3月，长城资产公司吉林分公司向吉林省高级人民法院起诉华星公司及中小企业担保公司，请求撤销案涉股权无偿划转行为，吉林省高级人民法院裁定驳回起诉。2013年8月5日，最高人民法院(2012)指令该案由吉林高新区法院审理，2014年7月3日吉林高新区法院受理该案时，华星公司已破产清算终结超过两年，长城资产公司吉林分公司难以依据《企业破产法》的规定实现权利救济。

---

① “自破产程序依照本法第四十三条第四款或者第一百二十条的规定终结之日起二年内，有下列情形之一的，债权人可以请求人民法院按照破产财产分配方案进行追加分配：(一)发现有依照本法第三十一条、第三十二条、第三十三条、第三十六条规定应当追回的财产的；(二)发现破产人有应当供分配的其他财产的。”

二、对于最高院判决适用法律是否确有错误

尽管《侵权责任法》第二条列举的民事权益中虽未列有债权，但是也未将债权排除在保护范围之外。原判决在中小企业担保公司存在主观过错，无偿划转案涉股权行为直接损害了华星公司债权人权益，长城资产公司吉林分公司向中小企业担保公司主张权利也不违反债权公平受偿原则的情形下，认定中小企业担保公司侵权，适用法律并无不当。

此外，本案中案涉国有股权无偿划转事宜的过户登记手续于 2009 年 1 月 15 日办理完毕，华星公司破产管理人于 2011 年 4 月 15 日申请破产时，已经超过管理人行使撤销权的一年期间。2011 年 8 月 24 日华星公司破产清算程序终结，破产程序终结时，案涉的 2000 万股国有股权也已经超过了两年追回期，也无法列入破产债权，故案涉的国有股权不属于破产财产范围，长城资产公司吉林分公司在普通程序中单独受偿，并不侵害其他破产债权人的债权。最高院判决适用法律没有错误。

三、对于法院判决是否剥夺了当事人辩论权利

连带责任与赔偿责任均为承担侵权责任的方式，而且侵权纠纷和合同纠纷均涉及诉讼时效的问题，故中小企业担保公司关于“原审法院未在庭审中释明承担赔偿责任的法律关系和法律依据，剥夺了其答辩权，导致其未提出诉讼时效抗辩”的再审理由，《最高人民法院关于适用〈中华人民共和国民事诉讼法〉的解释》第 391 条：“原审开庭过程中有下列情形之一的，应当认定为民事诉讼法第二百条第九项规定的剥夺当事人辩论权利：（一）不允许当事人发表辩论意见的；（二）应当开庭审理而未开庭审理的；（三）违反法律规定送达起诉状副本或者上诉状副本，致使当事人无法行使辩论权利的；（四）违法剥夺当事人辩论权利的其他情形。”法院在判决中为剥夺当事人诉讼权利。

四、关于新证据是否足以推翻原判决

审查期间，再审申请人吉林市政府提交了《吉林市工业和信息化局关于支付吉林华微电子股份有限公司职工安置费的情况说明》《吉林市财政局关于拨付吉

林华星电子集团有限公司财政补贴、国债转贷、职工安置等相关费用的证明》及相关凭证的复印件和相关凭证取证过程的公证书，拟证明 2005 年以来吉林市政府向代为托管华星公司职工的吉林华微电子股份有限公司支付职工安置费等各项费用共计 11175.75 万元，案涉 2000 万股国有权股权并非无偿划拨。被申请人长城资产公司吉林分公司质证认为，上述证据中有的是情况说明，不符合证据的形式要件，而公证书只能证明取证的过程，不能证明是原始档案，且支付安置费属于政府的义务，不能认定是有偿划转，最高人民法院生效裁定已经明确国有资产划转行为不能免责。

公证书是公证机构按照法定程序制作的具有特殊法律效力的司法证明书，经公证的事实和文书应当作为认定事实的根据。吉林省吉林市江城公证处出具的四份公证书中载明，再审申请人提交的相关凭证的复印件均取自于原始财务档案，对该证据的真实性应予认定，吉林市政府申请再审时提交的证据能够证明吉林市政府支付了华星公司职工安置费等费用，但该笔费用是吉林市政府为解决破产企业职工的安置问题支出的政府垫款，中小企业担保公司未提交证据证明其是有偿受让案涉 2000 万国有股权，故吉林市政府提交的证据不能推翻原判决关于中小企业担保公司无偿接收案涉股权的认定。

《最高人民法院关于正确审理企业破产案件为维护市场经济秩序提供司法保障若干问题的意见》第二条规定："有条件的地方，可通过政府设立的维稳基金或鼓励第三方垫款等方式，优先解决破产企业职工的安置问题，政府或第三方就劳动债权的垫款，可以在破产程序中按照职工债权的受偿顺序优先获得清偿"。根据该条规定，政府的垫款应当在破产资产中优先受偿。如前所述，案涉股权因已超过两年追回期，不属于破产资产，吉林市政府关于原判决判令长城资产公司吉林分公司单独受偿，侵犯了其优先受偿权，应予撤销的再审理由不成立。

关于吉林市政府的优先购买权问题。《最高人民法院关于审理金融不良债权转让案件工作座谈会纪要》第四条规定："金融资产管理公司在《纪要》发布之前已经完成不良债权转让，上述优先购买权人主张行使优先购买权的，人民法院不予支持。"该会议纪要形成于 2009 年 3 月 30 日，而案涉的金融不良债权早在 2005 年 7 月 31 日就由中国工商银行股份有限公司吉林省分行转让给中国东方资产管理公司长春办事处，长城资产公司吉林分公司于 2011 年 3 月 15 日受让该笔债权时，该笔债权已经多次转让，故吉林市政府关于原判决侵犯其优先购买权的再审理由亦不能成立。该公证书虽然具备真实性但明显与证实当事人主张无关联性因而不被法院采纳。

思考题

1. 行使破产撤销权的条件是什么?
2. 破产程序中优先权人在破产财产拍卖时是否享有优先购买权?

第二十一章　张越嫦诉中信证券案析破产取回权的行使

第一节　案情事实与法院的审理

一、案情事实

张越嫦、中信证券股份有限公司武汉建设大道证券营业部一般取回权纠纷再审民事裁定书[①]

中华人民共和国最高人民法院民事裁定书(2019)最高法民再25号。

再审申请人(一审原告、二审上诉人):张越嫦,女,1973年4月18日出生,汉族,住广东省深圳市福田区。

委托诉讼代理人:黄建强,广东晟典律师事务所律师。

委托诉讼代理人:姜珊,广东晟典律师事务所律师。

被申请人(一审被告、二审被上诉人):中信证券股份有限公司武汉建设大道证券营业部,住所地湖北省武汉市江汉区建设大道 * * 号中信大厦 * * 楼。

负责人:汪海,该营业部总经理。

委托诉讼代理人:张弦,该营业部工作人员。

委托诉讼代理人:刘杰,中信证券股份有限公司公司律师。

被申请人(一审被告、二审被上诉人):海南赛格国际信托投资公司管理人,住所地海南省海口市滨海大道华信路华信大厦 * * 层。

负责人:漆慧,该管理人组长。

---

① 中国裁判文书网。

委托诉讼代理人:王立亚,海南嘉天律师事务所律师。

委托诉讼代理人:王浩,北京盈科(海口)律师事务所律师。

原审第三人:范运添,男,1970年9月16日出生,汉族,住广东省深圳市福田区。

委托诉讼代理人:黄建强,广东晟典律师事务所律师。

委托诉讼代理人:姜珊,广东晟典律师事务所律师。

再审申请人张越嫦因与被申请人中信证券股份有限公司武汉建设大道证券营业部(以下简称中信证券武汉营业部)、海南赛格国际信托投资公司管理人(以下简称赛格公司管理人)及原审第三人范运添一般取回权纠纷一案,不服海南省高级人民法院(2017)琼民终285号民事裁定,向本院申请再审。本院于2018年3月30日作出(2018)最高法民申432号民事裁定,提审本案。本院依法组成合议庭,开庭审理了本案。再审申请人张越嫦及原审第三人范运添的共同委托诉讼代理人黄建强、姜珊,被申请人中信证券武汉营业部的委托诉讼代理人刘杰,被申请人赛格公司管理人的委托诉讼代理人王立亚、王浩,到庭参加诉讼。本案现已审理终结。

张越嫦申请再审称,(一)原裁定认定中信证券武汉营业部和赛格公司管理人与张越嫦关于财产权属确认的第一项诉讼请求无关,中信证券武汉营业部和赛格公司管理人不是本案的适格被告,属认定事实错误。根据《中华人民共和国破产法》第三十八条的规定,申请人行使取回权,管理人要对取回财产的权利进行确认。本案中,张越嫦在赛格公司管理人处开户并进行证券交易,赛格公司管理人是张越嫦财产的占有人和控制人,中信证券武汉营业部亦受托占有和控制张越嫦的财产。张越嫦在一审中的两项诉讼请求,实际是请求将张越嫦的财产从中信证券武汉营业部和赛格公司管理人处取回,该权利的确认不仅包括次账户,也包括整个资金账户,而阻碍张越嫦权利确认和行使的相对方就是中信证券武汉营业部和赛格公司管理人。因此,中信证券武汉营业部和赛格公司管理人是本案的适格被告。(二)原裁定认定有权解除案涉账户相关限制措施的义务人是中国证券登记结算有限责任公司(以下简称中登公司),并不是中信证券武汉营业部,更不是赛格公司管理人,张越嫦起诉的被告主体不适格,属认定事实错误。1. 从本案取回权纠纷的性质看,张越嫦行使取回权的相对方只能是中信证券武汉营业部和赛格公司管理人,中登公司并非取回权的相对方,亦非张越嫦第二项诉讼请求的适格被告。2. 虽然中登公司对解除账户相关限制措施有最终审核权,但需投资者先到原委托交易的证券公司办理账户规范手续,经原证券公司审核并出具同意书后,投资者方可向中登公司提出解除账户相关限制措施的申请。如投资者直接向中登公司提出该项申请,中登公司将不予受理。3. 张越嫦的案涉账户属于无法通过补齐资料或修改账户信息实现账户规范的情形，根据中国证券监督管理委员会（以下简称中国证监会）《关于做好证券公司客户交易结算资金第三方存管有关账户规范工作的通知》（证监发[2007]110 号）及中登公司《关于进一步规范账户管理工作的通知》（中国结算发字[2007]130 号）、《不合格账户规范业务操作指引（第 1 号）》《不合格账户规范业务操作指引（第 2 号）》《不合格账户规范业务操作指引（第 3 号）》等相关文件的规定，张越嫦必须持有确认案涉账户内资产权属属于张越嫦所有的生效法律文书，才可最终获得中登公司解除该账户的卖出限制。张越嫦要获得确认案涉账户内资产权属的生效法律文书，必须通过诉讼才能实现。作为张越嫦账户内资产控制人和管理人的中信证券武汉营业部及赛格公司管理人，是确权诉讼的当然被告。（三）原裁定将导致案涉账户内相关资产及股票权益成为无主财产，严重损害张越嫦的合法财产权益。从本案原审审理期间张越嫦向中信证券武汉营业部和中登公司申请办理案涉账户规范手续的情况看，只有经过人民法院对本案的实体审理，确认张越嫦对案涉账户内资产及股票权益的权属，中信证券武汉营业部才能协助张越嫦发起办理案涉账户规范手续的申请，中登公司才能根据申请办理该账户的规范手续。原裁定未对本案进行实体审理，驳回张越嫦的起诉，导致张越嫦向中信证券武汉营业部申请规范案涉账户的手续无法启动，中登公司也不可能协助办理该账户的规范手续，张越嫦无法行使并享有相应财产权利。（四）人民法院的生效判决和执行裁定已确认张越嫦是案涉账户内资产及股票权益的所有权人，张越嫦有权行使取回权。在赛格公司管理人诉张越嫦及范运添对外追收债权纠纷案[案号分别为(2015)海南一中民一初字第 29 号和(2016)琼民终 135 号]中，本案一、二审法院判决张越嫦向赛格公司管理人偿还 200 万元欠款并支付相应利息，理由正是张越嫦为案涉账户（包括范运添账户）内资产及股票权益的所有权人。该案判决生效后，赛格公司管理人向人民法院申请强制执行，人民法院裁定变卖张越嫦持有的股票，并将其账户内的资产划拨至人民法院专用账户用于清偿债务，该案尚处于执行阶段。上述生效判决和裁定已确认张越嫦为案涉账户的权利人，对该账户内资产及股票权益享有所有权。张越嫦以此向中信证券武汉营业部和赛格公司管理人主张行使取回权，条件充分。综上，张越嫦依据《中华人民共和国民事诉讼法》第二百条第二项的规定，请求：1. 撤销海南省高级人民法院(2017)琼民终 285 号民事裁定；2. 确认由中信证券武汉营业部托管的登记在张越嫦名下的名为范运添的深圳 A 股 00×××80 股东账户中的全部资产属于张越嫦所有；3. 判令中信证券武汉营业部、赛格公司管理人对中信证券武汉营业部托管的 600615027 资产账户和 00×××79、00×××42、00×××80（以范运添的名义开设）深圳 A 股股东账户解除查封、冻结等全部限制，以使张越嫦可自由交易及存取；4. 本案一审、二审及再审全部诉讼费用由中信证券武汉营业部和赛格公司管理人承担。

二、被申请人的答辩

中信证券武汉营业部辩称，(一)认可原裁定的观点。(二)根据中登公司的要求，规范账户需先对账户进行确权，但张越嫦并未对案涉账户进行确权。(三)根据中登公司相关规范文件的要求，审核并解除案涉账户相关限制措施由中登公司负责，张越嫦直接请求中信证券武汉营业部解除对案涉账户的相关限制措施，事实上无法完成。(四)中信证券武汉营业部根据中国人民银行的指令对原海南赛格国际信托投资公司武汉证券营业部(以下简称赛格公司武汉证券营业部)托管后，与客户存在证券经纪关系。从案涉账户资料上看，该账户在转移后未发生交易行为，中信证券武汉营业部在本案中并无过错，张越嫦要求中信证券武汉营业部承担诉讼费用，是不公平的。中信证券武汉营业部尊重人民法院对案涉账户确权的认定。

赛格公司管理人辩称，(一)张越嫦对本案的法律关系认识错误，将赛格公司管理人列为被告，属被告主体不适格。张越嫦诉请确认范运添名下的深圳 A 股 00×××80 股东账户内的全部资产属其所有，应以范运添为被告提起诉讼，并提供相应证据加以证明。本案确权诉讼法律关系明确，与中信证券武汉营业部和赛格公司管理人无关，张越嫦将赛格公司管理人列为本案被告，是错列诉讼主体。(二)张越嫦原审第二项诉讼请求不具有可诉性，不是可诉事项。中国证监会等相关部门于 2007 年发文，要求股民规范在证券公司开立的股票账户，实行股民保证金第三方银行托管制度。张越嫦不按照规定要求对案涉账户进行规范，自行放弃规范账户的权利，该行为不属于民事权益范畴，不具有可诉性，不属于人民法院受理民事诉讼的范围。在赛格公司武汉证券营业部按照中国证监会的规定要求，将该营业部客户整体打包转移至中信证券武汉营业部后，赛格公司管理人无权利、也无义务对已被托管的案涉股东账户和资金账户解除查封。(三)行使取回权必须以权利合法为前提，张越嫦诉请确权、行使取回权，没有提供充分必要的证据。(四)张越嫦认为案涉账户内资产由中信证券武汉营业部和赛格公司管理人占有，是错误的。目前，所有证券账户下的资产均属账户所有人所有，与证券公司无关。(五)张越嫦主张中信证券武汉营业部和赛格公司管理人阻碍其行使权利，没有依据，赛格公司管理人从未阻碍张越嫦行使权利，中信证券武汉营业部也不可能设置障碍。(六)张越嫦要求赛格公司管理人承担本案诉讼费用，是不公平的。综上，请求驳回张越嫦的再审申请，维持原判。

范运添述称，同意张越嫦的全部主张，且范运添与张越嫦之间自始至终并无争议和纠纷。

三、一审的诉讼请求及一审法院对案件的审理

张越嫦向一审法院起诉请求：1. 确认由中信证券武汉营业部托管的登记在张越嫦名下的名为范运添的深圳 A 股 00×××80 股东账户中的全部资产属于张越嫦所有；2. 判令中信证券武汉营业部、赛格公司管理人对中信证券武汉营业部处托管的 600615027 资产账户和 00×××79、00×××42、00×××80（以范运添的名义开设）深圳 A 股股东账户解除查封、冻结等全部限制，以使张越嫦可自由交易及存取；3. 本案全部诉讼费用由中信证券武汉营业部、赛格公司管理人承担。

一审法院认定事实：海南赛格国际信托投资公司（以下简称赛格公司）是经中国人民银行、海南省经济合作厅批准，于 1989 年 8 月 20 日在海南省工商行政管理局注册成立的非银行类金融机构。公司的经营范围包括：信托存贷款、投资业务；委托存贷款、投资业务；有价证券业务；金融租赁业务；代理财产保管与处理业务；代理收付业务；经济担保和信用见证业务；经济咨询业务；中国人民银行和国家外汇管理局批准经营的其他金融业务。赛格公司在经营期间下属有北京、上海、深圳、武汉、海口、天津、南昌等七家证券营业部。2001 年 11 月 6 日，由于赛格公司严重违规经营，中国人民银行发布《公告》："鉴于赛格公司严重违规经营，为了维护金融秩序稳定，保护债权人的合法权益，根据《中华人民共和国中国人民银行法》和中国人民银行的有关规定，决定对赛格公司实施停业整顿，并自公告之日起，停止该公司有关金融业务。该公司下属的独立法人实业公司照常经营，经中国证监会同意，在该公司停业整顿期间，公司下属的证券交易营业部由中信证券股份有限公司（以下简称中信公司）托管，证券交易营业部照常经营。"中信公司对赛格公司七家证券营业部托管后，将各营业部逐步停业整顿，并分别将客户整体打包至中信公司和申银万国证券股份有限公司二家证券公司的营业部托管，其中天津、深圳、武汉三家证券营业部转托管日为 2001 年 12 月 21 日，全部转至中信公司。海口、南昌证券营业部转托管日为 2001 年 12 月 21 日，全部转至申银万国证券股份有限公司。北京、上海营业部转托管日分别为 2002 年 6 月 7 日、2002 年 10 月 11 日，全部转至中信公司。2005 年 6 月 20 日，赛格公司向一审法院申请破产还债。一审法院经逐级请示于 2005 年 12 月 30

日依法受理赛格公司申请破产还债案。2006 年 9 月 25 日，一审法院裁定宣告赛格公司破产还债，并依法指定了破产清算管理人即赛格公司管理人。赛格公司管理人在依法履职追收赛格公司的资产时，发现原赛格公司湖北证券营业部有以张越嫦名开设的证券交易账户，张越嫦账户后有范运添一个次账户。由于张越嫦账户在原赛格公司湖北证券营业部经营期间，曾以透支交易形式进行股票买卖，赛格公司管理人认为透支交易的资金来源均为原赛格公司的资产，遂于 2015 年 4 月 24 日以张越嫦、范运添为被告，中信证券武汉营业部为第三人向一审法院提起对外追收债权诉讼。一审法院经审理后作出判决，由张越嫦向赛格公司管理人偿还欠款本金 200 万元及相应利息。张越嫦不服，向海南省高级人民法院提起上诉，该院经审理后于 2016 年 6 月 16 日作出终审判决，驳回上诉，维持原判。张越嫦仍不服终审判决，向最高人民法院提出再审申请，最高人民法院经审理后于 2017 年 3 月 21 日裁定驳回了张越嫦的再审申请。张越嫦遂以中信证券武汉营业部、赛格管理人为被告提起本案诉讼。张越嫦与范运添系夫妻。2016 年 8 月 5 日，范运添出具《声明书》，主要内容为："本人名下 00×××80 深圳 A 股股东账户是当时为了配合张越嫦股票投资开设的辅助账户（当时俗称拖拉机子账户），该账户里面的股票或者资金权益全部属于主账户张越嫦所有。"

一审法院认为，本案诉讼系与破产有关的纠纷。张越嫦起诉本案的根本目的是要取回属于其的案涉股票等资产。根据最高人民法院颁布的《民事案件案由规定》，结合本案当事人之间的法律关系，本案案由应为一般取回权纠纷。本案的争议焦点是：张越嫦主张确认由中信证券武汉营业部托管的登记在张越嫦名下的名为范运添的深圳 A 股 00×××80 股东账户中的全部资产属于其所有，并由中信证券武汉营业部、赛格公司管理人对中信证券武汉营业部处托管的 600615027 资产账户和 00×××79、00×××42、00×××80（以范运添的名义开设）深圳 A 股股东账户解除查封、冻结等全部限制，以使张越嫦可自由交易及存取，是否有事实和法律依据。本案张越嫦为支持其诉求向法庭提交的主要证据均来源于此前赛格公司管理人起诉其对外追收债权纠纷一案，其诉讼的逻辑是，既然在对外追收债权纠纷案中已判决张越嫦偿还透支款本金及利息，那么用于透支的该账户的股票资产理所应当属于张越嫦所有。而能否将案涉账户中的权益确认归张越嫦所有，是处理本案的前提和关键。一审法院认为，《中华人民共和国民事诉讼法》第六十四条规定："当事人对自己提出的主张，有责任提供证据。"《最高人民法院关于适用〈中华人民共和国民事诉讼法〉的解释》第九十条规定："当事人对自己提出的诉讼请求所依据的事实或者反驳对方诉讼请求所依据的事实,应当提供证据加以证明,但法律另有规定的除外。在作出判决前,当事人未能提供证据或者证据不足以证明其事实主张的,由负有举证证明责任的当事人承担不利的后果。"第一百零八条规定:"对负有举证证明责任的当事人提供的证据,人民法院经审查并结合相关事实,确信待证事实的存在具有高度可能性的,应当认定该事实存在。"张越嫦欲证明案涉账户中的股票权益属于其所有,应当提供充分的证据予以证明,包括当事人的职业、经济能力、股票交易的资金来源、相关原始开户凭证等。从一审法院审理赛格公司破产案及赛格公司管理人对外追收债权案等相关案件所掌握的情况看,包括案涉股票账户在内的许多账户开户于上世纪九十年代末至本世纪初证券交易市场并不规范的时期,该时期存在大量借用他人身份证件开户并进行股票交易操作,而实际权利人并非开户者本人的情况。因此,无论是在此前赛格公司管理人起诉张越嫦及范运添对外追收债权纠纷案还是本案诉讼中,一审法院均按照《最高人民法院关于适用〈中华人民共和国民事诉讼法〉的解释》第一百一十条规定,再三要求当事人即张越嫦及范运添本人到庭就案件的有关事实接受询问,以查明案件事实,作出正确裁判,但是张越嫦及范运添均予以拒绝,对此,其应依法承担诉讼不利之后果。综上所述,依照《中华人民共和国民事诉讼法》第六十四条、《最高人民法院关于适用〈中华人民共和国民事诉讼法〉的解释》第九十条、第一百零八条、第一百一十条规定,判决:驳回张越嫦的诉讼请求。案件受理费 103205.64 元,由张越嫦负担。

四、张越嫦的上诉请求

张越嫦不服一审判决,上诉请求:1. 撤销海南省第一中级人民法院(2017)琼96 民初 26 号民事判决;2. 确认由中信证券武汉营业部托管的登记在张越嫦名下的名为范运添的深圳 A 股 00×××80 股东账户中的全部资产属于张越嫦;3. 判令中信证券武汉营业部、赛格公司管理人对中信证券武汉营业部托管的600615027 资产账户和 00×××79、00×××42、00×××80(以范运添的名义开设)深圳 A 股股东账户解除查封、冻结等全部限制,以使张越嫦可自由交易及存取;4. 本案一审、二审诉讼费用全部由中信证券武汉营业部、赛格公司管理人承担。

五、二审法院对案件的审理

二审经审理查明,案涉的 600615027 证券资金账户和 00×××79、00××

×42 深圳 A 股股东账户，户名均为张越嫦。00×××80 深圳 A 股股东账户的户名为范运添，系张越嫦账户下的次账户。上述账户均为原赛格公司湖北证券营业部的客户账户。2001 年底赛格公司因严重违规经营被责令停业整顿，其营业部客户账户被整体打包至中信公司和申银万国证券股份有限公司二家证券公司的营业部托管。其中，案涉上述账户均被转至中信证券武汉营业部托管，并均因账户不规范而已按规定被冻结至今。2006 年 9 月 25 日，根据赛格公司的申请，一审法院裁定宣告该公司破产还债，并依法指定了破产清算管理人即赛格公司管理人。

二审法院认为，案涉的相关账户开户于本世纪初我国证券市场并不规范的时期，该时期存在大量借用他人身份证开户并进行股票交易操作，而实际权利人并非开户者本人的情况。案涉 00×××80 深圳 A 股股东账户的户名为范运添，现张越嫦提出第一项诉讼请求主张该股东账户的户名虽系范运添，但账户中的全部资产实际属于其所有，该诉讼请求性质上属财产权属纠纷。张越嫦提出该诉讼请求应有适格的被告，而中信证券武汉营业部、赛格公司管理人均与该财产权属并无关系。张越嫦以中信证券武汉营业部、赛格公司管理人为被告提出该项诉讼请求，被告主体不适格，即就该项诉讼请求，并没有适格的被告。故就张越嫦的第一项诉讼请求，应依法驳回其起诉。关于张越嫦的第二项诉讼请求，按照中国证监会证监发[2007]110 号通知等文件的要求，中登公司制定的行业性文件《不合格账户规范业务操作指引(第 2 号)》第六条及《不合格账户规范业务操作指引(第 3 号)》等相关文件规定，有权解除案涉账户的相关限制措施的义务人为中登公司，并不是中信证券武汉营业部，更不是赛格公司管理人。故张越嫦的第二项诉讼请求即请求判令中信证券武汉营业部、赛格公司管理人解除对案涉账户的相关限制措施，起诉的被告主体并不适格，亦应依法驳回其起诉。综上，张越嫦本案起诉的两项诉讼请求被告主体均不适格，应依法驳回其起诉。依照《最高人民法院关于适用〈中华人民共和国民事诉讼法〉的解释》第三百三十条规定，裁定：一、撤销海南省第一中级人民法院(2017)琼 96 民初 26 号民事判决；二、驳回张越嫦的起诉。一审案件受理费 103205.64 元，退还张越嫦；张越嫦预交的二审案件受理费 103205.64 元，予以退还。

六、最高人民法院对案件的再审

本案再审期间，当事人未提交新的证据。本院对原审查明的事实予以确认。

本院再审认为，结合各方当事人的诉辩意见及本案已查明的事实，本案再审争议焦点为：原裁定驳回张越嫦的起诉是否正确。

首先，在上世纪末本世纪初，我国证券市场发展并不十分规范和完善，且未强制实行证券账户实名制。该时期内，借用他人身份证件开立证券账户并进行股票交易操作的行为较多存在，以致“拖拉机账户”等账户类型并不鲜见，并因此产生了相关权属争议等纠纷，此亦为中国证监会推进证券账户实名制和客户交易结算资金第三方存管等证券账户规范化操作的重要原因。为进一步推进证券市场基础制度改革，全面推进客户交易结算资金第三方存管，中国证监会于2007年8月7日印发了《关于做好证券公司客户交易结算资金第三方存管有关账户规范工作的通知》（证监发[2007]110号），明确要求全国各地证券监督管理部门、上海和深圳证券交易所、中登公司全面做好账户规范这一推进客户交易结算资金第三方存管的重要配套工作。根据上述有关账户规范工作文件的相关规定，从2008年8月1日起，不合格账户持有人确认账户资产或申请使用账户，应首先由不合格账户持有人凭有效法律文书等证明文件，向原证券公司提出申请，办理账户规范手续。对于可以通过补齐资料或修改账户信息规范为合格账户的，由原证券公司按原账户资料修改流程办理投资者账户修改手续，并由原证券公司向投资者出具加盖该公司印章的不合格账户解除集中中止交易审核同意书，同意该账户持有人向中登公司申请解除账户集中中止交易，恢复正常交易功能。对于不可以通过补齐资料或修改账户信息规范为合格账户的，在原证券公司核实投资者资产权属后，由原证券公司向投资者出具加盖该公司印章的不合格账户解除卖出限制审核同意书，同意持有不合格账户的投资者向中登公司申请解除该账户证券卖出限制，承诺在投资者清空证券后及时办理该账户注销手续。在原证券公司审核同意并报当地证监局备案后，再由账户持有人持书面申请材料向中登公司申请办理解除集中中止交易或卖出限制手续。对于休眠深市A股账户，投资者也可向原证券公司申请办理激活手续。由此可见，虽然不合格账户解除集中中止交易或卖出限制手续的最终审核决定权在中登公司，但在此过程中，证券公司负有前置审核义务，对此，中信证券武汉营业部在本案庭审过程中亦明确予以认可。换言之，不合格账户持有人能否进一步向中登公司申请解除账户集中中止交易或卖出限制手续，有赖于证券公司的审核。至于中登公司最终能否对账户持有人提出的解除账户集中中止交易或卖出限制手续予以审核同意，并不影响证券公司审核义务的履行。此情形下，张越嫦将中信证券武汉营业部和赛格公司管理人列为本案被告，显无不当。原裁定认为中信证券武汉营业部和赛格公司管理人不是解除案涉账户相关限制措施的义务人，故其并非本案的适格被告，存有不当，本院予以纠正。

其次，根据《中华人民共和国民事诉讼法》第五十六条第二款和《最高人民法院关于适用〈中华人民共和国民事诉讼法〉的解释》第八十二条的相关规定，人民法院判决承担民事责任的第三人，有当事人的诉讼权利义务。被判决承担民事责任的无独立请求权第三人，有权提起上诉。本案中，张越嫦请求人民法院确认由中信证券武汉营业部托管的登记在张越嫦名下的名为范运添的深圳 A 股 00×××80 股东账户中的全部资产属于张越嫦所有。该项诉讼请求涉及深圳 A 股 00×××80 股东账户中全部资产的归属问题，从性质上讲，属于财产权属确认纠纷。根据本案原审已查明的事实，深圳 A 股 00×××80 股东账户登记在范运添名下，而未登记在中信证券武汉营业部或赛格公司管理人名下。虽然赛格公司管理人是人民法院指定的原赛格公司的破产管理人，并根据《中华人民共和国破产法》等相关法律规定，履行决定原赛格公司内部管理事务、管理和处分原赛格公司财产等职责，深圳 A 股 00×××80 股东账户也开立于原赛格公司武汉证券营业部，而中信证券武汉营业部亦根据中国人民银行的要求，依法托管了原赛格公司武汉证券营业部，并根据中国证监会和中登公司的规定要求，对深圳 A 股 00×××80 股东账户采取了另库存放、中止交易等限制性措施，但中信证券武汉营业部和赛格公司管理人本身与张越嫦之间就深圳 A 股 00×××80 股东账户中的全部资产归属并无争议。此情形下，如张越嫦仅将中信证券武汉营业部和赛格公司管理人列为本案被告，则可能存在因被告不适格而应驳回其起诉的问题。但在张越嫦提起本案诉讼时，已将范运添列为本案第三人，范运添也出具《声明书》，明确表示其名下的深圳 A 股 00×××80 股东账户是当时为了配合张越嫦股票投资开设的辅助账户、该账户内的股票或者资金权益全部属于主账户张越嫦所有，且人民法院实际亦可依法判决作为本案第三人的范运添承担民事责任的情况下，无论是从中国证监会和中登公司规定要求解决不合格账户规范问题的实际需要出发，还是从尽快彻底解决案涉不合格账户这一历史遗留问题出发，原裁定简单以中信证券武汉营业部和赛格公司管理人并非本案适格被告为由，驳回张越嫦的起诉，同样存有不当，本院亦予以纠正。

依照《中华人民共和国民事诉讼法》第一百七十条第一款第二项、第一百七十一条、第二百零七条第一款规定，裁定如下：1. 撤销海南省高级人民法院(2017)琼民终 285 号民事裁定；2. 指令海南省高级人民法院对本案进行审理。

二〇一九年三月二十九日审结。

第二节　本案申请再审、答辩与法院裁判的逻辑图

一、张越娥一审起诉逻辑图与再审申请的逻辑图

（一）张越娥一审起诉的逻辑图

赛格公司是经营证券等业务的非银行类金融公司，因违规经营被人民银行责令停业整顿，为原告提供证券经纪服务的赛格公司湖北证券营业部的证券账户被托管至中信证券武汉营业部

⇒ 张越嫦与中信证券武汉营业部存在证券经纪关系

⇒ 张越嫦可以中信证券武汉营业部为被告诉请其履行证券经纪义务

⇒ 原告诉请

2006年9月25日一审法院裁定赛格公司破产还债，赛格公司管理人发现原赛格公司湖北证券营业部经营期间张越嫦证券交易账户（后有范运添一个次账户）曾透支原赛格公司的资产买卖股票，遂于2015年4月24日以张越嫦、范运添为被告向一审法院提起对外追收债权诉讼

一审法院经审理后作出判决，张越嫦向赛格公司管理人偿还欠款本金200万元及相应利息。张越嫦不服，向海南省高院上诉后被驳回上诉，维持原判。张越嫦不服终审判决，向最高人民法院提出再审申请，于2017年3月21日裁定驳回。张越嫦以中信证券武汉营业部、赛格管理人为被告提起本案诉讼

⇒ 张越嫦的证券账户中的财产与原赛格公司存在财产关系，张越嫦与赛格公司破产管理人之间存在法律上的利害关系

⇒ 张越嫦可以赛格公司破产管理人为被告诉请其将原告的财产返还

⇒ 原告诉请

张越嫦与范运添系夫妻。2016年8月5日，范运添出具的《声明书》称：“本人名下00×××80深圳A股股东账户是为了配合张越嫦股票投资开设的辅助账户，账户里面的股票或者资金权益全部属于主账户张越嫦所有。”

⇒ 张越嫦对其证券账户里的财产享有完全处分权与所有权

⇒ 原告诉请

原告诉请：1. 确认深圳A股00×××80股东账户中的全部资产属于张越嫦所有；2.判令中信证券武汉营业部、赛格公司管理人对600615027资产账户和00×××79、00×××42、00×××80深圳A股股东账户解除查封、冻结等全部限制，以使张越嫦可自由交易及存取；3. 本案诉讼费用由被告承担

⇐ 2014年修正的《证券法》第一百三十九条二款（2019年修订的《证券法》第一百三十一条二款）规定：证券公司不得将客户的交易结算资金和证券归入其自有财产。证券公司破产或者清算时，客户的交易结算资金和证券不属于其破产财产或者清算财产。非因客户本身的债务或者法律规定的其他情形，不得查封、冻结、扣划或者强制执行客户的交易结算资金和证券

⇐ 《破产法》第三十八条规定：人民法院受理破产申请后，债务人占有的不属于债务人的财产，该财产的权利人可以通过管理人取回

（二）张越娥申请再审的逻辑图

《中华人民共和国破产法》第三十八条的规定，申请人行使取回权，管理人要对取回财产的权利进行确认。张越嫦在赛格公司管理人处开户并进行证券交易，赛格公司管理人是张越嫦财产的占有人和控制人，中信证券武汉营业部亦受托占有和控制张越嫦的财产

张越嫦在一审中的两项诉讼请求，实际是请求将张越嫦的财产从中信证券武汉营业部和赛格公司管理人处取回，该权利的确认不仅包括次账户，也包括整个资金账户，而阻碍张越嫦权利确认和行使的相对方就是中信证券武汉营业部和赛格公司管理人。因此，中信证券武汉营业部和赛格公司管理人是本案的适格被告

原裁定认定中信证券武汉营业部和赛格公司管理人与张越嫦关于财产权属确认的第一项诉讼请求无关，中信证券武汉营业部和赛格公司管理人不是本案的适格被告，属认定事实错误

从本案取回权纠纷的性质看，张越嫦行使取回权的相对方只能是中信证券武汉营业部和赛格公司管理人，中登公司并非取回权的相对方，亦非张越嫦第二项诉讼请求的适格被告

中登公司对解除账户相关限制措施有最终审核权，但需投资者先到原委托交易的证券公司办理账户规范手续，经原证券公司审核并出具同意书后，投资者方可向中登公司提出解除账户相关限制措施的申请。如投资者直接向中登公司提出该项申请，中登公司将不予受理

张越嫦的案涉账户属于无法通过补齐资料或修改账户信息实现账户规范的情形，根据中国证监会《关于做好证券公司客户交易结算资金第三方存管有关账户规范工作的通知》等文件的规定，张越嫦必须持有确认案涉账户内资产权属属于张越嫦所有的生效法律文书，才可最终获得中登公司解除该账户的卖出限制。张越嫦要获得确认案涉账户内资产权属的生效法律文书，必须通过诉讼才能实现。作为张越嫦账户内资产控制人和管理人的中信证券武汉营业部及赛格公司管理人，是确权诉讼的当然被告

原裁定认定有权解除案涉账户相关限制措施的义务人是中国证券登记结算有限责任公司（以下简称中登公司），并不是中信证券武汉营业部，更不是赛格公司管理人，张越嫦起诉的被告主体不适格，属认定事实错误

依据《民事诉讼法》第二百条第二项的规定，请求：1.撤销海南省高级人民法院（2017）琼民终285号民事裁定；2.确认由中信证券武汉营业部托管的登记在张越嫦名下的名为范运添的深圳A股00×××80股东账户中的全部资产属于张越嫦所有；3.判令中信证券武汉营业部、赛格公司管理人对中信证券武汉营业部托管的600615027资产账户和00×××79、00×××42、00×××80(以范运添的名义开设)深圳A股股东账户解除查封、冻结等全部限制，以使张越嫦可自由交易及存取；4.本案一审、二审及再审全部诉讼费用由中信证券武汉营业部和赛格公司管理人承担

原裁定将导致案涉账户内相关资产及股票权益成为无主财产，严重损害张越嫦的合法财产权益

只有法院确认张越嫦对案涉账户内资产及股票权益的权属，中信证券武汉营业部才能协助张越嫦发起办理案涉账户规范手续的申请，中登公司才能根据申请办理该账户的规范手续。原裁定未对本案进行实体审理就驳回张越嫦的起诉，导致张越嫦无法向中信证券武汉营业部申请办理规范案涉账户的手续，中登公司也不可能办理该账户的规范手续，张越嫦无法行使并享有相应财产权利

人民法院的生效判决和执行裁定已确认张越嫦是案涉账户内资产及股票权益的所有权人，张越嫦有权行使取回权

赛格公司管理人诉张越嫦及范运添对外追收债权纠纷案［案号分别为（2015）海南一中民一初字第29号和（2016）琼民终135号］，法院判决张越嫦向赛格公司管理人偿还200万元欠款并支付相应利息，理由正是张越嫦为案涉账户（包括范运添账户）内资产及股票权益的所有权人。该案判决生效后，赛格公司管理人向人民法院申请强制执行，人民法院裁定变卖张越嫦持有的股票，并将其账户内的资产划拨至人民法院专用账户用于清偿债务，该案尚处于执行阶段。上述生效判决和裁定已确认张越嫦为案涉账户的权利人，对该账户内资产及股票权益享有所有权

二、答辩逻辑图

再审裁判书上没有列出本案一审与二审当事人的答辩意见，故一审与二审

的答辩逻辑图省略，只列出再审答辩逻辑图。

（一）被申请人中信证券武汉营业部再审答辩逻辑图

1. 认可原审法院裁定的观点；2. 根据中登公司的要求，规范账户需先对账户进行确权，但张越嫦并未对案涉账户进行确权 ⇒ 要求再审法院驳回张越嫦的再审申请。

3. 根据中登公司相关规范文件的要求，审核并解除案涉账户相关限制措施由中登公司负责，张越嫦直接请求中信证券武汉营业部解除对案涉账户的相关限制措施，事实上无法完成 ⇒ 要求再审法院驳回张越嫦的再审申请。

4. 中信证券武汉营业部根据中国人民银行的指令对原海南赛格国际信托投资公司武汉证券营业部（以下简称赛格公司武汉证券营业部）托管后，与客户存在证券经纪关系 ⇒ 要求再审法院驳回张越嫦的再审申请。

5. 该账户在转移后未发生交易行为，中信证券武汉营业部在本案中并无过错，张越嫦要求中信证券武汉营业部承担诉讼费用，是不公平的。中信证券武汉营业部尊重人民法院对案涉账户确权的认定 ⇒ 要求再审法院驳回张越嫦的再审申请。

（二）被申请人赛格公司的答辩逻辑图

张越嫦诉请确认范运添名下的深圳A股00×××80股东账户内的全部资产属其所有，应以范运添为被告提起诉讼，并提供相应证据加以证明 ⇒ 张越嫦对本案的法律关系认识错误，将赛格公司管理人列为被告，属被告主体不适格

本案确权诉讼法律关系明确，与中信证券武汉营业部和赛格公司管理人无关，张越嫦将赛格公司管理人列为本案被告，是错列诉讼主体 ⇒ 张越嫦对本案的法律关系认识错误，将赛格公司管理人列为被告，属被告主体不适格

张越嫦对本案的法律关系认识错误，将赛格公司管理人列为被告，属被告主体不适格 ⇒ 请求再审法院驳回张越嫦的再审申请，维持原判

国证监会等相关部门于2007年发文，要求股民规范在证券公司开立的股票账户，实行股民保证金第三方银行托管制度 ⇒ 张越嫦原审第二项诉讼请求不具有可诉性，不是可诉事项

张越嫦不按照规定要求对案涉账户进行规范，自行放弃规范账户的权利，该行为不属于民事权益范畴，不具有可诉性，不属于人民法院受理民事诉讼的范围 ⇒ 张越嫦原审第二项诉讼请求不具有可诉性，不是可诉事项

赛格公司武汉证券营业部按照中国证监会的规定要求，将该营业部客户整体打包转移至中信证券武汉营业部后，赛格公司管理人无权利、也无义务对已被托管的案涉股东账户和资金账户解除查封 ⇒ 张越嫦原审第二项诉讼请求不具有可诉性，不是可诉事项

张越嫦原审第二项诉讼请求不具有可诉性，不是可诉事项 ⇒ 请求再审法院驳回张越嫦的再审申请，维持原判

行使取回权必须以权利合法为前提，张越嫦诉请确权、行使取回权，没有提供充分必要的证据 ⇒ 请求再审法院驳回张越嫦的再审申请，维持原判

张越嫦认为案涉账户内资产由中信证券武汉营业部和赛格公司管理人占有，是错误的。目前，所有证券账户下的资产均属账户所有人所有，与证券公司无关 ⇒ 请求再审法院驳回张越嫦的再审申请，维持原判

张越嫦主张中信证券武汉营业部和赛格公司管理人阻碍其行使权利，没有依据，赛格公司管理人从未阻碍张越嫦行使权利，中信证券武汉营业部也不可能设置障碍 ⇒ 请求再审法院驳回张越嫦的再审申请，维持原判

张越嫦要求赛格公司管理人承担本案诉讼费用不公平 ⇒ 请求再审法院驳回张越嫦的再审申请，维持原判

三、法院的裁判逻辑图

（一）一审法院对案件的裁判逻辑图

《中华人民共和国民事诉讼法》第六十四条规定：“当事人对自己提出的主张，有责任提供证据。”

《最高院关于适用<中华人民共和国民事诉讼法>的解释》第九十条规定：“当事人对自己提出的诉讼请求所依据的事实或者反驳对方诉讼请求所依据的事实，应当提供证据加以证明，但法律另有规定的除外。在作出判决前，当事人未能提供证据或者证据不足以证明其事实主张的，由负有举证证明责任的当事人承担不利的后果。”第一百零八条规定：“对负有举证证明责任的当事人提供的证据，人民法院经审查并结合相关事实，确信待证事实的存在具有高度可能性的，应当认定该事实存在。”

⇒ 张越嫦欲证明案涉账户中的股票权益属于其所有，应当提供充分的证据予以证明，包括当事人的职业、经济能力、股票交易的资金来源、相关原始开户凭证等

张越嫦一直没有提供证明涉诉证券账户财产属其所有的有力证据。只是依据赛格公司破产管理人诉张越嫦透支原赛格公司资产购买证券案的终审判决证明其是涉诉账户财产的权利人，其证明逻辑是对证券账户透支交易承担义务的人便是证券账户财产的所有人。但实际上当时存在借用他人证券账户进行交易的情况

一审法院按照《最高人民法院关于适用<中华人民共和国民事诉讼法>的解释》第一百一十条规定，再三要求当事人即张越嫦及范运添本人到庭就案件的有关事实接受询问，以查明案件事实，作出正确裁判，但是张越嫦及范运添均予以拒绝，对此，其应依法承担诉讼不利之后果

依照《中华人民共和国民事诉讼法》第六十四条、《最高人民法院关于适用〈中华人民共和国民事诉讼法〉的解释》第九十条、第一百零八条、第一百一十条规定

⇒ 判决：驳回张越嫦的诉讼请求。案件受理费103205.64元，由张越嫦负担

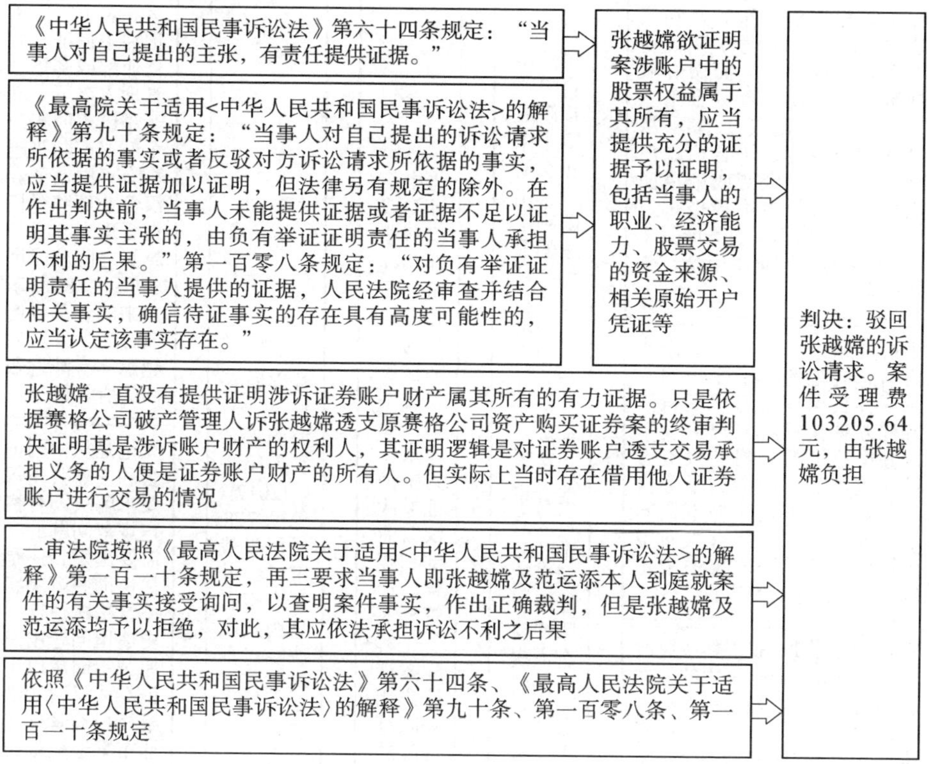

（二）二审法院对案件的裁判逻辑图

案涉的相关账户开户于本世纪初我国证券市场并不规范的时期，该时期存在大量借用他人身份证开户并进行股票交易操作，而实际权利人并非开户者本人的情况

案涉00×××80深圳A股股东账户的户名为范运添，张越嫦主张该股东账户的户名虽系范运添，但账户中的全部资产实际属于其所有，该诉讼请求性质上属财产权属纠纷。张越嫦提出该诉讼请求应有适格的被告，而中信证券武汉营业部、赛格公司管理人均与该财产权属并无关系，他们不是适格的被告

《最高人民法院关于适用〈中华人民共和国民事诉讼法〉的解释》第三百三十条

按照中国证监会证监发［2007］110号通知等文件，中登公司制定的《不合格账户规范业务操作指引（第2号）》第六条及《不合格账户规范业务操作指引（第3号）》等文件规定，有权解除案涉账户的相关限制措施的义务人为中登公司，并不是中信证券武汉营业部，更不是赛格公司管理人。故张越嫦请求判令中信证券武汉营业部、赛格公司管理人解除对案涉账户的相关限制措施，起诉的被告主体并不适格

⇒ 裁定：1. 撤销海南省第一中级人民法院（2017）琼96民初26号民事判决；2. 驳回张越嫦的起诉，一审与二审案件的受理费退还张越嫦

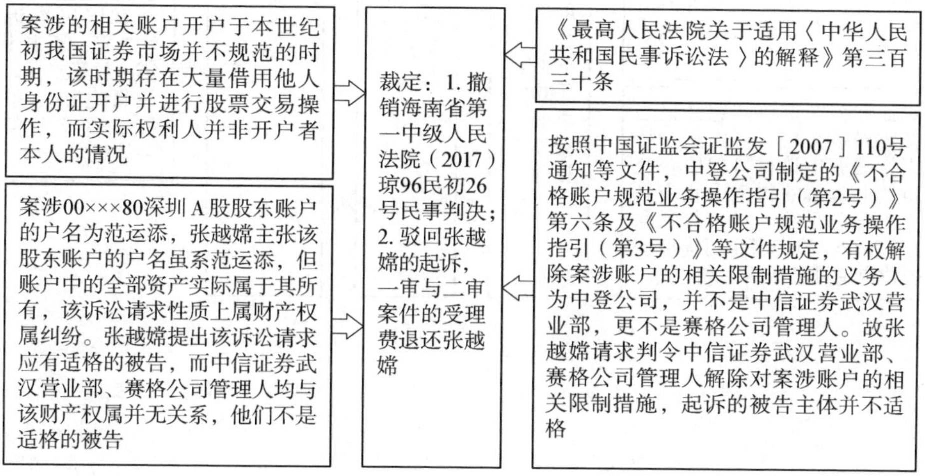

（三）再审法院对案件的裁判逻辑图

证监会印发《关于做好证券公司客户交易结算资金第三方存管有关账户规范工作的通知》（证监发[2007]110号）明确要求中登公司等部门全面做好账户规范客户交易结算资金第三方存管的重要配套工作。从2008年8月1日起，不合格账户持有人确认账户资产或申请使用账户，应首先由不合格账户持有人凭有效法律文书等证明文件，向原证券公司提出申请，办理账户规范手续

对于可以通过补齐资料或修改账户信息规范为合格账户的，由原证券公司按原账户资料修改流程办理投资者账户修改手续，并由原证券公司向投资者出具加盖该公司印章的不合格账户解除集中中止交易审核同意书，同意该账户持有人向中登公司申请解除账户集中中止交易，恢复正常交易功能

对于不可以通过补齐资料或修改账户信息规范为合格账户的，在原证券公司核实投资者资产权属后，由原证券公司向投资者出具加盖该公司印章的不合格账户解除卖出限制审核同意书，同意持有不合格账户的投资者向中登公司申请解除该账户证券卖出限制，承诺在投资者清空证券后及时办理该账户注销手续

在原证券公司审核同意并报当地证监局备案后，再由账户持有人持书面申请材料向中登公司申请办理解除集中中止交易或卖出限制手续。对于休眠深市A股账户，投资者也可向原证券公司申请办理激活手续

⇒

虽然不合格账户解除集中中止交易或卖出限制手续的最终审核决定权在中登公司，但在此过程中，证券公司负有前置审核义务，中登公司最终能否对账户持有人提出的解除账户集中中止交易或卖出限制手续予以审核同意，并不影响证券公司审核义务的履行

⇒

张越嫦将中信证券武汉营业部和赛格公司管理人列为本案被告，显无不当。原裁定认为中信证券武汉营业部和赛格公司管理人不是解除案涉账户相关限制措施的义务人，故其并非本案的适格被告，存有不当

⇒

裁定如下：1．撤销海南省高级人民法院(2017)琼民终285号民事裁定；2．指令海南省高级人民法院对本案进行审理

⇐

深圳A股00×××80股东账户登记在范运添名下，而未登记在中信证券武汉营业部或赛格公司管理人名下。而范运添已声明账户下全部财产归张越嫦享有。中信证券武汉营业部和赛格公司管理人本身与张越嫦之间就深圳A股00×××80股东账户中的全部资产归属并无争议。故张越嫦享有涉诉账户内的所有财产

无论是从中国证监会和中登公司规定要求解决不合格账户规范问题的实际需要出发，还是从尽快彻底解决案涉不合格账户这一历史遗留问题出发，原裁定简单以中信证券武汉营业部和赛格公司管理人并非本案适格被告为由，驳回张越嫦的起诉，存有不当

依照《中华人民共和国民事诉讼法》第一百七十条第一款第二项、第一百七十一条、第二百零七条第一款规定

第三节　对法院判决的评析

本案是破产取回权纠纷案，因破产取回权人的财产被破产企业占有或占用，破产取回权人必须是被取回财产的所有权人、股权持有人或无形财产的合格享有人，总而言之必须是该取回财产的原合格享有人。本案取回的财产是证券账户中的股票、债券等证券与资金，在行使破产取回权之前应该先确认取回财产的权利归属，因而涉及到财产确权纠纷，一审法院以原告张越嫦对自己提出的诉讼请求所依据的事实应当提供证据加以证明，但是张越嫦及范运添拒绝到庭就案件的有关事实接受询问。法院以查明案件事实为由裁定驳回原告的诉讼请求是错误的。因为在本案之前被告赛格公司已经作为原告向张越嫦及范运添提起了对外追收债权纠纷的起诉，明确账户所有人就是张越嫦及范运添，现在既然范运添已经做下个人声明，其名下账户所有的股票资产皆系张越嫦所有，在既有生效执行判决文书的前提下，是无需再进行过多的证明；即使存在他人借用张越嫦证券账户从事证券交易，那么登记在张越嫦名下的证券形式上也归其享有，如果确实存在账户借用人前来主张账户资产归其享有，也只能是享有请求张越嫦返还其投资资金的权利，或者按照他们之前约定借用证券账户的协议办理，没有借用协议的按照不当得利返还处理。另外从证券登记制度的规则来看股票与债券等资本证券以登记作为风险与权益过户的标记，登记行为具有社会公信力，登记本身就给被登记人以权利的外观。

二审法院对于上诉人张越嫦账户的资产所有权进行了确认，但是以两项上诉请求没有适格的被告驳回了上诉人的上诉。二审法院一方面认为两被告对于涉案账户资产并无关系，权属上并没有争议对象，另一方面两被告并没有实际的权利来解除对于涉案账户资产的冻结，因为按照中国证监会证监发[2007]110号通知等文件的要求，中国证券登记结算有限责任公司制定的行业性文件《不合格账户规范业务操作指引(第2号)》第六条及《不合格账户规范业务操作指引(第3号)》等相关文件规定，有权解除案涉账户的相关限制措施的义务人为中国证券登记结算有限责任公司，并不是中信证券武汉营业部，更不是赛格公司管理人，从而二审继续裁定驳回原告诉讼请求。但从事实上来看，二审法院对于该文件规范的理解也是趋于表面，并没有对于证券行业的操作指引进行细致解读，从而直接认定中国证券登记结算有限责任公司才是解除账户限制的权利主体。再审法院在接受再审申请人的申请之后，从案件实情和行业规范实际出发，认定涉案账户内的股票或者资金权益全部属于主账户张越嫦所有并无问题，且根据中国证监会于2007年8月7日印发的《关于做好证券公司客户交易结算资金第三方存管有关账户规范工作的通知》（证监发［2007］110号），认为，虽然不合格账户解除集中中止交易或卖出限制手续的最终审核决定权在中国证券登记结算有限责任公司，但在此过程中，证券公司负有前置审核义务，因而必须配合原告进行相应的涉案账户解除限制的前置性工作，否则就违反了行业规范和证券公司应尽的义务，不能以不作为的态度对待自身客服所需要的解除账户限制的申请，接受投资者委托交易的券商是证券经纪商，配合自己的客户解除账户限制是证券经纪业务的业务范围，不然客户无法继续委托交易。鉴于此，最高院裁定撤销原裁定，发回海南省高级人民法院重申，再审法院认定事实清楚，适用法律正确，保护了当事人的合法权益。

本案涉及到证券法学理论中证券经纪商的义务问题，接受客户证券托管与交易的券商是客户证券交易中的居间人，在证券交易过程中由于交易客户的人数众多，证券交易所与登记结算公司不可能直接接受股民等投资者的直接委托与结算，因而在交易结算中实行“二级结算制度”，首先是证券经纪商与证券登记结算公司结算（一级结算），证券经纪商获得结算数据后再与自己的客户进行二级结算。同样地客户办理证券冻结与限制交易措施时也必须通过证券经纪商办理，作为客户的证券经纪商有义务为自己的客户办理开户、委托、结算、冻结、解冻、激活交易账户等业务，这是证券经纪商的法定义务与营业范围。中信证券武汉营业部作为赛格公司破产清算期间指定客户证券托管人，理所应当受理证券托管客户申请解除证券交易限制的业务，否则就是违反了自己的营业义务，赛格公司作为客户张越嫦及范运添的原证券账户托管人，赛格公司破产管理人在客户的证券账户被中信证券武汉营业部托管后尽管解除了托管义务，表面上已经与涉诉财产无利害关系。但是，本案一审是在赛格公司破产管理人诉张越嫦、范运添证券交易透支原赛格公司资产案终审判决生效后提起，客户张越嫦的证券账户中的资产与赛格公司破产管理人有法律上的实体权利义务关系，张越嫦也正是因证券交易透支原赛格公司资金案败诉后为确认自己证券账户中的证券资产所有权并取回证券账户中的财产才提起本案诉讼，将赛格公司列为被告并无不妥。

赛格公司破产管理人与中信证券均对客户账户里面的财产不享有所有权，案中张越嫦的配偶范运添出具《声明书》，声明“账户里面的股票或者资金权益全部属于主账户张越嫦所有。”第三人也没有对该账户财产主张权利时，张越嫦必然对账户财产享有所有权，张越嫦是正当的请求中信证券武汉营业部履行协助办理解除证券账户限制交易的权利人。在账户证券被限制交易时，本案的诉讼又涉及到请求中信证券武汉营业部履行证券经纪义务之诉。单纯从诉请证券经纪商履行经纪义务这个角度来看，赛格公司破产管理人在中信证券武汉营业部履行证券经纪义务之诉中不应该是被告，作为协助案件查清事实的证人比较妥当，但是本案的案由是“一般取回权纠纷”，张越嫦因证券交易透支原赛格公司资金而与赛格公司破产管理人形成了事实上的实体权利义务纠纷关系，而且破产取回权只能向破产管理人行使，所以赛格公司破产管理人成为被告是正确的，待取回的证券资产涉诉时由中信证券武汉营业部托管，所以本案一审的被告列置正确。

思考题

1. 破产取回权的权利性质是什么？
2. 破产取回权的行使条件是什么？

第二十二章　宏亿隆公司案析破产重整错误执行的赔偿条件

第一节　案情事实与法院的审理

一、案情事实

宏亿隆投资管理有限公司、厦门市中级人民法院错误执行赔偿赔偿决定书①

中华人民共和国最高人民法院赔偿委员会决定书（2018）最高法委赔监128号

申诉人（赔偿请求人）：宏亿隆投资管理有限公司。

法定代表人：孙建斌，总经理。

委托代理人：经伟，男，汉族，1963年10月12日出生，宏亿隆投资管理有限公司职员，住浙江省金华市婺城区。

被申诉人（赔偿义务机关）：厦门市中级人民法院，住所地福建省厦门市湖滨北路＊＊号。

法定代表人：王成全，院长。

申诉人宏亿隆投资管理有限公司（下称宏亿隆公司）以错误执行为由申请福建省厦门市中级人民法院（下称厦门中院）错误执行国家赔偿一案，不服福建省高级人民法院赔偿委员会2017年12月14日作出的（2017）闽委赔9号国家赔偿决定，向我院提出申诉。本院赔偿委员会依法对本案进行了审理，现已审理终结。

---

① 中国裁判文书网。

2017年5月2日，宏亿隆公司以非法执行为由，向赔偿义务机关厦门中院申请国家赔偿，要求返还(或恢复原状)12295219股厦门海洋实业(集团)股份有限公司(下称海洋股份公司)股票财产。

厦门中院查明：该院于2015年12月28日裁定受理厦门恒心物业管理有限公司申请海洋股份公司破产重整一案，并指定福建中浩会计师事务所有限公司担任海洋股份公司管理人。2016年1月11日，该院作出决定，准许海洋股份公司在管理人的监督下自行管理财产和营业事务。2016年9月1日，海洋股份公司向该院提交重整计划草案，并提交债权人会议和出资人组进行表决。2016年9月22日，海洋股份公司第二次债权人会议暨出资人组会议在该院召开。重整计划草案提交海洋股份公司第二次债权人会议和出资人组会议进行表决，在各表决组均获通过。2016年9月22日，海洋股份公司以重整计划已经获得债权人会议和出资人组会议表决通过为由向该院提出申请，请求该院批准重整计划。该院认为海洋股份公司重整计划草案表决程序合法、有效，内容符合法律规定，重整计划已获各表决组表决通过，海洋股份公司的申请符合法律规定，依法应裁定批准，遂于2016年10月9日以(2015)厦民破字第8－3号民事裁定书裁定：1. 批准海洋股份公司重整计划；2. 终止海洋股份公司重整程序。

2016年11月15日，海洋股份公司以重整计划业经批准并生效为由，向厦门中院提交书面申请，要求该院向中国证券登记结算有限责任公司北京分公司出具协助执行通知书，由北京分公司协助其办理股份划转事宜，将宏亿隆公司(股东账户为08×××05)持有12295219股海洋股份公司非流通股转入中惠融通投资管理(深圳)有限公司(股东账户为08×××43)。2016年11月18日，厦门中院作出(2015)厦民破字第8号T－6协助执行通知书，要求中国证券登记结算有限责任公司北京分公司协助办理包括以下事项：1. 将海洋股份公司非流通股股东宏亿隆公司让渡所持股的90%(股票简称：海洋3，股票代码：400022)，共计12295219股，划转至受让方中惠融通投资管理(深圳)有限公司(证券账户号：08×××43)的证券账户内，每股作价人民币2.73元。2016年11月24日，厦门中院向中国证券登记结算有限责任公司北京分公司送达上述协助事项，现宏亿隆公司所持海洋股份公司非流通股中的12295219股已被划转。

厦门中院认为，国家承担赔偿责任的前提是人民法院在民事、行政诉讼中存在违法行为。赔偿请求人宏亿隆公司要求确认该院于2016年11月18日所作出的(2015)厦民破字第8号T－6协助执行通知书及据此而要求中国证券登记结算有限责任公司北京分公司协助办理股权划转行为违法，因此，认定该院向中国证券登记结算有限责任公司北京分公司出具协助执行通知是否违法是处理本案的关键。该院作出讼争协助执行通知系依据重整企业海洋股份公司的申请，要求该院依照法律的规定，向相关单位发出司法协助（出具《协助执行通知书》），按照重整计划的约定划转非流通股股东让渡的股份。该院经审查后认为海洋股份公司的申请符合法律规定，遂采取了赔偿申请人所提及的要求其他单位予以司法协助的措施。

厦门中院认为，（一）《中华人民共和国破产法》第九十二条规定："经人民法院裁定批准的重整计划，对债务人和全体债权人均有约束力。"海洋股份公司的重整计划，经该院（2015）厦民破字第8－3号民事裁定批准，已经发生法律效力，对债务人和全体债权人均有约束力。根据重整计划"二、出资人权益调整方案"之"（三）出资人权益调整的内容"约定，"1. 宏亿隆公司无偿让渡90％现持有股份，非流通股股东宏亿隆公司在控制海洋股份公司期间，违反法律规定及公司章程的规定，未经董事会及股东大会决定进行关联交易，以明显低于市场价承租公司资产，获得不当利益，损害了全体债权人及其他股东的合法权益，因此宏亿隆公司无偿让渡其持有股份的90％即12295219股"。"2. 除宏亿隆公司外的其他非流通股股东无偿让渡60％现持有股份。"故，宏亿隆公司应无偿让渡其现持有公司股份12295219股，事实清楚；同时，根据重整计划"七、重整计划的执行和执行监督"之"（四）协助执行事项"约定，"重整计划执行过程中，涉及需要有关单位协助执行的，公司和/或管理人向法院提出申请，请求法院向有关单位出具要求其协助执行的司法文书"，在重整计划执行过程中，该院根据海洋股份公司的申请，向中国证券登记结算有限责任公司北京分公司出具协助执行通知，并未违法。（二）《中华人民共和国破产法》第九十三条第一款规定"债务人不能执行或者不执行重整计划的，人民法院经管理人或者利害关系人请求，应当裁定终止重整计划的执行，并宣告债务人破产。"本条款中的债务人在本案中指的是海洋股份公司，"不能执行"一般是指重整计划缺乏可行性或者实际情况发生了变化等客观原因，导致债务人不能按照重整计划执行；"不执行"指的是债务人具备执行重整计划的能力，但其主观上没有执行的诚意而对重整计划不予执行，宏亿隆在重整计划中系出资人，并非该条款规定所指的债务人，其应依照出资人权益调整的内容履行无偿让渡90％现持有股份的履行义务，宏亿隆公司主张因其不履行重整计划，应当裁定宣告债务人破产，没有法律依据。

基于此，厦门中院于2017年8月3日作出（2017）闽02法赔2号国家赔偿决定书，认为该院于2016年11月18日所作出的（2015）厦民破字第8号T－6

协助执行通知书及据此而要求中国证券登记结算有限责任公司北京分公司协助办理股权划转行为，并未违反法律规定，宏亿隆公司要求确认该行为违法，并要求恢复原状，返还其12295219股海洋股份公司的股票，没有事实和法律依据，决定驳回宏亿隆公司的国家赔偿请求。

宏亿隆公司不服该决定，向福建省高级人民法院赔偿委员会申请作出赔偿决定，要求返还其12295219股海洋股份公司的股票。2017年10月10日福建省高级人民法院立案受理。经审理，福建省高级人民法院赔偿委员会认为，该案的争议焦点是厦门中院向中国证券登记结算有限责任公司北京分公司出具协助执行通知是否违法。本案中，厦门中院在重整计划执行过程中，向中国证券登记结算有限责任公司北京分公司出具协助执行通知，所依据的是已合法生效的(2015)厦民破字第8－3号民事裁定及其批准的重整计划，并不存在《最高人民法院关于民事、行政诉讼中司法赔偿的若干问题的解释》第四条规定执行错误的情形。宏亿隆公司要求厦门中院返还(恢复原状)宏亿隆公司12295219股海洋股份公司股票，没有事实和法律依据，该国家赔偿主张不能成立，因此，厦门中院决定驳回赔偿请求人宏亿隆公司申请国家赔偿的请求是正确的。依照《中华人民共和国国家赔偿法》第三十八条和《最高人民法院关于人民法院赔偿委员会审理国家赔偿案件程序的规定》第十九条第(一)项的规定，决定如下：维持赔偿义务机关厦门市中级人民法院(2017)闽02法赔2号国家赔偿决定。

宏亿隆公司向我院申诉认为，本案中重整计划草案制作人主体不适格，出资人权益调整方案等内容明显违背自愿平等的法律原则，明显违反公司法、物权法、破产法等法律规定，严重损害申诉人的合法权益，赔偿义务机关却无视上述事实和法律规定，仍认定其内容合法并作出(2015)厦民破字第8－3号民事裁定书批准海洋股份的重整计划；赔偿义务机关明知(2015)厦民破字第8－3号民事裁定作为非讼程序审理的案件，并不属于《民事诉讼法》第二百二十四条执行程序规定中可以作为执行依据的法律文书，却以“(2015)厦民破字第8－3号民事裁定已发生法律效力及根据《民事诉讼法》的有关规定”为由，向中国证券登记结算公司出具(2015)厦民破字第8号T－6协助执行通知书，导致赔偿请求人持有的12295219股股票被违法执行划转到素不相识的他人账户，为此，请求：1.撤销福建省高级人民法院于2017年12月14日作出的(2017)闽委赔9号《国家赔偿决定书》及厦门市中级人民法院作出的(2017)闽02法赔2号《国家赔偿决定书》；2.指令福建省高级人民法院重新审查并依法作出决定或由最高人民法院赔偿委员会直接审查并作出决定，支持申诉人申请国家赔偿的原审请求即返还(或恢复原状)赔偿请求人被非法执行的12295219股厦门海洋实业(集团)股份有限公司的股票财产。

本院赔偿委员会审查认为:本案基本事实清楚,赔偿请求人和赔偿义务机关对此均无异议,双方争议焦点主要在于法律适用问题,即厦门中院是否存在错误执行行为?

本案中,厦门中院在审理厦门海洋股份公司破产重整案件过程中,于2016年10月9日,根据《中华人民共和国破产法》第八十六条的规定作出(2015)厦民破字第8-3号民事裁定,批准重整计划,终止重整程序。同年11月15日,海洋股份公司根据重整计划提出划转股份申请,同月24日,厦门中院向中国证券登记结算有限责任公司北京分公司送达(2015)厦民破字第8号T-6协助执行通知书,将宏亿隆公司持有的海洋股份公司股票12295219股划转至受让方中惠融通投资管理(深圳)有限公司。

对此,本院赔偿委员会认为,厦门中院根据《中华人民共和国企业破产法》第八十六条的规定作出的批准海洋股份公司重整计划的裁定,具有法律效力。该裁定由人民法院依法作出,自然属于《中华人民共和国民事诉讼法》第二百二十四条第一款规定的发生法律效力的、可以执行的裁定。为执行该裁定批准的重整计划,海洋股份公司提出申请后,厦门中院向有关单位发出协助执行通知书,是执行行为的应有之义,没有超出重整计划的范围,没有违反法律和司法解释的规定,不属于错误执行行为。

关于宏亿隆公司提出的法院发出协助执行通知书属于错误执行的主张,本院赔偿委员会除前段分析外,同时认为,如果法院不发出协助执行通知书,凭海洋股份公司或者管理人自己的能力,有关登记机关不予配合进行股权变更登记,那么整个重整计划就不可能实施,剩下的唯一结果就是清算破产,这就与重整制度的立法宗旨背道而驰。

关于宏亿隆公司提出的权益受损的主张,本院赔偿委员会认为,厦门中院裁定批准重整计划时,海洋股份公司负债5.5亿多元,资产只有4千余万元,属于严重资不抵债。如果宣布破产清算,宏亿隆公司以及其他所有出资人的利益是零;而执行重整计划,则既挽救了整个公司,也挽救了宏亿隆公司以及其他股东,宏亿隆公司的利益成为价值数百万元人民币的股权。因此,不能说法院发出协助执行通知书,给宏亿隆公司造成了损害。

综上,福建省高级人民法院赔偿委员会决定维持赔偿义务机关福建省厦门市中级人民法院作出的(2017)闽02法赔2号国家赔偿决定,并无不当。根据

《中华人民共和国国家赔偿法》第三十条第一款和《最高人民法院关于国家赔偿监督程序若干问题的规定》第十三条第二项的规定，本院赔偿委员会决定如下：

驳回宏亿隆投资管理有限公司的申诉。

二〇一八年十二月二十五日审结。

第二节　当事人申诉、答辩与法院裁判的逻辑图

一、宏亿隆公司申诉逻辑图

宏亿隆投资管理有限公司申诉图

- 重整计划草案制作人主体不适格，出资人权益调整方案等内容明显违背自愿平等的法律原则，违反公司法、物权法、破产法等法律规定，严重损害申诉人的合法权益 ⇨ 重整计划违反相关法律规定，不能被实行
- 《中华人民共和国民事诉讼法》第二百二十四条规定 ⇨ （2015）厦民破字第8-3号民事裁定不是可作为执行依据的法律文本

⇨ （2017）闽委赔9号《国家赔偿决定书》及厦门市中级人民法院作出的（2017）闽02法赔2号《国家赔偿决定书》违法，诉请撤销

二、厦门中院答辩图

厦门中院答辩图

- 国家赔偿的前提是行政机关的行政行为违法 ⇨ 该院作出讼争协助执行通知系依据重整企业海洋股份公司的申请，要求该院依照法律的规定，向相关单位发出司法协助（出具《协助执行通知书》），按照重整计划的约定划转非流通股股东让渡的股份 ⇨ 该院经审查后认为海洋股份公司的申请符合法律规定
- 《中华人民共和国破产法》第九十二条规定 ⇨ 海洋股份公司的重整计划，经该院（2015）厦民破字第8-3号民事裁定批准，已经发生法律效力 ⇨ 对债务人和全体债权人均有约束力
- 《中华人民共和国破产法》第九十三条第一款规定 ⇨ 宏亿隆在重整计划中系出资人，并非该条款规定所指的债务人，其应依照出资人权益调整的内容履行无偿让渡90%现持有股份的履行义务 ⇨ 宏亿隆公司主张因其不履行重整计划，应当裁定宣告债务人破产，没有法律依据

三、法院判决图

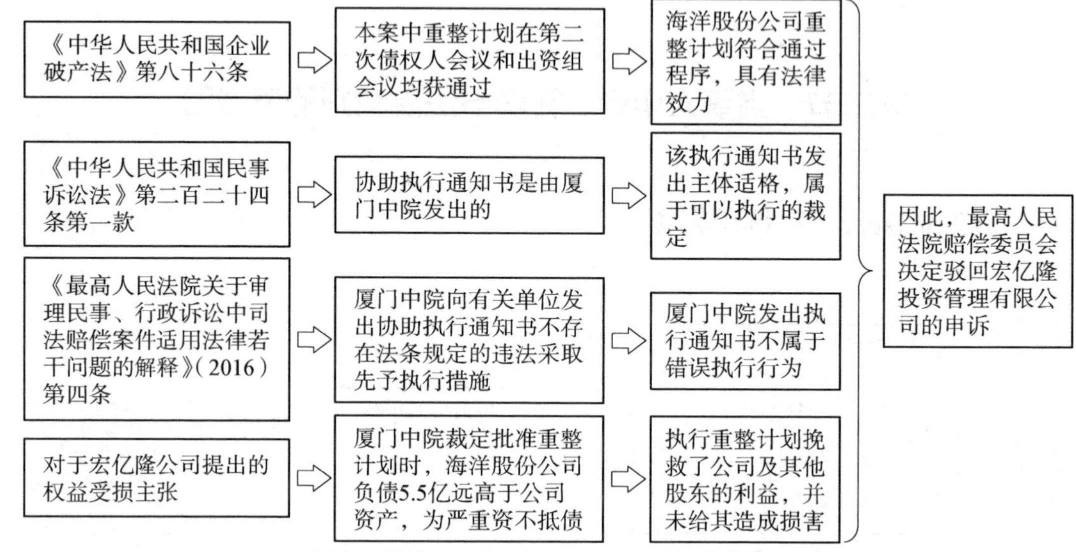

第三节　对法院判决的评析

本案为破产重整法院执行错误赔偿案，实际上是申诉人宏亿隆公司以错误执行为由申请厦门中院错误执行国家赔偿一案，不服福建省高级人民法院赔偿委员会作出的(2017)闽委赔 9 号国家赔偿决定，从而向最高人民法院提起申诉的案件。《破产法》中的破产清算是指宣告公司破产后，破产管理人接管公司，对破产财产进行清算、评估和处理、分配，是处理公司经济上破产时债务如何清偿的一种法律制度，即在债务人丧失清偿能力时，由法院强制执行其全部财产，公平清偿全体债权人的法律制度。重整计划则是指由重整人制定的，以维持债务人继续营业、谋求债务人复兴为目的，以清理债权债务关系为内容的多方协议。最高人民法院赔偿委员会在审理过程中主要从以下几个方面对案件作出了决定。

首先，根据《中华人民共和国破产法》第八十六条第一款“各表决组均通过重整计划草案时，重整计划即为通过”的规定，只要各表决组均通过计划草案，重整计划即为通过，而本案中厦门中院在审理厦门海洋股份公司破产重整案件时作出(2015)厦民破字第8－3号民事裁定，批准该公司的重整计划、终止重整程序的裁定经过了各表决组的一致通过，法院完全是按照该法条的规定所做出，具有法律效力。其次，《中华人民共和国民事诉讼法》第二百二十四条规定："发生法律效力的民事判决、裁定，以及刑事判决、裁定中的财产部分，由第一审人民法院或者与第一审人民法院同级的被执行的财产所在地人民法院执行。"本案中(2015)厦民破字第8－3号民事裁定是由厦门中院也即第一审人民法院所做出的，自然属于本法条规定的发生法律效力的、可以执行的裁定。

再次，《最高人民法院关于审理民事、行政诉讼中司法赔偿案件适用法律若干问题的解释》(2016)第四条规定了错误执行的两种情形以及一兜底条款，具体表述为：违法采取先予执行措施，包括以下情形：(一)违反法律规定的条件和范围先予执行的；(二)超出诉讼请求的范围先予执行的；(三)其他违法情形。最高人民法院赔偿委员会查明，为执行经法院批准而生效的重整计划，在海洋股份公司提出申请后，厦门中院才向有关单位发出协助执行通知书，并没有超出重整计划的效力范围，且符合法律和司法解释的规定，不属于错误执行行为。如果法院不发出协助执行通知书，凭海洋股份公司或者管理人自己的能力，有关登记机关不予配合进行股权变更登记，整个重整计划就不可能得到实施，所以厦门中院的行为不仅没有违反法律规定，且是重整计划得以实施的保障。况且被执行人的股权权益不仅没有因为整整计划的执行而受损，反而得到了增值，如果重整计划无法执行，必然引发破产企业清算，一旦清算，申诉人宏亿隆公司享有的破产企业的股权将毫无价值。根据《中华人民共和国国家赔偿法》第三十条第一款和《最高人民法院关于国家赔偿监督程序若干问题的规定》第十三条第二项的规定，最高法院赔偿委员会裁定驳回宏亿隆投资管理有限公司的申诉，既合法又合理，有力保障了《破产法》的法律权威。

本案基本事实清楚、法律依据正确，论证逻辑清晰，最高人民法院以事实为依据、以法律为准绳，结合《中华人民共和国企业破产法》等法律的相关规定，在捋清了案件基本事实的情况下对当事人的申诉作出了最终的决定，维护了当事人的利益也彰显了法律的公正。

思考题

1. 破产重整执行与民事诉讼生效判决的执行有何区别?
2. 破产重整执行错误引发司法赔偿的条件是什么?

第二十三章 合聚投资案析破产重整执行阶段方确定的破产债权如何清偿

第一节 案情事实与法院的审理

一、案情事实

成都合聚投资有限公司、甘肃建新实业集团有限公司侵权责任纠纷二审民事裁定书①

中华人民共和国最高人民法院民事裁定书(2019)最高法民终514号。

上诉人(一审原告):成都合聚投资有限公司。住所地:＊＊川省成都市武侯区科华北路＊＊号。

法定代表人:陈军,该公司执行董事。

委托诉讼代理人:韩鹏,北京市实现者律师事务所律师。

委托诉讼代理人:陈世宇,北京市大道政通律师事务所律师。

被上诉人(一审被告):甘肃建新实业集团有限公司。住所地:甘肃省陇南市徽县城关滨河路。

法定代表人:吴城,该公司董事长。

委托诉讼代理人:任一民,浙江京衡律师事务所律师。

委托诉讼代理人:卢和平,浙江京衡律师事务所律师。

被上诉人(一审被告):甘肃言中律师事务所。住所地:甘肃省陇南市武都东江新区市司法局＊＊楼。

---

① 中国裁判文书网。

负责人：李志忠，该所主任。

上诉人成都合聚投资有限公司（以下简称合聚投资公司）因与被上诉人甘肃建新实业集团有限公司（以下简称建新集团公司）、被上诉人甘肃言中律师事务所（以下简称言中律所）侵权责任纠纷一案，不服甘肃省高级人民法院（2018）甘民初275号之二号民事裁定，向本院提起上诉。本院依法组成合议庭审理了本案。本案现已审理终结。

合聚投资公司上诉请求：撤销一审裁定，指令一审法院进入实体审理。事实和理由：一审法院适用法律错误。第一，本案不存在“取回权”的概念。最高人民法院（2016）最高法民终270号民事判决判令建新集团公司将其持有的建新矿业股份有限公司（以下简称建新矿业公司）2000万股股票办理过户手续至合聚投资公司名下，系给付之诉，并非合聚投资公司“取回”原为自己的财产。第二，对于上述最高人民法院的生效判决，言中律所作为管理债务人财产的法定机构只有执行的义务，无权为合聚投资公司设置诉讼程序。合聚投资公司在建新集团公司破产重整期间已申报债权，并获管理人登记记载。债权表记载了建新集团公司应过户给合聚投资公司2000万股股票，合聚投资公司没有必要再提起一审裁定指出的确认程序，一审法院以此为由驳回合聚投资公司的起诉于法无据。本案系因言中律所与建新集团公司拒不执行生效判决，不配合合聚投资公司办理股票过户手续，甘肃省陇南市中级人民法院破产裁定未将2000万股股票纳入重整程序，从而引起的侵权赔偿之诉。合聚投资公司主体适格、诉请及事实理由清楚，属受诉法院管辖，应进入实体审理。第三，案涉破产裁定已确认建新集团公司破产重整程序终止，目前属重整计划执行期，已由建新集团公司自行执行，作为重整方的浙江国城控股有限公司（以下简称浙江国城公司）已将建新集团公司改组。在浙江国城公司已完全控制建新集团公司但仍不配合过户股票的情况下，合聚投资公司的财产损失已成事实，赔偿请求理应由一审法院进行实体审理并获得支持。重整计划的执行不属于重整程序。重整计划执行阶段，法院的地位与一般民商事纠纷执行阶段的法院地位一样。重整计划执行期间的纠纷不应由重整案件的审理法院集中管辖，应由一审法院进行实体审理。

建新集团公司辩称，合聚投资公司的上诉应予驳回。事实和理由：第一，根据《最高人民法院关于执行案件移送破产审查若干问题的指导意见》第十七条，重庆市高级人民法院和最高人民法院的生效裁决只是确认了合聚投资公司可要求建新集团公司履行一定的交付义务，并未确认建新集团公司持有的建新矿业公司的2000万股股票已经变更到合聚投资公司名下,该公司只享有合同法上的请求权即债权,案涉2000万股股票仍然属于建新集团公司的财产,应纳入破产重整程序中处置。第二,破产程序启动后,破产法禁止对债权个别清偿。重庆市高级人民法院的一审判决于2015年12月30日作出,当时建新集团公司已经出现债务危机,股票已经被债权人轮候冻结。最高人民法院在2017年6月29日作出生效判决时,建新集团公司已经进入重整程序,正处于重整期间。进入破产程序后,建新集团公司和言中律所均无权对合聚投资公司进行单独清偿。第三,破产程序中,合聚投资公司向言中律所要求行使取回权,言中律所经审查,对其取回权不予确认。对于该审查结论,合聚投资公司应通过债权确认诉讼程序解决,该公司一直未提起诉讼,视为认可言中律所的审查结论,现该公司提起侵权损害赔偿诉讼,于法无据。第四,合聚投资公司要求交付的股票已纳入建新集团公司重整资产范围,其控制权移交给重整投资者享有,重整投资者为取得这些股票的控制权已支付了巨额的收购对价。投资者和重整后建新集团公司的权益受法院批准的重整计划的保护。合聚投资公司作为建新集团公司的债权人之一,不具有超越法律规定、不受重整计划约束的权利。重整后的建新集团公司有权继续持有建新矿业公司全部股票,无需向任何债权人进行交付。重整计划关于这些股票权属的确认对债权人和债务人均有约束力,合聚投资公司无权超越重整计划的规定要求重整后的建新集团公司向其交付股票,其只能依据重整计划的规定,按普通债权人的清偿比例受偿债权。

言中律所辩称,合聚投资公司的上诉理由不能成立。第一,合聚投资公司提出"本案不存在取回权的概念",与该公司向管理人提交《取回权申报书》的行为相互矛盾。合聚投资公司在上诉状中陈述"(2016)最高法民终270号案……系给付之诉,并非合聚投资公司取回原为自己的财产",说明合聚投资公司认可"建新矿业公司2000万股股票"非自己的财产。因此,管理人不确认其取回权完全正确。第二,合聚投资公司第二点上诉理由与《中华人民共和国企业破产法》(以下简称企业破产法)第十九条、第五十八条等规定不符。对于未执行完毕的案件中止执行、申请取回权等是企业破产法对破产程序的特别规定,不是言中律所设置的程序。第三,合聚投资公司关于言中律所及建新集团公司的侵权行为给其造成损害已成事实的主张不能成立。言中律所作为管理人不确认合聚投资公司取回权,是尽职行为,不构成侵权。建新集团公司申请破产重整被受理后,不论取回权人,还是普通债权人,都应该依照企业破产法的规定行使权利,建新集团公司不能单独个别清偿,建新集团公司未侵权。建新集团公司破产重整案件目前仍在重整计划执行程序之中，按照企业破产法第八章第三节之规定，重整计划的执行当属必然的破产程序。

合聚投资公司向一审法院起诉请求：1. 确认建新集团公司、言中律所侵权损害合聚投资公司合法权益并赔偿其 24600 万元（以建新矿业公司 2000 万股为计算基数，现更名为国城矿业，股票代码：000688，自 2018 年 8 月 7 日至今，该只股票股价最高值 12.30 元）；2. 建新集团公司、言中律所承担本案诉讼费用。

一审法院认为，企业破产法第十九条规定："人民法院受理破产申请后，有关债务人财产的保全措施应当解除，执行程序应当中止。"第五十八条规定："依照本法第五十七条规定编制的债权表，应当提交第一次债权人会议核查。债务人、债权人对债权表记载的债权无异议的，由人民法院裁定确认。债务人、债权人对债权表记载的债权有异议的，可以向受理破产申请的人民法院提起诉讼。"《最高人民法院关于适用中华人民共和国企业破产法若干问题的规定（二）》第二十一条第一款规定："破产申请受理前，债权人就债务人财产提起下列诉讼，破产申请受理时尚未审结的，人民法院应当中止审理……（四）其他就债务人财产提起的个别清偿诉讼。"第二十二条规定："破产申请受理前，债权人就债务人财产向人民法院提起本规定第二十一条第一款所列诉讼，人民法院已经做出生效民事判决或者调解书但尚未执行完毕的，破产申请受理后，相关执行行为应当依据企业破产法第十九条的规定中止，债权人应当依法向管理人申报相关债权。"根据以上法律及司法解释规定，结合本案合聚投资公司行使权利的过程，可以看出，正是因为企业破产法规定了债权人应当在破产程序中行使权利，所以合聚投资公司在最高人民法院判决生效后，并非坚持申请重庆市高级人民法院强制执行生效判决，而是向建新集团公司管理人言中律所申请了取回权。但在言中律所不确认该债权性质为取回权的情形下，合聚投资公司既不对管理人的复核结果进行确认，也不根据企业破产法第五十八条的规定向受理破产案件的甘肃省陇南市中级人民法院提起诉讼。在缺乏上述特别程序确认的情形下，合聚投资公司绕开企业破产法关于债权人应当在破产程序中行使权利的规定的限制，直接以建新矿业公司 2000 万股股票自行换算价值数额，并以此数额向建新集团公司及言中律所提起侵权损害赔偿诉讼，不符合提起普通民事诉讼的条件。依照《中华人民共和国民事诉讼法》第一百一十九条第四项规定，裁定驳回合聚投资公司的起诉。

二、二审法院对案件的审理

本院审理查明，重庆市高级人民法院于2015年12月30日作出（2013）渝高法民初字第00018号民事判决，判令建新集团公司于判决生效之日起三十日内将其持有的建新矿业公司2000万股股票办理过户手续至合聚投资公司名下。建新集团公司不服，向本院提起上诉。本院于2017年6月29日作出（2016）最高法民终270号民事判决，判决驳回上诉，维持原判。2016年12月2日，甘肃省陇南市中级人民法院作出（2016）甘12民破字01号民事裁定，裁定受理建新集团公司的重整申请。合聚投资公司于2017年8月1日向建新集团公司破产管理人言中律所提交《取回权申报书》，申报从建新集团公司取回属于合聚投资公司所有的建新矿业公司2000万股股票。言中律所于2018年3月21日出具《甘肃建新实业集团有限公司重整债权复核意见书》，认为合聚投资公司申请取回建新矿业公司2000万股股票的请求不能成立。2017年12月25日，甘肃省陇南市中级人民法院作出（2016）甘12民破字01－10号民事裁定，裁定批准债务人建新集团公司的重整计划及修正案。该重整计划（草案）载明："本重整计划的执行期限暂定为2年，自本重整计划经法院裁定批准之日起计算。"

本院认为，依照《最高人民法院关于适用〈中华人民共和国企业破产法〉若干问题的规定（二）》第二十一条第一款、第二十三条第一款的规定，破产申请受理后，债权人就债务人财产向人民法院提起个别清偿诉讼的，人民法院不予受理。本案中，建新集团公司现处于重整计划执行期间，该公司向债权人清偿债务须按照甘肃省陇南市中级人民法院批准的重整计划进行。合聚投资公司在申报取回权未获确认的情形下，直接提起侵权损害赔偿之诉，请求建新集团公司和言中律所赔偿损失，损失金额按照前述2000万股股票的股价进行折算，其实质是以债权人身份向债务人建新集团公司提起个别清偿诉讼，人民法院应不予受理。一审法院立案后发现本案不属于普通民事诉讼案件受理范围，裁定驳回合聚投资公司的起诉，处理正确，本院予以维持。

综上，合聚投资公司的上诉请求不能成立，依照《中华人民共和国民事诉讼法》第一百七十条第一款第一项、第一百七十一条之规定，裁定如下：

驳回上诉，维持原裁定。

本裁定为终审裁定。二〇一九年四月二十九日审结。

第二节　案件终审的上诉、答辩与裁判逻辑图

一、当事人上诉的逻辑图

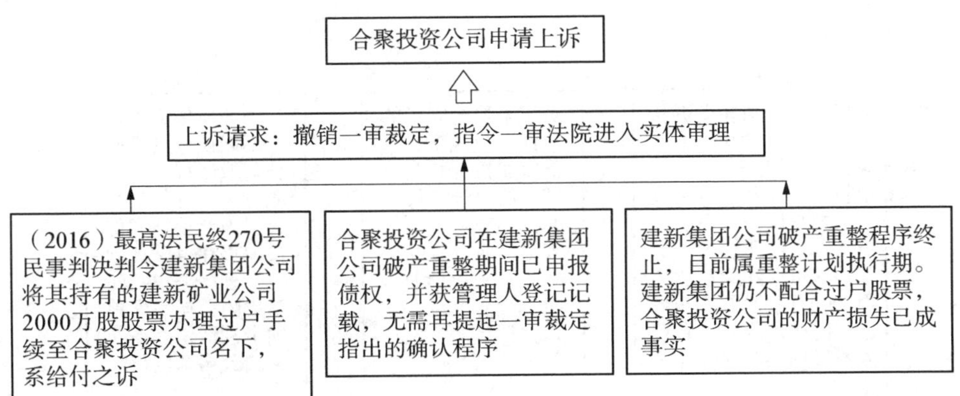

二、当事人的答辩逻辑图

（一）建新集团公司答辩逻辑图

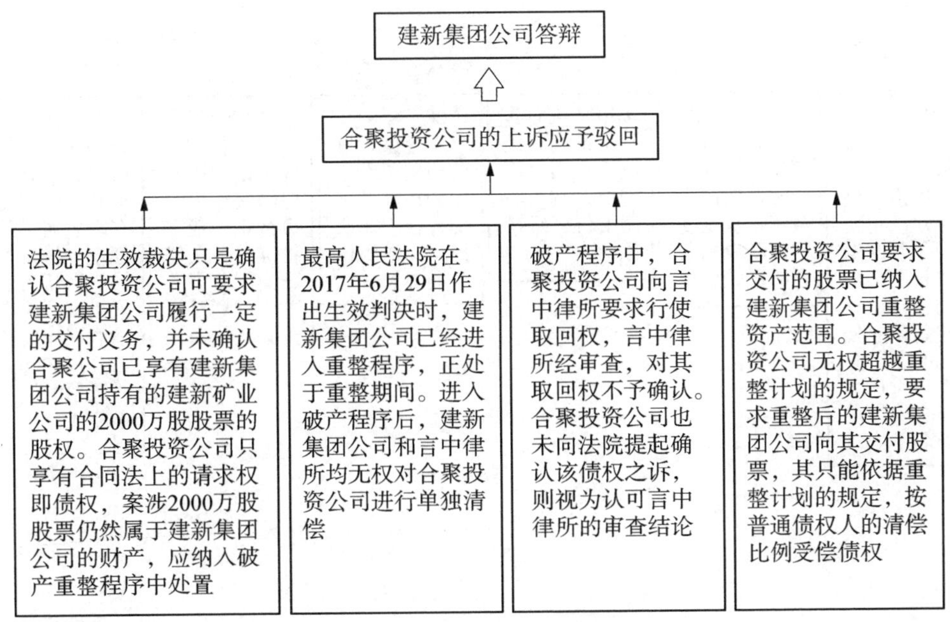

（二）言中律所答辩逻辑图

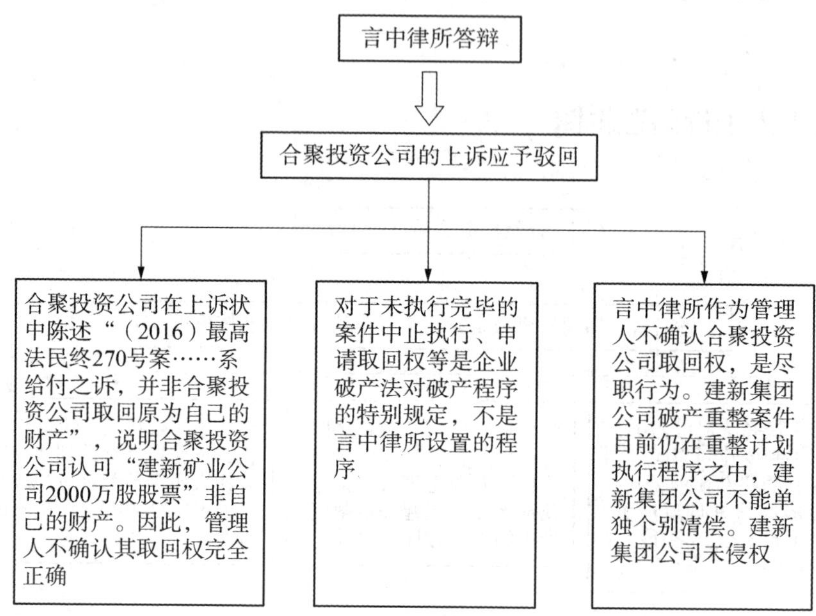

三、法院的判决逻辑图

（一）本案的时间轴

- （2015年12月30日）重庆市高级人民法院作出民事判决，判令建新集团公司于判决生效之日起三十日内将其持有的建新矿业公司2000万股股票办理过户手续至合聚投资公司名下
- （2016年12月2日）甘肃省陇南市中级人民法院作出民事裁定，裁定受理建新集团公司的重整申请
- （2017年6月29日）最高人民法院作出民事判决，判决驳回上诉，维持原判
- （2017年8月1日）合聚投资公司向建新集团公司破产管理人言中律所提交《取回权申报书》
- （2017年12月25日）甘肃省陇南市中级人民法院作出民事裁定，裁定批准债务人建新集团公司的重整计划及修正案
- （2018年3月21日）言中律所出具《甘肃建新实业集团有限公司重整债权复核意见书》，认为合聚投资公司申请取回建新矿业公司2000万股股票的请求不能成立

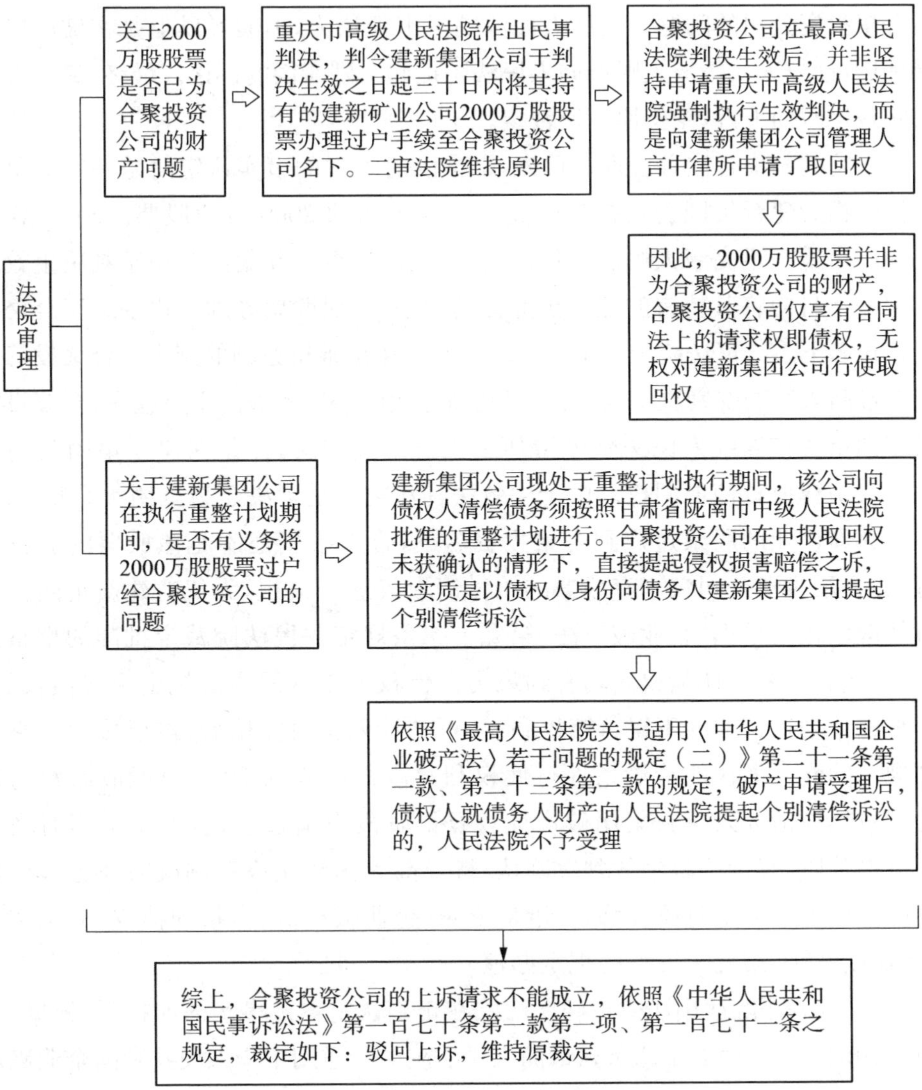

法院审理

关于2000万股股票是否已为合聚投资公司的财产问题 ⇨ 重庆市高级人民法院作出民事判决，判令建新集团公司于判决生效之日起三十日内将其持有的建新矿业公司2000万股股票办理过户手续至合聚投资公司名下。二审法院维持原判 ⇨ 合聚投资公司在最高人民法院判决生效后，并非坚持申请重庆市高级人民法院强制执行生效判决，而是向建新集团公司管理人言中律所申请了取回权

⇩

因此，2000万股股票并非为合聚投资公司的财产，合聚投资公司仅享有合同法上的请求权即债权，无权对建新集团公司行使取回权

关于建新集团公司在执行重整计划期间，是否有义务将2000万股股票过户给合聚投资公司的问题 ⇨ 建新集团公司现处于重整计划执行期间，该公司向债权人清偿债务须按照甘肃省陇南市中级人民法院批准的重整计划进行。合聚投资公司在申报取回权未获确认的情形下，直接提起侵权损害赔偿之诉，其实质是以债权人身份向债务人建新集团公司提起个别清偿诉讼

⇩

依照《最高人民法院关于适用〈中华人民共和国企业破产法〉若干问题的规定（二）》第二十一条第一款、第二十三条第一款的规定，破产申请受理后，债权人就债务人财产向人民法院提起个别清偿诉讼的，人民法院不予受理

↓

综上，合聚投资公司的上诉请求不能成立，依照《中华人民共和国民事诉讼法》第一百七十条第一款第一项、第一百七十一条之规定，裁定如下：驳回上诉，维持原裁定

第三节　对法院判决的评析

本案的案由是侵权责纠纷。当事人分别为上诉人“合聚投资公司”、被上诉人“建新集团公司”和“言中律所”。本案争议的焦点主要有两个方面：一是建新集团公司持有的建新矿业公司的 2000 万股股票是否为合聚投资公司的财产问

题。二是建新集团公司在执行重整计划期间，是否有义务将 2000 万股股票过户给合聚投资公司的问题。最高人民法院经审理认为，本案实质上是在破产申请受理后，债权人就债务人财产向人民法院提起个别清偿的诉讼。最终，最高人民法院裁定驳回上诉，维持原一审裁定。

法院的判决合法且合理。首先，该法院对本案的事实认定清楚。本案争议的标的物为建新集团公司持有的建新矿业公司的 2000 万股股票。2015 年 12 月 30 日，重庆市高级人民法院作出民事判决，判令建新集团公司于判决生效之日起三十日内将其持有的建新矿业公司 2000 万股股票办理过户手续至合聚投资公司名下。二审法院于 2017 年 6 月 29 日作出维持原判的判决。合聚投资公司在最高人民法院判决生效后，这时建新建团已经进入破产重整程序，合聚投资没有向重庆市高级人民法院申请强制执行生效判决，而是向建新集团公司管理人言中律所行使取回权。由于生效法院裁判只是判决建新集团负有将 2000 万股建新矿业的股票过户到合聚投资名下，合聚投资还不是该股票的股权享有人，合聚投资公司仅享有股票的给付请求权这一债权，无权对建新集团公司行使取回权。根据《企业破产法》第九十二条规定："民法院裁定批准的重整计划，对债务人和全体债权人均有约束力。债权人未依照本法规定申报债权的，在重整计划执行期间不得行使权利；在重整计划执行完毕后，可以按照重整计划规定的同类债权的清偿条件行使权利。"该案系争的 2000 万股股票给付请之债虽然在债务人建新集团破产债权登记阶段申请过登记，但由于当时尚处于诉讼阶段，有待法院生效判决确认，待最高人民法院终审判决时债务人建新集团处于破产重整阶段，因而属于未依照《企业破产法》申报的债权，应该按照《企业破产法》第九十二条的规定办理。

其次，该法院适用法律正确。法院在正确认定案件事实的前提下，根据《破产法》第十九条、第五十八条；《最高人民法院关于适用中华人民共和国企业破产法若干问题的规定(二)》第二十一条第一款、第二十三条第一款的规定，认定合聚投资公司在建新集团公司处于重整计划执行期间，在申报取回权未获确认的情形下，直接提起侵权损害赔偿之诉，其实质是以债权人身份向债务人建新集团公司提起个别清偿诉讼，人民法院应不予受理。所以法院对案件事实认定清楚，法律适用正确，判决合法且合理。

思考题

1. 本案系争的股票，在法院终审判决确认归属权时，债务人正处于破产程序阶段，债权人能申请法院执行吗？

2. 破产取回权的性质是什么，破产取回权的行使条件是什么？

第二十四章 汇金源科贸公司案析票据返还请求权的行使

第一节 案情事实与法院的审理

一、案情事实

银川汇金源科贸有限公司与宁夏宁森园林绿化工程有限公司、杨占海票据返还请求权纠纷二审民事判决书①

宁夏回族自治区银川市中级人民法院民事判决书（2016）宁01民终68号

上诉人（原审原告）：银川汇金源科贸有限公司，住所地宁夏回族自治区银川市兴庆区北京东路北安巷**号-**号楼**单元**室。

法定代表人：孟磊，该公司总经理。

委托诉讼代理人：汪放，宁夏平瑞律师事务所律师。

委托诉讼代理人：党平瑞，宁夏平瑞律师事务所律师。

被上诉人（原审被告）：宁夏宁森园林绿化工程有限公司，住所地宁夏回族自治区银川市西夏区文昌北路怡安小区**-**号楼。

法定代表人：张红宁，该公司总经理。

委托诉讼代理人：朱盛，宁夏搏强律师事务所律师。

委托诉讼代理人：刘雪梅，宁夏搏强律师事务所律师。

被上诉人（原审被告）：杨占海，男，1968年5月26日出生，汉族，个体从业

① 中国裁判文书网。

人员,住宁夏回族自治区银川市。

上诉人银川汇金源科贸有限公司与被上诉人宁夏宁森园林绿化工程有限公司、杨占海因票据返还请求权纠纷一案,不服宁夏回族自治区银川市西夏区人民法院(2015)夏民商初字第270号民事判决,向本院提起上诉。本院受理后,因涉案承兑汇票涉嫌刑事犯罪,已被公安机关立案侦查,故于2016年3月7日作出(2016)宁01民终68-1号民事裁定书,裁定本案中止诉讼。2017年5月27日,公安机关决定撤销刑事案件,本院决定恢复诉讼,并依法组成合议庭,于2017年9月14日公开开庭进行了审理。上诉人银川汇金源科贸有限公司委托诉讼代理人汪放、党平瑞,被上诉人宁夏宁森园林绿化工程有限公司委托诉讼代理人朱盛,被上诉人杨占海到庭参加了诉讼。本案现已审理终结。

原审法院查明,涉案的原告与被告争议的银行承兑汇票票号为30300051/23505315,出票人山东传洋集团有限公司,出票日期2015年1月30日,汇票到期日2015年7月30日,出票金额20万元,收款人山东金川科技发展有限公司,付款行中国光大银行青岛分行。2015年3月18日,案外人马存珍将银行承兑汇票票号为30300051/23505315交给被告杨占海并在承兑汇票上加盖红章注明:"我保证所有承兑汇票真实有效,且无挂失止付。如有任何经济纠纷,由我承担全部责任并同意付息"。案外人马存珍与被告杨占海之间有经济往来,2014年8月1日杨占海通过银行转账支付给马存珍30万元。2015年3月15日,宁夏天地奔牛出具转让证明一份,证明将票号为30300051/23505315、金额为20万元的银行承兑汇票转让给银川四方合力工贸有限公司,用于支付安装款。2015年3月17日,银川四方合力工贸有限公司出具转让证明一份,证明将该汇票转让给原告银川汇金源科贸有限公司,用于支付货款,但均未在汇票上背书。其后,原告以该汇票丢失为由,向山东青岛市市南区人民法院申请公示催告,被告宁夏宁森园林绿化工程有限公司在规定时间内就本案涉案汇票向山东青岛市市南区人民法院申报了权利。山东青岛市市南区人民法院于2015年4月20日作出(2015)南民催字第46号民事裁定,裁定终结本次公示催告程序。原告遂向法院提起诉讼,请求依法判令:1.原告对票号为31300051/23505315的银行承兑汇票享有权票据利;2、被告向原告返还票号为31300051/23505315的银行承兑汇票或支付票面款项20万元;3、被告向原告支付利息3567元(从2015年3月30日起按中国人民银行同期同类贷款利率5.35%计算至2015年7月30日,并请求按此标准计算至生效法律文书确定的付款之日止);4、本案诉讼费用由被告承担。

原告诉请中所列的银行承兑汇票票号为31300051/23505315，立案时提交的中国光大银行对公客户挂失止付通知书中的银行承兑汇票票号为30300051/23505526。票号为30300051/23505526的承兑汇票与涉案票号为30300051/23505315承兑汇票中的其他信息相同。原审法院另查明，涉案票号为30300051/23505315的承兑汇票，中国光大银行青岛分行于2015年8月3日向被告宁夏宁森园林绿化工程有限公司承兑支付20万元。原审法院认为，本案争议的票号为30300051/23505315的银行承兑汇票，出票人山东传洋集团有限公司，出票日期2015年1月30日，汇票到期日2015年7月30日，出票金额20万元，收款人山东金川科技发展有限公司，付款行中国光大银行青岛分行。该银行承兑汇票符合《中华人民共和国票据法》规定的形式要件及记载事项，且付款行已进行了承兑，属有效票据。由于该汇票的背书转让情况，原、被告双方均未提供证据证明，原始信息不可见，但原告对于银川四方合力工贸有限公司将该汇票转让给原告公司时未进行背书的事实予以认可。原告银川汇金源科贸有限公司称其与银川四方合力工贸有限公司存在真实交易，但没有提供交易实际履行的交易凭证，仅以《转让证明》主张票号为30300051/23505315的银行承兑汇票的票据权利，不符合《中华人民共和国票据法》规定的票据背书的形式要件，未能取得该票据的票据权利。故对原告请求法院：1.依法确认原告对票号为31300051/23505315（主张票号，争议票号为30300051/23505315）的银行承兑汇票享有票据权利；2.判令被告向原告返还票号为31300051/23505315（主张票号，争议票号为30300051/23505315）的银行承兑汇票或支付票面款项20万元；3.判令被告向原告支付利息3567元（从2015年3月30日起按中国人民银行同期同类贷款利率5.35%计算至2015年7月30日，并请求按此标准计算至生效法律文书确定的付款之日止）的诉讼请求，不予支持。依照《中华人民共和国票据法》第二十七条、第三十条、第三十一条，《最高人民法院关于审理票据纠纷案件若干问题的规定》第十五条第（五）项之规定，判决：驳回原告银川汇金源科贸有限公司的诉讼请求。案件受理费4354元，减半收取2177元（实收2177元），由原告银川汇金源科贸有限公司承担。

宣判后，原审原告不服，上诉称，原审法院认定事实错误，导致判决结果错误。第一，被上诉人宁夏宁森园林绿化工程有限公司（以下简称宁森公司）、杨占海均不享有票据权利。依据《中国人民银行支付结算办法》第74条之规定，只有法人或其他组织才能使用商业汇票，被上诉人杨占海作为个人，根本不可能成为合法持票人。马存珍仅作为上诉人的业务员与被上诉人杨占海联系承兑事宜，被上诉人杨占海与上诉人之间并不存在任何债权债务关系。故杨占海无权处分涉案汇票，也无权享有涉案汇票权利。被上诉人宁森公司明知被上诉人杨占海系个人，不但接受涉案汇票还向被上诉人杨占海支付票据款项，显然违反法律规定，主观上存在明显过错，故依据相关司法解释，根本无权享有票据权利。虽然涉案票据已经承兑，但并不能证明该公司就是合法持票人。承兑银行并非侦查机关或裁判机构，在承兑付款时仅仅进行形式审查，而不会核实票据当事人是否存在真实交易。正是由于被上诉人宁森公司、杨占海之间的违法操作，才导致上诉人的利益受损。第二，银川四方合力工贸有限公司（以下简称四方公司）与宁夏天地奔牛公司之间存在真实交易关系，上诉人又与四方公司存在真实交易关系。四方公司将涉案承兑汇票交付给上诉人作为首付款，为了简便手续、便于兑现，在前述转让过程中均未在被背书人一栏中记载，而只是将汇票交付。这种汇票流转方式在商业活动中大量存在，立法上也对空白背书予以肯定，并规定以其他方式取得汇票的，依法举证证明其票据权利。上诉人已经以《合同书》《转让证明》予以证明，故上诉人系合法票据当事人，应当享有票据权利，受损权利应当得到维护。第三，被上诉人宁森公司应当返还票据，被上诉人杨占海应当将不法取得的20万元票款主动退还给被上诉人宁森公司。涉案汇票因已经承兑而无法返还，但被上诉人杨占海在没有支付任何对价的情况下，无端占有20万元票款而不返还，明显有失公正。综上，请求二审法院依法撤销原审判决，改判支持上诉人原审的诉讼请求；本案一、二审诉讼费由被上诉人负担。

被上诉人宁森公司辩称，原审判决认定事实清楚，适用法律正确，应当驳回上诉，维持原判。

被上诉人杨占海辩称，原审判决认定事实清楚，适用法律正确，应当驳回上诉，维持原判。

二、二审法院对案件的审理

二审庭审中，上诉人为支持其上诉主张，当庭申请证人刘某某出庭作证，据以证明马存珍系上诉人职员，涉案承兑汇票是上诉人与四方合力公司在履行合同过程中取得的预付款；合同没有履行是没有履行交货义务，并非完全没有履行；上诉人取得承兑汇票存在真实交易关系，系合法持票人；被上诉人杨占海与马存珍之间是否存在经济往来，不能作为其取得汇票的法律依据。

被上诉人宁森公司认为证人证言并非法律规定的新证据，不应予以采信；2015 年 11 月 4 日原审法院开庭审理时，证人仍然是上诉人的经理，但却未出庭作证；证人明确回答上诉人虽然与四方合力公司签订了合同，但实际没有履行，故不能证明上诉人系涉案承兑汇票合法持有人。被上诉人杨占海质证意见同被上诉人宁森公司。

经审查，本院认为，证人刘某某证言不能达到上诉人的证明目的，不予采信。

二审查明的事实同原审判决查明的事实，本院予以确认。

本院认为，《中华人民共和国票据法》第三十一条第一款规定，“以背书转让的汇票，背书应当连续。持票人以背书的连续，证明其汇票权利；非经背书转让，而以其他合法方式取得汇票的，依法举证，证明其汇票权利”。本案中，上诉人虽然提交了两份《转让证明》，但尚不足以证明其为票据权利人的事实。退一步讲，即使上诉人上述主张成立，也应当于取得涉案承兑汇票后，及时、依法行使票据权利。上诉人称其将票据交付给马存珍，则因马存珍不当处置而产生的对外法律风险，自应由上诉人承担。被上诉人杨占海自马存珍处取得汇票，并非通过违法手段，此节事实通过马存珍在承兑汇票上所加盖红章注明的内容可以印证。最后，被上诉人宁森公司自被上诉人杨占海处取得汇票，也不存在违法情形，其当然可以行使票据权利。

综上，原审判决认定事实清楚，审理程序合法，处理结果适当。依照《中华人民共和国民事诉讼法》第一百七十条第一款第（一）项、第一百七十四条、第一百七十五条之规定，判决如下：

驳回上诉，维持原判。

二审案件受理费 4354 元，由上诉人银川汇金源科贸有限公司负担。

本判决为终审判决。

二〇一七年九月十八日审结。

第二节　当事人上诉、答辩与法院审判的逻辑图

一、当事人起诉逻辑图

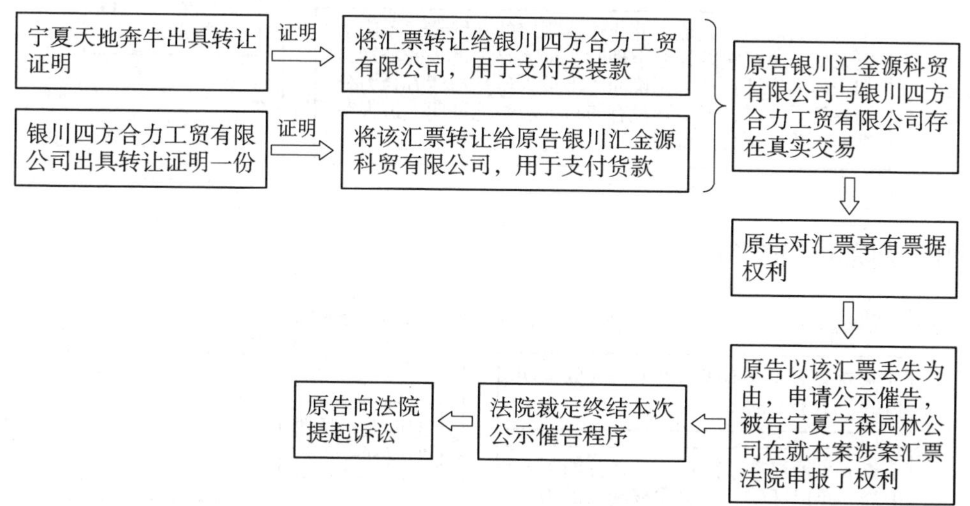

二、当事人上诉的逻辑图

只有法人或其他组织才能使用商业汇票，被上诉人杨占海作为个人，根本不可能成为合法持票人

马存珍仅作为上诉人的业务员与被上诉人杨占海联系承兑事宜，被上诉人杨占海与上诉人之间并不存在任何债权债务关系

四方公司与宁夏天地奔牛公司之间存在真实交易关系，银川汇金源科贸又与四方公司存在真实交易关系

银川汇金源科贸以《合同书》、《转让证明》予以证明其票据权利

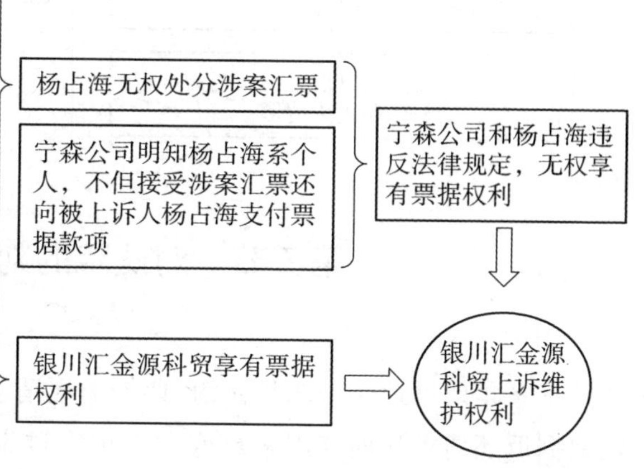

三、当事人的答辩逻辑图

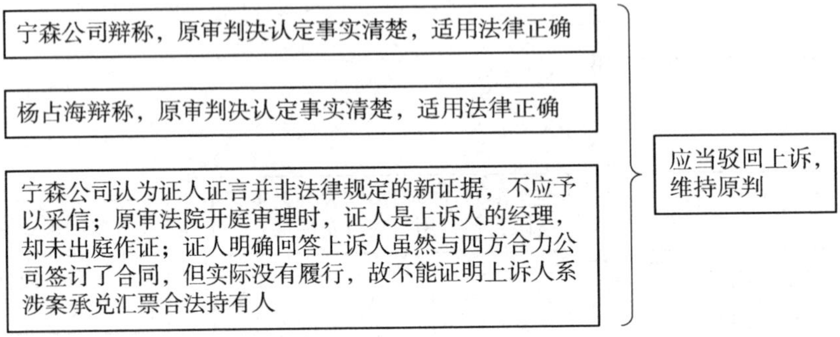

宁森公司辩称，原审判决认定事实清楚，适用法律正确

杨占海辩称，原审判决认定事实清楚，适用法律正确

宁森公司认为证人证言并非法律规定的新证据，不应予以采信；原审法院开庭审理时，证人是上诉人的经理，却未出庭作证；证人明确回答上诉人虽然与四方合力公司签订了合同，但实际没有履行，故不能证明上诉人系涉案承兑汇票合法持有人

应当驳回上诉，维持原判

四、法院的判决图

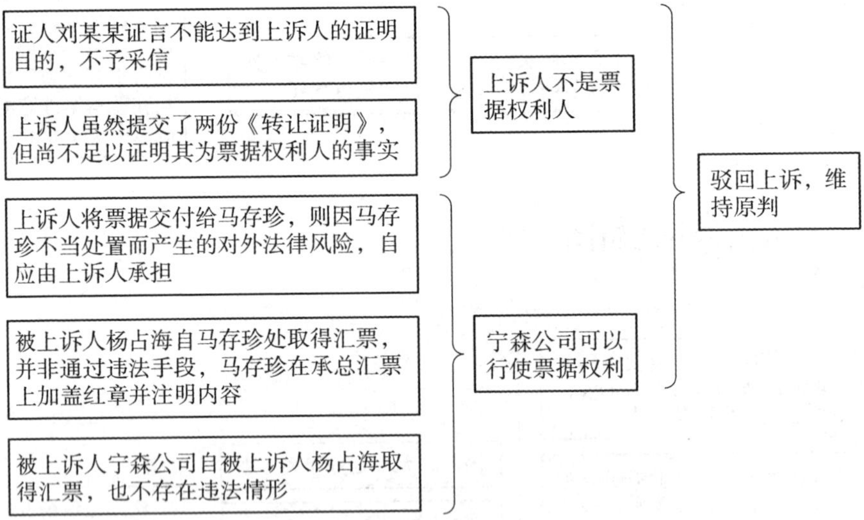

证人刘某某证言不能达到上诉人的证明目的，不予采信

上诉人虽然提交了两份《转让证明》，但尚不足以证明其为票据权利人的事实

上诉人不是票据权利人

上诉人将票据交付给马存珍，则因马存珍不当处置而产生的对外法律风险，自应由上诉人承担

被上诉人杨占海自马存珍处取得汇票，并非通过违法手段，马存珍在承总汇票上加盖红章并注明内容

被上诉人宁森公司自被上诉人杨占海取得汇票，也不存在违法情形

宁森公司可以行使票据权利

驳回上诉，维持原判

第三节　对法院的判决的评析

本案是票据返还请求权纠纷，票据返还请求权是指丧失票据占有的人，因行使票据返还请求权而与因恶意或者因重大过失取得票据的持票人发生的纠纷。

我国《票据法》第 12 条规定："以欺诈、偷盗、或者胁迫等手段取得票据的，或者明知有前列情形，出于恶意取得票据的，不得享有票据权利。持票人因重大过失取得不符合本法规定的票据的，也不得享有票据权利。"票据返还请求权是基于把票据作为一个物，为保障权利人对物的所有权或合法占有权而规定的权利，该请求权形成的关系是票据法规定的票据法上的非票据关系。票据返还请求权与民法上规定的其他物的返还请求具有不同的性质，前者体现的是票据法上的非票据关系，后者体现的是民法上的非票据关系（民事关系），这种不同性质的关系决定其举证责任不同。票据的最后合法持有人对于以恶意或因重大过失而取得票据者，有请求其返还票据的权利。

为了防止恶意取得票据的人再通过流通将票据转让给他人，损害票据债务人的权益，票据债务人对恶意或者因重大过失取得票据的持票人，可以主张返还票据，由此可以引起票据返还请求权纠纷。这种纠纷中，原告一方是以法定事由否认持票人的持票资格，从而使票据重新由自己来持有，达到免于承担票据债务或者恢复票据权利人身份的目的。处理的结果也不会直接产生被告向原告支付票据款项的结果，而是由法院确定应当由谁来持有诉争的票据。票据返还请求权的审理过程实质上就是对谁是合法持票人的确认。提起票据返还请求权纠纷的原告，由于行使的是票据法上的非票据权利，且其是在丧失票据以后提起的诉讼，故无须提示诉争的票据文本。

原告应当对以下事实负举证责任：

（一）原告曾经是诉争票据的合法占有人，如果原告不是票据的合法占有者，则自然无权要求任何人向其返还票据。

（二）原告是诉争票据的最后合法持有人，即票据是在原告手中丧失的，如果原告并非票据在丧失以前的最后合法持有人，则原告无权要求被告向其返还票据。

原告仅以《转让证明》与《合同书》主张票号为 30300051/23505315 的银行承兑汇票的票据权利，不符合《票据法》第三十一规定的"以其他合法方式取得票据的，依法举证，以证明其票据权利"的证明要求，更不符合本法条规定的以票据背书取得票据的形式要件，因而上诉人未能取得该票据的票据权利。原告提供的上诉证据能证明原告与直接前手四方合力工贸有限公司存在真实的交易关系，却无法证明其支付合理对价。在当事人没有采用《票据法》倡导的背书方式受让票据时，要求受让票据的人提供无瑕疵的闭环式证据链方能证明其是善意无瑕疵地受让了票据。

提供对被告持有票据产生合理怀疑的证据。即使是丧失票据占有的最后持票人在诉请票据返还时，也必须举证证明被告恶意占有票据而不享有票据权利，才有权要求被告举证证明其对票据的取得，是合法取得。本案中，上诉人虽然提交了两份《转让证明》，但尚不足以证明其为票据权利人的事实。上诉人称其将票据交付给马存珍，马存珍是上诉人的职工，在民事关系上是上诉人的代理人，代理人处置票据的风险应该由被代理人承担，法院认为马存珍不当处置而产生的对外法律风险，自应由上诉人承担，但是在这里法院显然是混淆了票据关系与普通民事关系的区别，在民事代理关系上法院这样认定是对的，但是在票据关系上与票据法上的非票据关系上这样认定就没有法律依据，在法学理论上也是站不住脚。在票据行为与票据关系上构成票据代理必须具备形式上的代理关系，被代理人（上诉人）与代理人马存珍均必须在票据上签名或盖章才构成票据代理关系，在票据代理关系上代理人没有代理权或超越代理权处置票据的风险应该由“代理人”与票据受让人承担，票据被代理人只对代理权限范围内的授权行为承担责任与风险。

本案不构成票据代理关系，法院认为马存珍不当处置而产生的对外法律风险，自应由上诉人承担既是事实判断错误，也是风险与责任的认定错误。

法院认为被上诉人杨占海自马存珍处取得汇票，并非通过违法手段，此节事实通过马存珍在承兑汇票上所加盖红章注明的内容可以印证。法院的这一认定也是错误的，首先马存珍没有出具证明其合法取得票据以证明其是合格的持票人，票据上并没有某票据当事人背书转让票据给马存珍的文义记载，对背书人有没有在背书栏签章，本案案情中没有披露，案情里面没有讲清楚马存珍在承兑汇票上所加盖的“红章”的名称是什么，是谁的名称章。因为票据上没有出现上诉人的名称，那么可以推定盖的是马存珍的个人私章。马存珍在票据上的文义记载内容是“我保证所有承兑汇票真实有效，且无挂失止付。如有任何经济纠纷，由我承担全部责任并同意付息”，从保证字样的记载来看，马存珍的盖章与记载文义构成票据保证，章盖在那一票据当事人旁边，该当事人就是被保证人，马存珍与该票据当事人承担同一票据义务。本案诉争的票据出票人山东传洋集团有限公司，收款人山东金川科技发展有限公司，付款行中国光大银行青岛分行，均在票据上有名称显示，宁夏天地奔牛，银川四方合力工贸有限公司以及上诉人银川汇金源科贸有限公司均没有在票据上签章，形式上也无这三人的名称存在，那么作为自称合法受让票据的杨占海根据《票据法》第三十一条的规定，只有在马存珍出具与票据收款人山东金川科技发展有限公司存在真实交易关系与收款人出具证明该票据转让给马存珍的证明函，方能证明马存珍是合法取得诉争票据，反之马存珍就不是票据的合法持有人，杨占海在受让票据的时候没有查看相关证据，在没有确定马存珍是合格持票人的情况下以对马存珍的债权为对价受让票据构成恶意取得票据，并不享有票据权利，在杨占海受让票据时从形式上看山东金川科技发展有限公司才是合格的最后持票人，只有马占海以对山东金川科技发展有限公司的债权作为对价取得票据才构成合格持票人。

最后，法院认定被上诉人宁森公司自被上诉人从杨占海处取得汇票，也不存在违法情形，因为本案对诉争票据的事实与信息查明不全面，不知该诉争票据的收款人是否在票据背书栏加盖了公章，如果加盖了公章，该票据就成了空白背书的公章，如果没有加盖公章那就是单纯交付，单纯交付的话，也没有披露杨占海转让票据给宁森公司时是背书转让还是单纯交付转让，如果是单纯交付转让的话，宁森公司从杨占海处取得汇票，就存在违法情形。理由同杨占海从马存珍处取得票据，因为宁森公司并非以杨占海背书转让票据的方式取得票据，那么宁森公司就应该审查杨占海合法取得票据的证明，只有杨占海有充分的证据证明其实合格持票人的情况下才能合法取得票据。所以宁森公司也是恶意取得票据。从案情来看只有上诉人能够出具证据证明其曾经持有票据，而且票据收款人证明票据转让给宁夏天地奔牛，宁夏天地奔牛证明票据转让给银川四方合力工贸有限公司，银川四方合力工贸有限公司则证明票据转让给上诉人银川汇金源科贸有限公司，由于马存珍没有提供证据证明其是合格的持票人，又没有披露马存珍将“红章”盖在什么位置，为本案的分析造成困扰，相比马存珍而言，上诉人银川汇金源科贸有限公司更具备合格持票人的资格，基于他不能举证证明其支付合理对价，而他的前手银川四方合力工贸有限公司出具证明函的时候并没有说明上诉人没有支付对价的原因，银川四方合力工贸有限公司没有要求上诉人支付对价的情况下自愿将票据转让给上诉人是他自己的权利处分行为。

综上所述，一、二审法院认定事实不清，对不同曾经持有票据的人采用了不同的判断标准去判断他们是否是合格持票人。导致诉争票据陷入风险的关键人是马存珍，上诉人对票据金额的权利可以向马存珍追偿。

思考题

1. 票据以单纯交付的方式转让的效力构成要件是什么?
2. 票据以空白背书转让票据的效力要件是什么?

第二十五章 银瑜公司案析票据合格持票人与票据权利的行使

第一节 案情事实与法院的审理

一、案情事实

浙江银瑜新材料股份有限公司与昆山市申力毛纺有限公司票据纠纷一审民事判决书[①]

江苏省昆山市人民法院民事判决书(2016)苏0583民初17337号。

原告:浙江银瑜新材料股份有限公司,住所地浙江省金华市经济技术开发区始丰路**号,统一社会信用代码913307007580703601。

法定代表人:郑洪海,该公司董事长。

委托诉讼代理人:贾旭东,浙江恒霁律师事务所律师。

委托诉讼代理人:张骏平,浙江恒霁律师事务所律师。

被告:昆山市申力毛纺有限公司,住所地江苏省昆山市巴城镇石牌益伸路**号,统一社会信用代码91320583783398704Y。

法定代表人:王学明,该公司总经理。

委托诉讼代理人:王骁,该公司员工。

委托诉讼代理人:石建明,江苏海联海律师事务所上海分所律师。

第三人:天长市龙岗电气股份有限公司,住所地安徽省天长市龙岗街**号,社会信用代码**(**-**)。

---

① 中国裁判文书网。

法定代表人：刘德宏，该公司总经理。

委托诉讼代理人：杨志泉，安徽天道律师事务所律师。

委托诉讼代理人：薛才纬，安徽天道律师事务所律师。

原告浙江银瑜新材料股份有限公司与被告昆山市申力毛纺有限公司、第三人天长市龙岗电气股份有限公司票据纠纷一案，本院于2016年12月22日立案后，依法适用简易程序于2017年3月9日公开开庭进行审理。后本院依法追加第三人天长市龙岗电气股份有限公司并组成合议庭，于2017年5月23日公开开庭进行了审理。原告的委托诉讼代理人贾旭东、被告的委托诉讼代理人王骁、第三人的委托诉讼代理人杨志泉(参加第二次庭审)到庭参加诉讼。本案现已审理终结。

原告向本院提出诉讼请求：1. 确认第3200005123726903号银行承兑汇票(金额600000元)票据权利归原告所有；2. 判令被告立即返还该银行承兑汇票；3. 本案诉讼费用由被告承担。本案审理过程中，针对被告向前手的退票行为，原告放弃了第二项诉讼请求。事实与理由：2016年9月13日长兴圣帆纺织有限公司以银行承兑汇票用背书方式支付原告货款(号码为3200005123726903，出票人为长兴圣帆纺织有限公司，收款人为原告，付款行为长兴联合村镇银行营业部，出票日为2016年9月13日，到期日为2017年3月13日，票面金额为600000元)。原告持票后，又背书给浙江恒逸聚合物有限公司支付材料款，但该公司未收到该汇票，原告遂向浙江省长兴县人民法院申请公示催告，长兴县人民法院2016年10月25日依法受理并作出公告和停止支付通知书。嗣后，被告向法院申报权利，长兴县人民法院2016年11月17日依《中华人民共和国民事诉讼法》第二百二十一条的规定，裁定终结本案的公示催告程序。申报材料显示，原告的直接后手系浙江恒逸聚合物有限公司，但浙江恒逸聚合物有限公司明确表示并未收到过该票据，更遑论背书转让给他人，汇票上的背书印鉴章显系人为伪造，其与直接后手之间亦无任何交易往来。因此此后多次背书行为均为非法，被告显系违法持有该汇票，依法应立即返还给原告。为维护自身合法权益，故诉至法院。

被告辩称，贴现时候发现汇票已经挂失，所以已经把汇票退给前手昆山市华庆毛纺有限公司。

第三人述称：1. 原告已不享有该票据权利。因原告为购买材料正常使用该汇票，该汇票让运输的驾驶员带给出卖人，至于出卖人是否收到该票据，不影响原告已经使用该票据的行为。根据原告的陈述，原告应依法向公安机关报案而不应提起虚假诉讼,因原告曾经向法院提起公示催告程序,公示催告程序提起前提是该票据遗失被盗或者灭失,事实上票据不存在上述情形,公示催告属于虚假诉讼;2. 本案第三人在正常的交易过程中卖出货物收取货款,已支付对价,并在接受该票据时通过银行查询该票据没有权利瑕疵,第三人取得该汇票无任何过错,系正常取得,至于原告所称的其后手背书虚假,根据票据法的规定不影响其他票据签章的真实性、合法性,其他的票据持有人的权利不受影响,故第三人属于善意无过错取得该汇票;3. 由于第三人在本案中对该票据享有实质权利,庭前第三人已向法院提交书面材料,并要求此案将另案诉讼,但法院未有答复,如法院对第三人实质作出判决,第三人将提出昆山法院无管辖权。综上,请求法院驳回原告的诉请。

原告为支持其诉讼请求提供了以下证据:

1. 民事裁定书一份(复印件),证明原告因遗失票据申请公示催告,被告申报权利的事实;

2. 银行承兑汇票及粘单二份(复印件),证明涉案汇票背书流转情况;

3. 和长兴圣帆纺织有限公司签订的供销合同、出货单、发运单、增值税发票(复印件)及情况说明一份,证明原告和长兴圣帆公司是有真实交易合法持有该票据;

4. 企业名称变更材料(复印件),证明原告的名称变更情况;

5. 与杭州荣恒物流有限公司的运输协议(复印件),证明汇票是委托杭州荣恒物流有限公司交付给浙江恒逸聚合物有限公司的;

6. 签收证明(复印件),证明汇票由杭州荣恒物流有限公司的驾驶员徐建进行签收;

7. 与恒逸公司的购销合同两份,情况说明两份,证明与浙江恒逸聚合物有限公司的交易关系及恒逸公司就印章伪造予以证明。

被告为支持其答辩意见向本院提交证据:

1. 退回汇票收据一份,证明江阴市宇环纺织有限公司收到被告的退票;

2. 收据一份(复印件),证明江阴市宇环纺织有限公司向被告出具收据。

第三人为支持其述称,向本院提交以下证据:

1. 工矿产品购销合同、增值税发票一组,证明第三人与该票据的上手天长市隆鑫电缆有限公司存在买卖合同关系,涉案票据系隆鑫公司支付给第三人的货款,第三人与该票据的上手存在支付的买卖关系,系合法取得;

2. 银行关于该票据的查询单一份,证明 2016 年 12 月 2 日第三人取得该票据时向银行查询了该票据，从银行反馈的信息看该票据没有任何的权利瑕疵，第三人取得该票据善意无过错；

3. 本案的承兑汇票移交确认书一份，证明涉案票据银行到期承兑时被拒付该汇票已移交本案第三人；

4. 涉案票据 1 份(打印件)，证明第三人知道该票据被止付以后及时了解相关原因，发现该票据被本案原告通过起诉法院予以查封保全，为此第三人与原告的财务人员联系，该财务人员向第三人陈述了该票据流转情况，并通过微信方式发给第三人有徐建签字的票据，与原告所举证据 6 相一致，说明该票据不是遗失而是正常使用；

5. 第三人与原告财务人员的电话录音一份，该录音中原告财务人员对该案票据如何到达徐建以及相关的签章伪造等事宜做了陈述，该组证据进一步证明原告是合法使用票据后被其他人欺骗而没有收到对应的产品，故原告应向直接侵害人主张权利，不应向被告及第三人或其他人主张权利；

6. 收据一份，证明收据金额用于支付证据 1 合同的货款。

二、法院的审理

针对上述证据，本院组织各方质证：

1. 被告对原告提供证据质证意见：真实性无异议。

第三人对原告提供证据质证意见：对证据 1 无异议，但已经终结公示催告程序，从本案的事实看原告明显是虚假挂失，该证据不能证明原告享有该票据权利；对证据 2 真实性无异议，但票据背书流转并不是都是虚假的，大多数背书是真实的，原告与后手背书的虚假不影响其他背书的真实性；对证据 3、4 真实性无异议；对证据 5、6 真实性无异议，但该组证据证明票据系正常使用，该票据没有到达出卖人是由于原告未正确使用票据被他人欺骗造成，应向实际侵害人主张权利，同时证明原告提起公示催告程序是虚假诉讼，根据民事诉讼法规定，法院查明事实以后应依法制裁；对证据 7 真实性无异议，证明原告是正常使用票据，浙江恒逸聚合物有限公司的签章被伪造不影响票据上其他签章的真实性。综上原告所举七份证据证明原告对本案票据不再享有票据权，应向实际侵害人主张权利。

2. 原告对被告提供证据的质证意见：真实性认可，被告已经主动放弃了票据的权利，原告与被告不再存在纠纷。第三人对被告提供证据的质证意见：无意见。

3. 原告对第三人提供证据的质证意见：对证据1因无原件无法确认真实性，对证据2真实性无异议，但是并不能证明第三人是善意取得该票据，若票据遗失被捡到也能出具该查询，对票据权利归属无意义，对证据3、4真实性无异议，对证据5真实性无异议，对证据6无法确定真实性。被告对第三人提供证据的质证意见：对证据1-5无异议。对证据6不清楚。

本院认证意见：被告及第三人对原告提供的证据真实性均无异议，本院对该证据予以认定。原告及第三人对被告提供证据真实性无异议，本院对该证据予以认定。原告、被告对第三人提供的证据2-5真实性无异议，本院对该证据真实性予以认定。对证据1原告不予认可，且未提供原件，本院对该证据不予认定。对证据6系第三人形成材料，原告及被告均不认可，本院对该证据不予认定。

本院经审理查明：2016年9月13日，长兴圣帆纺织有限公司以承兑汇票方式向原告支付货款。票据号码为3200005123726903的银行承兑汇票，出票日期为2016年9月13日，出票人长兴圣帆纺织有限公司，收款人为原告，付款行长兴联合村镇银行营业部，出票金额为600000元，汇票到期日2017年3月13日。原告收到该汇票后，在票据背面第一背书人处盖章背书。

2016年10月，原告以涉案承兑汇票遗失为由向浙江省长兴县人民法院申请公示催告，称该汇票遗失。该院于2016年10月25日公告要求利害关系人自公告之日起60日内向法院申报权利。在公告期内被告于2016年11月16日向法院申报权利，该院于2016年11月17日作出裁定终结公示催告程序。原告遂诉至本院，要求判如所请。

另查明，涉案汇票经过背书流转（银瑜公司→浙江恒逸聚合物有限公司→……→江阴市宇环纺织有限公司→昆山市华庆毛纺有限公司→昆山市申力毛纺有限公司）至被告处，被告在公示催告程序终结之前将涉案汇票退还至前手。被告提交江阴市宇环纺织有限公司出具说明一份，写明涉案汇票于2016年11月18日已由被告退回至江阴市宇环纺织有限公司。

再查明，现第三人持有涉案票据，向原告的主张提出异议。根据第三人出示的票据，背书流转情况为：银瑜公司→浙江恒逸聚合物有限公司→……→江阴市宇环纺织有限公司→昆山市华庆毛纺有限公司→被告→芜湖创首商贸有限公司→天长市隆鑫电缆有限公司→天长市龙岗电气股份有限公司。上述背书人均在“背书人签章”处签章。第三人同时提交有于2016年12月2日向银行进行票据查询的查询书，银行查询回复显示暂无止冻公催。

庭审中，原告称涉案汇票系因为通过物流公司员工缪军运输向后手浙江恒逸聚合物有限公司交付票据，因发现后手未按约送货，才发现汇票未转交给后手，因缪军涉嫌私刻公章进行非法票据转让，原告已采取报警措施。对于第三人持有票据，原告认为被告没有进行背书转让，被告后手无法律依据，不应当享有票据权利。

本院认为：票据是票据权利的载体，除票据被除权判决外，票据权利的行使以持有票据为必要。因案涉票据并未被除权判决，故原告请求确认票据权利归其所有实为请求返还票据。现原、被告均确认票据已由被告退回前手，被告不再是案涉票据的持票人，原告放弃要求被告返还票据，理由成立。现第三人持有涉案票据并向原告的权利主张提出异议，本院认为，《中华人民共和国票据法》规定"持票人以背书的连续，证明其汇票权利"。从第三人提交的票据来看，形式完备、必要记载事项齐全、背书连续，且结合被告退票时间，第三人亦非在公示催告期间受让票据。现票据由第三人持有，原告主张确认票据权利归其所有，未向第三人提出请求，亦未提供充分证据以支持其诉请，故本院对原告的请求不予支持。至于第三人是否已经合法取得案涉票据权利，原告与第三人可另案诉讼进行处理。

综上，依照《中华人民共和国票据法》第四条、第三十一条、《最高人民法院关于民事诉讼证据的若干规定》第二条之规定，判决如下：

驳回原告浙江银瑜新材料股份有限公司的诉讼请求。

未按本判决指定的期间履行给付金钱义务的，应当依照《中华人民共和国民事诉讼法》第二百五十三条之规定加倍支付迟延履行期间的债务利息。

案件受理费9800元，保全措施申请费3520元，共计13320元，由原告浙江银瑜新材料股份有限公司负担。

如不服本判决，可在判决书送达之日起十五日内，向本院递交上诉状，并按对方当事人的人数提出副本，上诉于江苏省苏州市中级人民法院。同时按照国务院《诉讼费用交纳办法》规定向江苏省苏州市中级人民法院预交上诉案件受理费，苏州市中级人民法院开户行：中国农业银行苏州苏福路支行，账号：10×××76。

二〇一七年六月九日审结。

第二节　本案的相关图表及案件逻辑图

一、本案的证据列表

（一）原告提供的证据

<table>
<tr><th rowspan="2">原告</th><th rowspan="2">证据</th><th rowspan="2">证明目的</th><th colspan="2">质证</th><th rowspan="2">法院认证意见</th></tr>
<tr><th>被告</th><th>第三人</th></tr>
<tr><td>1</td><td>民事裁定书一份（复印件）</td><td>证明原告因遗失票据申请公示催告，被告申报权利的事实</td><td rowspan="6">真实性无异议</td><td>无异议，但已经终结公示催告程序，从本案的事实看原告明显是虚假挂失，该证据不能证明原告享有该票据权利</td><td rowspan="6">被告及第三人对原告提供的证据真实性均无异议，本院对该证据予以认定</td></tr>
<tr><td>2</td><td>银行承兑汇票及粘单二份（复印件）</td><td>证明涉案汇票背书流转情况</td><td>真实性无异议，但票据背书流转并不都是虚假的，大多数背书是真实的，原告与后手背书的虚假不影响其他背书的真实性</td></tr>
<tr><td>3</td><td>和长兴圣帆纺织有限公司签订的供销合同、出货单、发运单、增值税发票（复印件）及情况说明一份</td><td>证明原告和长兴圣帆公司是有真实交易合法持有该票据</td><td>真实性无异议</td></tr>
<tr><td>4</td><td>企业名称变更材料（复印件）</td><td>证明原告的名称变更情况</td><td>真实性无异议</td></tr>
<tr><td>5</td><td>与杭州荣恒物流有限公司的运输协议（复印件）</td><td>证明汇票是委托杭州荣恒物流有限公司交付给浙江恒逸聚合物有限公司的</td><td rowspan="2">真实性无异议，但该组证据票据系正常使用，该票据没有到达出卖人是由于原告未正确使用票据被他人欺骗造成，应向实际侵害人主张权利，同时证明原告提起公示催告程序是虚假诉讼，根据民事诉讼法规定，法院查明事实以后应依法制裁</td></tr>
<tr><td>6</td><td>签收证明（复印件）</td><td>证明汇票由杭州荣恒物流有限公司的驾驶员徐建进行签收</td></tr>
</table>

（续表）

原告	证据	证明目的	质证		法院认证意见
			被告	第三人	
7	与恒逸公司的购销合同两份，情况说明两份	证明与浙江恒逸聚合物有限公司的交易关系及恒逸公司就印章伪造予以证明		真实性无异议，证明原告是正常使用票据，浙江恒逸聚合物有限公司的签章被伪造不影响票据上其他签章的真实性。 综上原告所举七份证据证明原告对本案票据不再享有票据权，应向合法票据人主张权利。	

（二）被告提供的证据

被告	证据	证明目的	质证		法院认证意见
			原告	第三人	
1	退回汇票收据一份	证明江阴市宇环纺织有限公司收到被告的退票	真实性认可，被告已经主动放弃了票据的权利，原告与被告不再存在纠纷	无意见	原告及第三人对被告提供证据真实性无异议，本院对该证据予以认定
2	收据一份（复印件）	证明江阴市宇环纺织有限公司向被告出具收据			

（三）第三人提供的证据

第三人	证据	证明目的	质证		法院认证意见
			原告	被告	
1	工矿产品购销合同、增值税发票一组	证明第三人与该票据的上手天长市隆鑫电缆有限公司存在买卖合同关系，涉案票据系隆鑫公司支付给第三人的货款，第三人与该票据的上手存在支付的买卖关系，系合法取得	因无原件无法确认真实性	无异议	原告不予认可，且未提供原件，本院对该证据不予认定

（续表）

第三人	证据	证明目的	质证		法院认证意见
			原告	被告	
2	银行关于该票据的查询单一份	证明2016年12月2日第三人取得该票据时向银行查询了该票据，从银行反馈的信息看该票据没有任何的权利瑕疵，第三人取得该票据善意无过错	真实性无异议，但是并不能证明第三人是善意取得该票据，若票据遗失被捡到也能出具该查询，对票据权利归属无意义	无异议	真实性予以认定
3	本案的承兑汇票移交确认书一份	证明涉案票据银行到期承兑时被拒付该汇票已移交本案第三人	真实性无异议	无异议	真实性予以认定
4	涉案票据1份（打印件）	证明第三人知道该票据被止付以后及时了解相关原因，发现该票据被本案原告通过起诉法院予以查封保全，为此第三人与原告的财务人员联系，该财务人员向第三人陈述了该票据流转情况，并通过微信方式发给第三人有徐建签字的票据，与原告所举证据6相一致，说明该票据不是遗失而是正常使用	真实性无异议	无异议	真实性予以认定
5	第三人与原告财务人员的电话录音一份，该录音中原告财务人员对该案票据如何到达徐建以及相关的签章伪造等事宜做了陈述	该组证据进一步证明原告是合法使用票据后被其他人欺骗而没有收到对应的产品，故原告应向直接侵害人主张权利，不因向被告及第三人或其他人主张权利	真实性无异议	无异议	真实性予以认定
6	收据一份	证明收据金额用于支付证据1合同的货款	无法确定真实性	不清楚	系第三人形成材料，原告及被告均不认可，本院对该证据不予认定

二、本案的起诉、答辩及法院判决的逻辑图

（一）原告浙江银瑜新材料股份有限公司的起诉逻辑图

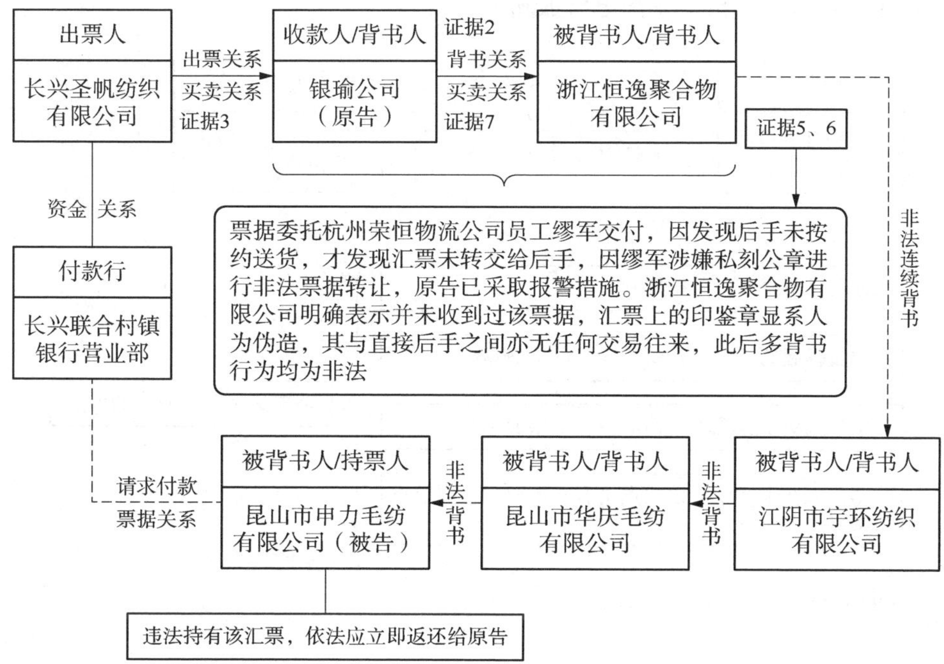

（二）被告昆山市申力毛纺有限公司的答辩逻辑图

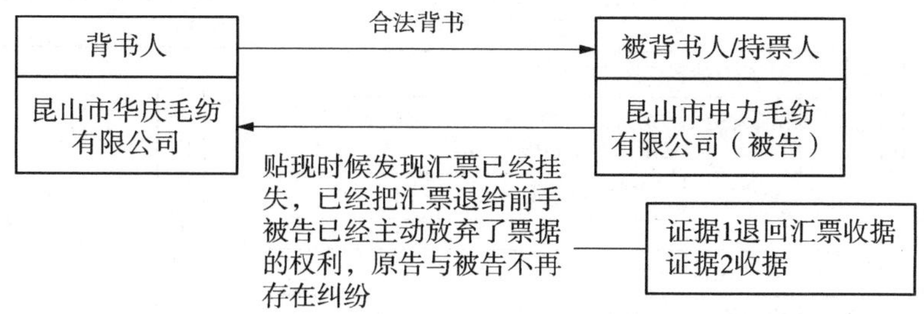

（三）第三人天长市龙岗电气股份有限公司的答辩逻辑图

涉案汇票背书流转情况：

银瑜公司（原告）→浙江恒逸聚合物有限公司→……→江阴市宇环纺织有限公司→昆山市华庆毛纺有限公司→被告→芜湖创首商贸有限公司→天长市隆鑫电缆有限公司→天长市龙岗电气股份有限公司

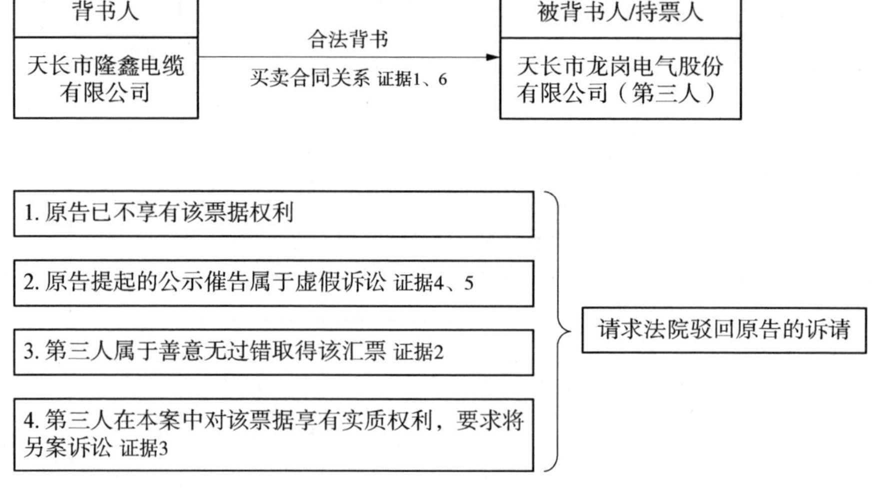

（四）法院判决的逻辑图

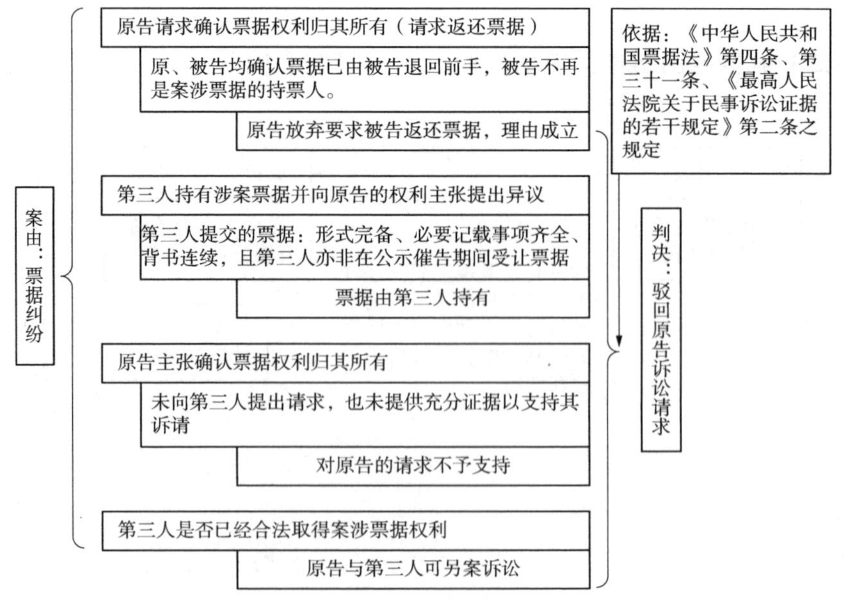

第三节　对法院的判决的评析

本案是因为原告在票据使用过程中因为所托非人，导致票据没有到达与之交易的下手，而引发的票据权利诉讼。在分析票据权利归谁所有前必须先明白以下四个问题。

一、原告能否以票据丢失为由，提起诉讼要求他人返还票据？

《票据法》第十五条第三款规定，失票人应当在通知挂失止付后3日内，也可以在票据丧失后，依法向人民法院申请公示催告，或者向人民法院提起诉讼。由于票据为流通性证券且具有无因性，因此，依据《最高人民法院关于审理票据纠纷案件若干问题的规定》第三十八条的规定，失票人向人民法院提起诉讼的，除向人民法院说明曾经持有票据及丧失票据的情形外，还应当提供担保。本案票据不是基于原告的意志而丧失票据的占有，可以视同遗失票据，在不知道丧失的票据下落的情况下以公示催告的方式查明票据下落并无不可。根据背书的规定，一个完整的背书行为包括票据上记载事项、签章与票据交付三个要件，票据在托人转交过程中被受托人擅自处分，致使票据没有完成交付，那么票据背书行为就没有完整地完成，票据权利没有达到转移给交易相对人的目的，这时票据权利还属背书人原告享有。既然票据非经原告自愿而丧失占有，原告就可以在公示催告找出票据占有人后就可以提起票据返还之诉。

二、被告将诉争票据退返前手是否可以免除其返还票据给原告的义务？

本案中，案涉票据并未被除权判决，故原告请求确认票据权利归其所有实为请求返还票据。被告在公示催告期间将票据还给其前手而不是返还给原告，虽然属于被告自由处分其占有票据的行为，但是在原告认为票据权利归其享有的情况下，显然是认为被告不享有票据权利，按照《票据法》不享有票据权利的人有义务将票据返还给票据权利人，在法院确认原告为票据权利人的情况下被告负有将票据返还给原告的义务，义务是不能擅自处分的，本案的原告竟然认同了被告将票据退回前手，放弃了请求被告返还票据的诉讼请求，这是导致他败诉的致命一环。原告放弃要求被告返还票据属于自由处分行为，法院予以支持并无不妥。

三、请求返还票据不但需要证明自己是票据权利人，还得证明被请求人不享有票据权利。

本案原告为提供充分的证据证明被告与第三人不享有票据权利，而且原告主张确认票据权利归其所有，未向第三人提出诉讼请求，也未请求第三人返还票据，亦未提供充分证据论证票据权利归原告享有，故法院对原告的请求不予支持是正确的。

四、票据获得付款前，谁是汇票的最终合格持票人？

根据《中华人民共和国票据法》第三十一条规定："持票人以背书的连续，证明其汇票权利。"第三人提交的票据形式完备、必要记载事项齐全、背书连续，且结合被告退票时间，第三人亦非在公示催告期间受让票据，因而不受公司催告的影响，因而第三人是合格的持票人，至少第三人善意取得了票据权利。第三人主张自己属于善意无过错取得汇票，对该票据享有实质权利。原告主张确认票据权利归其所有，但未向第三人提出请求，亦未提供充分证据以支持其诉请。法院认为"第三人是否已经合法取得案涉票据权利，原告与第三人可另案诉讼进行处理"并无不当。

综上所述，法院以事实为依据、以法律为准绳，判决驳回原告的诉讼请求，有理有据。

思考题

1. 票据权利确权诉讼，原告需要提供哪些证据？
2. 票据下落不明经公示催告救济失败后应如何诉讼？

第二十六章 瑞雪鼎尚公司案析票据付款请求权与追索权的行使

第一节 案情事实与法院的审理

一、案情事实

北京瑞雪鼎尚商贸有限公司与北京勇博机电设备安装有限公司票据付款请求权纠纷一审民事判决书[①]

北京市房山区人民法院民事判决书(2017)京0111民初6656号

原告:北京瑞雪鼎尚商贸有限公司,住所地:北京市房山区大安山乡西苑村**区**号。

法定代表人:宋诗良,总经理。

委托代理人:钟细彬,天津瀚洋律师事务所北京分所律师。

被告:北京勇博机电设备安装有限公司,住所地:北京市房山区天星街**号院**号楼**。

法定代表人:李勇,总经理。

委托代理人:石磊峰,河北天权律师事务所律师。

原告北京瑞雪鼎尚商贸有限公司(以下简称"瑞雪鼎尚公司")与被告北京勇博机电设备安装有限公司(以下简称"勇博机电公司")票据追索权纠纷一案,本院于2017年3月21日立案后,依法适用简易程序,公开开庭进行了审理。原告瑞雪鼎尚公司委托诉讼代理人钟细彬,被告勇博机电公司委托诉讼代理人石磊

① 中国裁判文书网。

峰到庭参加诉讼。本案现已审理终结。

原告向本院提出诉讼请求：请求判令被告向原告支付票据款155830元，并支付自2017年3月16日起至判决生效之日按照中国人民银行同期贷款利率计算的利息；本案诉讼费由被告承担。事实和理由：2017年3月15日，原告瑞雪鼎尚公司收到被告勇博机电公司开具的中国建设银行北京市分行长阳支行的转账支票一张，票据号码为：×××，票面金额人民币155830元。2017年3月15日原告向中国建设银行北京市分行昊天支行兑现支票，该票因密码不正确而被退票。后经原告多次催讨，被告一拖再拖，拒不付款。

被告勇博机电公司辩称，原被告双方不存在票据追索权关系。该支票实际是原告开给案外人李利平的，而非本案原告。但李利平未向我方交付任何货物。现在从该支票表面来看，收款人是原告，原被告之间是直接前后手。但是没有证据显示原告方是向我方交付货物或者是背书取得该票据的。所以原告没有票据追索权。

本案当事人围绕诉讼请求依法提交了证据，本院组织当事人进行了证据交换和质证。本院经审查认定事实如下：

2017年3月15日，被告勇博机电公司给案外人李利平开具一张开户行为中国建设银行北京市分行长阳支行的转账支票，票据号码为：×××，票面金额人民币155830元，出票日期2017年3月15日，收款人处空白未填。后原告瑞雪鼎尚公司从李利平处取得该支票，并交开户银行委托收款。2017年3月16日，中国建设银行北京市分行开具退票理由书，记载该支票因无密或密误被退票。

二、法院的审理

本院认为，本案的争议焦点在于收款人瑞雪鼎尚公司和出票人勇博机电公司是否为直接前后手关系。解决该争议焦点，关键在于厘清支票背书和补记的关系。根据《中华人民共和国票据法》(以下简称“《票据法》”)的第九十三条规定，支票的背书、付款行为和追索权的行使，除本章规定外，使用本法第二章有关汇票的规定。该法第八十六条同时规定，支票上未记载收款人名称的，经出票人授权，可以补记。由此可见，背书并非支票转让的唯一法定方式。庭审中，勇博机电公司认可涉案支票是因为其准备向案外人李利平购买货物而开具给案外人李利平的，并且在出票之时，并未填写收款人名称。勇博机电公司未填写收款人名称的行为，可以视为其作为出票人授权他人对支票进行补记。因此，在支票出票人不填写收款人名称的情况下，该支票后续的转让可以通过补记的方式完成。但鉴于法律规定票据的收款人名称不得更改，更改的票据无效，该补记行为具有一次性的特点。收款人名称已被补记的支票的再次转让，应当按照背书的相关法律规定进行。故，本院对于勇博机电公司以涉案支票上记载收款人为瑞雪鼎尚公司为由，认为其与瑞雪鼎尚公司系直接前后手的答辩意见不予支持。勇博机电公司基于原被告双方系直接前后手关系的认识，认为双方不存在基础债权债务关系，因此不应承担票据责任。本院认为该抗辩事由与本案最终结果没有关联性，因此不予审查。现瑞雪鼎尚公司持勇博机电公司出具的合法有效票据去银行提示付款，因票据密码错误而被拒绝付款，根据法律规定，勇博机电公司作为出票人应当按照签发的支票金额向持票人瑞雪鼎尚公司承担票据责任。根据《票据法》的规定，持票人行使追索权，可请求提示付款日起至清偿日止，按照中国人民银行规定的利率计算的利息。现瑞雪鼎尚公司主张票据权利，要求勇博机电公司作为支票的出票人履行给付票据金额的义务，并支付自请求付款日起至清偿日止、按中国人民银行规定的逾期贷款利率标准计算的利息，于法有据，故本院予以支持。

综上，依照《中华人民共和国票据法》、第七十条、第八十六条、第八十九条、第九十三条之规定，判决如下：

一、被告北京勇博机电设备安装有限公司于本判决生效之日起十日内给付原告北京瑞雪鼎尚商贸有限公司票据号码为×××号银行转账支票金额人民币十五万五千八百三十元；

二、被告北京勇博机电设备安装有限公司于本判决生效之日起十日内给付原告北京瑞雪鼎尚商贸有限公司利息（以十五万五千八百三十元为基数，自二〇一七年三月十六日起计算至实际给付之日止，按中国人民银行同期贷款基准利率计算）。

如果未按本判决指定的期间履行给付金钱义务，应当依照《中华人民共和国民事诉讼法》第二百五十三条规定，加倍支付迟延履行期间的债务利息。

案件受理费一千七百零八元，由被告北京勇博机电设备安装有限公司负担。

如不服本判决，可以在判决书送达之日起十五日内，向本院递交上诉状，并按对方当事人的人数提出副本，上诉于北京市第二中级人民法院。

二〇一七年十二月十一日审结。

第二节　当事人的起诉、答辩与法院判决的逻辑图

一、原告瑞雪鼎尚公司的起诉逻辑图

2015年3月15日原告瑞雪鼎尚公司收到被告勇博机电公司开具的号码为×××的转账支票一张 ⇨

原告向付款人建行北京市昊天支行兑现支票，该票因密码不正确而被退票。后经原告多次催讨，被告一拖再拖，拒不付款 ⇨

请求判令被告向原告支付票据款155830元，并支付自2017年3月16日起至判决生效之日按照中国人民银行同期贷款利率计算的利息；本案诉讼费由被告承担

⇦ 《票据法》第六十一条　汇票到期被拒绝付款的，持票人可以对背书人、出票人以及汇票的其他债务人行使追索权

⇦ 《票据法》第七十条　持票人行使追索权，可以请求被追索人支付下列金额和费用：（一）被拒绝付款的汇票金额；（二）汇票金额自到期日或者提示付款日起至清偿日止，按照中国人民银行规定的利率计算的利息；（三）取得有关拒绝证明和发出通知书的费用

二、被告勇博机电公司的答辩逻辑图

原被告双方不存在票据追索权关系。该支票实际是原告开给案外人李利平的，而非本案原告。但李利平未向我方交付任何货物 ⇨

现在从该支票表面来看，收款人是原告，原被告之间是直接前后手。但是没有证据显示原告方是向我方交付货物或者是背书取得该票据的 ⇨

原告没有票据追索权

⇦ 《票据法》第十条　票据的签发、取得和转让，应当遵循诚实信用的原则，具有真实的交易关系和债权债务关系。票据的取得，必须给付对价，即应当给付票据双方当事人认可的相对应的代价

⇦ 《票据法》第十二条第二款“持票人因重大过失取得不符合本法规定的票据的，也不得享有票据权利。”第十三条“票据债务人不得以自己与出票人或者与持票人的前手之间的抗辩事由，对抗持票人。但是，持票人明知存在抗辩事由而取得票据的除外”

三、法院的判决逻辑图

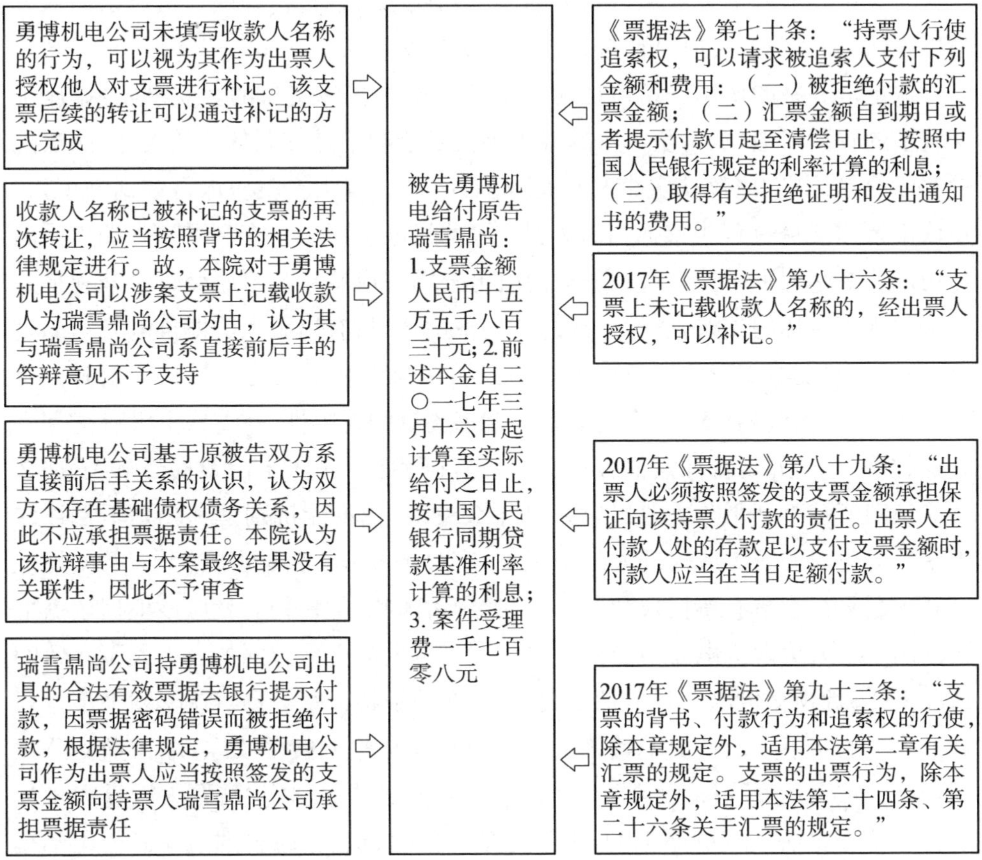

勇博机电公司未填写收款人名称的行为，可以视为其作为出票人授权他人对支票进行补记。该支票后续的转让可以通过补记的方式完成 ⇨

收款人名称已被补记的支票的再次转让，应当按照背书的相关法律规定进行。故，本院对于勇博机电公司以涉案支票上记载收款人为瑞雪鼎尚公司为由，认为其与瑞雪鼎尚公司系直接前后手的答辩意见不予支持 ⇨

勇博机电公司基于原被告双方系直接前后手关系的认识，认为双方不存在基础债权债务关系，因此不应承担票据责任。本院认为该抗辩事由与本案最终结果没有关联性，因此不予审查 ⇨

瑞雪鼎尚公司持勇博机电公司出具的合法有效票据去银行提示付款，因票据密码错误而被拒绝付款，根据法律规定，勇博机电公司作为出票人应当按照签发的支票金额向持票人瑞雪鼎尚公司承担票据责任 ⇨

被告勇博机电给付原告瑞雪鼎尚：1.支票金额人民币十五万五千八百三十元；2.前述本金自二〇一七年三月十六日起计算至实际给付之日止，按中国人民银行同期贷款基准利率计算的利息；3. 案件受理费一千七百零八元

⇦《票据法》第七十条：“持票人行使追索权，可以请求被追索人支付下列金额和费用：（一）被拒绝付款的汇票金额；（二）汇票金额自到期日或者提示付款日起至清偿日止，按照中国人民银行规定的利率计算的利息；（三）取得有关拒绝证明和发出通知书的费用。”

⇦ 2017年《票据法》第八十六条：“支票上未记载收款人名称的，经出票人授权，可以补记。”

⇦ 2017年《票据法》第八十九条：“出票人必须按照签发的支票金额承担保证向该持票人付款的责任。出票人在付款人处的存款足以支付支票金额时，付款人应当在当日足额付款。”

⇦ 2017年《票据法》第九十三条：“支票的背书、付款行为和追索权的行使，除本章规定外，适用本法第二章有关汇票的规定。支票的出票行为，除本章规定外，适用本法第二十四条、第二十六条关于汇票的规定。”

第三节　对本案的评析

本案是未记载收款人名称而授权他人补记的支票因为补记人未将实际上的收款人补记上去，反而将收款人的后手补记到收款人名称位置上而发生的票据追索权纠纷。

北京房山区法院在案件的审理过程中采取了两种判断标准来判断案外人李利平与原告瑞雪鼎尚公司在票据中的实际位置。在这里法院采用的是客观实际交易的事实去认定原告不是实际上的支票收款人。法院不采信被告主张的票据外观形式认定票据当事人在票据关系中的位置，认为原告形式上与被告的直接当事人不符合客观实际，否认原告与被告不是形式上的直接当事人，致使被告用《票据法》第十条“票据的签发、取得和转让，应当遵循诚实信用的原则，具有真实的交易关系和债权债务关系。票据的取得，必须给付对价，即应当给付票据双方当事人认可的相对应的代价”进行抗辩时被法院否认。

认定李利平的票据关系地位时法院没有遵循实际交易的客观事实，排斥了李利平的收款人地位，但是本案的客观事实是李利平是支票的收款人，按照法院的实际交易原则，应该认定李利平是收款人，那么李利平就应该是票据当事人，在认定票据交易过程中票据当事人是：勇博机电公司——李利平——瑞雪鼎尚公司。那么李利平手持只有被告勇博机电公司完成签章与自愿交付给李利平并欠缺收款人名称的支票，票据上没有李利平签章，只有出票人勇博机电公司的签章，作为经常使用支票的原告瑞雪鼎尚公司在与李利平交易与受让支票时就有义务按照《票据法》第 31 条审查出票与背书签章的连续性，在支票上没有李利平签章的情况下，外观特征是很容易看出来李利平不是形式上的票据当事人，那么就应该问清楚李利平与支票出票人是什么关系，在不能辨别李利平是不是被告勇博机电公司的职工或代理人的情况下，有义务根据《票据法》三十一条的规定判断李利平是否享有票据权利。原告在履行合同交付货物时就应该根据票据上记载的当事人勇博机电公司交付。在票据当事人与交易合同的当事人不一致的情况下，将货物交付给李利平是重大过失，在外观特征很容易辨认李利平不是票据形式上的当事人的情况下就将货物交付给李利平并接受支票，瑞雪鼎尚公司同样存在重大过失。按照《票据法》第十二条第二款的规定“持票人因重大过失取得不符合本法规定的票据的，也不得享有票据权利。”原告瑞雪鼎尚公司不享有票据权利。

《票据法》第三十一条第一款“以背书转让的汇票，背书应当连续。持票人以背书的连续，证明其汇票权利；非经背书转让，而以其他合法方式取得汇票的，依法举证，证明其汇票权利。”瑞雪鼎尚公司从票据的外观特征上不能依照该法条判断李利平是真实票据权利人的情况下，应该预见到李利平与出票人勇博机电公司之间存在抗辩事由，根据《票据法》第十三条：“票据债务人不得以自己与出票人或者与持票人的前手之间的抗辩事由，对抗持票人。但是，持票人明知存在抗辩事由而取得票据的除外。”被告勇博机电公司可以用抗辩持票人瑞雪鼎尚公司的前手李利平的抗辩事由对抗持票人。

本案无论是从支票形式上记载的当事人来看，还是从实际发生交易的客观事实来看，被告勇博机电公司均可以票据基础关系不真实进行抗辩。

综上房山区法院认定案件事实不清，适用法律不全面，一味地否定被告的答辩意见，这种判决不公允。但是被告在一审判决后没有上诉也是被告的失误，被告的律师没有及时发现一审的瑕疵而建议被告上诉也是失误。

思考题

1. 接受授权补记收款人名称的支票时，应该注意审查那些事项？
2. 结合上述案例法院在认定案情事实与使用法律时存在哪些失误？

第二十七章　晨化公司案析票据利益返还请求权的行使

第一节　案情事实与法院的审理

一、案情事实

扬州晨化新材料股份有限公司与中国民生银行股份有限公司北京西坝河支行票据利益返还请求权纠纷一审民事判决书[①]

北京市朝阳区人民法院民事判决书(2017)京0105民初44703号

原告：扬州晨化新材料股份有限公司，住所地宝应县曹甸镇镇中路＊＊号。

法定代表人：于子洲，董事长。

委托诉讼代理人：史承华，男，扬州晨化新材料股份有限公司财务总监。

被告：中国民生银行股份有限公司北京西坝河支行，营业场所北京市朝阳区西坝河西里甲18号。

负责人：杨莹，行长。

委托诉讼代理人：龚夫，北京市中银律师事务所律师。

委托诉讼代理人：刘强，北京市中银律师事务所律师。

原告扬州晨化新材料股份有限公司(以下简称晨化公司)与被告中国民生银行股份有限公司北京西坝河支行(以下简称西坝河支行)票据利益返还请求权纠纷一案，本院受理后，依法适用简易程序，公开开庭进行了审理。原告晨化公司的委托诉讼代理人史承华，被告西坝河支行的委托诉讼代理人龚夫到庭参加诉

① 中国裁判文书网。

讼。本案现已审理终结。

原告晨化公司向本院提出诉讼请求：判令西坝河支行向其支付135660元。事实和理由：2010年1月5日，西坝河支行签发了一张银行承兑汇票，票号GA/0101974994，金额135660元，出票人北新集团建材股份有限公司（以下简称北新建材公司）、收款人为扬州华明化工有限公司（以下简称华明公司），后该票据经过背书转给了浙江合盛硅业有限公司（以下简称合盛公司）、晨化公司、宝应县农业银行曹甸分理处（晨化公司开户行，以下简称农行曹甸分理处），因该汇票已经过期，晨化公司无法兑付汇票款。经协商亦未果。

被告西坝河支行辩称，不同意晨化公司的诉讼请求。理由是：晨化公司超过两年未行使票据权利，已经丧失权利；涉案票据有瑕疵，西坝河支行已经出具拒绝付款理由书。

原告晨化公司依法向本院提交以下证据：1. 银行承兑汇票；2. 汇票收款人华明公司与晨化公司共同出具的证明；3. 合盛公司工商登记信息；4. 合盛公司的证明；5. 晨化公司的承诺函、合法持票证明以及机构信用代码证、开户许可证。被告西坝河支行向本院提交退票理由书予以证明。经本院组织双方举证、质证，西坝河支行对晨化公司证据1不持异议、晨化公司对西坝河支行的证据不持异议，本院予以确认。西坝河支行对晨化公司提出的曾向其提供证据2、3、4、5不置可否，提出上述材料的真实性由法院核实。本院核实了合盛公司名称变更登记情况，本院认为上述材料均为原件，没有相反证据推翻，本院予以采信。

本院根据上述认证，结合当事人陈述，查明如下事实：

晨化公司在票号为GA/0101974994的银行承兑汇票的粘单上背书，委托农行曹甸分理处收款，未能获得兑付。该汇票票面记载出票人为北新建材公司、收款人为华明公司，出票日期2010年1月5日，到期日同年4月5日，金额135660元，出票人有签章，承兑栏内加盖有中国民生银行305100001073编码的汇票专用章。根据该汇票背面及粘单的顺序记载：华明公司作为背书人（背书人签章处盖的是晨化公司的章），将汇票背书转让给被背书人“浙江合盛硅业有限公司”；“浙江合盛硅业有限公司”作为背书人签章，将汇票背书转让给晨化公司；晨化公司作为背书人签章，将汇票交付被背书人农行曹甸分理处委托收款。

2016年11月22日，西坝河支行对涉案汇票拒付，并出具拒绝付款理由书，理由载明为：合盛公司户名及变更需要补充说明两份，1. 印鉴变更的说明（带有票面信息的),2.印鉴变更的证明材料,开户行预留旧印鉴及新印鉴的复印件并加盖该企业公章。

诉讼中,晨化公司提出:其从华明公司受让涉案汇票时,华明公司未在背书人栏内签章,其在背书人栏内加盖了自己的印鉴,将汇票背书转让给其供货商合盛公司以支付货款,合盛公司收票后即发现背书问题,将汇票背书还给晨化公司(被背书人栏内加盖晨化公司条形章),之后晨化公司背书委托自己的开户行收款;由于晨化公司内部财务管理有问题,多张汇票未能及时兑现,2016 年 11 月才就涉案汇票向西坝河支行主张权利;曾向西坝河支行提交与华明公司共同的说明、合盛公司证明以及其自己有关取得票据、承诺担责的证明材料及相关证照等;合盛公司已经变更名称,旧章已不存在,因此无法提供西坝河支行要求的加盖该公司旧章的证明材料。

晨化公司提交的 2010 年 4 月 1 日与华明公司共同签章的说明内容为:2010 年 3 月 20 日华明公司因结清货款需要,将涉案汇票(出票日期、到期日、出票金额、出票人全称、收款人全称同上,略)转让给晨化公司,转让过程中,因华明公司财务工作人员失误,未在票据背书盖章,由此引起的纠纷由华明公司、晨化公司承担。晨化公司提交的 2016 年 9 月 18 日合盛硅业股份有限公司给西坝河支行出具的证明,罗列了涉案汇票票面要素(同上,略),说明涉案汇票系该公司与晨化公司真实交易形成并转让给晨化公司,承兑引起的纠纷由该公司承担,并加盖了该公司财务印鉴及人名章。工商变更登记材料显示,合盛公司于 2014 年 12 月 8 日经核准变更名称为合盛硅业股份有限公司。西坝河支行对收取过晨化公司上述材料未置可否。庭后,晨化公司委托诉讼代理人表示晨化公司与华明公司有关联,华明公司的法定代表人系其配偶,华明公司股东原为其夫妻二人,后变更为其配偶一人,华明公司早已停止经营。

二、法院的审理

本院认为,涉案汇票在向承兑人西坝河支行请求承兑时必要记载事项齐全,为合法有效票据。根据我国票据法规定,持票人对票据的出票人和承兑人的权利,自票据到期日起二年,期限内不行使的,票据权利消灭。晨化公司是涉案汇票记载的最后一手背书人,该汇票到期日为 2010 年 4 月 7 日,有证据证明委托收款的日期是 2016 年,虽然 2016 年 11 月的退票理由书所载退票理由不是超过票据时效,但是西坝河支行表示此前未接到过付款请求也未作出过拒绝表示,现没有证据证明晨化公司在法律规定的两年期内行使过票据权利，因此事实上晨化公司 2016 年委托收款时已经超过法律规定的票据权利行使期间，已经丧失了票据权利。票据法规定，持票人因超过票据权利时效或者因票据记载事项欠缺而丧失票据权利的，仍享有民事权利，可以请求出票人或者承兑人返还其与未支付的票据金额相当的利益。晨化公司委托收款时主张的是票据权利，按照票据法的规定，以背书转让的汇票，背书应当连续。持票人以背书的连续，证明其汇票权利；非经背书转让，而以其他合法方式取得汇票的，依法举证，证明其汇票权利。西坝河支行作为承兑人审查背书情况符合规定，要求票据上的背书人合盛公司出具名称及印鉴变更材料，也无不妥。晨化公司在票据权利灭失后持票向承兑人主张票据利益返还请求权，即主张民事权利，则就其民事权利之所在负有举证责任。从证据角度分析，晨化公司持有涉案票据，且是票据上记载的最后一手背书人；票据记载的收款人华明公司做出了未经背书将涉案汇票转让给晨化公司的说明；工商登记信息显示合盛公司已于 2014 年 12 月 8 日（晨化公司委托收款前）变更名称为合盛硅业股份有限公司，该公司也出具证明确认将涉案汇票转让给晨化公司。因此，尽管晨化公司没能补齐西坝河支行要求的证明材料，但也没有相反证据推翻，故不影响通过所持票据认定晨化公司享有与票面金额相当的民事权益，其主张票据利益返还请求权，于法有据，本院予以支持。

综上，依照《中华人民共和国票据法》第十七条、第十八条、第三十一条，《中华人民共和国民事诉讼法》第六十四条，《最高人民法院关于适用〈中华人民共和国民事诉讼法〉的解释》第九十条、第一百零五条之规定，判决如下：

被告中国民生银行股份有限公司北京西坝河支行于本判决生效之日起十日内返还原告扬州晨化新材料股份有限公司票据利益，即支付涉案票号为 GA/0101974994 的银行承兑汇票金额 135660 元。

如果未按本判决指定的期间履行给付金钱义务，应当依照《中华人民共和国民事诉讼法》第二百五十三条之规定，加倍支付迟延履行期间的债务利息。案件受理费 1507 元，由被告中国民生银行股份有限公司北京西坝河支行负担（于本判决生效之日起七日内交纳）。如不服本判决，可在判决书送达之日起十五日内，向本院递交上诉状，并按对方当事人的人数提出副本，上诉于北京市第三中级人民法院。

二〇一七年七月二十七日审结。

第二节　当事人起诉、答辩与法院判决的逻辑图

一、原告晨化公司起诉的逻辑图

2010年1月5日，民生银行北京西坝河支行签发了一张银行承兑汇票，票号GA/0101974994，金额135660元，出票人北新建材公司，收款人明华公司，后经合盛公司背书取得的汇票

晨化公司2016年11月通过开户行农行曹甸分理处向民生银行北京西坝河支行委托收款，因该汇票已经过期，晨化公司无法兑付汇票款。经协商亦未果

《票据法》第十八条　持票人因超过票据权利时效或者因票据记载事项欠缺而丧失票据权利的，仍享有民事权利，可以请求出票人或者承兑人返还其与未支付的票据金额相当的利益

→ 请求法院判令西坝河支行向其支付135660元

二、被告民生银行北京西坝河支行的答辩逻辑图

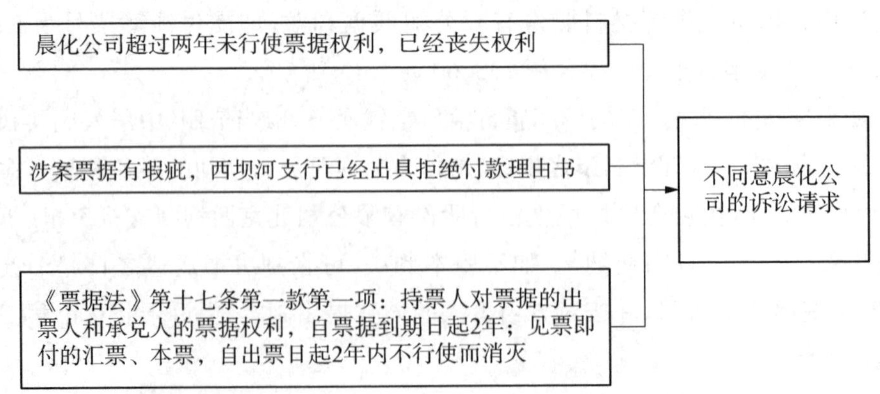

三、法院的判决逻辑图

理由		结论
涉案汇票在向承兑人西坝河支行请求承兑时必要记载事项齐全为合法有效票据。该汇票到期日为2010年4月7日，有证据证明委托收款的日期是2016年，晨化公司2016年委托收款时已经超过法律规定的票据权利行使期间，已经丧失了票据权利	⇨	其主张票据利益返还请求权，于法有据，本院予以支持
《票据法》第十八条“持票人因超过票据权利时效或者因票据记载事项欠缺而丧失票据权利的，仍享有民事权利，可以请求出票人或者承兑人返还其与未支付的票据金额相当的利益。”	⇨	
晨化公司在票据权利灭失后持票向承兑人主张票据利益返还请求权，负有举证责任。晨化公司持有涉案票据，且是票据上记载的最后一手背书人，票据记载的收款人华明公司与原告的直接前手合盛公司均出具证明确认将涉案汇票转让给晨化公司	⇨	

第三节 对本案的评析

本案是票据权利因为行使的时效届满丧失票据权利后，根据《票据法》第十八条的规定行使票据利益返还请求权救济合格的票据持票人权益的典型案例。根据《票据法》第十八条“持票人因超过票据权利时效或者因票据记载事项欠缺而丧失票据权利的，仍享有民事权利，可以请求出票人或者承兑人返还其与未支付的票据金额相当的利益。”持票人在丧失票据权利后才享有票据利益返还请求权，该权利被法律定性为民事权利，所以本案原告起诉被告要求其返还票据金额的诉讼时效应该遵守当时生效的《民法通则》第一百三十五条规定的二年诉讼时效。

本案诉争汇票的到期日为 2010 年 4 月 7 日，根据《票据法》第十七条第一条第一款的规定，原告享有汇票的票据权利在 2012 年 4 月 7 日凌晨零点丧失，也就是从此刻开始可以行使票据利益返还请求权，按照《民法通则》第一百三十五条的规定，其享有请求汇票出票人与付款人返还票据利益的期限截止到 2014 年 4 月 7 日凌晨零点届满前必须行使，但是有证据证明原告委托收款的日期是 2016 年 11 月，晨化公司 2016 年委托收款时已经超过法律规定的票据权利行使期间，也已经超过了利益返还请求权行使的诉讼时效。但是法院仍然判决被告民生银行北京西坝河支行于本判决生效之日起十日内返还原告扬州晨化新材料股份有限公司票据利益，即支付涉案票号为 GA/0101974994 的银行承兑汇票金额 135660 元。是因为被告与被告律师没有提出抗辩吗？本案披露的案情与被告的答辩意见中没有出现这一信息。另外本案的被告没有提出上诉让一审判决发生法律效力被告律师的失职。

本案法院在认定原告是合格的持票人方面、以及使用票据法的有关条文方面是正确的，但是没有适用《民法通则》第一百三十五条去否定原告的胜诉权，因为欠缺被告辩论的详细资料，笔者不好加以评析。

思考题

1. 票据利益偿还请求权的性质是什么？
2. 票据利益偿还请求权应该如何行使？其诉讼时效如何？

第二十八章 太平洋保险再审申请案析保险事故发生时保险价值的认定

第一节 案情事实与法院的审理

一、案情事实

中华人民共和国最高人民法院民事裁定书(2019)最高法民申6811号①

再审申请人(一审被告、二审上诉人):中国太平洋财产保险股份有限公司宁夏分公司。住所地:宁夏回族自治区银川市金凤区上海西路106号派胜云天商务大厦8—10层、15层1502室,侧楼1—2层。

法定代表人:齐福义,该分公司总经理。

委托诉讼代理人:周玉华,北京德恒律师事务所律师。

被申请人(一审原告、二审被上诉人):贺兰九天源橡胶有限公司。住所地:宁夏回族自治区银川市德胜工业园区德胜东路13号。

法定代表人:周增诚,该公司经理。

再审申请人中国太平洋财产保险股份有限公司宁夏分公司(以下简称太平洋保险公司)因与被申请人贺兰九天源橡胶有限公司(以下简称九天源公司)财产保险合同纠纷一案,不服本院(2018)最高法民终1194号民事判决,向本院申请再审。本院依法组成合议庭进行了审查,现已审查终结。

太平洋保险公司申请再审称:一、原审判决认定事实缺乏证据证明。

① 中国裁判文书网。

(一)原审判决对受损货物数量、单价、金额、权属及九天源公司是否具有保险利益、是否足额投保等关键事实未查清,也未根据最高人民法院发回重审裁定指导的方向,对投保轮胎入库出库的原始单据、太平洋保险公司从九天源公司电脑拷贝的财务数据、九天源公司向税务机关报送的财务数据的客观真实性予以核实,对案涉火灾实际损失及九天源公司的实际损失未予查明。(二)九天源公司应承担举证不能的法律后果。1. 九天源公司仅依电脑数据要求赔付,拒绝提供原始发票和财务账册,其对于无法核实的部分无权主张赔偿。2. 九天源公司在鉴定中未提供完整的会计资料,造成宁夏华恒信会计师事务所无法开展司法鉴定工作,其应承担责任。3. 中国外运宁夏公司(以下简称外运公司)出具的关于轮胎数量的《证明》,系传来证据,缺乏发票、账册等原始凭证的核对,不能证明九天源公司享有保险利益。(三)北京中铁保险公估有限责任公司青岛分公司(以下简称中铁青岛分公司)出具的《贺兰九天源橡胶有限公司"9. 20"火灾财综案保险公估报告》(以下简称《中铁公估报告》)缺乏真实性和合法性,不应据此认定案涉损失;西安正益保险公估有限公司(以下简称正益公司)出具的《贺兰九天源橡胶有限公司"2010. 09. 20"火灾事故公估报告》(以下简称《正益公估报告》)与青岛大华保险公估有限公司(以下简称大华公司)出具的《财产综合险公估报告》(以下简称《大华公估报告》)客观真实,应作为定损理赔的依据。(四)本案存在保险人免责情形。1. 根据从消防部门档案中调取的《关于"9. 20"贺兰县宁夏大卓科工贸有限公司(以下简称大卓公司)6#仓库火灾事故调查报告》(以下简称《火灾事故调查报告》)显示,九天源公司对案涉火灾的发生具有重大过失,根据保险合同第八条约定,应属免赔情形,太平洋保险公司不应承担保险责任。2. 火灾发生至今,九天源公司并未向仓库出租方主张赔偿权利,已实际放弃该权利,根据保险合同第36条约定,太平洋保险公司不承担赔偿保险金的责任。(五)《火灾事故调查报告》及《谈话笔录》系火灾发生后,消防部门和具体经办人依据现场勘查情况和办案经验做出的第一手专业判断,再无可能存在比其更为可信的结论,应予采信。

二、原审判决适用法律错误。原审判决依据《中华人民共和国保险法》(以下简称《保险法》)第二十三条的规定,支持九天源公司的利息请求,属适用法律错误。九天源公司至今未提供发票、账册等财务原始资料,未履行相关法定义务。

综上,太平洋保险公司依据《中华人民共和国民事诉讼法》第二百条第二项、第六项规定申请再审,请求撤销原判,依法改判。

九天源公司未提交书面意见。

二、再审法院对案件的审理与判决

本院审查认为，根据案件事实及法律规定，太平洋保险公司的申请再审事由不能成立。

一、原审判决认定的基本事实具有证据支持。关于太平洋保险公司是否应承担赔偿责任及赔付数额如何确定的问题。首先，太平洋保险公司履行赔偿义务有合同依据。原审查明，九天源公司与太平洋保险公司于2010年5月26日签订两份财产综合险保险合同，约定保险财产为被保险人九天源公司存放于银川德胜工业园区德胜东路13号的存货轮胎，保险价值确定方式为账面原值，保险金额共计5666万元并对保险费、保险期间、保险责任、责任免除、赔偿处理等进行了约定。合同履行中，太平洋保险公司依据上述保险金额收取了九天源公司依约支付的保险费54393.6元。其次，太平洋保险公司不具有免除赔偿责任的情形。据查，2010年9月20日，存放案涉保险财产轮胎的银川德胜工业园区德胜东路13号大卓公司发生火灾，虽经消防部门认定涉嫌人为纵火，但经公安机关侦查无果后，予以撤销案件处理。太平洋保险公司主张《火灾事故调查报告》显示九天源公司对案涉火灾发生具有重大过失，但该报告为非正式对外公布文件、未加盖公章，而《谈话笔录》系为调查核实该报告而形成的，原审均不予采信并无不当。现太平洋保险公司并无充分证据证明九天源公司在案涉保险事故火灾中存在故意或者重大过失，且在火灾事故发生后，九天源公司第一时间通知了消防部门到达现场进行救援工作，亦通知了太平洋保险公司进行勘察，已尽到投保人必要而合理的义务。第三，太平洋保险公司赔付的原则应为九天源公司投保轮胎遭受火灾造成的实际损失。本案中，经双方同意并由原审法院委托的宁夏华恒信会计事务所对火灾发生时库存轮胎实际损失无法进行鉴定，而双方各自委托提交的公估报告结论差距较大。经查，九天源公司、外运公司分别与宁夏银行中山支行、交通银行宁夏分行于2010年4月21日、5月30日签订质押监管协议，约定九天源公司将案涉存货轮胎作为对宁夏银行中山支行、交通银行宁夏分行的质押担保物，并交由外运公司监管。由于双方财产综合保险合同确定的保险金额和九天源公司提供的《中铁公估报告》与上述质押监管协议及宁夏银行中山支行、交通银行宁夏分行、外运公司出具的《证明》相互印证，故原审判决结合全案证据和事实认定《中铁公估报告》能够较为客观的反映火灾发生时库存轮胎的实际损失并无不当。

二、原审判决适用法律正确。根据《保险法》第二十三条第二款“保险人未及时履行前款规定义务的，除支付保险金外，应当赔偿被保险人或者受益人因此受到的损失”的规定，由于太平洋保险公司未在法定期间内履行核定九天源公司保险金的义务，故原审判决太平洋保险公司承担自公安机关撤销案件次日起不履行保险赔偿义务的利息损失，并无不当。

综上，太平洋保险公司的再审申请不符合《中华人民共和国民事诉讼法》第二百条第二项、第六项规定的应当再审的情形。本院依照《中华人民共和国民事诉讼法》第二百零四条第一款、《最高人民法院关于适用〈中华人民共和国民事诉讼法〉的解释》第三百九十五条第二款之规定，裁定如下：

驳回中国太平洋财产保险股份有限公司宁夏分公司的再审申请。

二〇一九年十二月二十七日审结。

第二节　当事人再审申请与答辩及法院裁判的逻辑图

一、再审申请人太平洋保险宁夏分公司申请再审的逻辑图

九天源公司拒绝提供原始发票和财务账册，其对于无法核实的部分无权主张赔偿；九天源公司在鉴定中未提供完整的会计资料，造成宁夏华恒信会计师事务所无法开展司法鉴定工作，其应承担责任；外运公司出具的关于轮胎数量的《证明》，系传来证据，缺乏发票、账册等原始凭证的核对，不能证明九天源公司享有保险利益 ⇨ 原审判决认定事实缺乏证据证明

九天源公司对案涉火灾的发生具有重大过失，根据保险合同第八条约定，应属免赔情形，太平洋保险公司不应承担保险责任；火灾发生至今，九天源公司并未向仓库出租方主张赔偿权利，已实际放弃该权利，根据保险合同第36条约定，太平洋保险公司不承担赔偿保险金的责任 ⇨ 原审判决认定事实缺乏证据证明

原审判决对受损货物数量、单价、金额、权属及九天源公司是否具有保险利益、是否足额投保等关键事实未查清，对案涉火灾实际损失及九天源公司的实际损失未予查明 ⇦ 原审判决认定事实缺乏证据证明

《火灾事故调查报告》及《谈话笔录》系火灾发生后，消防部门和具体经办人依据现场勘查情况和办案经验做出的第一手专业判断，再无可能存在比其更为可信的结论，应予采信 ⇦ 原审判决认定事实缺乏证据证明

《中铁公估报告》缺乏真实性和合法性，不应据此认定案涉损失；《正益公估报告》与《大华公估报告》）客观真实，应作为定损理赔的依据 ⇦ 原审判决认定事实缺乏证据证明

原审判决认定事实缺乏证据证明 ⇩

太平洋保险公司依据《中华人民共和国民事诉讼法》第二百条第二项、第六项规定申请再审，请求撤销原判，依法改判

九天源公司至今未提供发票、账册等财务原始资料，未履行相关法定义务 ⇨ 原审判决适用法律错误

原审判决依据《中华人民共和国保险法》（以下简称《保险法》）第二十三条的规定，支持九天源公司的利息请求，属适用法律错误 ⇦ 原审判决适用法律错误

原审判决适用法律错误 ⇧ 太平洋保险公司依据《中华人民共和国民事诉讼法》第二百条第二项、第六项规定申请再审，请求撤销原判，依法改判

二、由于被申请人没有提交书面答辩状，故本案无答辩逻辑图

三、法院的裁判逻辑图

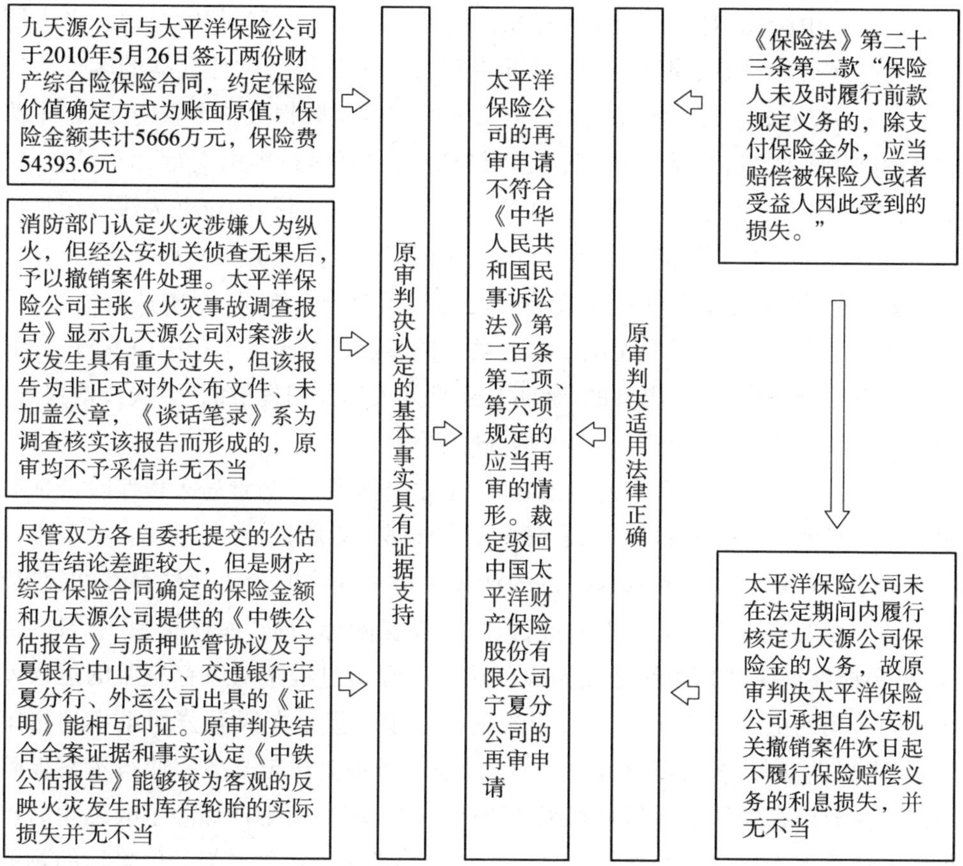

九天源公司与太平洋保险公司于2010年5月26日签订两份财产综合险保险合同，约定保险价值确定方式为账面原值，保险金额共计5666万元，保险费54393.6元

消防部门认定火灾涉嫌人为纵火，但经公安机关侦查无果后，予以撤销案件处理。太平洋保险公司主张《火灾事故调查报告》显示九天源公司对案涉火灾发生具有重大过失，但该报告为非正式对外公布文件、未加盖公章，《谈话笔录》系为调查核实该报告而形成的，原审均不予采信并无不当

尽管双方各自委托提交的公估报告结论差距较大，但是财产综合保险合同确定的保险金额和九天源公司提供的《中铁公估报告》与质押监管协议及宁夏银行中山支行、交通银行宁夏分行、外运公司出具的《证明》能相互印证。原审判决结合全案证据和事实认定《中铁公估报告》能够较为客观的反映火灾发生时库存轮胎的实际损失并无不当

原审判决认定的基本事实具有证据支持

太平洋保险公司的再审申请不符合《中华人民共和国民事诉讼法》第二百条第二项、第六项规定的应当再审的情形。裁定驳回中国太平洋财产保险股份有限公司宁夏分公司的再审申请

原审判决适用法律正确

《保险法》第二十三条第二款“保险人未及时履行前款规定义务的，除支付保险金外，应当赔偿被保险人或者受益人因此受到的损失。”

太平洋保险公司未在法定期间内履行核定九天源公司保险金的义务，故原审判决太平洋保险公司承担自公安机关撤销案件次日起不履行保险赔偿义务的利息损失，并无不当

第三节　对案件的评析

本案是因为财产保险发生火灾保险事故而导致的保险理赔纠纷。本案再审案情中由于缺少被申请人九天源公司的答辩材料，无法知晓被申请人在申请再审时的答辩意见，导致案件材料显示一直是再审申请人在与法院辩论，给人一种

法院审理案件采用职权主义模式的感觉，同时给人一种法官偏向九天源公司而没有居中审理的印象。

本案诉争的关键在于九天源公司对火灾烧毁的轮胎有无保险利益，有无确切的证据来证明火灾烧毁的轮胎数量、价值总额与九天源公司申请理赔的保险金额一致。被申请人九天源公司存放于银川德胜工业园区德胜东路 13 号的存货轮胎，按照生产经营的管理程序应该有出入库的原始单据，正如再审申请人在再审申请书中所称"对投保轮胎入库出库的原始单据、太平洋保险公司从九天源公司电脑拷贝的财务数据、九天源公司向税务机关报送的财务数据的客观真实性予以核实，对案涉火灾实际损失及九天源公司的实际损失未予查明"。一审法院采用间接证据"九天源公司、外运公司分别与宁夏银行中山支行、交通银行宁夏分行于 2010 年 4 月 21 日、5 月 30 日签订质押监管协议，约定九天源公司将案涉存货轮胎作为对宁夏银行中山支行、交通银行宁夏分行的质押担保物，并交由外运公司监管"来说明仓库中存放的存货与九天源公司提供的《中铁公估报告》一致明显带有偏颇性，因为无论是上述质押监管协议及宁夏银行中山支行、交通银行宁夏分行、外运公司出具的《证明》，还是九天源公司提供的《中铁公估报告》均是被申请人单方提供与形成的证据，缺乏公允性。

西安正益保险公估有限公司出具的《正益公估报告》与青岛大华保险公估有限公司出具的《大华公估报告》，案情中没有披露是谁聘请他们公估的，如果是保险人请他们评估的就表明双方提供的涉案保险标的物的价值评估存在冲突，应该再请公允的第三方对火灾损失进行评估，在保险标的物"库存轮胎"烧毁的情况下，最能够说明真相的就是九天源公司生产经营过程中对库存轮胎的进入库记录与公司的生产销售记录及公司的纳税记录。但是九天源公司至申请再审时，仍未提供发票、账册等财务原始资料，未履行相关法定义务。使得本案保险事故发生时库存轮胎的价值真相无法查明。《保险法》对财产保险事故发生时被保险人或投保人提供理赔材料的规定中没有要求必须提供详细的保险标的物的详细数据，包括被保险人生产经营与存放保险标的物的详细数据，但是《保险法》第二十二条规定"保险事故发生后，按照保险合同请求保险人赔偿或者给付保险金时，投保人、被保险人或者受益人应当向保险人提供其所能提供的与确认保险事故的性质、原因、损失程度等有关的证明和资料。"这里的有关"证明"与"资料"应该包括一切可以查清保险标的物在保险事故发生时现状的证明与资料，在本案包括九天源公司库存轮胎进入仓库的详细资料。《保险法》第二十七条第三款规定"保险事故发生后，投保人、被保险人或者受益人以伪造、变造的有关证明、资料或者其他证据，编造虚假的事故原因或者夸大损失程度的，保险人对其虚报的部分不承担赔偿或者给付保险金的责任”也表明实践中存在被保险人或受益人夸大保险事故损失程度的现象，为了查明真相，九天源公司必须提供详细的库存轮胎的详细进入库资料，方能够证明保险标的物在保险事故发生时的真实价值。法院以九天源公司以库存轮胎质押贷款合同中约定的库存轮胎价值印证《中铁公估报告》的可信任性显然不公允，因为九天源公司与太平洋保险公司之间的保险合同签订于 2010 年 5 月 26 日，九天源公司、外运公司分别与宁夏银行中山支行、交通银行宁夏分行于 2010 年 4 月 21 日、5 月 30 日签订质押监管协议，保险事故发生于 2010 年 9 月 20 日，期间相隔近四个月之久，九天源公司不可能在这近四个月期间没有销售发生火灾的仓库里面的存货轮胎。作为一家经常经营的轮胎经营企业，存货轮胎是处于变动之中的，法院以保险合同中约定的保险金额作为保险公司理赔的保险金不符合存货轮胎变动的客观事实，也有违《保险法》的规定。

综上，本案的事实认定不准确，有违我国《保险法》与《证据法》的精神，难以让人信服，“以事实为根据、以法律为准绳”审理案件，应该是以客观真实的事实为根据，在诉辩双方对案情事实有争议，对本案保险事故发生时“库存轮胎”的保险价值有争议时，法院应该应再审申请人的请求，调取九天源公司生产经营的原始会计凭证，查明进出库存的轮胎情况，聘请公正的第三方公估机构对库存轮胎进行估价，才能确定火灾发生时库存轮胎的真实价值。但是从保险事故发生到申请再审之间已经过去九年，尽管会计法对会计原始凭证的保存时间有要求，但是九年后再要求九天源公司提供 2010 年的轮胎库存存货记录等生产经营的原始会计凭证确实比较艰难，本案的一审与二审法院当时就应该要求九天源公司提交原始会计凭证。

本案除事实认定难以让人信服以外，其他方面均较好，适用法律正确。

思考题

1. 财产保险的保险价值、保险金额、保险金这三者的区别是什么？保险事故发生时，保险人应该按照上面那一概念反映的价值进行理赔？

2. 保险利益在财产保险合同中的功能是什么？

第二十九章 王梓懿诉阳光保险案析人身意外伤害团体险的理赔

第一节 案情事实与法院的审理

一、案情事实

云南省昆明市官渡区人民法院民事判决书(2017)云 0111 民初 2139 号①

原告：王梓懿，男，1994 年 7 月 11 日生，汉族，住云南省昆明市盘龙区。

委托诉讼代理人：余丽梅，云南何国辉律师事务所律师，特别授权代理。

被告：阳光财产保险股份有限公司云南省分公司，营业场所云南省昆明市塘双路 205 号。负责人：李煜，总经理。

被告：阳光财产保险股份有限公司云南省分公司呈贡营销服务部，营业场所云南省昆明市官渡区星都总部基地 049 幢 1 单元 2 层写字楼 49 室。负责人：邓晓衡，总经理。

二被告共同委托诉讼代理人：李文富、顾艳梅，阳光财产保险股份有限公司云南省分公司职员，特别授权代理。

原告王梓懿与被告阳光财产保险股份有限公司云南省分公司意外伤害保险合同纠纷一案，本院于 2017 年 3 月 6 日受理后，由审判员李涛独任审判，于 2017 年 5 月 17 日公开开庭进行了审理。原告王梓懿及其诉讼代理人余丽

---

① 中国裁判文书网。

梅、被告诉讼代理人李文富、顾艳梅到庭参加诉讼。双方当事人同意本案简易程序审限届满后继续适用简易程序进行审理，本案依法报延审限三个月。2017年8月25日，本院作出(2017)云0111民初2139号民事裁定，裁定驳回原告的起诉。原告不服本院裁定提起上诉，昆明市中级人民法院于2017年11月30日作出(2017)云01民终6663号民事裁定，裁定指令本院继续审理。本案现已审理终结。

原告诉称：2016年4月6日，云南强昌建设工程有限公司(下称“强昌公司”)在被告处投保了一份建筑工程团体意外伤害险，投保的工程名称为云南蓬发经贸有限公司生产厂房及物流车间工程(二标段)，工程地点为昆明阳宗海七甸片区松茂村云南山泉生产基地旁。2016年7月8日，强昌公司员工程明在上述工程施工过程中不慎摔伤，后经鉴定构成七级伤残。2016年11月10日，强昌公司委托公司负责人王梓懿即本案原告处理保险理赔事宜。2016年11月17日，程明与原告签订《权益转让书》并进行公证，程明将上述保险权益转让给原告。权益转让后，原告向被告理赔遭拒。为维护原告的合法权益，特诉至法院，请求判令被告向原告支付保险金250,000元并承担本案诉讼费。

二被告共同辩称：被告阳光财产保险股份有限公司云南省分公司呈贡营销部确实承保了原告主张的意外保险，但保险单特别约定医疗费超过两万的需提供安全主管部门的事故证明。原告无法提供，被告不能明确事故发生的真实原因，故不能支付保险金。原告诉称伤者与其签订了权益转让书，但被告没有见到赔偿依据，无法证明伤者是否得到实际的赔偿。

当事人对下述事实无争议：2016年4月6日，云南强昌建设工程有限公司向被告阳光财产保险股份有限公司云南省分公司呈贡营销服务部投保建筑工程团体意外伤害保险。被告阳光财产保险股份有限公司云南省分公司呈贡营销服务部向投保人云南强昌建设工程有限公司签发保单号为1246927002016000102的《建筑工程团体意外伤害保险A款条款(2014版)保险单》，该保险单记载工程名称为“云南蓬发经贸有限公司生产厂房及物流车间工程(二标段)”，保险期间为“自2016年4月7日0时起至2017年4月6日24时止”，保险险种为建筑工程团体意外伤害保险A款条款(2014版)(保险责任类型为意外伤害身故、每人保额为500,000元)、建筑工程团体意外伤害保险A款条款(2014版)(保险责任类型为意外伤害残疾、每人保额为500,

000 元)、附加建筑工程团体意外伤害医疗保险条款(2010 版)(保险责任类型为意外伤害医疗、每人保额为 50,000 元)。并记载“特别约定:1. 被保险人因意外伤害而支付的符合当地社会基本医疗保险支付范围内的医疗费用。保险人对一次事故中 100 元以内(含 100 元)的医疗费用不承担保险责任,对于一次事故中 100 元以上部分的医疗费用按照 85%比例在保险金额内予以补偿……5. 发生死亡残疾事故或意外伤害医疗达 2 万元(含)以上必须提供当地建筑安全主管部门出具的事故证明书。”同日,投保人云南强昌建设工程有限公司支付被告阳光财产保险股份有限公司云南省分公司呈贡营销服务部保险费 21,000 元。阳光财产保险股份有限公司建筑工程团体意外伤害保险 A 款条款(2014 版)记载:“第五条、在保险期间内,被保险人在从事建筑施工或者与建筑施工相关的工作时,或在施工现场或施工期内指定的生活区域内,遭受意外伤害事故导致身故、残疾的,保险人依照下列约定给付保险金,且给付各项保险金之和不超过保险金额……(二)残疾保险责任:在本保险合同保险期间内,被保险人遭受保险责任范围内的意外伤害事故,并自该事故发生之日起 180 日内以该次事故为直接且单独原因导致本保险合同所附《人身保险伤残评定标准》(简称“《标准》”)中所列伤残之一的,保险人按该《标准》所列给付比例乘以保险单所载的保险金额给付伤残保险金。如自该意外伤害事故发生之日起第 180 日治疗仍未结束,按第 180 日的身体情况进行残疾鉴定,并据此给付残疾保险金……”2016 年 7 月 8 日,案外人程明在受雇云南强昌建设工程有限公司从事云南蓬发经贸有限公司生产厂房及物流车间工程(二标段)施工劳务过程中从高处坠落受伤。同日,程明入昆明市呈贡区人民医院住院治疗,产生住院医疗费 1,550.46 元、门诊治疗费 1,022.94 元、急救费 530 元。其后,转入云南省第二人民医院住院治疗,诊断为“1. 右侧髌骨开放性粉碎性骨折;2. 头外伤:左前颅底骨折;3. 左侧眼眶外侧壁粉碎性骨折;4. 左眼视神经管骨折;5. 左眼眶颧突骨折;6. 左眼顿挫伤,视神经损伤;7. 全身多处软组织挫伤;8. 颈椎退行性改变;9. 右肾及右输尿管管上段积水、扩张;10. 左肾占位,性质待定”,于 2016 年 8 月 3 日出院,产生住院医疗费 73,831.96 元。2016 年 11 月 7 日,昆明法医院司法鉴定中心受程明委托出具[2016]LC 鉴字第 3174 号法医临床鉴定意见书,意见为“程明此次损伤的致残程度为保险 7(柒)级伤残”。2016 年 11 月 17 日,案外人程明签署《权益转让书》并经云南省昆明市明信公证处公证,内容为“阳光财产保险股份有限公司云南省分公司:本人是你公司 1246927002016000102(保单号码)保险合同中被保险人程明(被保险人名称)的保险金受益人,身份证号码系为512322198204166276。因此次事故所有费用与赔偿金均由云南强昌建设工程有限公司(投保单位)负责人王梓懿事先支付或垫付赔偿金。本人自愿将2016年7月8日出险(出险日期)发生的属于上述保险合同项下的保险事故应获得的各项保险金以转账方式转让给云南强昌建设工程有限公司负责人王梓懿(接受人名称),并授权你公司直接向其支付保险金,受益人指定账户:开户名称:王梓懿(身份证号码为)……"上述事实有经庭审举质证且双方互对其真实性无异议的原告提交《施工合同》复印件、《保险投保申请书》、保险单、保险费发票、司法鉴定意见书、医疗费发票、证人(方某)证言、公证书以及被告提交的《投保单》《阳光财产保险股份有限公司建筑工程团体意外伤害保险A款条款(2014版)》为据,本院予以在卷佐证。另查明,云南强昌建设工程有限公司就本案所涉工程向华泰财产保险有限公司云南分公司投保建筑工程施工人员团体人身意外伤害综合保险,投保险种包括"人身意外身故/残疾保险"保险(保险金额300,000元、"附加意外伤害医疗"保险(保险金额3万元)。且本案原告王梓懿以华泰财产保险有限公司云南分公司为被告就本案事故提起诉讼要求支付保险金143,831.96元。

本案争议焦点为:一、案外人程明是否系上述云南强昌建设工程有限公司所投标建筑工程施工人员团体人身意外伤害综合保险的被保险人以及是否发生保险事故?二、涉案保险金请求权是否可以转让?三、本案保险责任应当如何确定?

关于争议焦点一。原告主张案外人程明系云南强昌建设工程有限公司所雇佣人员并于2016年7月8日在保险合同约定的"云南蓬发经贸有限公司生产厂房及物流车间工程(二标段)"施工中摔伤;被告则抗辩主张原告未提供建筑安全主管部门出具的证明材料,故认为不足以确认发生保险事故。针对上述争议,本院认为,根据被告庭审质证意见,可明确案外人程明于2016年7月8日在云南蓬发经贸有限公司生产厂房及物流车间工程(二标段)(昆明阳宗海七甸片区松茂村云南山泉生产基地旁)从事劳务过程中从高处坠落受伤。涉案保险合同约定采取不记名方式投保,理赔时需提供被保险人当地建筑安全主管部门出具的事故证明书。相关程序性约定要求目的在于确定被保险人及保险事故有据,却非认定被保险人及保险事故的必要条件,即具备相应材料不等于可确定保险事故,相反如有其他证据可证明时,相关材料并非必需。根据本案证据,可认定案外人程明系受雇于云南强昌建设工程有限公司的劳务人员,为涉案保险合同项下被保险人及程明受伤属保险事故。被告以原告未能提供建筑安全主管部门出具证明材料为由抗辩程明非被保险人及原告主张事故非保险事故于法无据，本院不予采纳。

关于争议焦点二。本案云南强昌建设工程有限公司在被告阳光财产保险股份有限公司云南省分公司呈贡营销服务部处投保建筑工程团体意外伤害保险，双方成立人身保险合同关系。案外人程明在保险期间发生保险事故，为该保险合同的被保险人、受益人。原告王梓懿主张受让被保险人程明发生人身损伤保险事故的保险金请求权，本院以涉案保险金请求权为专属被保险人债权，属不得转让的保险金请求权为由驳回原告起诉。云南省昆明市中级人民法院以程明所获取的补偿属于经济性补偿，法律未明确规定该种保险金请求权不得转让为由指令本院继续审理。基于生效裁判既判力，本院确认原告与涉案被保险人程明所订立《权益转让书》有效，涉案程明所享有保险金请求权已转让予原告王梓懿。在生效裁判确定保险金请求权可转让情形下，被告抗辩被保险人是否实际得到赔偿不能确定无据，本院不予采纳。

关于争议焦点三。根据本案查明事实，可认定程明为被告阳光财产保险股份有限公司云南省分公司呈贡营销服务部承保的建筑工程施工团体意外伤害保险合同项下被保险人。保险期间，程明在从事保险合同约定的工程施工过程中受到人身伤害，被告阳光财产保险股份有限公司云南省分公司呈贡营销服务部应当承担相应保险责任。程明所受损依《人身保险伤残评定标准》经鉴定达七级伤残，根据涉案《阳光财产保险股份有限公司建筑工程团体意外伤害保险A款条款(2014版)》第五条约定，被告应给付残疾保险金200,000元(保险金额500,000元×40%)。另，云南强昌建设工程有限公司投保保险金额为50,000元的附加意外伤害医疗险，涉案被告签发的《阳光财产保险股份有限公司建筑工程团体意外伤害保险A款条款(2014版)保险单》以特别约定方式记载“被保险人因意外伤害而支付的符合当地社会基本医疗保险支付范围内的医疗费用。保险人对一次事故中100元以内(含100元)的医疗费用不承担保险责任，对于一次事故中100元以上部分的医疗费用按照85%比例在保险金额内予以补偿”。该条款依特别约定方式在保险单中列明，应视为被告阳光财产保险股份有限公司云南省分公司呈贡营销服务部已履行提示、说明义务，相应条款有效。对涉案程明受伤医疗保险金的确定，应按此条款约定处理。经查明，程明住院期间产生医疗费76,935.36元，按上述条款约定，被告阳光财产保险股份有限公司云南省分公司呈贡营销服务部应给付的医疗保险金为50,000元(即扣除绝对免赔额100元,超过部分按85%计算后超保险金额,应按保险金额确定保险金),原告起诉主张医疗保险金50,000元未超此限,本院予以确认。

综上,原告基于受让涉案保险金请求权主张要求被告阳光财产保险股份有限公司云南省分公司呈贡营销服务部给付保险金250,000元有相应事实及法律依据,本院予以支持。被告阳光财产保险股份有限公司云南省分公司同为保险公司分支机构,但非本案保险合同相对人。保险公司分支机构的责任最终应由公司承担,分支机构之间仅存在公司财产配置问题,故本院对原告要求被告阳光财产保险股份有限公司云南省分公司在本案中直接承担责任的请求,不予支持。据此,依照《中华人民共和国保险法》第三十一条、第三十九条,《最高人民法院关于适用〈中华人民共和国保险法〉若干问题的解释(三)》第十三条之规定,判决如下:

由被告阳光财产保险股份有限公司云南省分公司呈贡营销服务部于本判决生效之日起十日内支付原告王梓懿保险金250,000元。

如果未按本判决指定的期限履行给付金钱义务,应当依照《中华人民共和国民事诉讼法》第二百五十三条之规定,加倍支付迟延履行期间的债务利息。

案件受理费5,050元,减半收取2,525元,由被告阳光财产保险股份有限公司云南省分公司呈贡营销服务部负担,余额2,525元退还原告。

如不服本判决,可在判决书送达之日起十五日内,向本院递交上诉状,并按对方当事人的人数提出副本,上诉于云南省昆明市中级人民法院,并向云南省昆明市中级人民法院交纳上诉案件受理费。

双方当事人均服判的,本判决即发生法律效力。若负有义务的当事人不自动履行本判决,享有权利的当事人可在本判决规定履行期限届满后二年内向本院申请强制执行。

二〇一八年一月八日审结。

第二节　当事人起诉、答辩与法院判决的逻辑图

一、原告王梓懿起诉的逻辑图

强昌公司在被告处投保了一份建筑工程团体意外伤害险，投保的工程名称为云南蓬发经贸有限公司生产厂房及物流车间工程（二标段），保险期间为2016年4月7日起至2017年4月6日24时止 ⇒

2016年7月8日，强昌公司员工程明在上述工程施工过程中不慎摔伤，后经鉴定构成七级伤残。2016年11月10日，强昌公司委托公司负责人王梓懿即本案原告处理保险理赔事宜 ⇒

请求法院判令被告向原告支付保险金250,000元并承担本案诉讼费

⇐ 2016年11月17日，程明与原告签订《权益转让书》并进行公证，程明将上述保险权益转让给原告。权益转让后，原告向被告理赔遭拒

⇐ 《保险法》第三十四条第二款“按照以死亡为给付保险金条件的合同所签发的保险单，未经被保险人书面同意，不得转让或者质押”表明经过被保险人书面同意人身保险的保险单可以转让

二、被告阳光财产保险云南分公司呈贡营销部的答辩逻辑图

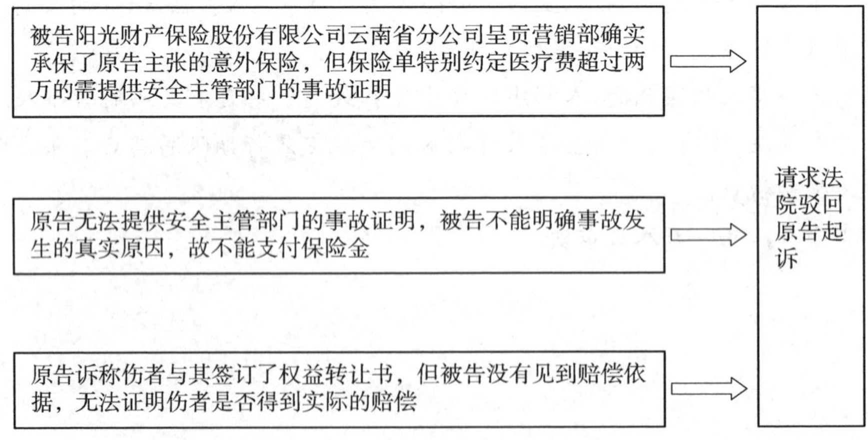

三、法院的判决逻辑图

理赔时需提供被保险人当地建筑安全主管部门出具的事故证明书只是理赔的相关程序性约定。要求目的在于确定被保险人及保险事故有据，却非认定被保险人及保险事故的必要条件，即具备相应材料不等于可确定保险事故，如有其他证据可证明时，相关材料并非必需

根据本案证据，可认定案外人程明系受雇于云南强昌建设工程有限公司的劳务人员，为涉案保险合同项下被保险人及程明受伤属保险事故

被告以原告未能提供建筑安全主管部门出具证明材料为由抗辩程明非被保险人及原告主张事故非保险事故于法无据，本院不予采纳

被告抗辩被保险人是否实际得到赔偿不能确定无证据证明，本院不予采纳

团体意外伤害保险人身保险合同有效成立，程明在保险期间发生保险事故，为该保险合同的被保险人、受益人。原告王梓懿主张受让被保险人程明发生人身损伤保险事故的保险金请求权

云南省昆明市中级人民法院以程明所获取的补偿属于经济性补偿，法律未明确规定该种保险金请求权不得转让。原告与涉案被保险人程明所订立《权益转让书》有效，涉案程明所享有保险金请求权已转让予原告王梓懿

被告阳光财产保险股份有限公司云南省分公司呈贡营销服务部

原告基于受让涉案保险金请求权主张要求被告阳光财产保险股份有限公司云南省分公司呈贡营销服务部给付保险金250,000元有相应事实及法律依据，本院予以支持

被告阳光财产保险股份有限公司云南省分公司呈贡营销服务部于本判决生效之日起十日内支付原告王梓懿保险金250,000元

《中华人民共和国保险法》第三十一条、第三十九条，《最高人民法院关于适用〈中华人民共和国保险法〉若干问题的解释（三）》第十三条

程明所受损依《人身保险伤残评定标准》经鉴定达七级伤残，根据涉案《阳光财产保险股份有限公司建筑工程团体意外伤害保险A款条款（2014版）》第五条约定，被告应给付残疾保险金200,000元（保险金额500,000元×40%）

《阳光财产保险股份有限公司建筑工程团体意外伤害保险A款条款（2014版）保险单》特别约定“被保险人因意外伤害而支付的符合当地社会基本医疗保险支付范围内的医疗费用。对于一次事故中100元以上部分的医疗费用按照85%比例在保险金额内予以补偿”

原告起诉主张医疗保险金50,000元未超限，本院予以确认

程明住院期间产生医疗费76,935.36元，按上述条款约定，被告阳光财产保险股份有限公司云南省分公司呈贡营销服务部应给付的医疗保险金为50,000元（即扣除绝对免赔额100元，超过部分按85%计算后超保险金额，应按保险金额确定保险金）

第三节　对案件的评析

本案是单位对与其有劳动关系的全体劳动者为被保险人投保的团体人身保险合同,又涉及到人身意外伤害险保险理赔请求权转让的问题。我国《保险法》第三十四条第二款规定"按照以死亡为给付保险金条件的合同所签发的保险单,未经被保险人书面同意,不得转让或者质押",那么在被保险人书面同意的情况下,人身保险单可以转让,依据保险合同而形成的人身保险理赔请求权可以转让。而且我国《保险法》没有明文禁止人身保险理赔请求权的转让。所以本案原告受让被保险人程明的保险理赔请求权是合法有效的。

本案被告抗辩主张原告未提供建筑安全主管部门出具的证明材料,没有证明材料不足以确认发生保险事故。保险合同尽管有保险理赔金额超过2万元需要提供建筑安全主管部门出具的证明材料,但是证明保险事故的发生有多种方式,建筑安全主管部门出具的证明只是证明方式之一,而且这个证明材料仅仅是保险理赔的程序性条件,并不是影响保险事故认定与保险理赔的实质性条件,保险公司以此为理由拒绝理赔没有法律依据。法院认为"理赔时需提供被保险人当地建筑安全主管部门出具的事故证明书只是理赔的相关程序性约定,目的在于确定被保险人及保险事故有据,却非认定被保险人及保险事故的必要条件,即具备相应材料不等于可确定保险事故,如有其他证据可证明时,相关材料并非必需。"

被告辩称伤者与原告签订了权益转让书,但被告没有见到赔偿证据,无法证明伤者是否得到实际的赔偿。这一点有被保险人程明出具的书面证据(2016年11月17日,案外人程明签署,并经云南省昆明市明信公证处公证的《权益转让书》)加以证明,《权益转让书》载明"事故所有费用与赔偿金均由王梓懿事先支付或垫付赔偿金。本人自愿将2016年7月8日出险(出险日期)发生的属于上述保险合同项下的保险事故应获得的各项保险金以转账方式转让给王梓懿"。因此,被告的抗辩没有事实依据。如果被告一定要看到王梓懿事先支付或垫付赔偿金的证据,可以调出医院缴纳医疗费用的监控及医院财务处收取医疗费的工作人员作证,如果王梓懿采用银行转账方式缴纳医疗费就可以出具转账凭证。

本案以保险合同约定的保险事故发生后的理赔标准计算出来的理赔金额既有法律依据,也有事实依据。法院指出:被告阳光财产保险股份有限公司云南省分公司同为保险公司分支机构，非本案保险合同相对人。对原告要求被告阳光财产保险股份有限公司云南省分公司在本案中直接承担责任的请求，不予支持，应该支付保险理赔金的是阳光财产保险股份有限公司云南省分公司呈贡营销服务部，最终判决被告呈贡营销服务部于本判决生效之日起十日内支付原告王梓懿保险金 250,000 元。这一判决合法、合情、合理。

综上，本案事实查明清楚，适用法律准确，是经典的公正判决。

思考题

1. 人身保险中的团体意外伤害险生效的要件是什么？
2. 被保险人在人身保险合同的权益可否转让，转让依据是什么？

第三十章　太平洋保险再审申请案析保险利益在海洋运输货物保险事故中的认定

第一节　案情事实与法院的审理

一、案情事实

中华人民共和国最高人民法院民事裁定书(2019)最高法民申5619号[①]

再审申请人(一审被告、二审上诉人):中国太平洋财产保险股份有限公司宁波东城支公司。住所地:浙江省宁波高新区清水桥路611号华城花园31、35、37号38幢1706-1709室。

代表人:金威良,该支公司总经理。

委托代理人:戚生苗,北京安杰(上海)律师事务所律师。

被申请人(一审原告、二审上诉人):宁波恒业再生金属有限公司。住所地:浙江省宁波市镇海区后海塘定海东路(金属园区)。

法定代表人:陈奕祥,该公司执行董事。

委托代理人:耿德伍,北京市华泰律师事务所上海分所。

委托代理人:许竞伟,北京市华泰律师事务所上海分所。

一审被告:中国太平洋财产保险股份有限公司宁波分公司。住所地:浙江省宁波市海曙区和义路95号。

代表人:苏金华,该分公司总经理。

---

① 中国裁判文书网。

委托代理人：戚生苗，北京安杰(上海)律师事务所律师。

再审申请人中国太平洋财产保险股份有限公司宁波东城支公司(以下简称太保东城支公司)因与被申请人宁波恒业再生金属有限公司(以下简称恒业公司)以及一审被告中国太平洋财产保险股份有限公司宁波分公司海上保险合同纠纷一案，不服浙江省高级人民法院(2019)浙民终53号民事判决，向本院申请再审。本院依法组成合议庭对本案进行审查，现已审查终结。

太保东城支公司向本院申请再审称：(一)原判决认定恒业公司对案涉保险标的具有保险利益属于法律适用错误。保险条款虽然约定保险金额的计价方式是FOB价，但惯例并不具有强制性约束力，风险转移应当根据实际履行情况判断。2016年1月16日，恒业公司将火灾后尚余的637.26公吨废旧金属，连同其向远东通商株式会社(以下简称远东会社)另行采购的367.52公吨废旧金属，共计1004.78公吨货物，做成新的一票业务进口至宁波。该票货物的合同单价为48000日元/公吨，低于涉案货物49500日元/公吨的合同价。该部分货物损失实际由远东会社承担，可见火灾发生时的风险并未转移给恒业公司。恒业公司在涉案火灾发生时对保险标的不具保险利益，无权向太保东城支公司索赔。(二)火灾系货物自燃导致，原判决认定太保东城支公司的主张证据不足，属于举证责任分配和法律适用错误。恒业公司在事故发生后自认火灾因货物自燃引起，其对船东新舟船务有限公司(以下简称新舟公司)进行赔偿进一步证明恒业公司认可火灾是由货物本身原因造成。1.恒业公司在报案材料《情况说明》中明确提出："在装船接近1000吨的时候船上发现冒烟并自燃"，可见在事故发生当时恒业公司对火灾因货物自燃引起是明知的。2.《中华人民共和国海商法》第七十条规定："托运人对承运人、实际承运人所遭受的损失或者船舶所遭受的损坏，不负赔偿责任；但是，此种损失或者损坏是由于托运人或者托运人的受雇人、代理人的过失造成的除外。"《租船确认书》第11条约定："托运人/租船人应对由货物的核辐射以及自燃造成的损失负责赔偿。"涉案货物为散装五金废料，在装船后处于出租人控制之下，恒业公司不存在过失，其对新舟公司进行赔偿的行为只能表明其认可火灾为货物自燃引起。恒业公司起诉主张火灾非因自燃引起，应当举证推翻其自认。二审法院将举证责任分配给太保东城支公司加重了保险人的证明义务。故依据《中华人民共和国民事诉讼法》第二百条第六项之规定申请再审。

恒业公司提交意见称：(一)太保东城支公司负有理赔义务，拒赔理由不能成立。1.案涉货物系意外发生火灾，属于保险责任范围。本案火灾发生是外在原因意外所致，货物携带油渍或互相撞击以及磁锤吸引对货物品质并无影响，并不构成货物自身缺陷。2. 原判决举证责任分配并无不当。举证责任倒置只在法律明确规定的特定情形下适用，本案不属于举证责任倒置的情形。3. 恒业公司并未违反最大诚信原则，太保东城支公司未曾以不具备保险利益为由拒绝理赔，在诉讼过程中再以此为由拒赔违反最大诚信原则。《受灾证明书》中所载的受灾时间为 2015 年 12 月 18 日，恒业公司于次日向太保东城支公司提交《情况说明》，当时尚未对火灾原因进行检验、调查，并不知悉火灾的具体原因，恒业公司在报案时的自述并不构成自认。（二）在火灾事故发生时，恒业公司对保险标的具有保险利益。1. 根据 2010 年修订的《国际贸易术语解释通则》，FOB 或 CFR 术语下的货物风险自货物装上船起由卖方转移至买方。因火灾毁损的 417. 96 公吨货物已经装船，买方恒业公司既已承担风险，对涉案损毁货物具有保险利益。2. 恒业公司已结算支付 417. 96 公吨货物的价款，其经济利益因货物毁损而遭受损失，足以证明恒业公司对 417. 96 公吨货物具有保险利益。3. 火灾剩余 637. 26 公吨货物的单价由恒业公司与实际供货商远东会社协商确认，系双方对市场交易行为的自主决定，不存在贬值问题，更不能以此推断恒业公司对涉案毁损的货物不具有保险利益。综上，请求驳回太保东城支公司的再审申请。

二、再审法院对申请再审案件的审理

本院认为：本案系当事人申请再审案件，应当围绕太保东城支公司申请再审的理由是否成立进行审查。

恒业公司对案涉货物具有保险利益。本案中，日本蓄电器工业株式会社代理远东会社以自己的名义与恒业公司签订废金属买卖合同，采用 FOB 贸易术语。在 FOB 贸易术语条件下，货物风险自交货港越过船舷时转移给买方。太保东城支公司一审提交的调查报告载明“超过 60％的货物已经被装载上了轮船”，太保东城支公司亦认可至少有 633 公吨货物在火灾事故发生时已经装船。恒业公司对已装船的货物承担风险，对保险标的具有保险利益。《中华人民共和国保险法》第十二条第二款规定：“财产保险的被保险人在保险事故发生时，对保险标的应当具有保险利益。”火灾事故发生后，恒业公司与远东会社对剩余的 637. 26 公吨货物另作处理，并不能否定恒业公司在保险事故发生时对保险标的具有保险利益。原判决认定恒业公司对案涉货物具有保险利益，太保东城支公司提出恒业公司对保险标的不具有保险利益的上诉理由不能成立，并无不当。

原判决举证责任分配是正确的。根据本案海洋运输保险条款“责任范围”

"平安险"条款的约定，火灾事故属于该险别的承保风险，太保东城支公司主张构成"除外责任"，对此负有证明义务。恒业公司在报案材料《情况说明》中认为"在装船接近1000吨的时候船上发现冒烟并自燃"，只是对火灾发生情况的描述，其并未在诉讼中认可火灾因货物自燃引起，并不构成自认。恒业公司对新舟公司做出赔偿是其与新舟公司协商的结果或者其对自身权利的处分，不能因此推定赔偿行为构成其对火灾原因的自认。案涉保险条款"除外责任"为"被保险货物的自然损耗、本质缺陷、特性以及市价跌落、运输延迟所引起的损失或费用"。太保东城支公司应当举证证明货损为货物的本质缺陷导致。恒业公司在《情况说明》中的表述以及对新舟公司赔偿的事实均不足以证明货物起火原因是货物本质缺陷导致。太保东城支公司提供的公估报告亦未明确火灾事故系货物的本质缺陷所致。原判决认定太保东城支公司拒赔依据不足，并无不当。

综上，太保东城支公司的再审申请不符合《中华人民共和国民事诉讼法》第二百条第六项规定的情形。本院依照《中华人民共和国民事诉讼法》第二百零四条第一款、《最高人民法院关于适用〈中华人民共和国民事诉讼法〉的解释》第三百九十五条第二款之规定，裁定如下：驳回中国太平洋财产保险股份有限公司宁波东城支公司的再审申请。

二〇一九年十一月二十二日审结。

第二节　当事人申请再审、再审答辩与法院审判的逻辑图

一、当事人申请再审逻辑图

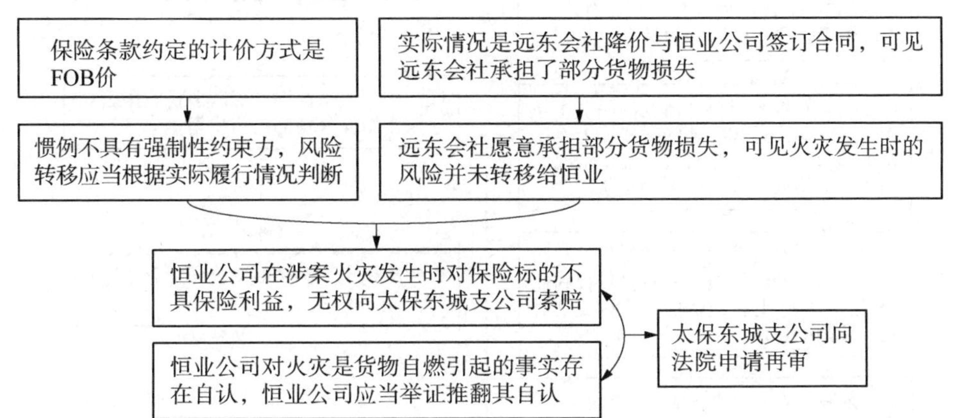

二、恒业公司的答辩逻辑图

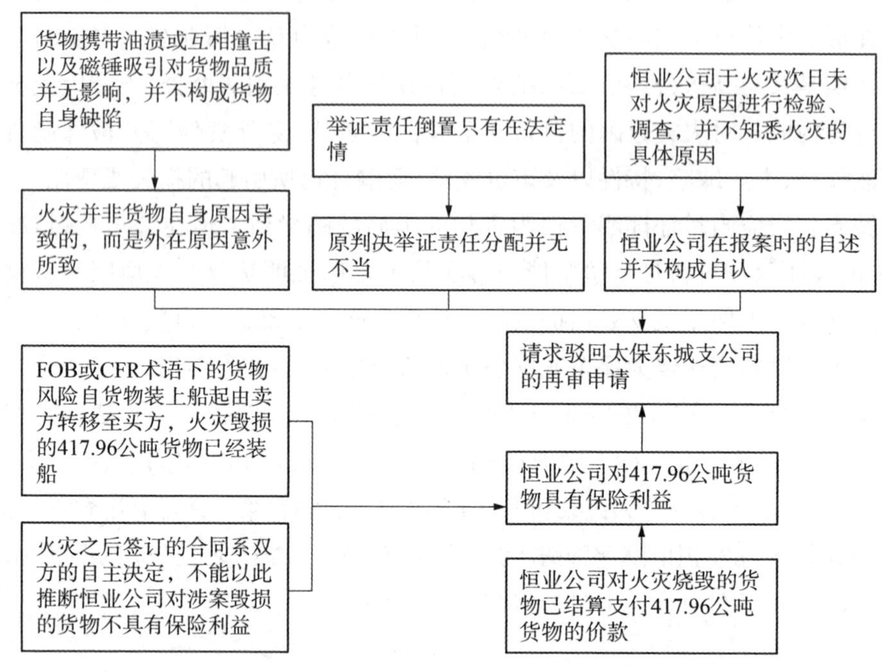

三、法院的再审裁定图

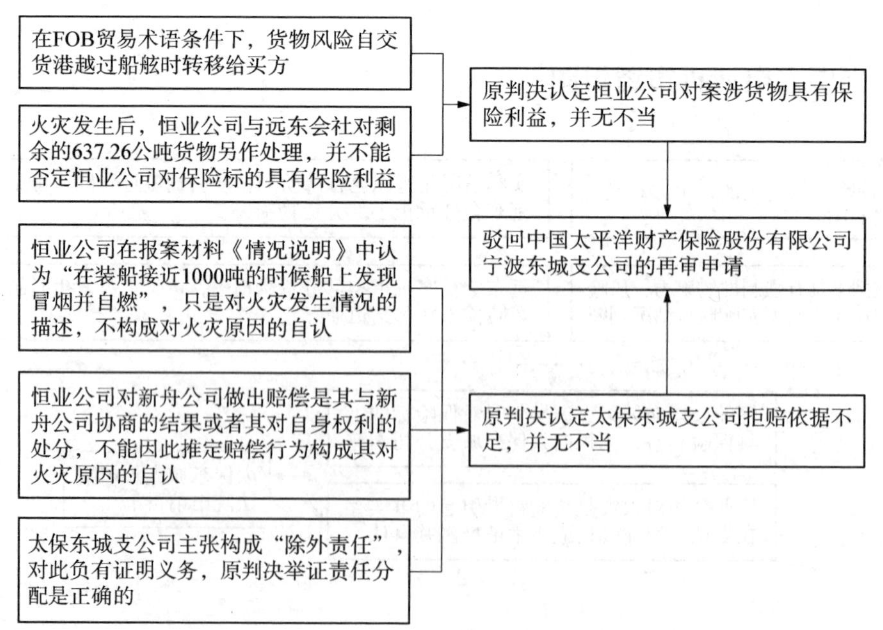

第三节　对法院的判决的评析

本案是海上保险合同纠纷，主要涉及以下争议焦点：一、恒业公司在火灾事故发生时对保险标的是否具有保险利益；二、太保东城支公司拒赔理由是否成立。

本再审案的法院裁定，对于第一个争议点，法院的说理很充分，既有相关规定，又有事实依据。在 FOB 贸易术语条件下，货物风险自交货港越过船舷时转移给买方，所以显然恒业公司对因火灾毁损的货物具有保险利益。火灾事故发生后，恒业公司与远东会社对剩余的 637.26 公吨货物另作处理，并不能否定恒业公司在保险事故发生时对保险标的具有保险利益。

对于第二个争议点，法院首先根据本案海洋运输保险条款"责任范围""平安险"条款的约定，火灾事故属于该险别的承保风险，太保东城支公司主张构成"除外责任"，明确原判决举证责任分配是正确的；其次，反驳了申请人认为恒业公司已经对火灾原因进行自认的观点，恒业公司在报案材料《情况说明》中认为"在装船接近 1000 吨的时候船上发现冒烟并自燃"，只是对火灾发生情况的描述，其并未在诉讼中认可火灾因货物自燃引起，并不构成自认。恒业公司对新舟公司做出赔偿是其与新舟公司协商的结果或者其对自身权利的处分，不能因此推定赔偿行为构成其对火灾原因的自认。恒业公司在《情况说明》中的表述以及对新舟公司赔偿的事实均不足以证明货物起火原因是货物本质缺陷导致。申请再审的法院最终认定原判决认定太保东城支公司拒赔依据不足，并无不当，依法驳回再审申请人的再审申请，有理有据，法律适用正确。

思考题

1. 被保险人对保险事故因运输货物"自燃"所引起而自认的构成条件是什么？

2. 如何确定运输途中船载货物的保险利益？

第三十一章 人财保险再审申请案析最大诚信原则在保险案例中的运用

第一节 案情事实与法院的审理

一、案情事实

安徽省高级人民法院民事裁定书(2020)皖民申1899号[①]

再审申请人(一审被告、二审上诉人):中国人民财产保险股份有限公司金昌市分公司,住所地甘肃省金昌市金川区新华东路18区。

负责人:魏欣,该公司总经理。

委托诉讼代理人:陈炷昌,甘肃清锋律师事务所律师。

被申请人(一审被告、二审被上诉人):广德县开元汽车运输服务有限公司,住所地安徽省广德县桃州镇凤凰十组。

法定代表人:赵世魁,该公司经理。

被申请人(一审原告、二审被上诉人):张余,男,1988年5月7日出生,汉族,住重庆市忠县。

被申请人(一审被告、二审被上诉人):黄波,男,1979年8月5日出生,汉族,住安徽省广德县。

被申请人(一审被告):中国人民财产保险股份有限公司宿州市分公司,住所地安徽省宿州市浍水东路277号。

负责人:张秋娣,该公司经理。

---

① 中国裁判文书网。

再审申请人中国人民财产保险股份有限公司金昌市分公司（以下简称人保金昌公司）因与被申请人张余、黄波、广德县开元汽车运输服务有限公司（以下简称开元运输公司）、中国人民财产保险股份有限公司宿州市分公司机动车交通事故责任纠纷一案，不服安徽省宣城市中级人民法院（2019）皖18民终657号民事判决，向本院申请再审。本院依法组成合议庭进行了审查，现已审查终结。

人保金昌公司申请再审称，（一）二审法院另查明的事实与实际情况不符。二审判决认定开元运输公司提交的商业保险单中特别约定部分载明："1. 该车实际车号为皖P×××××。2. 本车车主为：开元运输公司"，此内容是开元运输公司伪造。人保金昌公司一、二审中提交了双方签订的保险合同，保单"特别约定"一栏空白。开元运输公司伪造、变造车辆行驶证信息投保，说明该公司投保时明知车辆不属于人保金昌公司的投保范围。明知发生交通事故不能获得理赔，又一次对保险单的内容进行添加，开元运输公司的行为恶劣。二审法院未审查该份证据的真实性，明显违法。（二）保险公司向交通事故受害人承担赔偿责任必须具备两个条件：一是侵权责任主体对受害人负赔偿责任，二是保险公司与侵权责任主体之间存在合法有效的保险合同。皖P×××××车辆所有人开元运输公司未向人保金昌公司投保商业三者险，人保金昌公司与开元运输公司不存在保险合同关系，不存在承担赔偿责任的事实基础和法律依据。张余以甘A×××××号车辆商业三者险的保单为据，要求人保金昌公司承担赔偿责任，没有法律依据。根据《中华人民共和国保险法》第十二条第二款、第四十八条的规定，开元运输公司不是皖P×××××号车辆商业三者险的被保险人，没有证据证明赵娅妮系皖P×××××号车辆的所有权人，事故发生时赵娅妮对肇事车辆不具有保险利益，在发生事故后均不得向人保金昌公司请求赔偿。（三）原审判决人保金昌公司根据最大诚信原则承担责任，对人保金昌公司不公。最大诚信原则是保险当事人都应遵守的原则，非保险公司专有义务。"甘A×××××"号车辆是电话投保，人保金昌公司只能从形式上对相关信息进行审查，没有义务判断真假。人保金昌公司既不是国家权力机关，也没有经过相关权力机关授权，无法核查证件的真实性。赵娅妮违背最大诚信原则，以虚假资料和信息投保，已达到触犯刑法的程度，原判决却按最大诚信原则判决人保金昌公司承担保险理赔责任。（四）人保金昌公司已向公安机关报案，公安机关正在查处之中。同时，根据《中华人民共和国保险法》第十六条第一款的规定，人保金昌公司有合同解除权。根据原保监会的规定，保险公司不能办理跨省的保险业务，开元运输公司或者赵娅妮显然是清楚这一行规才使用变造、伪造的行驶证投保。由于涉案车辆不符合人保金昌公司的承保条件，人保金昌公司于2018年4月27日在《甘肃日报》上发布了解除包括涉案车辆在内的保险合同的通知书。截至目前，开元运输公司、赵娅妮均未请求人民法院或者仲裁机构确认解除合同的效力，合同已解除。根据《中华人民共和国保险法》第十六条第四款的规定，人保金昌公司不承担保险责任。原判决对合同的效力及是否解除问题只字未提，适用法律不当。综上所述，依据《中华人民共和国民事诉讼法》第二百条第三项、第六项规定，申请再审。

二、再审法院对申请再审案件的审理

本院经审查认为，(一)人保金昌公司关于保单中"特别约定"中的内容是开元运输公司伪造的理由不能成立。第一，单号为PDAA201762030000010818的《机动车商业保险保险单(正本)》中，"特别约定：1. 该车实际车号为：皖P×××××。2. 本车车主为："开元运输公司)"，与保单中其他保险信息一样，同为打印字体，因保单为人保金昌公司制作、提供，要认定"特别约定"内容是开元运输公司伪造、变造，人保金昌公司应提供证据予以证明，否则应承担不利后果。第二，人保金昌公司提交的单号为NO：TDAA201762030000024706《机动车商业保险/机动车交通事故强制责任保险投保单》中"特别约定"一栏空白，不能证明上述保单"特别约定"内容系开元运输公司伪造、变造。第三，开元运输公司一审已提交保单原件，人保金昌公司不到庭参加诉讼，现申请再审称"没有人指出有此'特别约定'"，故意曲解事实。综合上述三点，人保金昌公司提供的证据不能证明保单中"特别约定"内容系开元运输公司伪造。(二)人保金昌公司关于与开元运输公司之间不存在保险关系的理由不能成立。根据保单"特别约定"内容，以及保单记载的被保险车辆的车架号、发动机号等信息与皖P×××××车一致，可以认定人保金昌公司已经承保皖P×××××车辆，与开元运输公司之间形成了保险合同关系。(三)关于人保金昌公司只对投保车辆信息作形式审查的申请理由。人保金昌公司称"'甘A×××××'号车辆是电话投保，人保金昌公司只能从形式上对相关信息进行审查，没有义务判断真假"，该主张是否符合保险行业业务规范，姑且不论，该主张与保单"特别约定"内容相悖，不能成立。人保金昌公司在保单对投保车辆实际信息已作明确标注的情况下，主张投保人违背最大诚信原则，理由不能成立。(四)关于人保金昌公司案涉保险合同已经解除的申请理由。本案保险事故发生于2017年9月3日,人保金昌公司2018年4月27日登报声明解除案涉保险合同,无论解除理由在法律上是否成立,均不能免除人保金昌公司应承担解除行为以前发生的保险事故的赔偿责任。

综上,人保金昌公司的再审申请不符合《中华人民共和国民事诉讼法》第二百条第三项、第六项规定情形。依照《中华人民共和国民事诉讼法》第二百零四条第一款及《最高人民法院关于适用的解释》第三百九十五条第二款的规定,裁定如下:

驳回中国人民财产保险股份有限公司金昌市分公司的再审申请。

二〇二〇年五月十三日审结。

第二节　再审当事人申请再审与法院裁判的逻辑图

一、再审申请人申请再审的逻辑图

开元运输公司提交的商业保险单中特别约定部分所载明的信息是伪造的，人保金昌公司一、二审中提交了双方签订的保险合同,保单“特别约定”一栏空白。二审法院未审查该份证据的真实性 ⇨

皖P×××××车辆所有人开元运输公司未向人保金昌公司投保商业三者险，人保金昌公司与开元运输公司不存在保险合同关系，不存在承担赔偿责任的事实基础和法律依据。开元运输公司不是皖P×××××号车辆商业三者险的被保险人 ⇨

依据《中华人民共和国民事诉讼法》第二百条第三项、第六项规定，申请再审

⇦ 赵娅妮违背最大诚信原则，以虚假资料和信息投保,已达到触犯刑法的程度,原判决却按最大诚信原则判决人保金昌公司承担保险理赔责任，对人保金昌公司不公

⇦ 涉案车辆不符合人保金昌公司的承保条件,人保金昌公司在《甘肃日报》上发布了解除包括涉案车辆在内的保险合同的通知书。开元运输公司、赵娅妮均未请求人民法院或者仲裁机构确认解除合同的效力,合同已解除。根据《保险法》第十六条第四款的规定，人保金昌公司不承担保险责任。原判决对合同的效力及是否解除问题只字未提，适用法律不当

二、案情中没有提供被申请人的答辩意见，故无答辩逻辑图。

三、法院裁定驳回再审申请的逻辑图

人保金昌公司关于保单中“特别约定”中的内容是开元运输公司伪造的理由不能成立。因保单为人保金昌公司制作、提供，要认定“特别约定”内容是开元运输公司伪造、变造，人保金昌公司应提供证据予以证明，否则应承担不利后果。人保金昌公司提供的证据不能证明保单中“特别约定”内容系开元运输公司伪造

人保金昌公司关于与开元运输公司之间不存在保险关系的理由不能成立。根据保单“特别约定”内容，以及保单记载的被保险车辆的车架号、发动机号等信息与皖P×××××车一致，可以认定人保金昌公司已经承保皖P×××××车辆，与开元运输公司之间形成了保险合同关系

驳回中国人民财产保险股份有限公司金昌市分公司的再审申请

人保金昌公司只对投保车辆信息作形式审查的申请理由。与保单“特别约定”内容相悖，不能成立。人保金昌公司在保单对投保车辆实际信息已作明确标注的情况下，主张投保人违背最大诚信原则，理由不能成立

本案保险事故发生于2017年9月3日，人保金昌公司2018年4月27日登报声明解除案涉保险合同，无论解除理由在法律上是否成立，均不能免除人保金昌公司应承担解除行为以前发生的保险事故的赔偿责任

人保金昌公司的再审申请不符合《中华人民共和国民事诉讼法》第二百条第三项、第六项规定情形。依照《中华人民共和国民事诉讼法》第二百零四条第一款及《最高人民法院关于适用的解释》第三百九十五条第二款的规定

第三节　对案件的评析

本案主要是最大诚信原则在保险案例中的运用，最大诚信原则是指保险合同当事人订立合同及在合同有效期内，应依法向对方提供足以影响对方作出订约与履约决定的全部实质性重要事实，同时绝对信守合同订立的约定与承诺。

本案争议焦点主要是人保金昌公司是否应当承担案涉肇事车辆的商业险保险责任。人保金昌公司诉称：其只是做形式审查，开元运输公司伪造相关车辆投保资料，人保金昌公司在发现后已经在《甘肃日报》公告解除了赵娅妮与人保

金昌公司就甘 A×××××号牌车辆成立的保险合同。人保金昌公司不应当承担保险责任。开元运输公司辩称：其在保险合同中载明的投保车辆车架号码和发动机号与车辆信息一致，不存在虚假信息。人保金昌公司在《甘肃日报》上刊登解除保险合同的信息开元运输公司没有看到。所谓外省车辆不能投保的规定系内部规定。其已支付保险费，车辆发生交通事故后人保金昌公司理应赔偿。法院认为：保单中的特别约定不能证明是开元运输公司伪造而成，人保金昌公司明确知晓在承保该车辆时投保车辆的车牌号、投保人与该车辆的实际车牌号和实际登记车主不一致的情况下仍然接受承保，根据《保险法》第十六条的规定，保险公司不承认保险责任有悖最大诚信原则。人保金昌公司在事故发生后进行公告解除合同的行为，不影响其在未解除合同前发生保险事故的保险责任。

再审申请人应当对以下事实负举证责任：

1. 人保金昌公司应提供证据予以证明保单中"特别约定"内容是开元运输公司伪造、变造。

2. 人保金昌公司与开元运输公司之间不存在保险关系。

3. 人保金昌公司所签订的案涉保险合同在保险事故发生前就已经解除。

但是再审申请人并未出具强有力的证据证明其主张，也未对保单中"特别约定"中的内容信息"1. 该车实际车号为皖 P×××××。2. 本车车主为：开元运输公司"申请鉴定以辨别真假。首先再审申请人一审不到庭参加诉讼，然后以保单伪造为由申请再审缺乏事实与法律依据。同时，人保金昌公司在保单对投保车辆实际信息已作明确标注的情况下，其明确知晓实际承保的车辆是悬挂外省车牌号的车辆，仍然接受承保，保险事故发生后以保险公司不能承保外省车辆为由，主张投保人违背最大诚信原则，理由不能成立。最后人保金昌公司在保险事故发生后单方以公告方式解除与开元运输公司的保险合同，明显不符合《保险法》第十六条的规定，该法条规定："订立保险合同，保险人就保险标的或者被保险人的有关情况提出询问的，投保人应当如实告知。投保人故意或者因重大过失未履行前款规定的如实告知义务，足以影响保险人决定是否同意承保或者提高保险费率的，保险人有权解除合同。前款规定的合同解除权，自保险人知道有解除事由之日起，超过三十日不行使而消灭。自合同成立之日起超过二年的，保险人不得解除合同；发生保险事故的，保险人应当承担赔偿或者给付保险金的责任。投保人故意不履行如实告知义务的，保险人对于合同解除前发生的保险事故，不承担赔偿或者给付保险金的责任，并不退还保险费。投保人因重大过失未履行如实告知义务，对保险事故的发生有严重影响的，保险人对于合同解除前发生的保险事故，不承担赔偿或者给付保险金的责任，但应当退还保险费。保险人在合同订立时已经知道投保人未如实告知的情况的，保险人不得解除合同；发生保险事故的，保险人应当承担赔偿或者给付保险金的责任。”

本案如果如再审申请人所言，保单中“特别约定”中的内容是开元运输公司“伪造的”，原始所签发的保单“特别约定部分”确实是空白的，而且与保险人自己保管的合同原件的合同记载不一致，就应该申请鉴定，查清是否存在原本空白的“特别约定部分”被投保人私自添加，但是再审申请人没有申请鉴定，自应承担证明不力的后果。

现代社会造假手段高明，技术上确实可以做到在原来已经签发的保单及合同内容进行修改与伪造。要防备这一现象的发生，一是使用含有防伪油墨与防伪纸张打印，并不定期更换打印纸张与油墨，并做好更换的保密工作。随着区块链技术的发展，将签发的保单与合同进行输入区块链系统中存贮保护，这样的话再高明的伪造技术也无法伪造成功，只是进行区块链的话会增加经营成本。当代诉讼采当事人主义模式，法院无权以职权对认定案件的核心证据提交司法鉴定，在再审申请人自己不申请鉴定而陷入举证不力的情况下，只能依据当时保单的表象“特别约定部分”所载明的信息认定案件事实。因而法院在事实认定与法律适用方面均没有瑕疵。判决结果值得肯定。

思考题

1. 上述案件认定保险责任存在的核心依据是什么？

2. 如果司法鉴定后确认被申请人提交的保单存在“伪造”，本案的审判结果将如何？

第三十二章 安盛天平财产保险案析未年检车辆保险事故的免赔

第一节 案情的事实与法院的审理

一、案情的事实

安盛天平财产保险股份有限公司佛山分公司、黄冠恒机动车交通事故责任纠纷二审民事判决书①

广东省广州市中级人民法院民事判决书(2019)粤01民终9030号。

上诉人(原审被告):安盛天平财产保险股份有限公司佛山分公司,住所地广东省佛山市南海区桂城街道简平路＊＊号天安南海数码新城＊＊栋＊＊、＊＊、＊＊、＊＊室。

负责人:谭锦波,该公司总经理。

委托诉讼代理人:邓飞,该公司职员。

被上诉人(原审原告):黄冠恒,男,1989年11月7日出生,汉族,住广东省广州市花都区。

委托诉讼代理人:邝肖霞,广东艾森律师事务所律师。

被上诉人(原审被告):汪菲,男,1990年2月2日出生,汉族,住新疆博乐市。

上诉人安盛天平财产保险股份有限公司佛山分公司因与被上诉人黄冠恒、汪菲机动车交通事故责任纠纷一案,不服广州市花都区人民法院(2018)粤0114民初7620号民事判决,向本院提起上诉。本院依法组成合议庭审理了本案,现已审理终结。

① 中国裁判文书网。

原审法院判决：一、被告安盛天平财产保险股份有限公司佛山分公司在交强险责任限额内向原告黄冠恒赔偿 142424.05 元，于本判决发生法律效力之日起 10 日内付清。二、驳回原告黄冠恒的其他诉讼请求。如果未按本判决指定的期间履行给付金钱义务，应当依照《中华人民共和国民事诉讼法》第二百五十三条之规定，加倍支付迟延履行期间的债务利息。案件受理费 1716.6 元，由原告黄冠恒负担 141.6 元，由被告安盛天平财产保险股份有限公司佛山分公司负担 1575 元。

上诉人安盛天平财产保险股份有限公司佛山分公司（以下简称保险公司）不服上述判决，向本院提起上诉认为：一审法院认定事实不清，适用法律错误，理应改判。一、汪菲违反多项法律禁止性义务，且保险公司对免责条款已尽到提示义务，保险拒赔有法律依据。（一）根据《中华人民共和国保险法》第五十一条、《中华人民共和国道路交通安全法》第十三条规定，汪菲作为粤 Y×××＊＊号车的实际车主，对车辆的安全性能负有日常维护、依法定期进行年审检验的义务。保险条款将“未按规定检验或检验不合格”作为免责事由，是对汪菲应依法履行检验义务的重申，合法有效。涉案车辆的检验有效期至 2017 年 8 月 31 日，但至事故发生时汪菲仍没有履行按期检验的法定义务，保险公司的免责抗辩有事实和法律依据。（二）汪菲应认定为无证驾驶，保险公司不承担商业险赔偿责任。汪菲累计扣分 36 分，交警部门在 2017 年 7 月 26 日已经查扣该车的行驶证，并责令其限期到交警部门接受进一步处罚，但汪菲逃避处罚，拒不接受扣分处罚和学习。虽然表面上汪菲仍持有驾驶证，但客观上其累计计分 12 分以上，在法律效果上其驾驶证应被吊扣或扣留。（三）汪菲驾驶已被查扣行驶证的车辆上路行驶，违反《中华人民共和国道路交通安全法》第十一条、第九十五条第一款的禁止性规定。二、一审法院对黄冠恒的赔偿金额认定不合理。（一）九级伤残不合理。病历显示黄冠恒的伤势较轻且恢复好，根据保险公司对黄冠恒伤情的复查，其关节活动度较好，明显未达到活动度丧失 50％以上。而中山大学法医鉴定中心在鉴定时没有依照法定程序对测量患肢受限情况进行拍照取证，检测数据真实性存疑；且鉴定报告中没有鉴定人员李朝晖的完整签名和印章，中山大学法医鉴定中心的复函中也没有进行任何合理的解释说明，故九级伤残的鉴定意见不能作为证据使用。（二）一审以城镇标准计算残疾赔偿金、被扶养人生活费有误。户口本显示黄冠恒为农民，其城乡分类代码属于农村。黄冠恒提交的证据也不能证明其在城镇连续居住满一年以上且有固定收入的客观事实，故其残疾赔偿金、被扶养人生活费应按农村标准计算。据此请求：撤销原判第一项，改判驳回黄冠恒对保险公司的全部诉讼请求，相关赔偿责任由汪菲承担，一、二审诉讼费由黄冠恒、汪菲承担。

被上诉人黄冠恒答辩认为：一审判决证据确凿充分，适用法律正确，请求二审法院依法维持原判。一、保险公司未依法向汪菲送达保险条款并明确告知免责事由，是致使其承担商业险赔偿责任的唯一原因。1. 汪菲是通过保险公司的业务员购买车险，该业务员不但以汪菲的名义在保险单及销售确认书上签名，且实际上没有向汪菲送达《机动车综合商业保险条款》。2. 虽然保险公司在保险销售确认书有“已向本人详细解释有关保险条款内容，并清楚说明免除保险人责任的条款”的内容，但《机动车综合商业保险条款》没有任何被保险人汪菲确认知悉条款内容的痕迹。3. 销售人员陈某作为具有保险销售资格的专业人员，完全可以在向汪菲告知保险条款时要求汪菲在保险条款、尤其是免责条款上签名按指模，但在整份保险条款上没有看到任何汪菲知悉保险条款及免责事由的痕迹，唯一的解释就是保险公司的销售人员冒名顶替，未将保险条款和销售确认书一并送达给汪菲，更不可能向汪菲详细解释保险条款内容。因此，保险公司应当承担举证不能的法律后果，依法承担保险赔偿责任。二、汪菲在事故发生时仍持有有效的驾驶证，并非保险公司主观臆断的无证驾驶行为，其违章未处理与交通事故不存在直接因果关系，与本案没有关联性，汪菲是否属于无证驾驶、被查封扣押行驶证后仍然驾驶事故车辆的行为均是另外的行政法律关系，相关行政部门未依法作出明确决定前，不能推断为无证驾驶行为，保险公司不能以此作为对黄冠恒拒赔的理由。三、针对黄冠恒鉴定报告问题，一审法院已进行论述，保险公司未能提供任何证据证明黄冠恒有违规鉴定情况，中山大学法医鉴定中心的鉴定结论应当作为判决的依据。四、针对赔偿标准，广州市花都区户籍人员在＊＊年左右，司法实践中已经统一适用城镇标准进行赔偿。

被上诉人汪菲答辩认为：同意一审判决，不同意保险公司的上诉。

二、上诉审法院对案件的审理

原审判决认定的事实，当事人没有异议，本院予以确认。二审中，各方当事人对相关问题意见如下：

（一）关于商业险免赔问题，保险公司表示其主张在商业三者险内免责的具体条款为《机动车综合商业保险条款》第二十四条第（二）项第3点（内容为：下列情况下，不论任何原因造成的人身伤亡、财产损失和费用，保险人均不负责赔偿：无驾驶证，驾驶证被依法扣留、暂扣、吊销、注销期间）、第二十四条第（三）项第1点（内容为：发生保险事故时被保险机动车驾驶证、号牌被注销的，或未按规定检验或检验不合格)以及第二十四条第(三)项第 2 点(内容为：被保险机动车被扣押、收缴、没收、政府征用期间)；汪菲通过保险中介购买保险，中介人员不是该公司员工，保险条款当场送达给汪菲，投保单和保险销售事项确认书上的签名不是汪菲本人的签名；保险条款的文字加粗加黑，保险公司已尽到提示义务，无法核实是否履行明确说明义务；汪菲的行为属于法律禁止性规定，只要保险公司对免责条款尽到提示义务，就可以拒赔。汪菲称其没有收到《机动车综合商业保险条款》，也没有在文件上签名。对于汪菲的驾驶证有无被扣留、暂扣、吊销、注销，保险公司表示不清楚，黄冠恒和汪菲则称没有。

(二) 对于鉴定问题，保险公司表示其对鉴定人员的资格没有异议，但鉴定人员李朝晖的签名不完整，不符合规定；其自行对黄冠恒的伤情复查，没有委托有资质的鉴定部门复查。

(三) 关于计算标准，各方均确认黄冠恒在一审中提交了户口本、工作证明、公司的工商登记情况、公司发工资的银行流水(2017 年 1 月 1 日起)、村委的关系证明等证据证明事故发生前的居住、工作、收入情况。

(四) 对原审判决认定的除上诉意见之外的其他赔偿项目和金额无异议。

本院认为，根据《中华人民共和国民事诉讼法》第一百六十八条规定，第二审人民法院应当对上诉请求的有关事实和适用法律进行审查。关于保险公司能否在商业三者险内免赔，首先，《中华人民共和国保险法》第十七条规定，订立保险合同，采用保险人提供的格式条款的，保险人向投保人提供的投保单应当附格式条款，保险人应当向投保人说明合同的内容。对保险合同中免除保险人责任的条款，保险人在订立合同时应当在投保单、保险单或者其他保险凭证上作出足以引起投保人注意的提示，并对该条款的内容以书面或者口头形式向投保人作出明确说明；未作提示或者明确说明的，该条款不产生效力。其次，虽然商业险保险单设置有“重要提示”栏目，提示内容包括“本保险合同由保险条款、投保单、保险单、批单和特别约定组成”“请详细阅读承保险种对应的保险条款，特别是责任免除和赔偿处理”等内容，但该保险单并未附有保险条款的内容，即使汪菲已收到保险单，其也无法通过保险单知晓保险条款中免责条款的内容，保险公司仅告知汪菲保险条款存在，不符合《中华人民共和国保险法》第十七条、《最高人民法院关于适用〈中华人民共和国保险法〉若干问题的解释(二)》第十一条规定的“作出足以引起投保人注意的提示”及该司法解释第十条规定的“提示”。《机动车综合商业保险条款》第二十四条第(二)项第 3 点、第(三)项第 1、2 点属于上述法律、司法解释规定的免除保险人责任的条款，保险公司需对上述免责条款向汪菲履行提示义务，否则该条款不产生效力。第三，保险公司在诉讼中承认投保单和保险销售事项确认书上的签名不是汪菲本人的签名，也无提交证据证明其已将保险条款送达给汪菲，无法证明在投保时其已就保险条款约定的免责条款对汪菲尽到提示义务，故上述免责条款不生效，其主张根据免责条款在商业三者险内免赔缺乏事实和法律依据，本院不予支持。原审法院判决保险公司承担商业三者险赔偿责任正确，应予维持。

关于应否采纳中山大学法医鉴定中心的《司法鉴定意见书》、应否重新鉴定，广州市中西医结合医院的出院记录和CT检查报告、X线检查报告等病历资料载明黄冠恒的骨折情况，中山大学法医鉴定中心及其鉴定人员具备鉴定资质，已查阅了医疗病历并对黄冠恒的受伤部位进行了临床检查和左右腕关节活动度测量，认定其左腕关节活动功能丧失61%，评定为九级伤残，鉴定程序合法。对于保险公司的异议，中山大学法医鉴定中心已复函说明。虽然《司法鉴定意见书》上鉴定人员李朝晖未完整签名，但之后中山大学法医鉴定中心已提交两名鉴定人员的执业证，且诉讼中保险公司对鉴定人员的资格没有异议，故上述签名不完整不影响《司法鉴定意见书》的有效性。保险公司并无证据证明存在鉴定程序违法、鉴定结论明显依据不足等情形，其自行进行复查的结论不足以推翻上述鉴定结论，故原审法院采纳中山大学法医鉴定中心的《司法鉴定意见书》认定黄冠恒构成九级伤残，不准许保险公司重新鉴定的申请，并据此判决黄冠恒获得残疾赔偿金、被扶养人生活费、精神损害抚慰金正确，应予维持。保险公司对鉴定的异议不能成立，本院不予采信。

关于残疾赔偿金、被扶养人生活费的计算标准，黄冠恒是广州市花都区居民，在一审中已提交相应证据证明事故发生前已在城镇居住、工作且有收入，符合按城镇居民标准计算残疾赔偿金的前提条件。《最高人民法院关于审理人身损害赔偿案件适用法律若干问题的解释》第二十八条规定，被扶养人生活费根据扶养人丧失劳动能力程度，按照受诉法院所在地上一年度城镇居民人均消费性支出和农村居民人均年生活消费支出标准计算。根据该规定，计算被扶养人生活费的基础是扶养人丧失劳动能力的程度，因扶养人丧失部分或全部劳动能力，导致被扶养人可以预期的生活费减少。因此，决定被扶养人生活费是按照城镇居民标准或农村居民标准计算的因素是扶养人本身的工作、居住情况，而非被扶养人的生活居住情况。既然黄冠恒符合按城镇居民标准计算相关赔偿的前提条件，则被扶养人生活费就应按城镇居民标准计算。故原审按城镇标准计算残疾赔偿金和被扶养人生活费并无不当，本院予以维持。保险公司主张按农村标准计算缺乏依据，本院予以驳回。

由于各方当事人对原审判决认定的除上诉意见之外的具体赔偿项目和数额没有提出异议，故本院对此予以维持。

依照《中华人民共和国民事诉讼法》第一百七十条第一款第(一)项的规定，判决如下：

驳回上诉，维持原判。

本案二审案件受理费3131元由上诉人安盛天平财产保险股份有限公司佛山分公司负担。

本判决为终审判决。

二〇一九年六月十日审结。

第二节 当事人上诉、答辩与法院的裁判逻辑图

一、上诉人安盛天平财产保险公司佛山分公司的上诉逻辑图

《中华人民共和国保险法》第五十一条；《中华人民共和国道路交通安全法》第十三条；《机动车综合商业保险条款》将“未按规定检验或检验不合格”作为免责事由

汪菲作为实际车主，对车辆的安全性能负有日常维护、依法定期进行年审检验的义务。涉案车辆的检验有效期至2017年8月31日，但至事故发生时汪菲仍没有履行按期检验的法定义务 ⇨（证明）保险公司的免责抗辩有事实和法律依据

汪菲累计扣分36分，交警部门在2017年7月26日已经查扣该车的行驶证，并责令其限期到交警部门接受进一步处罚。虽然表面上汪菲仍持有驾驶证，但客观上其累计计分12分以上，在法律效果上其驾驶证应被吊扣或扣留 ⇨（证明）汪菲为无证驾驶，保险公司不承担商业险赔偿责任

汪菲驾驶已被查扣行驶证的车辆上路行驶 ⇨（证明）违反《中华人民共和国道路交通安全法》第十一条、第九十五条第一款的禁止性规定

（以上合并）→ 汪菲违反多项法律禁止性义务，且保险公司对免责条款已尽到提示义务，保险拒赔有法律依据

病历显示黄冠恒的伤势较轻且恢复好关节活动度较好，明显未达到活动度丧失50%以上。中山大学法医鉴定中心检测数据真实性存疑；且鉴定报告中没有鉴定人员李朝晖的完整签名和印章，中山大学法医鉴定中心的复函中也没有进行任何合理的解释说明 ⇨（证明）九级伤残的鉴定意见不合理，不能作为证据使用

户口本显示黄冠恒为农民，城乡分类代码属于农村。黄冠恒提交的证据也不能证明其在城镇连续居住满一年以上且有固定收入 ⇨（证明）一审以城镇标准计算残疾赔偿金、被抚养人生活费不合理，应按农村标准计算

（以上合并）→ 一审法院对黄冠恒的赔偿金额认定不合理

（以上合并）→ 一审法院认定事实不清，适用法律错误，理应改判

二、被上诉人黄冠恒的答辩逻辑图

保险公司的业务员不但以汪菲的名义在保险单及销售确认书上签名，且实际上没有向汪菲送达《机动车综合商业保险条款》

保险公司保险销售确认书有“已向本人详细解释有关保险条款内容，并清楚说明免除保险人责任的条款”的内容，但《机动车综合商业保险条款》没有任何被保险人汪菲确认知悉条款内容的痕迹

陈某作为具有保险销售资格的专业人员，完全可以在向汪菲告知保险条款时要求其在保险条款、尤其是免责条款上签名按指模，但在整份保险条款上没有看到任何汪菲知悉保险条款及免责事由的痕迹 —证明→ 保险公司的销售人员冒名顶替，未将保险条款和销售确认书一并送达给汪菲，未向汪菲详细解释保险条款内容

→ 保险公司未依法向汪菲送达保险条款并明确告知免责事由，应当承担商业险赔偿责任

汪菲在事故发生时仍持有有效的驾驶证 —证明→ 汪菲并非无证驾驶行为

违章未处理与交通事故不存在直接因果关系 —证明→ 与本案没有关联性

汪菲是否属于无证驾驶、被查封扣押行驶证后仍然驾驶事故车辆的行为均是另外的行政法律关系，相关行政部门未依法作出明确决定前，不能推断为无证驾驶行为

→ 保险公司不能以汪菲无证驾驶作为对黄冠恒拒赔的理由

鉴定报告一审法院已进行论述，保险公司未能提供任何证据证明黄冠恒有违规鉴定情况 —证明→ 中山大学法医鉴定中心的鉴定结论应当作为判决的依据

广州市花都区户籍人员在**年左右，司法实践中已经统一适用城镇标准进行赔偿 —证明→ 残疾赔偿金、被扶养人生活费应按城镇标准计算

→ 一审判决证据确凿充分，适用法律正确，二审法院应当依法维持原判

三、上诉审法院对案件的判决逻辑图

《中华人民共和国保险法》第十七条、《最高人民法院关于适用〈中华人民共和国保险法〉若干问题的解释（二）》第十一条

商业险保险单设置有"重要提示"栏目，但该保险单并未附有保险条款的内容，即使汪菲已收到保险单，其也无法通过保险单知晓保险条款中免责条款的内容

《机动车综合商业保险条款》第二十四条第（二）项第3点、第（三）项第1、2点属于《保险法》第十七条、《保险法解释（二）》第十一条规定的免除保险人责任的条款，保险公司需对上述免责条款向汪菲履行提示义务

投保单和保险销售事项确认书上的签名不是汪菲本人的签名，也无提交证据证明已将保险条款送达给汪菲，无法证明在投保时其已就保险条款约定的免责条款对汪菲尽到提示义务

→ 保险公司未反告知汪菲保险条款存在，未履行提示义务，不符合《保险法》第十七条、《保险法解释（二）》第十一条规定的提示规定，免责条款不生效，其主张根据免责条款在商业三者险内免赔缺乏事实和法律依据

医院出院记录和CT检查报告、X线检查报告等病历资料载明黄冠恒的骨折情况，中山大学法医鉴定中心及其鉴定人员具备鉴定资质

对于保险公司的异议，中山大学法医鉴定中心已复函说明

保险公司并无证据证明存在鉴定程序违法、鉴定结论明显依据不足等情形，其自行进行复查的结论不足以推翻上述鉴定结论

→ 中山大学法医鉴定中心鉴定程序合法。未签名不完整不影响《司法鉴定意见书》的有效性。保险公司对鉴定的异议不能成立。原审法院采纳中山大学法医鉴定中心的《司法鉴定意见书》，不准许保险公司重新鉴定的申请，并据此判决正确，应予维持

最高法《关于审理人身损害赔偿案件适用法律若干问题的解释》第二十八条

黄冠恒是广州市花都区居民，一审中已提交相应证据证明事故发生前已在城镇居住、工作且有收入 —证明→ 符合按城镇居民标准计算残疾赔偿金的前提条件

→ 扶养人本身的工作、居住情况决定被扶养人生活费是按照城镇居民标准或农村居民标准计算。黄冠恒符合按城镇居民标准计算相关赔偿的前提条件，原审按城镇标准计算并无不当

各方当事人对原审判决认定的除上诉意见之外的具体赔偿项目和数额没有提出异议

《中华人民共和国民事诉讼法》第一百六十八条、第一百七十条第一款第（一）项

→ 驳回上诉，维持原判

第三节　对案件的评析

本案为车辆未年检出现保险事故而引起的保险赔偿法律纠纷。案涉当事人为交通事故受害人黄冠恒、机动车主汪菲和安盛天平财产保险股份有限公司佛山分公司。在保险合同法律关系中，免责条款是保险公司免于承担保险责任的重要依据，是保险合同的重要内容。本案的争议焦点之一即为保险公司是否已尽到提示义务，是否履行明确说明义务。根据《中华人民共和国保险法》第十七条规定，订立保险合同，采用保险人提供的格式条款的，保险人向投保人提供的投保单附有格式条款的，保险人应当向投保人说明合同的内容。对保险合同中免除保险人责任的条款，保险人在订立合同时应当在投保单、保险单或者其他保险凭证上作出足以引起投保人注意的提示，并对该条款的内容以书面或者口头形式向投保人作出明确说明；未作提示或者明确说明的，该条款不产生效力。据此，保险公司作为保险合同的一方当事人，负有提示和说明的义务。而不能单纯为了订立保险合同，免除程序上的必要说明义务。等到发生保险事故，则以免责条款作为逃避承担保险责任的依据。

在该案中，保险公司虽然在商业险保险单设置有“重要提示“栏目，但该保险单并未附保险条款的内容，即便被告人汪菲收到保险单，也无法通过保险单知晓保险条款中免责条款的内容。这一点对汪菲至关重要，也是本案争议的焦点。保险公司未尽到自己的提示和说明义务，损害了汪菲的合法权益，也违反了保险法及司法解释的规定。法院最终判决驳回上诉人的诉讼请求，判决结果是恰当的、合理的。

思考题

1. 车辆未年检，保险公司对未年检车辆免予理赔的条件是什么？

2. 重大疫情导致车辆无法年检，疫情好转时车辆去年检的路上发生保险事故，保险公司是否理赔？

第三十三章 阳光财产保险上诉案析保险代位权的行使

第一节 案情事实与法院的审理

一、案情事实

阳光财产保险股份有限公司北京分公司与中国太平洋财产保险股份有限公司北京分公司等保险人代位求偿权纠纷二审民事判决书[①]

北京市第三中级人民法院民事判决书(2016)京03民终8499号

上诉人(原审被告):阳光财产保险股份有限公司北京分公司,住北京市通州区＊＊棵树西路＊＊号＊＊号楼＊＊层。

负责人:李欣,总经理。

委托诉讼代理人:赵爱梅,北京市盈科律师事务所律师。

被上诉人(原审原告):中国太平洋财产保险股份有限公司北京分公司,住所地北京市西城区复兴门内大街＊＊号远洋大厦＊＊层。

负责人:苏少军,总经理。

委托诉讼代理人:林树彬,北京证金律师事务所律师。

委托诉讼代理人:高云路,北京证金律师事务所律师。

被上诉人(原告被告):刘晓庆,女,1984年1月29日出生。

委托诉讼代理人:潘洪伟(刘晓庆之夫),1984年4月26日出生。

上诉人阳光财产保险股份有限公司北京分公司(以下简称阳光北分公司)因

---

① 中国裁判文书网。

与被上诉人中国太平洋财产保险股份有限公司北京分公司(以下简称太平洋北分公司)及刘晓庆保险人代位求偿权纠纷一案,不服北京市顺义区人民法院(2016)京0113民初952号民事判决书,向本院提起上诉。本院立案受理后,依法组成合议庭,公开开庭进行了审理。阳光北分公司之委托诉讼代理人赵爱梅、太平洋北分公司之委托诉讼代理人高云路、刘晓庆之委托诉讼代理人潘洪伟到庭参加诉讼,本案现已审理终结。

阳光北分公司上诉请求:撤销原判第一项,依法改判驳回太平洋北分公司的原审诉讼请求。事实与理由:一、涉案车辆此前已经发生过两次保险事故,其有骗保嫌疑;二、本次事故两辆车均为潘洪伟所有且其同为两车被保险人,第三者责任险中的保险人的赔偿责任以被保险人应负的赔偿责任为基础,因被保险人不能成为自己的侵权人,也就是构成责任事故的基础侵权法律关系不存在,所以因被保险机动车事故导致的被保险人人身或财产损失,被保险人不能作为责任保险受害人向保险人请求赔偿,故不应适用三者险条款。

太平洋北分公司和刘晓庆均辩称,同意原审判决。

太平洋北分公司向一审法院起诉请求:1.判令刘晓庆赔偿我公司145500元;2.判令阳光北分公司在保险范围内承担保险责任;3.本案诉讼费由阳光北分公司和刘晓庆承担。

一审法院认定事实:车牌号为×××的出险车辆信息显示:该车辆在太平洋北分公司投保有机动车辆损失险,保险限额为449600元,被保险人为潘洪伟,指定索赔权益人为潘洪伟,行驶证车主为刘晓庆。

2014年12月22日,潘洪伟为车牌号为×××的车辆在阳光北分公司投保了车辆损失险,第三者责任保险。其中车辆损失险保险限额为86800元,第三者责任保险保险限额为200000元,保险期间自2014年12月23日零时起至2015年12月22日二十四时止。投保人为潘洪伟,被保险人为潘洪伟,行驶证车主为潘洪伟。该车辆交强险承保公司为太平洋北分公司。

2015年6月14日16时10分,刘晓庆驾驶车牌号为×××的车辆由北向南行驶至顺义区卧龙环岛北侧时,与潘洪伟驾驶车牌号为×××的车辆头南尾北路边停放相撞,造成车牌号为×××的车辆前部与车牌号为×××的车辆后部相接触,造成两车损坏,无人伤。经交通队认定,刘晓庆负此次事故的全部责任。

后,经太平洋北分公司定损,车牌号为×××的车辆损失金额为147500元。2015年10月22日,车牌号为×××的被保险人潘洪伟将追偿权转移给太平洋北分公司。后,太平洋北分公司将上述147500元保险金赔付被保险人潘洪伟。

诉讼中,阳光北分公司称针对车牌号为×××的车辆太平洋北分公司定损金额过高,经法院释明后,阳光北分公司称不申请鉴定。

诉讼中,太平洋北分公司明确诉讼请求为:1.判令阳光北分公司在保险责任范围内赔偿我公司145500元,不足部分由刘晓庆承担;2.诉讼费由阳光北分公司和刘晓庆负担。

诉讼中,太平洋北分公司称×××的车辆交强险承保公司为太平洋北分公司,本案涉诉车辆扣除交强险项下财产损失2000元,还有145500元车辆损失,故在本案中只要求阳光北分公司和刘晓庆承担145500元的赔偿责任。

一审法院认为,因第三者对保险标的的损害而造成保险事故的,保险人自向被保险人赔偿保险金之日起,在赔偿金额范围内代位行使被保险人对第三者请求赔偿的权利。本案中,刘晓庆驾驶车牌号为×××的车辆与潘洪伟驾驶的车牌号为×××的车辆发生交通事故,经交通队认定,刘晓庆负此次事故的主要责任。现车牌号为×××的车辆的保险承保公司,即太平洋北分公司已经将车辆损失147500元实际赔付该车辆的被保险人潘洪伟,故太平洋北分公司有权对车牌号为×××的车辆所承保的保险公司行使代位求偿的权利,于法有据,法院予以支持。

太平洋北分公司称车牌号为×××的车辆交强险承保公司为太平洋北分公司,故其已经扣除了其承保的交强险项下财产损失2000元,只要求阳光北分公司赔偿145500元,法院对此不持异议。

判决:一、阳光财产保险股份有限公司北京分公司赔偿中国太平洋财产保险股份有限公司北京分公司十四万五千五百元,于判决生效之日起七日内执行;二、驳回中国太平洋财产保险股份有限公司北京分公司的其他诉讼请求。如果未按判决指定的期间履行给付金钱义务,应当依照《中华人民共和国民事诉讼法》第二百五十三条之规定,加倍支付迟延履行期间的债务利息。

一审案件受理费1605元,由阳光财产保险股份有限公司北京分公司负担(于本判决生效后7日内交纳)。

本院二审期间,当事人围绕上诉请求依法提交了证据。本院组织当事人进行了证据交换和质证。阳光北分公司提交机动车辆保险报案记录(代抄单)一份,载明车牌号为×××的涉案车辆于2015年1月9日出险二次、2015年6月14日出险一次,赔款金额分别为2730元、4000元以及25070元,用以证明涉案车辆此前即有数次出险记录,现再次出险,具有骗保嫌疑。刘晓庆认可该证据的真实性,称其不存在骗保行为,涉案车辆主要用于接送孩子,出现剐蹭事故很正常。太平洋北分公司及刘晓庆未提交新证据。

对于一审法院查明的事实,各方均无异议,本院在此予以确认。对于是否存在骗保行为的争议,本院认为投保商业保险的目的即在于转移现实生活中可能发生的保险事故所引发的风险,本案中仅凭涉案车辆此前曾发生过保险事故的事实,并不能得出涉案事故系属骗保行为的结论,故阳光北分公司该项主张本院不予采纳。

另经本院查明,潘洪伟与阳光北分公司订立的机动车第三者责任保险的保险条款"总则"部分第三条约定"本保险合同中的第三者是指因被保险机动车发生意外事故遭受人身伤亡或者财产损失的人,但不包括被保险机动车本车上人员、投保人、被保险人和保险人";"保险责任"部分第四条约定"被保险人或其允许的合法驾驶人在使用被保险机动车过程中发生意外事故,致使第三者遭受人身伤亡或财产直接损毁,依法应当由被保险人承担的损害赔偿责任,保险人依照本保险合同的约定,对于超过机动车交通事故责任强制保险各分项赔偿限额以上的部分负责赔偿";"责任免除"部分第五条约定"被保险机动车造成下列人身伤亡或财产损失,不论在法律上是否应当由被保险人承担赔偿责任,保险人均不负责赔偿:(一)被保险人及其家庭成员的人身伤亡、所有或代管的财产的损失;(二)被保险机动车本车驾驶人及其家庭成员的人身伤亡、所有或代管的财产的损失;(三)被保险机动车本车上其他人员的人身伤亡或财产损失。"阳光北分公司未提供证据证实其对上述第三条、第五条内容履行了相关说明义务。

上述事实,有当事人陈述、太平洋北分公司提交的出险车辆信息表、交通事故认定书、机动车辆保险单、驾驶证、身份证、维修发票、维修清单、权益转让书、查询回单,阳光北分公司提交的保险条款等证据材料在案佐证。

二、上诉法院对案件的审理

本院认为,依据当事人的诉辩主张及本院查明的事实,本案的法律争议焦点包括:(一)依据第三者责任险,阳光北分公司应否对于涉案事故承担保险责任;(二)太平洋北分公司能否向阳光北分公司及刘晓庆行使代位求偿权。

(一)阳光北分公司应承担第三者责任险的保险责任。

第三者责任险是指被保险人或其允许的驾驶人员在使用保险车辆过程中发生意外事故,致使第三者遭受人身伤亡或财产直接损毁,依法应当由被保险人承担的经济责任,保险公司负责赔偿。现太平洋北分公司正是基于阳光北分公司系涉案肇事车辆的第三者责任险之保险人,向其行使代位求偿权,因而阳光北分公司应否承担保险责任,是太平洋北分公司所主张的代位求偿权能否得以实现的必要条件之一。

就该问题,阳光北分公司的上诉理由主要围绕潘洪伟并非保险合同"第三者"以及本案不存在构成责任事故基础的侵权法律关系两点展开,本院对此分述如下:

1. 依据涉案第三者责任险保险条款,潘洪伟应被认定为涉案保险事故的"第三者"。

在商业保险中,应当允许保险人在不违背法律规定的前提下,对合同条款中包括第三者范围在内的保险责任相关事项进行划定,双方在平等自愿基础上签订合同后,只要相关合同条款合法有效,合同当事人即应受其约束。涉案保险合同第三条约定"本保险合同中的第三者是指因被保险机动车发生意外事故遭受人身伤亡或者财产损失的人,但不包括投保人、被保险人、保险人和保险事故发生时被保险机动车本车上的人员。"

本案保险车辆的被保险人为潘洪伟,而责任事故造成了潘洪伟与其妻共有的另一机动车的损害,在此情形下潘洪伟应否被认定为保险事故的"第三者",取决于对上述条款的法律性质及法律效力的认定。

对于法律性质,该条款位于保险条款"总则"部分,在内容上系对于保险合同所涉"第三者"的概念及范围进行解释和界定,应属释义条款性质。对于法律效力,就释义条款而言,因其所解释的专业术语或事项可能与保险责任密切相关,也将直接影响保险责任的承担与范围,因此,释义条款可能涉及限制或免除保险人应当承担的责任的,应经说明方发生法律效力。本案中,依据第三条约定,将本保险合同的被保险人排除在"第三者"范围之外,直接涉及到保险人承担保险责任的范围,却没有证据显示保险人阳光北分公司履行了相应的提示说明义务,故该条款不能发生相应的法律效力,因而本案中潘洪伟可以被认定为涉案第三者责任险保险合同的"第三者"。

2. 涉案保险事故中存在作为保险标的的侵权赔偿责任。

第三者责任险是以被保险人对第三者应负的侵权赔偿责任为保险标的的保险,故无赔偿责任则不存在保险责任。在保险车辆系由被保险人允许的驾驶人使用时发生事故的情形下,驾驶人因与被保险人具有共同的保险利益,在法律地位上相当于被保险人。本案中,潘洪伟允许的驾驶人刘晓庆使用保险车辆时发生意外事故，造成了潘洪伟与刘晓庆共有的另一机动车损坏，由此产生财产损失。从请求权基础的角度而言，刘晓庆不能成为自己的侵权人，即因其使用车辆所造成的自身损害不存在侵权赔偿责任。但潘洪伟亦为受损车辆的共有人之一，且上文已述，潘洪伟可被认定为涉案保险合同的第三者，故本争议的核心在于刘晓庆对于潘洪伟是否存在侵权赔偿责任。

相较一般侵权行为，涉案事故的特殊之处在于侵权人刘晓庆与潘洪伟系夫妻关系。而在夫妻一方因过错行为造成夫妻共有财产损失的情形下，双方之间是否存在侵权赔偿责任，确属有争议的问题。一种意见对此持否定态度，理由为：基于我国夫妻财产法定共有制，在无证据证明事故发生时夫妻存在财产分别所有的约定情况下，夫或妻一方行为致共同财产受损，以家庭共有财产向另一方履行给付，构成债权债务的混同，侵权损害赔偿之债因此消灭；从规范性依据而言，依据我国婚姻法及其司法解释的规定，仅规定了在夫妻一方存在重婚、有配偶者与他人同居、实施家庭暴力、虐待、遗弃家庭成员的行为，以及夫妻一方擅自处分共同共有的房屋造成另一方损失的行为等少数几类故意侵权的情形下，离婚时另一方有权请求赔偿损失，除此之外并无夫妻之间承担侵权赔偿责任的规定；此外，夫妻系具有特定身份关系的共同体，对夫妻共同生活中情节较轻的过失侵权，如赋与另一方损害赔偿请求权，不利于家庭关系的和谐稳定，宜采用夫妻间的谅解和双方自行调解解决为宜。

对此，本院认为，应当承认本案中夫妻之间存在侵权赔偿责任。理由如下：

其一，即便存在婚姻关系，夫或妻均为独立的民事主体。我国婚姻法中虽仅针对几类夫妻间的侵权赔偿责任进行了规定，但并未否定夫妻间其他类型侵权赔偿责任的存在。同时，在涉及侵权纠纷的处理中，应优先适用侵权法律规范而非婚姻法的规定，而在我国侵权责任法中并未将侵权人及受害人之间具有某种特定身份关系作为据此判定侵权行为是否成立的依据，亦未将其作为免除侵权赔偿责任的事由。据此，认定一方过错行为导致夫妻共同财产损害的情形下，该方对于夫妻另一方存在侵权赔偿责任，具有法律理论及规范依据。

其二，夫妻除共同财产利益外，亦具有独立的个人财产利益。我国婚姻法除规定了法定的夫妻财产共同所有制，还确认了夫妻关系存续期间的夫妻个人财产制，且即便在夫妻财产婚后所得共同所有制下，亦不排除婚前或婚后夫妻一方个人财产的存在，此为婚内侵权损害确立了赔偿基础。

其三，婚姻家庭是社会的基石，夫妻关系作为最紧密的身份关系之一，共同生活、养老抚幼，对其生活中不属恶劣情形的过失行为，的确不宜苛以过重的责任，因而婚内侵权在对于过失的认定标准、权利主张及责任承担的方式、范围等诸多方面势必应有别于一般侵权行为，但据此否认侵权赔偿责任的存在缺乏切实的法律依据。特别是本案中涉及到夫妻关系之外的第三者即保险人，夫妻之间的损害赔偿责任与一般损害赔偿责任在法律性质上并无二致，如因否认夫妻之间侵权赔偿责任的存在，而致使夫妻丧失向保险人主张保险赔偿责任的权利，并不符合第三者责任险设立的宗旨，以及夫妻为其财产进行投保的目的。

综上，本院认定在本案中存在着作为第三者责任保险标的的侵权赔偿责任。

3. 阳光北分公司应当承担第三者责任险的保险责任。

涉案第三者责任保险条款第五条将“被保险人及其家庭成员的人身伤亡、所有或代管的财产的损失”及“被保险机动车本车驾驶人及其家庭成员的人身伤亡、所有或代管的财产的损失”作为保险人责任免除的事由，本案情形恰与上述约定情形相符。但一方面阳光北分公司并未据此提出其应免责的抗辩主张，另一方面，上述免责条款因阳光北分公司未能举证证明已尽到说明义务而不产生法律效力，故阳光北分公司并无免除保险责任的合法依据。

综上，潘洪伟可被认定为涉案第三者责任险的第三者，且本案中存在作为保险标的的侵权赔偿责任，却无阳光北分公司应免责的依据，该公司应当依据保险合同的约定，向被保险人承担保险责任。

（二）太平洋北分公司不能对刘晓庆行使代位求偿权，但可向阳光北分公司行使代位求偿权。

依据《中华人民共和国保险法》第六十条的规定，因第三者对保险标的的损害而造成保险事故的，保险人自向被保险人赔偿保险金之日起，在赔偿金额范围内代位行使被保险人对第三者请求赔偿的权利。本案中，太平洋北分公司基于车损险向潘洪伟赔偿了在涉案事故中受损车辆的损失，因该车辆受损系第三者造成，故太平洋北分公司取得请求第三者赔偿的代位求偿权。现其要求第三者刘晓庆赔偿其所支付交强险责任范围之外的理赔款项，并要求阳光北分公司在保险范围内承担保险责任，对此本院认为：

1. 太平洋北分公司不得向刘晓庆行使代位求偿权。

依据《中华人民共和国保险法》第六十二条规定，除被保险人的家庭成员或者其组成人员故意造成本法第六十条第一款规定的保险事故外，保险人不得对被保险人的家庭成员或者其组成人员行使代位请求赔偿的权利。因通常情况下，被保险人的家庭成员或其组成人员对保险标的具有与被保险人共同的利益，故上述条款的设立目的在于不能因保险人行使求偿权而最终损害被保险人的经济利益，导致被保险人财产的减损，否则有违保险合同转移风险的合同目的，故而该条款中的家庭成员或其组成人员，一般应侧重从财产关系和经济利益的角度予以考察和界定。通常情况下夫妻享有共同的财产和经济利益，故而配偶理应被认定为上述规定中所指家庭成员。

本案事故肇事者刘晓庆为被保险人潘洪伟之妻，系属其家庭成员，且前文已述阳光北分公司虽怀疑其存在骗保嫌疑，但对此并无证据加以证实，即现没有证据证实刘晓庆故意造成涉诉保险事故，故依据《保险法》第六十二条的规定，太平洋北分公司不得对刘晓庆行使代位请求赔偿的权利。太平洋北分公司要求刘晓庆进行赔偿的诉求，违背上述法律规定，本院不予支持。

2. 太平洋北分公司有权向阳光北分公司要求保险赔偿。

其一，本案中存在着作为代位求偿权基础的侵权法律关系，囿于第三者刘晓庆具有被保险人家庭成员的身份，太平洋北分公司无法向其行使代位求偿权，系基于法律规定对于代位求偿权行使对象所设限制，并非太平洋北分公司所享有代位求偿权的权利消灭。

其二，首先，依据《中华人民共和国保险法》第六十二条规定，代位求偿权行使的限制对象限于被保险人的家庭成员或其组成人员，并未涵盖被保险人或前述人员投保他项保险的保险人；其次，从设立该条款的立法目的而言，正如前文所述，系出于被保险人与其家庭成员或组成人员往往具有经济上的共同利益考虑，为避免因代位求偿权的行使致使被保险人无法实现财产保险损害填补的合同目的而设置，而他项保险的保险人与本保险的被保险人并不享有共同的保险利益，将其纳入上述限制代位求偿权行使的范围，显然与原有立法目的不符。故太平北分公司对于阳光北分公司代位求偿权的行使并未受到限制。

其三，因被保险人潘洪伟同时为受损车辆投保有车损险，其并未选择肇事车辆的保险人阳光北分公司直接承担第三者责任险的保险责任，而系要求太平洋北分公司基于车损险的保险合同承担了保险责任。车损险并非责任保险，其赔付不以被保险人或其认可的驾驶者存在赔偿责任为前提，但涉案事故确实存在责任方，即投保第三者责任险之肇事车辆负事故的全部责任，事故的终局责任方为该车辆驾驶者，权衡两家保险公司在此次事故中的地位及双方的利益平衡，亦理应由肇事车辆的第三者责任险之保险公司即阳光北分公司最终承担该事故风险。

结合以上论述，本案中阳光北分公司依据保险合同应对于涉案事故承担第三者责任险之保险责任，且该公司并未提出合法抗辩理由以对抗太平洋北分公司的代位求偿权的行使，故太平洋北分公司要求阳光北分公司在其保险责任范围内赔偿145500元之诉讼请求，符合法律规定，原审对其诉求予以支持并无不当。

综上，阳光北分公司的上诉请求，缺乏法律依据，不成能立，本院不予支持。原判结果正确，应予维持。依据《中华人民共和国民事诉讼法》第一百七十条第一款第（一）项之规定，本院判决如下：

驳回上诉，维持原判。

二审案件受理费3210元，由阳光财产保险股份有限公司北京分公司负担（已交纳）。

二〇一六年十二月三十一日审结。

第二节　当事人上诉与答辩及法院判决的逻辑图

一、上诉人阳光财产保险股份有限公司北京分公司的上诉逻辑图

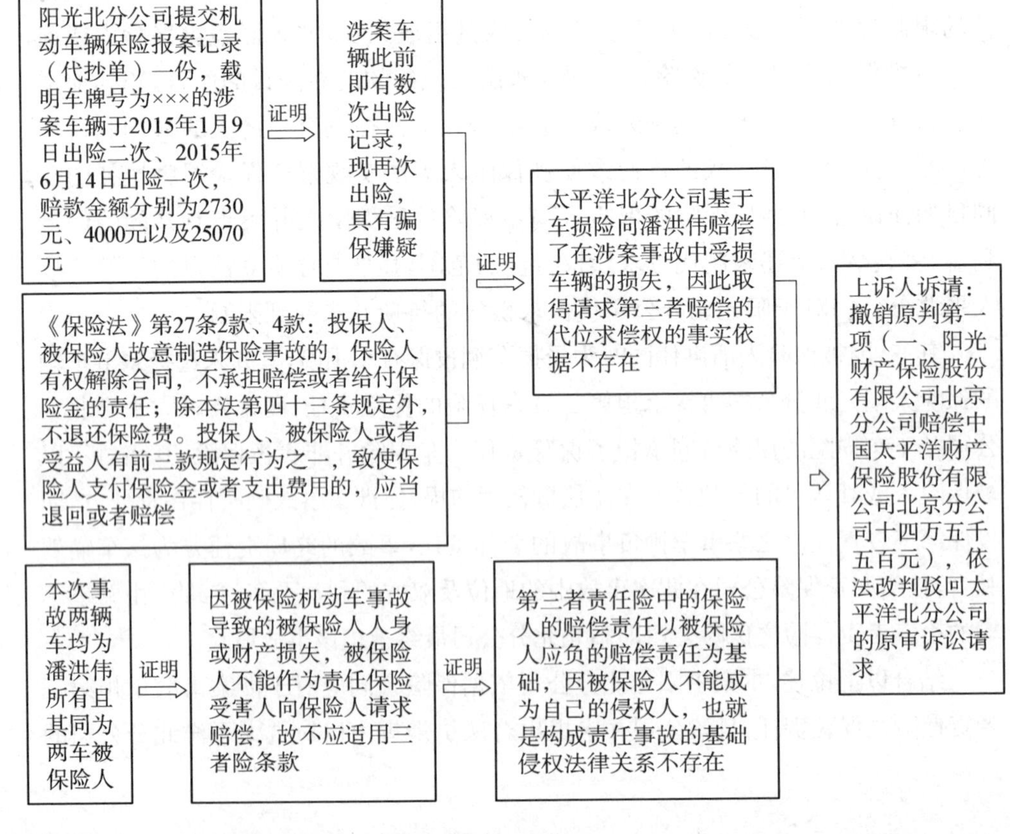

二、被上诉人的答辩逻辑图

（一）中国太平洋财产保险股份有限公司北京分公司的答辩逻辑图

车牌号为×××的出险车辆信息显示：该车辆在太平洋北分公司投保有机动车辆损失险，保险限额为449600元，被保险人为潘洪伟，指定索赔权益人为潘洪伟，行驶证车主为刘晓庆

证明 ⇒ 投保人与太平洋北分公司之间成立保险合同关系

2014年12月22日，潘洪伟为车牌号为×××的车辆在阳光北分公司投保了车辆损失险、第三者责任保险。其中车辆损失险保险限额为86800元，第三者责任保险保险限额为200000元，保险期间自2014年12月23日零时起至2015年12月22日二十四时止。投保人为潘洪伟，被保险人为潘洪伟，行驶证车主为潘洪伟。该车辆交强险承保公司为太平洋北分公司

证明 ⇒ 潘洪伟与阳光北分公司之间成立第三者责任保险合同关系。事故发生时间在保险期间内

2015年6月14日，刘晓庆驾驶车牌号为×××的车辆与潘洪伟驾驶的车牌号为×××的车辆发生交通事故，经交通队认定，刘晓庆负此次事故的主要责任

因第三者对保险标的的损害而造成保险事故的，保险人自向被保险人赔偿保险金之日起，在赔偿金额范围内代位行使被保险人对第三者请求赔偿的权利

证明 ⇒ 车牌号为×××的车辆的保险承保公司，即太平洋北分公司已经将车辆损失147500元实际赔付该车辆的被保险人潘洪伟，故太平洋北分公司有权对车牌号为×××的车辆所承保的保险公司行使代位求偿的权利

太平洋北分公司称车牌号为×××的车辆交强险承保公司为太平洋北分公司，故其已经扣除了其承保的交强险项下财产损失2000元，只要求阳光北分公司赔偿145500元

⇒ 太平洋北分公司同意原审判决。（原判决：一、阳光财产保险股份有限公司北京分公司赔偿中国太平洋财产保险股份有限公司北京分公司十四万五千五百元，于判决生效之日起七日内执行；二、驳回中国太平洋财产保险股份有限公司北京分公司的其他诉讼请求。）

（二）被上诉人刘晓庆的答辩逻辑图

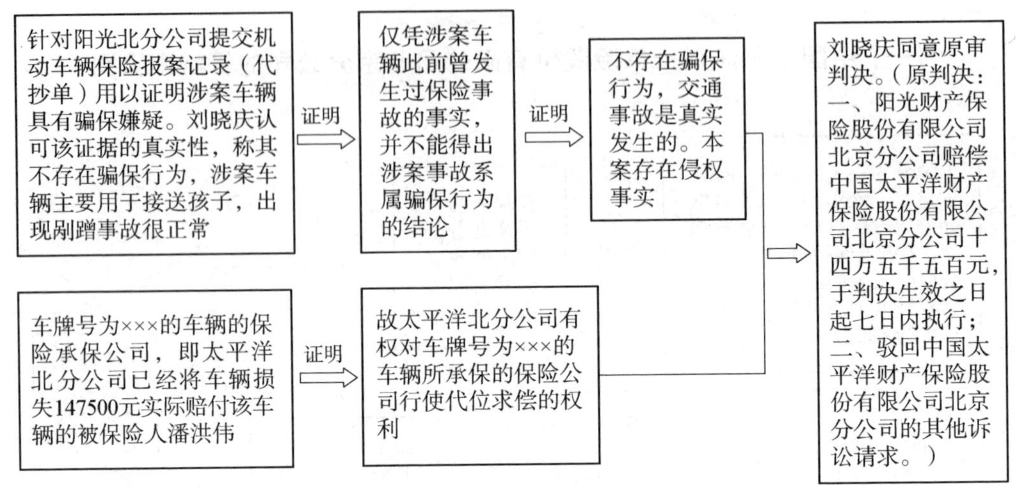

三、二审法院的判决逻辑图

（图见下页）

第三节　对案的评析

在财产保险中，在由第三人造成保险事故的情况下，被保险人可以根据保险合同的约定向保险人求偿，同时又可以基于侵权、违约等民事事由向第三人继续求偿，此时被保险人有可能双重获偿，但这是违背保险法“禁止获利”原则的，极有可能造成道德风险、诱发保险事故。保险代位权制度的出现能够巧妙平衡保险人、被保险人和第三人之间的关系，将被保险人向第三人求偿的权利让渡给了实际承担了保险赔付义务的保险人，可以避免被保险人获利的情况出现。因此，保险代位权制度既补偿了被保险人的损害，又能让第三人承担责任，可以使得保险人、被保险人、第三人之间的关系更为平衡。

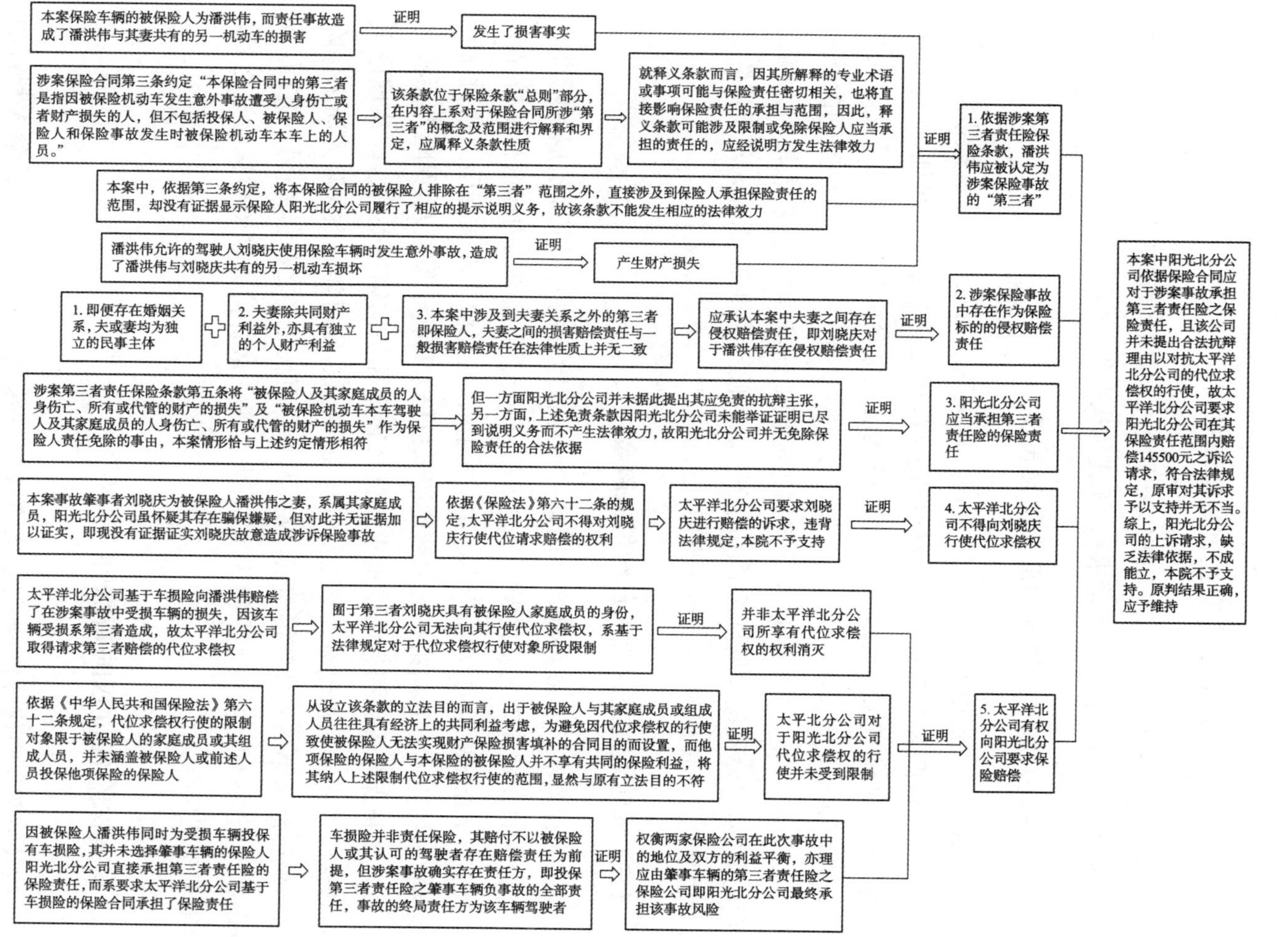
本案保险车辆的被保险人为潘洪伟，而责任事故造成了潘洪伟与其妻共有的另一机动车的损害
证明
发生了损害事实
涉案保险合同第三条约定“本保险合同中的第三者是指因被保险机动车发生意外事故遭受人身伤亡或者财产损失的人，但不包括投保人、被保险人、保险人和保险事故发生时被保险机动车本车上的人员。”
该条款位于保险条款“总则”部分，在内容上系对于保险合同所涉“第三者”的概念及范围进行解释和界定，应属释义条款性质
就释义条款而言，因其所解释的专业术语或事项可能与保险责任密切相关，也将直接影响保险责任的承担与范围，因此，释义条款可能涉及限制或免除保险人应当承担的责任的，应经说明方发生法律效力
本案中，依据第三条约定，将本保险合同的被保险人排除在“第三者”范围之外，直接涉及到保险人承担保险责任的范围，却没有证据显示保险人阳光北分公司履行了相应的提示说明义务，故该条款不能发生相应的法律效力
潘洪伟允许的驾驶人刘晓庆使用保险车辆时发生意外事故，造成了潘洪伟与刘晓庆共有的另一机动车损坏
证明
产生财产损失
证明
1. 依据涉案第三者责任险保险条款，潘洪伟应被认定为涉案保险事故的“第三者”
1. 即便存在婚姻关系，夫或妻均为独立的民事主体
2. 夫妻除共同财产利益外，亦具有独立的个人财产利益
3. 本案中涉及到夫妻关系之外的第三者即保险人，夫妻之间的损害赔偿责任与一般损害赔偿责任在法律性质上并无二致
应承认本案中夫妻之间存在侵权赔偿责任，即刘晓庆对于潘洪伟存在侵权赔偿责任
证明
2. 涉案保险事故中存在作为保险标的的侵权赔偿责任
涉案第三者责任保险条款第五条将“被保险人及其家庭成员的人身伤亡、所有或代管的财产的损失”及“被保险机动车本车驾驶人及其家庭成员的人身伤亡、所有或代管的财产的损失”作为保险人责任免除的事由，本案情形恰与上述约定情形相符
但一方面阳光北分公司并未据此提出其应免责的抗辩主张，另一方面，上述免责条款因阳光北分公司未能举证证明已尽到说明义务而不产生法律效力，故阳光北分公司并无免除保险责任的合法依据
证明
3. 阳光北分公司应当承担第三者责任险的保险责任
本案事故肇事者刘晓庆为被保险人潘洪伟之妻，系属其家庭成员，阳光北分公司虽怀疑其存在骗保嫌疑，但对此并无证据加以证实，即现没有证据证实刘晓庆故意造成涉诉保险事故
依据《保险法》第六十二条的规定，太平洋北分公司不得对刘晓庆行使代位请求赔偿的权利
太平洋北分公司要求刘晓庆进行赔偿的诉求，违背法律规定，本院不予支持
证明
4. 太平洋北分公司不得向刘晓庆行使代位求偿权
太平洋北分公司基于车损险向潘洪伟赔偿了在涉案事故中受损车辆的损失，因该车辆受损系第三者造成，故太平洋北分公司取得请求第三者赔偿的代位求偿权
囿于第三者刘晓庆具有被保险人家庭成员的身份，太平洋北分公司无法向其行使代位求偿权，系基于法律规定对于代位求偿权行使对象所设限制
证明
并非太平洋北分公司所享有代位求偿权的权利消灭
依据《中华人民共和国保险法》第六十二条规定，代位求偿权行使的限制对象限于被保险人的家庭成员或其组成人员，并未涵盖被保险人或前述人员投保他项保险的保险人
从设立该条款的立法目的而言，出于被保险人与其家庭成员或组成人员往往具有经济上的共同利益考虑，为避免因代位求偿权的行使致使被保险人无法实现财产保险损害填补的合同目的而设置，而他项保险的保险人与本保险的被保险人并不享有共同的保险利益，将其纳入上述限制代位求偿权行使的范围，显然与原有立法目的不符
证明
太平北分公司对于阳光北分公司代位求偿权的行使并未受到限制
证明
5. 太平洋北分公司有权向阳光北分公司要求保险赔偿
因被保险人潘洪伟同时为受损车辆投保有车损险，其并未选择肇事车辆的保险人阳光北分公司直接承担第三者责任险的保险责任，而系要求太平洋北分公司基于车损险的保险合同承担了保险责任
车损险并非责任保险，其赔付不以被保险人或其认可的驾驶者存在赔偿责任为前提，但涉案事故确实存在责任方，即投保第三者责任险之肇事车辆负事故的全部责任，事故的终局责任方为该车辆驾驶者
证明
权衡两家保险公司在此次事故中的地位及双方的利益平衡，亦理应由肇事车辆的第三者责任险之保险公司即阳光北分公司最终承担该事故风险
本案中阳光北分公司依据保险合同应对于涉案事故承担第三者责任险之保险责任，且该公司并未提出合法抗辩理由以对抗太平洋北分公司的代位求偿权的行使，故太平洋北分公司要求阳光北分公司在其保险责任范围内赔偿145500元之诉讼请求，符合法律规定，原审对其诉求予以支持并无不当。综上，阳光北分公司的上诉请求，缺乏法律依据，不成能立，本院不予支持。原判结果正确，应予维持

一、保险代位权的适用条件

（一）被保险人对第三人有损害赔偿请求权

当第三人依法应承担赔偿责任时，被保险人才享有索赔请求权，才存在向保险人转移请求权的可能，即“无请求权，无代位权”。

（二）保险人基于保险合同应负保险责任

保险代位权之所以产生，正是因为被保险人除了对第三人享有损害赔偿请求权之外，还对保险人享有保险金赔付请求权，存在着双重受偿可能，而这有违保险法“禁止获利”原则。如果被保险人虽然已就保险标的投保，但是保险人基于保险合同无须负保险赔付之责（比如导致保险事故的风险为该保险的除外风险），而只有第三人应对被保险人承担损害赔偿责任，这时被保险人根本无额外获利的可能，保险代位权也自无适用的必要。由此不难推断，保险人基于保险合同对被保险人应负保险责任，也是保险代位的一项基本构成要件。

（三）保险人对被保险人已给付保险金

我国《保险法》第 60 条规定：“因第三者对保险标的的损害而造成保险事故的，保险人自向被保险人赔偿保险金之日起，在赔偿金额范围内代位行使被保险人对第三者请求赔偿的权利。”保险事故发生后，在保险人对被保险人给付保险金之前，被保险人享有向第三人的赔偿请求权仍未移转于保险人，保险人无权主张，以避免被保险人因损失赔偿请求权已移转而无法向第三人求偿。从理论上讲，若保险人尚未对被保险人理赔就可行使代位权，则可能导致保险人尚未保险给付，但已经从第三人处获得赔偿，成为无给付而获赔偿之获利者；另一方面，被保险人因未获赔偿，客观上未得先失，有失公平。故保险人须给付保险金之后，方能取得代位权。

二、本案保险代位权的特殊性

相较一般保险代位权，本案涉案事故的特殊之处在于侵害被保险人利益的侵权人刘晓庆与被保险人潘洪伟是夫妻关系。本案中的争议焦点实则为夫妻之间是否存在侵权赔偿责任，本案中涉及到夫妻关系之外的第三者即保险人，夫妻之间的损害赔偿责任与一般损害赔偿责任在法律性质上并无二致，如否认夫妻之间侵权赔偿责任的存在，而致使夫妻丧失向保险人主张保险赔偿责任的权利，并不符合第三者责任险设立的宗旨，以及夫妻为其财产进行投保的目的。依据本案当事人签订的保险合同第三条约定，将本保险合同的被保险人排除在"第三者"范围之外，直接涉及到保险人承担保险责任的范围，却没有证据显示保险人阳光北分公司履行了相应的提示说明义务，故该条款不能发生相应的法律效力，遂法院认为潘洪伟可被认定为涉案第三者责任险的第三者，且本案中存在作为保险标的的侵权赔偿责任，却无阳光北分公司应免责的依据，该公司应当依据保险合同的约定，应向被保险人承担保险责任。

上诉人应当对以下事实负举证责任：

1. 刘晓庆及潘洪伟确实存在骗保行为。

2. 对保险合同中的"第三人"尽到了说明义务。

但是上诉人确实没有明确的证据证明刘晓庆及潘洪伟确实存在骗保行为，也没有直接证据证明做到了对"第三人"含义的释明，明确告诉"第三人"的含义是将被保险人的近亲排除在外。夫妻之间仍可存在侵权关系，同时夫妻一方没有故意或者重大过失破坏保险标的，应当得到保险赔偿。同样根据除被保险人的家庭成员或者其组成人员故意造成《保险法》第六十条第一款规定的保险事故外，保险人不得对被保险人的家庭成员或者其组成人员行使代位请求赔偿的权利，故太平洋北分公司不得向刘晓庆行使代位求偿权。但是太平洋北分公司有权向阳光北分公司要求保险赔偿。理由在于：代位求偿权行使的对象被限制于被保险人的家庭成员或其组成人员，并未涵盖被保险人或前述人员投保他项保险的保险人。故太平洋公司可在阳光北分公司的保险责任范围内请求代为求偿。

综上所述，太平洋北分公司不得对刘晓庆行使代位求偿权，因为夫妻之间存在侵权关系且不能证明夫妻二人骗保，夫妻一方不应当认定为"第三人"，所以不能代为求偿。阳光北分公司未尽到对"第三人"的释明，且夫妻之间为车买保险降低经济风险乃正常之事，故阳光北分公司应当在保险责任范围内承担理赔责任，太平洋北分公司有权向阳光北分公司要求保险赔偿。二审法院认定事实清楚，适用法律正确，判决结论的论证充分。

思考题

1. 保险人行使保险代位权的条件是什么？

2. 保险人在《保险合同》对某一保险术语有特别使用范围的限制的，应该怎样向投保人或被保险人特别说明与解释才符合《保险法》的规定？

图书在版编目(CIP)数据

商法案例分析/杨峰,赖华子主编. —上海:上海三联书店,2021.5

ISBN 978-7-5426-7367-1

Ⅰ.①商… Ⅱ.①杨…②赖… Ⅲ.①商法—案例—中国—教学参考资料 Ⅳ.①D923.990.5

中国版本图书馆CIP数据核字(2021)第046590号

商法案例分析

主　　编/杨　峰　赖华子

责任编辑/郑秀艳
装帧设计/一本好书
监　　制/姚　军
责任校对/张大伟　王凌霄

出版发行/上海三联书店
(200030)中国上海市漕溪北路331号A座6楼
邮购电话/021-22895540
印　　刷/上海惠敦印务科技有限公司

版　　次/2021年5月第1版
印　　次/2021年5月第1次印刷
开　　本/710×1000　1/16
字　　数/430千字
印　　张/27
书　　号/ISBN 978-7-5426-7367-1/D·487
定　　价/88.00元

敬启读者,如发现本书有印装质量问题,请与印刷厂联系 021-63779028